Türkiye'nin Kuzey Irak Politikası: İç ve Dış Politika Etkileşimi

Türkiye'nin Kuzey Irak Politikası: İç ve Dış Politika Etkileşimi

Dr. Demet Şenbaş

TRANSNATIONAL PRESS LONDON

2018

Türkiye'nin Kuzey Irak Politikası: İç ve Dış Politika Etkileşimi
By Dr. Demet Şenbaş

First Published in 2018 by TRANSNATIONAL PRESS LONDON in the United Kingdom, 12 Ridgeway Gardens, London, N6 5XR, UK.
www.tplondon.com

Transnational Press London® and the logo and its affiliated brands are registered trademarks.

Requests for permission to reproduce material from this work should be sent to: sales@tplondon.com

Paperback
ISBN: 978-1-910781-82-1

Cover Design: Gizem Çakır

www.tplondon.com

Sevgili Eşim Rauf Tolga Şenbaş ve
Bitanecik Anneciğim ve Babacığıma...

YAZAR HAKKINDA

Dr. Demet Şenbaş, 1983 İzmir doğumludur. Orta öğretim ve liseyi İzmir Özel Türk Koleji'nde okumuş, Dokuz Eylül Üniversitesi Fransızca Öğretmenliği bölümünde Lisans eğitimini bitirmiş, Yeditepe Üniversitesi Siyaset Bilimi ve Uluslararası İlişkiler bölümünde Yüksek Lisans eğitimini almış ve ardından Doktora eğitimini Trakya Üniversitesi Uluslararası İlişkiler Bölümünde tamamlamıştır. Çok iyi derecede İngilizce ve Fransızca bilen yazarın, Prof. Dr. Derman Küçükaltan'la beraber yazdıkları "Terörizmin Bir Ekonomik Refah Aracı Olarak Turizm Sektörüne Etkileri" isimli makalesi, International Security Congress'de sunulmuş ve Kocaeli Üniversitesi Yayınları tarafından 2013 yılında basılan Bildiri Kitabında yerini almıştır. Bununla birlikte yazarın "İran'ın Nükleer Enerji Politikası: Küresel ve Bölgesel Bir Tehdit Mi?" isimli çalışması yine International Security Congress'de sunulmuş ve Kocaeli Üniversitesi Yayınlarının 2014 yılında basılan Bildiri kitabında yayınlanmıştır. Yazarın ayrıca Prof. Dr. Sibel Turan ve Doç. Dr. Nergis Özkural Köroğlu editörlüğünde *Policy Series By Transnational Press London* tarafından 2017 yılında basılan *Uluslararası İlişkilerde Güvenlik Kuramları Ve Sorunlarına Temel Yaklaşımlar* isimli kitapta "Neorealizm Ve İran Dış Politikası" isimli makalesi yer almaktadır. Yine Prof. Dr. Sibel Turan ve Doç. Dr. Nergis Özkural Köroğlu editörlüğünde, Policy Series By Transnational Press London tarafından 2018 yılında basılan *Uluslararası İlişkilerde Güvenlik Kuramları Ve Sorunlarına Çağdaş Yaklaşımlar* isimli kitapta "Barış Çalışmaları Kapsamında İsrail-Filistin Sorunu" isimli çalışmasına yer verilmiştir. Ayrıca yazarın "Türkiye-Suriye İlişkileri: Türk Dış Politikasında Kırılma Noktası" isimli çalışması Akdeniz Üniversitesi Uluslararası İlişkiler Sempozyumunda sunulduktan sonra Akdeniz Üniversitesi tarafından yayınlanan bildiri kitabında yayınlanmıştır. Yazar, evli ve bir çocuk annesidir.

İÇİNDEKİLER

KISALTMALAR

AB-	Avrupa Birliği
ABD	Amerika Birleşik Devletleri
AK Parti	Adalet ve Kalkınma Partisi
BDP	Barış ve Demokrasi Partisi
BM	Birleşmiş Milletler
BOTAŞ	Boru Hatları ile Petrol Taşıma Anonim Şirketi
CHP	Cumhuriyet Halk Partisi
CPA	Coalition Provisional Authority/Geçici Koalisyon Yetkisi
DDKD	Devrimci Demokratik Kültür Dernekleri
DDKO	Devrimci Doğu Kültür Ocakları
DEP	Demokrasi Partisi
DGM	Devlet Güvenlik Mahkemesi
DSP	Demokratik Solcu Parti
DTP	Demokratik Toplum Partisi
FETÖ	Fettullahçı Terör Örgütü
GAP	Güney Doğu Anadolu Projesi
GSYİH	Gayri Safi Yurtiçi Hasıla
HADEP	Halkın Demokrasi Partisi
HDP	Halkların Demokratik Partisi
HEP	Halkın Emek Partisi
HPG	Hêzên Parastina Gel/Halk Savunma Güçleri
IKBY	Irak Kürt Bölgesel Yönetimi
IMF	International Monetary Fund/Uluslararası Para Fonu
IŞİD	Irak ve Şam İslam Devleti
ITF	Birleşmiş Milletler Geliştirme Grubu Irak Tröst Fonu
KADEK	Kongreya Azadi u Demokrasiya Kurdistanê/Kürdistan Özgürlük ve Demokrasi Kongresi
KCK	Koma Civakên Kurdistan/Kürdistan Topluluklar Birliği
KDP	Kürdistan Demokratik Partisi
Kongra-Gel	Kongreye Gele Kurdistan/Kürdistan Halk Kongresi
KOICA	Korea International Cooperation Agency/Uluslararası İşbirliği Kurumu
KRG	Kurdistan Regional Government/Kuzey Irak Bölgesel Hükümeti
KYB	Kürdistan Yurtseverler Birliği/ Yekîtiya Niştimanîya Kurdistan
Mazlum-Der	İnsan Hakları ve Mazlumlar İçin Dayanışma Derneği
MBK	Milli Birlik Komitesi
MGK	Milli Güvenlik Konseyi
MHESR	Ministry of Higher Education and Scientific Research /Yüksek Eğitim ve Bilimsel Araştırma Bakanlığı
MHP	Milliyetçi Hareket Partisi
MİT	Milli İstihbarat Teşkilatı
NATO	North Atlantic Treaty Organization/Kuzey Atlantik Antlaşması Örgütü
OHAL	Olağanüstü Hal

OYAK	Ordu Yardımlaşma Kurumu
PJAK	Partiya Jiyana Azad a Kurdistanê/Kürdistan Özgür Yaşam Partisi
PKK	Partiya Karkerên Kürdistan/Kürdistan İşçi Partisi
PYD	Partiya Yekîtiya Demokrat/Demokratik Birlik Partisi
RP	Refah Partisi
SCIRI	Supreme Council for Islamic Revolution/Irak'ta İslam Devrim için Üst Konsey
SHP	Sosyal Demokrat Halkçı Parti
SSCB	Sovyet Sosyalist Cumhuriyetler Birliği
STK	Sivil Toplum Kuruluşu
TANAP	Trans Anadolu Doğalgaz Boru Hattı Projesi
TBMM	Türkiye Büyük Millet Meclisi
TDKP	Türkiye Devrimci Komünist Partisi
THKP-C	Türkiye Halk Kurtuluş Partisi Cephesi
TİP	Türkiye İşçi Partisi
TKDP	Türkiye Kürdistan Demokrat Partisi
Toplum-Der	Toplumsal Hakları ve Değerleri Koruma, Eğitim, Yardımlaşma ve Dayanışma Derneği
TSK	Türk Silahlı Kuvvetleri
UNAMI	United Nations Assistance Mission for Iraq/Birleşmiş Milletler Irak Destek Misyonu
UNOPS	United Nations Office for Project Services/Birleşmiş Milletler Proje Hizmetleri Dairesi
YPG	Yekineyên Parastina Gel/Halkçı Koruma Birlikleri
YPJ	Yekineyên Parastina Jin/Kadın Koruma Birlikleri

GİRİŞ

Soğuk Savaş sonrası uluslararası sistemde gözlemlenen en önemli güvenlik sorunlarından birisi etnik kökenli ayrılıkçı hareketler ve etnik çatışmalardır. Bu etnik farklılıklar her ülkede var olan etnik grupların siyasallaşmasına, ulus olmayı iddia etmesine, varolan birçok sınırın değişmesine neden olmaktadır. Böylece birçok ulus-devletten oluşan uluslararası yapı, binlerce etnik-devletten oluşan bir yapıya dönüşme tehlikesiyle karşı karşıyadır. Bu çerçeveden bakıldığında, etnik sorunlar iç politikanın birer parçasıyken gitgide uluslararası politikanın bir parçası haline gelmektedir. Etnik sorun çoğunlukla kimlik ile ilgili bir sorundur. Bununla birlikte kimlik konusunda net bir tanımlama olmadığı da eklenmelidir. Ancak kimlik konusunda, insanın kendi benlik duygusuna kendisi hakkındaki duyguları ve fikirlerine (toplumsal cinsiyet ya da sınıf) atıf yapılmaktadır. Kimlik, en basit şekliyle *"bir şeyin ne ve kim olduğu, kendisini nasıl tanımladığı; başkalarından nasıl ayırt edip benzerleri ile nasıl benzeşim kurduğu, ya da başkaları tarafından nasıl tanımladığı"*dır.[1]

Etnik kimlik konusu ülkeleri Soğuk Savaş sonrası en çok ilgilendiren konulardan birisi olmuştur. Türkiye içinde Kürt sorunu da Kürtlerin sınır aşan nüfus özellikleri, PKK terörünün komşu ülkeler ve Batı'dan gördüğü doğrudan ya da dolaylı destek ve Kuzey Irak[2]'taki gelişmelerle demokrasi, insan hakları ve azınlıkların korunması gibi yükselen değerlerin etkisiyle, Türkiye için önemli bir dış politika sorunu haline gelmiştir. Türkiye açısından Soğuk Savaş sonrasında diğer dış politika sorunlarıyla da içiçe geçmiş olan en önemli iç dinamik Kürt sorunu ve PKK terörüdür. Ne var ki, Türkiye'de çok tartışılan ve önemsenen güvenlik konularının başında gelmesine rağmen Kürt sorunu konusunda, adlandırmasından içeriğine, etkilerine ve çözümüne kadar hiçbir noktasında uzlaşma yoktur. Türkiye'nin içindeki Kürt sorunu, Irak Kürt Bölgesel Yönetimi[3]'yle olan ilişkilerini de sınırlandırmaktadır. Türkiye'nin, ABD'nin işgalinden sonra Kuzey Irak'ı *"kırmızı çizgisi"* olarak tanımlaması, Kürt devletinin kurulmasına karşı çıkması ve bölgeye PKK sorunu nedeniyle zaman zaman karadan ve havadan askeri operasyonlar düzenlemesi, Kuzey Irak'ta yaşayan Kürtler tarafından hoş karşılanmamaktadır. Bu açıdan bakıldığında Kürt sorunun Türkiye'nin İKBY ile olan ilişkilerinde etkili olduğu görülebilir.

Bu kitapta etnik sorun-dış politika ilişkisi incelenmekte, Kürt sorununun sosyal, siyasi ve ekonomik boyutuna değinilmekte, Türkiye'nin Kürt sorununa yönelik politikalarına yer verilmekte ve Türkiye'nin Kürt sorununun ve Kürtlere yönelik

---

[1] Bhikhu Parekh, *A New Politics of Identity*, Palgrave Macmilan, New York 2008, s. 8-9

[2] Irak Kürt Bölgesel Yönetimi 2003 Körfez Savaşı sonrasında, 2005 yılında kurulmuştur. Dolayısıyla 2005 yılı öncesi bölgeden yönetim değil de bölge kastedildiğinde Kuzey Irak ifadesi kullanılacaktır.

[3] Kitapta Irak'ta kurulmuş olan yönetime Türkiye Cumhuriyeti Dışişleri Bakanlığı'nın resmi ifadesi olan "Irak Kürt Bölgesel Yönetimi" ifadesi kullanılmaktadır. Bknz. Türkiye Cumhuriyeti Dışişleri Bakanlığı, "Irak'a Seyahat Edecek Türk Vatandaşlarının Dikkatine", http://www.mfa.gov.tr/irak-seyahat-edecek-turk-vatandaslarinin-dikkatine.tr.mfa, (20.02.2017)

politikalarının Kuzey Irak'a yönelik politikaları üzerindeki etkileri Konstrüktivist kuram çerçevesinde değerlendirilmektir. Kitapta kuramsal çerçeve olarak öne çıkan Konstrüktivizm sadece Türkiye-Kuzey Irak ilişkilerinin değerlendirilmesinde kullanılan teorik dayanaktır. Bu bağlamda Kürt sorununa sadece ilişkilerdeki yeri itibariyle değinilmektedir.

İncelemenin Analitik Yapısı

İç-Dış politika ilişkisi bağlamında Türkiye'nin Kuzey Irak'a yönelik politikasının incelendiği kitapta şu sorulara cevap aranmaktadır: Türkiye'deki etnik kimlik sorunun nedenleri nelerdir? 1 Mart Tezkeresinin reddinin Türkiye'nin Kuzey Irak'a yönelik politikası üzerindeki etkisi nedir? Türkiye'nin Barış Süreci politikalarının Kürtler üzerindeki etkileri nelerdir? Kerkük ve Türkmen sorununun Türkiye-Irak Kürt Bölgesel Yönetimi ilişkisine etkisi nedir? Türkiye'nin Kürt sorununun Irak Kürt Bölgesel Yönetimi ile olan ilişkilerindeki etkisi nedir? Bu soruların sorulmasındaki amaç Türkiye'nin kendi içindeki Kürt sorununun Irak Kürt Bölgesel Yönetimi ile olan ilişkilerinde yarattığı sınırlamaları konstrüktivist kuram bağlamında ortaya koymaktır. Bu amaçla Türkiye içindeki Kürt Sorunu ve toplumsal boyutu, İkinci Körfez Savaşı sonrasında 1 Mart Tezkeresi'nin reddinin Türkiye'nin Irak politikasına etkisi, Türkiye'nin Barış Süreci politikası, Türkiye ve Irak Kürt Bölgesel Yönetimi arasındaki sosyal ve ekonomik ilişkiler, Türkiye-Irak Kürt Bölgesel Yönetimi ilişkilerinde Kürt sorununun yarattığı sınırlandırmalar ele alınmaktadır. Bu bağlamda Kürt sorununa sadece ilişkilerdeki yeri açısından değinilecek, Konstrüktivizm ise Türkiye-Kuzey Irak ilişkilerinin değerlendirilmesindeki teorik dayanak olarak düşünülmüştür ve o şekilde kullanılmaktadır.

Literatür incelendiğinde Kürt sorunu ile Türkiye ve Irak Kürt Bölgesel Yönetimi arasındaki ilişkiye etnik kimlik açısından bakan ve Konstrüktivist teoriye dayandıran çalışmaya az rastlanmıştır. Genellikle Kürt sorunu tek başına çalışılmış veya Kuzey Irak'a yönelik politikası tek başına ele alınmıştır. Bu kitabın uluslararası ilişkiler açısından önemi ise iki konuyu birbiriyle bağdaştırması ve konuyu Teorik çerçevede Konstrüktivist kuram üzerinden incelemesidir.

Kitapta literatür taraması yapılarak Türkiye'deki Kürt olarak ele alınacak ve bunun Irak Kürt Bölgesel Yönetimi'yle olan ilişkilerine yansımaları üzerinde durulmaktadır. Bu konunun seçilmesinin nedeni Türkiye'nin Ortadoğu'ya yönelik politikalarındaki en önemli engellerinden birinin kendi içindeki Kürt sorununun sınırlayıcılığı olarak görülmesidir. Bu bağlamda Kürt sorununun Türkiye-Kuzey Irak Bölgesel Yönetimi ilişkilerindeki yerine değinilmekte ve Türkiye-Irak Bölgesel Yönetimi ilişkilerine Konstrüktivist bir bakış açısı ile ele alınmaktadır.

Kitapta Kürt sorununun Türkiye ve Irak Kürt Bölgesel Yönetimi ilişkilerindeki etkisine kimlik boyutundan bakılacağından mevcut kuramlar içinde Konstrüktivist kuram Türkiye'nin Kürt sorununun Kuzey Irak'a yönelik dış politikası üzerindeki etkisini anlamlandırmada, etnik kimliklerin ülkelerin güvenlik algıları üzerindeki etkisini en iyi açıkladığı düşünüldüğünden tercih edilmiştir.

Kitapta etnik sorunlar ülkelerin güvenlik ve dış politika anlayışlarında ne gibi sınırlandırmalara neden olur sorusu araştırılmaktadır. Bu bağlamda temel hipotez:

2

"Türkiye kendi içindeki Kürt sorununa çözüm getirmediği sürece, Kuzey Irak'ta kurulacak bağımsız bir Kürt Devleti Türkiye'nin Irak Kürt Bölgesel Yönetimi'ne yönelik politikalarını olumsuz yönde etkiler" şeklinde formüle edilmiştir. İkincil olarak "Türkiye'deki Kürt sorununun temelleri ortadan kaldırılmalıdır", "Irak Kürt Bölgesel Yönetimi ile artan ekonomik ilişkilere rağmen Türkiye'nin Kürt sorunu ilişkilerde sınırlayıcıdır" hipotezleri işlenmektedir.

Kitap hazırlanırken geniş bir literatür taraması yapılmış, Türkçe, İngilizce ve Fransızca kaynaklar incelenmiştir. Konu itibariyle etnik sorun ve milliyetçilik konularına ağırlık verilmiş, Kürt sorunu, Kuzey Irak'ın kuruluşu ve siyasi yapısı, Birinci ve İkinci Körfez Savaşları, 1 Mart Tezkeresi, Barış Süreci, Irak Kürt Bölgesel Yönetimi'yle gelişen ekonomik ve siyasi ilişkiler, son olarak da Kürt sorununun Türkiye'nin Irak Kürt Bölgesel Yönetimi'yle olan ilişkilerindeki etkisine konularına değinen kaynaklar ve raporlar incelenmiştir.

Literatürde Etnik Kimlik Sorunu

"Ben kimim?" sorusu herkes için hayatı anlamlı kılmaktadır. İnsanın doğasını şekillendiren ilk etken kimliktir. Her bireyin bir kimliği vardır. Bu kimlikle kendini isimlendirir, diğer bireyler ve gruplar karşısında varlığına ve rolüne anlam yükler. Dolayısıyla kimlik bireyin, benliğin ve varlığın topluma dönük tarafıdır. Kimlik *"öteki"* ile kurulan yakınlık ve karşıtlık ilişkileriyle, edinilen veya istenen toplumsal rol ve statüyle, geçmişte ve şimdiki zamanda gerçekleştirilen eylemler, kendini tanımlama, anlamlandırma ve konumlandırma yoluyla oluşur. *"Ben"*in tanımlanması, kişiyi başka kişilerle karşı karşıya geldiği bir noktaya ulaştırır. Bu noktada oluşan *"biz"* benzer olan *"ben"*lerce kendilerine yöneltilen olumlu özellikler üzerine kurulmuş kollektif bir kimliktir. *"Biz"* ve *"öteki"*nin yaratılması bir sürece tabidir. Bunlardan herbirinin tanımı, birbirleriyle etkileşimleri sonucu oluşturdukları yaşanmış bir tarihi gerektirmektedir. Bu süreçte ortaya çıkan benzerlikler ve farklılıklar, sempatiler ve düşmanlıklar, ilişkinin kültürünü yaratır. Bu kültür içinde gerçekle efsan içiçe geçmektedir. Kültür insanın diğerleriyle tarih sürecinde etkileşerek anlam oluşturur, değer ve maddi ürünlerin toplamıdır. Bir yaşam biçimi, düşünce şeklidir. Tarihsel kökleri vardır, gelecek inancı vardır. Bir kültür değişebilir ve başka kültürle etkileşebilir. Günümüzde ulus-devletlerin sınıfsız, imtiyazsız, kaynaşmış bir toplumun yaratılması konusundaki iddiası karşısında yaşanan güçlük sonucu yükselen demokrasi beklentilerinin merkezine kimlik ve tanınma, sayılma ve kültürel haklar sorunu oturmuştur. Toplumların statü ayrıcalıklarına göre oluşturdukları eşitsiz şekilde düzenlenen *"şeref"* kavramı yerini insanların, sadece insan oldukları için haysiyet değerine göre eşit muameleyi istedikleri bir siyasal düzen arayışına bırakmıştır. Dolayısıyla kimlik tanımına siyasal açıdan da bakılmalıdır. Kimliğin iki etkeni olarak kabul edilen tanınma-tanımlanma ve aidiyet, psikolojik ve kültürel oldukları kadar siyasal olgulardır. Kimliğin nasıl oluştuğu, kültürel ve siyasal etkenlerle ilişkileri, kendini ifade etme alanının yaratılmasına yönelik yöntemler ve kurumlar önemlidir.[4]

Anthony D. Smith'e göre, etnik sorun, kendilerini (biz) ve ötekilerini (onlar) ortak

---

[4] Doğu Ergil, *Barışı Aramak: Dilde, Hayatta, Kültürde*, Timaş Yayınları, İstanbul 2010, s. 99-101.

3

tarih, dil, kültür gibi etnik niteliklerle tanımlayan gruplar arasındaki, rekabetten savaşa kadar uzanabilen sosyopolitik anlaşmazlık ve taraflaşmalardır. Bu sorunlar ülkedeki etnik gruplar arasında olabilir veya devlet ile bir etnik grup arasında da olabilir. Smith'e göre etnik sorunlar yasal, kültürel veya ekonomik ayrımcılık ya da ulusal kimliğin baskın etnik grubun kökenine veya kültürüne dayandırılma çabalarının bir sonucudur. Bunun yanısıra etnik grubun fiziksel varlığını koruma, kültürel kimliğini ifade etme, geliştirme veya belli bir toprak üzerinde özerk yönetim kurma veya ayrılma taleplerinin bir uzantısı olabilir. Dolayısıyla Smith'in tanımlamasında etnik sorunlar, etnik kimliğin tanınmasına, bu kimliğe ilişkin hakların yasal statüye kavuşturulmasına, etnik grubun iktidarı paylaşmasına ve sosyoekonomik şartlarının düzeltilmesine yönelik sorunların bir parçasıdır.[5]

Rajat Ganguly ve Ray Taras, "*Understanding Ethnic Conflict: The International Dimension*" adlı eserlerinde, etnik sorunları birtakım siyasal ve sosyoekonomik nedenlerle beslenen temel bir varoluşsal nedene dayandırmaktadır. Onların tanımlamasında siyasallaşan etnik grupların ulus-devlete karşıt konum alması, ulus-devletin kendini "*öteki*" etnik gruplara karşıt biçimde yapılandırmasının bir ürünüdür. Burada milliyetçilik çok önemli bir rol oynamaktadır. Rodolfo Stavenhagen, "*Ethnic Conflicts and the Nation-State*" isimli eserinde, etnik çatışmaların milliyetçilikten beslenen ulusun etnik veya vatandaş temelli iki farklı tasarımından kaynaklandığını söylemektedir. Devletler "*teritoryal milliyetçiliğe*" dayanarak sosyal sözleşme varsayımıyla ülkesel bütünlüğü garanti altına almaya ve "*güvenlik ihtiyacı*"nı karşılamaya çalışmaktadırlar. Etnik gruplar da "*etnik milliyetçiliğe*" yönelerek self-determinasyon hakkı iddiasıyla "*kimlik ihtiyacı*"nı garanti etmeye çalışmaktadır. Dolayısıyla etnik sorunlar devlet ile etnik grupların iddialarının başarılı biçimde birleştirilemediği noktalarda ortaya çıkmaktadır.[6] "*Ethnic Conflict and International Security*" isimli eserinde Michael E. Brown etnik sorunların iç siyasal niteliğe sahip olduğunu söylemektedir. Bununla birlikte Brown bu sorunların siyasallaşmış etnik grupların uluslararası düzeyde örgütlenmeleri ve etkinlikleri, yabancı aktörlerin müdahalesi, çatışmaların ülkesel bütünlüğü tehdit etmesi, terör, göç ve mültecilik gibi sınır ötesi sorunlara yol açması nedeniyle uluslararası politikanın da bir konusu haline geldiğinin altını çizmektedir.[7]

Uluslararası ilişkiler alanındaki çalışmalar genelde iki ya da üç ana okula ayrılarak ele alınmaktadır. Hemen hepsinin aynı şeyi farklı şekilde kavramlaştırdıkları görülmektedir. Bu tür sınıflandırmalarda o dönemdeki uluslararası gelişmeler ve ülkesel koşullar etkili olabilmektedir.[8] Kimlik farklı kategorilerde sınıflandırılmıştır. Bu sınıfandırma kişisel olanla toplumsal olanı ayırmaktadır. Birinci kategori "*bireysel kimlik-kollektif kimlik*"tir. Bireysel kimlik herhangi bir gruba göre tanımlanır, bir gruba olan aitliği ifade eder. Grubun tümüne dair kimlik ise "*kollektif kimlik*"tir. İkinci kategori "*objektif kimlik-sübjektif kimlik*"tir. Objektif kimlik bir kişinin doğuştan getirdiği özelliklere bağlıdır. Kişi seçim yapmamıştır.

---

[5] Anthony D. Smith, *Milli Kimlik*, İletişim Yayınları, Çeviren Bahadır Sina Şener, İstanbul 2014, s. 10-15.

[6] Rajat Ganguly, Raymond Taras, *Understanding Ethnic Conflict: The International Dimension*, Longman, London 2006, s. 40-45

[7] Michael E. Brown, *Ethnic Conflict and International Security*, Princeton University Press, Princeton 1993, s. 150-155

[8] Tayyar Arı, *Uluslararası İlişkiler Teorileri: Çatışma, Hegemonya, İşbirliği*, MKM Yayıncılık, Bursa 2011, s. 41-42.

Tarihsel ve biyolojik bir temeli vardır. Sübjektif kimlik ise kişinin kendi tecrübeleriyle edindiği kimliktir. Bu tercih bireyin objektif kimliğinden farklı olabilmektedir. Üçüncü kategori ise "*alt kimlik-üst kimlik*"tir. Alt kimlik bireyin doğuştan sahip olduğu kimliğe, dolayısıyla objektif kimliğe aittir. Üst kimlik, bireyin yaşadığı coğrafyanın siyasi sınırları içinde benimsediği veya benimsemeye zorlandığı siyasi kimlikle ilgilidir. Dolayısıyla üst kimlik "*vatandaşlık*" ile ilgilidir.[9]

Bu noktada kimlik konusuna Konstrüktivist bakış açısıyla bakmak yerinde olacaktır. Konstrüktivist Alexander Wendt ve Peter J. Katzenstein tarafından ifade edilen devlet kimlik yaklaşımları, rasyonalist uluslararası ilişkiler kuramının ana akımının parçaları haline gelmiştir. Genel olarak rasyonalist egemenliğe karşı en ciddi meydan okuma olarak görülen bu Konstrüktivist yaklaşımlar, devlet kimliği kavramına dayalı kuramsal çerçevenin akılcı seçim teorisine uygun bir alternatif sunabileceğini iddia etmektedirler. Devlet kimliği, konstrüktivist bilim adamları tarafından incelenen maddi olmayan birçok faktörden (kültür, norm, inanç, düşünce vb.) yalnızca biri olmasına rağmen; Konstrüktivist teorik çerçevenin temel argümanlarını desteklemek için çok önemli nedensel bağlantılar sunmaktadır. Kimlik kavramı, aktörlerin çıkarlarındaki değişiklikleri araştırma çerçevesine entegre etmeyi mümkün kılar. Konstrüktivistlere göre devletlerin çıkarları devletlerin kendi kimlikleri tarafından şekillendirilirken, devlet kimliklerinin (dolayısıyla devletlerin çıkarlarının) kendileri de etkileşim sürecinde değişime uğrarlar. Konstrüktivistler, bu nedenle, yaklaşımlarının, rasyonalist rakiplerine göre uluslararası ilişkilerde daha iyi teorik açıklamalar sağlayabileceğini iddia etmektedirler. Ayrıca, devletlerin normları sadece kendilerinin çıkarına olduğu için (veya çıkarları gerektirdiği zaman) değil, aynı zamanda bu normları içselleştirerek uyguladıklarını, bu nedenle dar liberal çerçevenin dışında da normların incelenebileceği argümanını öne sürmektedirler. Uluslararası sistemin doğası gibi devletlerin kimlik ve çıkarları da fikirlerin toplumsal inşasının bir sonucudur. Bu durumda anarşi ortamında kimlikler ve çıkarlar dönüştürülebilir. Bu, liberal yaklaşımın vurguladığı işbirliği evrimiyle olabileceği gibi, bireysel kimlikleri kollektif kimliklere dönüştüren bilinçli çaba ve fikirlerin gelişmesiyle de olabilir. Uluslararası ortamda birey, toplumsal muhalefet hareketleri, uluslaraşırı sivil toplum ve dünya medyası tarafından dünya politikasını yönlendirmede kullanılan ifşa etme, farkındalık yaratma, karşılaştırma, hesap verme, ödüllendirme/utandırma, kamuoyu oluşturma, gündem yaratma, lobi yapma, protesto etme, gibi strateji ve eylemler bürokrasilere ve örgütlere yeni normlar öğretebilmekte ve sosyal duyarlılığı teşvik edebilmektedir. Yeni uluslararası norm ve modellerin inşası ve yaygınlaştırılmasında uluslararası örgütler ile uluslararası hukukun rolü önemlidir.[10]

Konstrüktivist kuram için devlet kimliğinin önemi göz önüne alındığında, birçoğunun devlet kimliği kavramının açık bir tanımını yapamaması dikkati çekmektedir. Devlet kimliğinin konstrüktivist analitik çerçevelere nasıl entegre edebileceği konusunda hala bir anlaşmaya varılamamışken, bu kavrama dayanan deneysel çalışmaların sayısı oldukça sınırlıdır. Muhtemelen bununla ilgili bir problem de rasyonalist ana akımdaki çok az sayıda akademisyenin rakiplerinin

---

[9] Doğu Ergil, *a.g.e.…*, s. 102.
[10] Faruk Sönmezoğlu, *Uluslararası Politika ve Dış Politika Analizi*, DER Yayınları, İstanbul 2012, s. 221.

devlet kimliğini ile ilgili ana kavramına ilgi göstermemesidir. Devlet kimliğine karşı olan bu kayıtsızlık, ulusal çıkar ya da uluslararası anarşi gibi temel rasyonalist ve gerçekçi kavramlarının ayrıntılı Konstrüktivist eleştirilerinin varlığı ile açıkça çelişmektedir. Muhtemelen kimlik kavramının hak ettiği ilgiyi görmemesinin çeşitli nedenleri vardır. Bazı rasyonalist araştırmacılar, metodolojik rasyonalizmin, çoklu ve değişken devlet kimliklerinin birbirine karşıt ve birbiri yerine kullanılan teorik kavramlar olduğunu düşünmektedirler. Diğer araştırmacılar, rasyonalizmin ve yapısalcılığın kendi araştırma gündemlerinde ve teorik kaygılarında önemli farklılıklar gösterdiğine inanmakta ve bu nedenle devlet kimliğini kendi çalışma alanlarıyla ilgisiz olarak görmektedirler. Devlet kimliği, Konstrüktivist yaklaşımlar tarafından yaygın olarak kullanılan kültür, norm veya fikir gibi kavramlardan yalnızca biridir. Ancak Konstrüktivistlerin kültür ve devlet kimliğinden anladıkları aynı değildir. Öte yandan, bazı Konstrüktivist akademisyenler, bu kavramların birbirinden nasıl ayırt edilip edilmeyeceği ya da bu kavramların birbirleriyle nasıl ilişkili olduğu konusunda pek düşünmeden, kültür, norm ve kimlik kavramlarını neredeyse birbirinin yerine kullanmaktadırlar. Dolayısıyla, ortaya çıkan belirsizlik, kavramlar arasındaki kesin ilişkiyi ortaya koymayı neredeyse imkansız hale getirir. Ancak bu durumda bile bazı genel kalıplar kolayca ayırt edilebilmektedir. Devlet kimliği genellikle, Konstrüktivistlerin toplumsal olarak paylaşılan inançlar olarak tanımladığı, kültürün bir parçası olarak görülür. Bu kültür tanımı, sözcüğün güncel veya anlambilimsel anlamlarından oldukça farklıdır ve daha dardır. Thomas U. Berger[11]'in yaklaşımı, özel olarak bir devletin, savunma, güvenlik, ordu ile ilgili temel yönelimlerini, bir kurum olarak askeriyeyi ve uluslararası ilişkilerde güç kullanımını kapsayan daha büyük tarihsel-politik kültürün alt kümesi olarak tanımlanan bir devletin yerel siyasi-askeri kültürüne değinmektedir.[12] Bununla birlikte, devlet kimliğinin yerli ya da uluslararası kültürün bir parçası olup olmadığı konusunda bir anlaşmazlık mevcuttur. Çoğu Konstrüktivist akademisyen devletin yerel kültürünü bir devlet kimliği kaynağı olarak vurgularken, Alexander Wendt[13] devlet kimliğinin temel belirleyicisi olarak devletlerarası toplumun kültürünü görmektedir. "*Social Theory of International Politics*" isimli eserinde Wendt[14], uluslararası ilişkileri üç farklı ideal, devletler arası düzeydeki sosyal yapılar olarak kavramsallaştırır. Bunlar Hobbes'cu, Lock'çu ve Kant'çı "*anarşi kültürleri*" dir. "*Kültür*" terimi, toplumsal olarak paylaşılan bilgiyi ifade eder, "*bilgi*" de "*bir aktörün gerçek olarak kabul ettiği herhangi bir inanç*" olarak tanımlanır.[15] Wendt devletleri üniter aktörler olarak kabul ettiğinden, anarşi kültürlerini içeren inançlar devletler arasında paylaşılmakta, bireyler arasında paylaşılmamaktadır. Wendt'in anarşi kültürleri, devlet kimlikleri ile karşılıklı olarak kurucu ilişkilerinden dolayı önemlidir. Her kültürün kilit niteliği "*rol*" ya da "*şiddetin kullanımı ile ilgili olarak benliğin kendine özgü duruş ya da yönelimi*" dir. Wendt'in yapılandırmacılığı, devletlerin kendi kimliklerini ve çıkarlarını, devletlerin bu sistemdeki rollerinin

---

[11] Thomas U. Berger, *Cultures of antimilitarism: national security in Germany and Japan*, MD: The Johns Hopkins University Press, Baltimore 1998.

[12] Thomas U. Berger, *a.g.e.*, s.15

[13] Alexander Wendt, "Anarchy is What States Make of It: The Social Construction of Power Politics", *International Organization*, cilt 46, sayı 2, 1992, s. 391-425.

[14] Alexander Wendt, *Social Theory of International Politics*, Cambridge University Press, Cambridge, 1999.

[15] Alexander Wendt, *Social Theory…*, s.140-1.

ikincil ürünleri olarak görür. Hobbes'çu anarşi kültüründe duruş, *"birbirlerine karşı şiddet uygulamaktan çekinmeyen düşmanların duruşudur"*. Lock'çu kültürünün yöneliminde rakipler, *"çıkarlarını geliştirmek için şiddet kullanacak ama birbirlerini öldürmekten kaçınacak rakip"*lerdir. Son olarak, Kant'çı anarşi kültürlerinde, *"anlaşmazlıklarını çözmek ve güvenlik tehditlerine karşı bir takım olarak çalışmak için şiddet kullanmayan müttefikler"* olan arkadaşlarının rolleri vardır. Hobbes'çu kültürünün arkasındaki *"doğal hali"* ve Lock'çu kültürün arkasındaki egemen devletlerin Westfalik sistemini tanımak kolaydır. Farklı anarşi sistemlerini, farklı anarşi kültürleriyle dolduran devletler, bu sistemlerin egemen *"rol ilişkilerini"*, yani düşmanlık, rekabet ve dostluklarını kendi kimlikleri ve çıkarları içinde içselleştirmek için baskı altındadırlar. Devlet kimliği kavramı, öz devlet ve öteki devletler arasında sorunsuz ve değişmeyen bir sınır anlamına gelse de, Wendt'in yaklaşımı, kendiliğin sınırlarının diğer devletleri de içerecek şekilde genişleyebileceğini öne sürmektedir. Wendt, bu durumun, Kant'çı kültürde, devletlerin *"arkadaşlar"* olarak ortak kimliklerini geliştirmesi ve birbirlerinin refahını ve güvenliğini de kendi kimliklerinin içinde tanımlamaya başlaması durumunda tam olarak ortaya çıkacağını savunmaktadır. *"Liberal demokrasi"* veya *"AB üyesi"* gibi devlet kimlikleri, kimlik sınırlarının daha tanıdık yapılar içinde tanımlanmasına olanak sağlamaktadır.[16]

Alexander Wendt'e göre iki çeşit devlet kimliği vardır. Birinci grup biçimsel kimliklerdir. Örneğin; demokratik, Avrupalı, Kapitalist, Kominist, vb. İkinci grup rol kimlikleridir. Bunlar devletlerarası ilişkiler içinde inşa edilen, kurgulanan kimliklerdir. Örneğin; dost, düşman, saldırgan, statükocu, revizyonist, vb.[17]

Wendt'in yaklaşımı öncelikle sistem düzeyinde roller veya birleşik aktörler olarak kavramlaştırılan devletler arasındaki *"Kendi"* ve *"Diğer"* hakkındaki kolektif ifadelerle ilgilenmektedir. Devletlerin kendi kimlikleri, devletler arası kültüre uygun *"roller"* için araçlar haline gelir. Konstrüktivistler, devletlerin normlara sadece çıkarları gerektirdiği için ve ve çıkarları gerektirdiği zaman değil, aynı zamanda bu normları içselleştirdikleri zaman da uyduklarını öne sürmektedirler. Bu amaçla, Wendt kültürel normların üç olası içselleştirme derecesini belirtir. Birinci derecede içselleştirme, bir devlet neorealist bir biçimde kültürel normlarına uymak için baskı altında kalırsa veya zorlanırsa ortaya çıkar. Söz konusu normlar, Hobbes'çu anarşinin *"öl veya öldür"* normu gibi oldukça olumsuz olabilir. Bir devletin kendi çıkarlarına uygun normlara uyduğu yönündeki neoliberal açıklama, Wendt'in tipolojisindeki ikinci derecede içselleştirmeye karşılık gelir. Son olarak, üçüncü derecede içselleştirme, devletin *"yapısalcı hipotez"* uyarınca meşru olduğunu düşündüğü kültürel normlara uyduğunda ortaya koyar.[18] Bir normun meşru olarak algılanması temel olarak normun kimlik üzerindeki iddialarına karşılık gelen bir kimliğin tamamen kabul edilmesi demektir.[19] Devletlerin normları meşru görüp görmedikleri son tahlilde kimliklerine bağlıdır.

Wendt'in analizinde kimlik uluslararası politikada çıkardan önce gelmesi gereken

---

[16] Alexander Wendt, *Social Theory...*, s.259.

[17] Faruk Sönmezoğlu, *a.g.e.*, s.222.

[18] Alexander Wendt, *Social Theory...*, s.250.

[19] Alexander Wendt, *Social Theory...*, s.272-3.

bir kavramdır. Çünkü uluslararası sistemde yer alan aktörler önce kendilerini, konumlarını tanımakta, ardından bu tanımları kimlik rolüne göre takip etmeleri gereken çıkarları belirlemektedir. Devletlerarasında dost ve düşman kavramlarını bir kültür sorunu olarak gören Wendt uluslararası politikayı bir toplumsal teori olarak inşa eder ve kurgularken karşılıklı bağımlılık, ortak kader, türdeşlik ve özdenetim kavramlarını öne çıkarır.[20]

Devlet kimliği ile ulusal kimlik arasındaki ayrım yapmak kolay değildir. Bazı akademisyenler, açıkça devlet yerine[21] *"ulusal kimlik"* terimini kullanırken, bazıları kimliği iç ve dış boyutlarına ayırır.[22] Ulusal ve devlet kimlikleri genellikle her zaman olmasa da belirli bir dereceye kadar birbirleriyle örtüşür. Bir topluluğu aynı zamanda diğer uluslarla da ilişkilendirirken, devlet kimliği *"Kendilik"* ve *"Ötekilik"* hakkında paylaşılan inançlar olarak anlaşıldığı durumda ulusal topluluğun *"bizlik duygusunun"* korunmasında önemli rol oynar. Dolayısıyla, ulusal kimlik ve devlet kimliği arasındaki ayrım, basitçe ve doğal olarak bu kavramlar arasındaki temel farklılıkları takip etmez. Bir dereceye kadar bu ayrım, siyaset bilimi ve uluslararası ilişkilerin disiplin alanlarındaki farklı teorik endişeler ve araştırma önceliklerinden kaynaklanmaktadır. İç politika, milliyetçilik ya da etnik çatışma ile ilgilenen akademisyenler kimliği *"ulusal"* olarak görürken, dış politika ve uluslararası ilişkiler disiplinindeki akademisyenler, kimliğin dış boyutunu vurgular. Wendt'e göre eğer devletlerin kimliklerini bilirsek onların davranış, tepki ve eylemlerini tahmin edebiliriz. Ancak burada devletlerin kimliklerinin geçirdiği tarihsel değişimin ve devletlerin jeopolitik ve stratejik kaygılarla belirli kimlikleri inşa etme ve kurgulama tercih ve çabalarının da dikkate alınması gerekir. Anarşi ortamında kimlikler ve çıkarlar egemenliğin dönüşümüyle, işbirliğinin evrimiyle, bencil kimlikleri kollektif kimlikler haline getiren bilinçli çabalarla dönüşebilir.[23] Dışpolitika devletlerin kimliklerini güvence altına alma mekanizmalarından biridir. Bir devletin kimliğinin kurulma süreci hem uluslararası ilişkilerle hem de ulus-içi ilişkilerle bağlantılıdır ve bir devletin iç-dış ilişkiler bağlantısını kuran mekanizmadır.[24]

Devletin üniter bir aktör olduğu yönündeki tartışmalı varsayımı nedeniyle, Wendt'in yaklaşımında, devlet kimliğinin basit bir şekilde tanımlanmakta ve devletin çıkarları ve eylemleri kısıtlı bir şekilde ifade edilebilmektedir. Bu görüşte kimlik, devletin çıkarlarını şekillendirir; bu da devlet davranışını yönlendirir. Devlet davranışını hesaba katmak için, devlet eylemlerini yönlendiren çıkarlardan sorumlu kimliği tanımlamak gerekir. Bununla birlikte, böyle bir yaklaşım temelde bir totolojik argümana dayanır. Wendt devlet kimliğini yalnızca dışsal boyutuyla tanımladığından, bizler uluslararası arenadaki devlet eylemlerini gözleyerek kimlik

[20] Faruk Sönmezoğlu, *a.g.e.*, s. 223.
[21] Thomas U. Berger, "Norms, Identity and National Security in Germany and Japan", *The Culture of National Security: Norms and Identity in World Politics*, Derleyen P. J. Katzenstein Columbia University Press, New York 1996, s.338.
[22] Thomas Banchoff, "German identity and European integration", *European Journal of International Relations*, cilt 5, sayı 3, 1999, s.268.
[23] Faruk Sönmezoğlu, *a.g.e.*, 222.
[24] E. Fuat Keyman, "Eleştirel Düşünce: İletişim, Hegemonya, Kimlik/Fark", *Devlet, Sistem ve Kimlik Uluslararası İlişkilerde Temel Yaklaşımlar*, Der. İ.D. Dağı, A.Eralp, E.F.Keyman, N. Polat, O.F. Tanrısever, F.Yalvaç, A.N. Yurdusev, İletişim Yayınları, İstanbul 2011, s. 256-257.

hakkında çıkarımlar yapmak zorunda kalırız. Bununla birlikte, devlet kimliği devletin eylemlerinden elde edilen çıkarımlara dayandığında, davranış değişikliklerinin kimlik değişikliği veya diğer faktörlerden kaynaklanıp kaynaklanmadığının belirlenmesi için güvenilir bir yol yoktur. Devlet kimliği, belirli bir devlet davranışının nispeten istikrarlı bir şekli için gereksiz bir etiket haline gelme riskini taşırken, bu kalıptaki herhangi bir değişiklik, kimlik değişikliği ile kolayca karışmaktadır. Birçok devlet kimliği yaklaşımı ile bağlantılı bir sorun da bu yaklaşımların aktörlerin rakip kimlikler arasında nasıl seçim yapacakları konusunda tatmin edici açıklamalar sunmamalarıdır. Bazı Konstrüktivistlerin bu sorunu bile kabul etmemelerine rağmen, Wendt *"pek çok durumda aynı verilerden farklı yönlere işaret edebilen farklı kimliklerin varlığına ilişkin çıkarımlar yapılabileceğini"* belirtmiştir.[25] Wendt yapısalcı analitik çerçeve içerisinde ortaya çıkan belirsizliğin derecesini kabul eder. Wendt *"iç kimlik çatışmalarının öncül olarak öngörülmesinin hiçbir yolu olmadığını"* kabul ederek, bu tür çatışmaların *"sağduyu"* ya da kimlik hiyerarşisine göre çözümlendiğine dair genel bir hipotez önermektedir. Aynı zamanda Wendt, bu hipotezini *"genellikle doğrulanmayan çok kaba bir genelleme"* olarak nitelendirmektedir. Wendt, tüm çıkarların kimliklerden kaynaklandığını varsaymaktadır.[26]

Devlet kimliği politikalarının iç ya da dış katılımcıları hem içten hem dışardan gelirler. İç siyasi aktörler dış kimliğin farkında olup, dış kimliği etkilemeye çalışabilirken, dış aktörler benzer şekilde iç siyasetten haberdar olup iç siyaseti etkilemeye çalışabilirler. Çoğunlukla, dışsal kimliğe yöneltilen girişimleri içsel kimliğe yöneltilen girişimlerden ayırabilmek oldukça zor olabilir. Örneğin, Japonya'nın dışsal kimliği, hala pek çok Asya ülkesinde yerel seçkinler tarafından bilinçli olarak korunan ve potansiyel militarist bir güç olarak algılanmaktadır. *"Askeri Yükseliş"* olarak ifade edilebilecek herhangi bir Japon hareketine karşı yapılan geleneksel protestolarla, Çin veya Güney Kore hükümetleri Japonya'nın kimlik siyasetini etkileyebilirler. Asya hükümetlerinin bu tür eylemlerinin temel hedefleri arasında, Japonya'nın yurtdışındaki nüfuzunun genişlemesine karşı koymak vardır. Dahası, birçok Japon politikacı, bazı politikaların Japonya'nın dış kimliği üzerinde istenmeyen etkilere sahip olabileceğinin bilincinde olup ve Japonya'nın militarist bir güç olarak algılanmasını kabul etmekte ve bu algıyı güçlendirmektedir. Bu politikacılar sonuç olarak bu tür politikaları uygulamaktan kaçındıkları sürece, Çin ve Güney Kore'de gerçekleştirilen protestolar da Japonya'nın dış politikasını etkilemek için bir araç haline gelmektedir. Japonya'nın kimliğinin dış boyutundan ayrı olarak, dış aktörlerin Japonya'nın iç kimlik tartışmalarına aktif olarak katılabildiklerini görmek için yalnızca Japon tarih ders kitaplarının gözden geçirilmesi konusunun hatırlatılması yeterlidir.

Devlet kimliğinin hem iç hem de dış boyutları, mutlaka, devlet, inançlar ve uygun davranışları hakkında birden çok, çoğunlukla birbiriyle çelişen ifadeler içermektedir. Baskın algıyı ayırt etmek çoğunlukla mümkün olsa da önerilen kimlik kavramlaştırması aynı zamanda baskın olmayan fakat etkili algıları da kapsamaktadır. Bu tür baskın olmayan algılar, devlet kimliği politikası sürecinde

---

[25] Alexander Wendt, *Social Theory...*, s.230.
[26] Alexander Wendt, *Social Theory...*, s.231.

siyasi destek sağlamak veya muhalefeti harekete geçirmek için kullanılır ve zaman içinde mevcut baskın ifadelerin yerini alabilir. Dolayısıyla, bunlar, politikanın ve devlet kimliğinin değişiminin analizi için çok önemlidir. İkinci Dünya Savaşı öncesi izolasyon yanlısı ABD'de bile, ABD'nin egemen olmayan enternasyonalist eğilimi, özellikle elitler arasında belirli miktarda desteklenmektedir. Pearl Harbour saldırısından sonra enternasyonalist yaklaşım baskın ifade şekli haline gelmiş, ancak ABD'nin enternasyonalizme geçmesinden sonra izolasyonist yaklaşım gücünü tamamen kaybetmemiştir. Bu birbiriyle çelişkili yaklaşımların her ikisi de ABD içindeki dış politika tartışmaları için oldukça önemlidirler ve Amerikan devlet kimliği politikalarının analizine dahil edilmelidirler.[27]

Kuramsal Çerçeve

Özellikle Soğuk Savaş sonrası ortaya atılan uluslararası ilişkiler söylemleri, dünyayı anlama konusunda oldukça çeşitli yaklaşımlar sunmaya başlamıştır. Uluslararası ilişkiler teorisinin en gelişmiş örneklerinden biri ise Konstrüktivizmdir. Konstrüktivizm kurucusuna ve destekleyicilerine göre yaygın olarak kabul edilen diğer teorileri göz ardı etmek yerine dünya siyasetinin dinamiğini tanımlamak adına diğer teorilere göre daha geniş kapsamlı bir çerçeve sağlar.

Realistler ve Liberaller arasındaki anlaşmazlık uluslararası ilişkiler teorileri arasındaki en köklü tartışma olmuştur. İnsan doğası ile ilgili teoriler arası çekişme, günümüzde yerini devlet davranışının anarşi ve güç dağılımı olarak nitelendirilen yapı tarafından mı yoksa kurumlar, etkileşim ve bilgi alışverişi olarak nitelendirilen süreç tarafından mı yönlendirildiği tartışmasına bırakmıştır. Neorealistler ve neoliberaller arasındaki tartışma ise rasyonalizm üzerinde olmuştur. Diğer tüm sosyal teoriler gibi rasyonalizm de bazı sorular üzerinde durur. Bunlardan en önemlisi etkin kişilerin davranışlarının sonucu ne kadar etkilediğidir. Rasyonalizm süreç ve kurumların davranışlar üzerindeki etkisini kabul eder ve bunların davranışı değiştirdiği ancak kimlikleri ve çıkarları etkilemediği üzerinde durur. Bununla birlikte Neorealistler ve Neoliberaller etkin kişilerle ilgili benzer varsayımlarda bulunurlar: devletler sistem içinde etkin aktörlerdir ve güvenliği kendi çıkarlarına göre şekillendirirler. Neorealistler de neoliberaller de kendi çıkarları doğrultusunda hareket eden devletleri teorilerinin çıkış noktası olarak alırlar. Bu çıkış noktası Neorealistler için sabittir. Çünkü anarşilerin kendi kendine hizmet eden sistemler olduğuna inanırlar. Bu sistemde merkezi bir otorite ve ortak bir güvenlik yoktur. Kendine hizmet bir kurum olarak görülmez ve etkileşimden etkilenmez. Bu teorilere göre kimlik uluslararası ilişkiler için önem taşımaz. Liberallerse, Neorealistlerin anarşik yapının sebep-sonuç ilişkisine bağlı gücünü isteksizce de olsa kabul ederler. Ancak sürecin kendine hizmet eden sistemin içinde ortak davranışı etkilediği tartışmasını da ortaya atarlar. Bazı liberaller anarşinin kendine hizmet eden kimliklerin ortaya çıktığı devletlerin oluşturduğunu kabul ederler. Bu zayıf Liberaller, aslında Liberal olmadan önce Realisttirler. Bu nedenle zayıf Realistler olarak da adlandırılabilirler. Çünkü uluslararası kurumların güç ve çıkarları

[27] Maksim Alexandrov, "The Concept of State Identity in International Relations: A Theoretical Analysis", *Journal of International Development and Cooperation*, cilt 10, sayı 1, 2003, s.40.

değiştirilebileceğini iddia ederek Realizmin sınırlarının dışına çıkmışlardır. [28]

Konstrüktivizmin güçlü Liberalizme potansiyel katkısı, Modernistler ve Postmodernistler arasındaki tartışma nedeniyle silik kalmıştır. Bu durum Konstrüktivistleri de ikiye bölmüştür. Uluslararası ilişkilerin temel konusuna bağlı kalmakla birlikte Modern ve Postmodern Konstrüktivistler, Liberallerin kurumların çıkarları nasıl etkilediğiyle ilgilenen güçlü Liberallerden çok da farklı olmayan bir konu üzerinde durmuştur. Kimliklerin ve çıkarların etkileşimde olduğu bilişsel ve kişiler arası bir süreç görüşü ortaya koymuşlardır. [29]

1989 yılında Berlin Duvarı'nın yıkılışı ve akabinde SSCB'nin çöküşü ile Soğuk Savaş resmen sona ermiştir. Soğuk Savaş'ın barışçıl sonu ise sadece dünya düzenini değiştirmekle kalmamış aynı zamanda uluslararası ilişkiler teorileri tartışmalarının da yönünü değiştirmiştir. Yaygın uluslararası ilişkiler teorilerinin hiçbiri Soğuk Savaş'ın bu şekilde sonlanacağını öngörememiştir. Ortaya çıkan büyük bir savaş veya anarşik dünya sisteminde herhangi bir değişiklik olmadığı için Neorealistler dünyanın çift kutuplu düzeninin devam etmesini beklemişlerdir. Neorealistler ayrıca uluslararası kurumların savaşı uzaklaştırmak için herhangi bir etkileri olmadığını da savunmuşlardır. Bu düşünceye göre uluslararası kuruluşlar sadece, mutlak kazancı düşünenden ziyade işbirliğinden elde edecekleri kazançları da düşünen devletler arasındaki maddesel güç mücadelesini yansıtmaktadır.[30]

Ancak sahip olduğu tüm nükleer silah gücüne rağmen SSCB çökmüştür. Neorealistler ise Sovyet gücünü reddettiklerini söyleyerek bu çöküşe bir açıklama bulmaya çalışmışlardır.[31] Ne var ki, bu açıklama dünyada üzerindeki güçlerin fiziki dağılımından daha çok yerel siyaset ve ekonomi üzerine kurulmuştur. Bu nedenle Soğuk Savaş'ın sonu ile birlikte Yeni Gerçekçiliğin uluslararası ilişkiler teorileri üzerindeki egemenliği de son bulmasa bile, kayda değer biçimde azalmıştır. Bununla birlikte, Soğuk Savaş'ın sonu ile birlikte Konstrüktivistlere anlamaları için bir çeşit görev verilmiştir. Wendt'e göre *"maddesel yapıların kendilerine has etkileri olabilir..., Soğuk Savaş temelinde maddesel bir yapıdan ziyade söylemsel-soyut bir yapıya sahiptir."*[32] Buna göre, ABD ve SSCB birbirlerini düşman olarak algılamasalardı Soğuk Savaş çok daha erken sonlanabilirdi. Değişim içten içe büyüyüp gerçekleşebilirdi. Devletler kendi kimliklerini yeniden oluşturabilir, ulusal rollerini bilinçli olarak dönüştürebilir ve akabinde dünya düzenini değiştirebilirlerdi.[33]

SSCB durumunda ise Leninist Emperyalizm teorisi üzerindeki fikir birliğinin sekteye uğraması, devletin Batı'dan gelen ekonomik-teknolojik-askeri standartlara ayak uydurma konusundaki yetersizliği, Batı'nın SSCB'yi işgal etme niyetleri bulunmadığı konusunda güvence vermesi ve Gorbaçev'in yeni Perestroika, yani siyasal sistemi yeniden yapılandırma politikaları sonucunda eski kimlik üzerinde bir

---

[28] Alexander Wendt, *Anarch is What States...*, s. 391-392.

[29] Alexander Wendt, *Anarchy is What States...*, s. 393-394.

[30] John J. Mearsheimer, "The False Promise of International Institutions". *International Security*, cilt 19, sayı 1, Kış 1994/1995, s. 5-49.

[31] John J. Mearsheimer, *a.g.m.*, s. 46

[32] Alexander Wendt, "Collective Identity Format ion and the International State", *American Political Science Review*, cilt 88, sayı 2, 1994, s. 389.

[33] Alexander Wendt, *Anarchy is What States...*, s.397-99

11

değerlendirme yapılmış ve yeni fikirler ortaya atılmaya başlanmıştır.³⁴ Gorbaçev'in yeni düşünce şekli aynı zamanda Amerikan Silahlanma Kontrolü Topluluğu, Batı Avrupalı Barış Âlimleri ve Orta-Sol Siyasetçiler ve Sovyet Kurum ve Kuruluşlarındaki Analizciler ve Bilim Adamları gibi uluslararası epistemik topluluklardan da etkilenmiştir.³⁵ Epistemik toplulukların kendi aralarında paylaştıkları ortak kuralcı ve prensipli inanışları, rastlantısal inanışları, geçerlilik inanışları ve ortak siyaset girişimleri sayesinde toplulukların sahip oldukları fikirleri soyut olarak SSCB içinde yayma güçleri oldukça gelişmiştir.³⁶ Bu fikirlerin uygulamaları ise SSCB'nin önce güç kaybedip çökmesine ve sonra da dağılmasına neden olmuştur. Bu Konstrüktivist argümanlar Konstrüktivizm teorisinin dünya düzenini ve uluslararası ilişkileri anlamakla olan ilgisini gözler önüne sermiştir.

Soğuk Savaş'ın sona ermesiyle beraber Konstrüktivizm uluslararası ilişkiler teorileri tartışmaları arasında masaya yatırılmaya başlanmıştır. Ancak bazı düşünürler Konstrüktivizmin *"başka herhangi bir şeye benzemeyen bir yöntem"* olarak kaldığı konusunda eleştirilerde bulunmaktadırlar.³⁷ Buna göre, Konstrüktivizm dünya siyaseti üzerine sağlam bir teori sunmamaktadır. Bunun yerine Uluslararası Siyasi Ekonomiyi anlamak için uygulanabilecek bir araştırma yaklaşımı sunmaktadır. Konstrüktivizm sosyoloji, karşılaştırmalı politika, sosyal psikoloji ve diğer pek çok alandan çeşitli teorilerle birlikte çalışılmalıdır. Diğer taraftan, bu şekilde bir açık uçluluk Konstrüktivizme kendisini geliştirmek için geniş bir alan ile birlikte başlı başına dinamik bir uluslararası ilişkiler teorisi haline gelebilmesi fırsatını da tanımıştır. Konstrüktivizm her zaman özdüşünümsel olmaya hazır, kendi kendini eleştirebilen ve bu eleştirileri diğer teorilere de taşıyabilen bir teoridir. Örneğin Paul Kowert Konstrüktivistlerin kimlik yapılandırılması için neden odaklı bir teori oluşturmadıklarını ve Konstrüktivistlerin somut kısıtlamalar üzerine mantıklı argümanları reddetme eğitimleri olduğunu savunmuştur. ³⁸

Yapılan pek çok araştırmanın sonucunda Konstrüktivizmin dünya siyasetini ve ekonomisini anlama konusunda oldukça faydalı bir yaklaşım olduğu kararına varılmıştır. Konstrüktivizmin öncülerinden Alexander Wendt, bu iki gelenek arasında, uluslararası kurumların devlet kimliklerini ve çıkarlarını değişime uğratabileceğini iddia eden Liberallerin bakış açısına, Konstrüktivist bir tartışma ortaya atarak, bir köprü kurmayı amaçlamaktadır. Bunun yanısıra bu köprüyü Realistler, Liberaller, Rasyonalistler ve Reflektivistler arasında da kurmak istemektedir. Uluslararası ilişkilerde aktif olan ekonomik teorileştirmelerin tersine içinde kimlik ve çıkarların bağımlı değişken olduğu Konstrüktivist sosyolojik sosyal psikolojik bir sistemik teori ortaya koymak istemektedir. Ancak Wendt esas olarak Liberalizmle ilgilenmemektedir. Güçlü Liberalizme Konstrüktivizmin katkısını

---

³⁴ Alexander Wendt, Anarchy is What States..., s.419-420

³⁵ Thomas Risse-Kappen, "Ideas Do Not Float Freely: Transnational Coalitions, Domestic Structures, and the End of the Cold War", *International Organization*, cilt 48, sayı 2, 1994, s. 213,

³⁶ Peter M. Hass, "Introduction: Epistemic Communities and I nternational Policy Coordination", *International Organization*, cilt 46, sayı 1, Kış 1992, s.3-16.

³⁷ Jeffrey T. Checkel, "The Constructivist Turn in International Relations Theory", *World Politics*, cilt 50, sayı 2, 1998, s.342.

³⁸ Paul A. Kowert, "The Peril and Promise of Constructivist Theory", *Ritsumeikan Kokusai Kenkyu*, cilt 13, sayı 3, 2001, s. 163-165.

kimlikle ilgilenmesi, çıkar değişimini ve Liberalizmde gözardı edilen bilgi edinme ve kavrama konusundadır. Wendt'e göre ortaya koyduğu köprü kurma stratejisi, anarşik sistemde ortaya konan kendine hizmet konusu üzerinde duran Neorealistlerce kabul görmeyebilir. Konstrüktivizm anarşinin güç dağılımı konusunda güçlü bir görüş ortaya koymaz. Realistlerle bu konuda da ters düşülmektedir. Wendt'e göre kendine hizmet ve güç politikaları birbirlerini anarşi nedeniyle takip etmezler, eğer bugünkü dünya kendine hizmet eden bir dünyaysa bunun sebebi yapı değil, süreçtir. Yapının süreç dışında bir güçsel ilişkisi veya varlığı yoktur. Kendine hizmet ve güç politikaları anarşinin bir ürünü değil, kurumlardır. Anarşi ise devletlerin yarattığı bir durumdur. [39]

Konstrüktivizm kendisini Neorealizmden ve Neoliberalizmden öznelerarası bilginin ontolojik gerçekliğinin altını çizerek ve ön plana çıkartarak ayırır. Bu, Konstrüktivizmin maddesel dünyayı çürütmeyi hedeflediği anlamına gelmez. Maddesel dünya ve öznelerarası bilgi kendi içlerinde yakın bir ilişkiye sahiptir ve birbirlerini etkilerler. Maddesel dünya da öznelerarası bilgi de bağımsız değildir, sadece göreceli olarak bir özerklikleri olduğu söylenebilir. Maddesel dünya insanların veya devletlerin tam olarak nasıl davranacaklarını belirlemez; sadece insanların oluşturabilecekleri farklı yorum ve öznelerarası dünya olasılıklarını kısıtlar. Maddesel yapılar hem temsilci hem de sosyal yapı üzerinde bir kısıtlama oluştururlar. Haliyle Konstrüktivistler sosyal yapının sınırsız olasılığını düşünmezler. Her ne kadar insanların yorumlama gücü olsa da maddesel dünyayı ve kendi sosyal dünyalarını özgürce yorumlayamazlar. Her zaman için sosyal dünyayı gölgeleyen bir yorum sınırı bulunmaktadır. Maddesel dünya sosyal dünyayı şekillendirir ve sosyal dünya tarafından şekillenir. Wendt'e göre *"insanlar, bir objeye doğru diğer aktörleri de dahil ederek ve o objenin kendileri için ifade ettikleri anlamları göz önünde bulundurarak hareket ederler"* [40] Maddesel dünya muhtemel anlamlar sunar ve insanlar da gerçekliği tanımlayabilmek adına bazı anlamları çalarak bunları diğer başka anlamlarla bağdaştırırlar, mantıksal söylemler aracılığıyla yeni anlamlar oluştururlar, anlamları daha sık kullanarak öznelerarası anlamlar kurarlar ve daha önceden oluşturulmuş öznelerarası anlamlarla karşılaştırırlar. Bu nedenle maddesel dünyanın sunduğu anlamlar artık maddesel dünyaya ait değildir, çoktan çalınmışlardır. Anlamlar artık insanların oluşturdukları ve öznelerarası dünyalarında somutlaştırdıkları sosyal unsurlar haline gelmişlerdir. Öznelerarası dünya da anlamın son adımı haline gelir. Anlam artık maddesel dünyanın temel özelliği değildir. Kendine ait sosyal içerikleri vardır. Maddesel bir obje bu nedenle içerisinde bulunduğu sosyal içeriğe bağlı olarak farklı anlamlar taşır. *"Anlam"* der Wendt, *"sosyal ilişkilerden ortaya çıkar"* [41] Konstrüktivistler, maddesel dünyanın varlığını reddetmek yerine maddesel dünyayı teorilerinin bir parçası olarak işlerler. Konstrüktivistlerin projeleri *"dünyanın maddesel, öznel ve öznelerarası boyutları üzerine"* resimler çizerek gerçekliği anlamaktır. [42]

Richard Price ve Christian Reus-Smit'e göre, Konstrüktivistlerin sosyal bağlamlar

---

[39] Alexander Wendt, *Anarchy is What States...*, s. 394-395
[40] Alexander Wendt, *Anarchy is What States...*, s. 396-97.
[41] Alexander Wendt, *Collective Identity...*, s. 403.
[42] Emanuel Adler, "Seizing the Middle Ground: Constructivism in World Politics". *European Journal of International Relations*, cilt 3, sayı 3, 1997, s. 323

üzerindeki algıları onları evrensellikten uzaklaştırır. Hırslı bir biçimde coğrafi alanı ve tarihi kuşatan evrensel ve objektif gerçeği kavramaya çalışan Yeni Gerçekçilerin ve Neoliberallerin aksine Konstrüktivistlerin [43] "*Büyük Gerçek*" ve "*Gerçeklik*" iddialarını formüle etmek gibi bir niyetleri yoktur. Bu yine de Konstrüktivistlerin sosyal bilimlerin bütün temellerini reddettikleri anlamına gelmez. Konstrüktivizmin de teorileri değerlendirmek için minimal bir temeli bulunmaktadır. Konstrüktivistler de hala sosyal bilimlerin standardı olarak mantıksal tutarlılığı baz alırlar. Konstrüktivistlerin elde edebilecekleri ise "*Küçük Gerçek*" gerçekliği iddialarından ileriye geçemez. Evrensel teoriler aramazlar ancak pek çok coğrafi alanda ve tarihi dönemlerde tipiklik ararlar. Sadece rastlantısal genellemeler yaparlar, bu da genellemelerini her zaman tartışmaya ve başka yorumlara açık hale getirir. [44]

Konstrüktivistler daha sonra dünya üzerindeki kavramcılıklarının değer yargısız olmadığını kabul etmişlerdir. Neorealizmin ve Neoliberalizmin aksine Konstrüktivizmde tarafsız bir yargı bulunmamaktadır. Konstrüktivistlerin içinde yaşadıkları sosyal konum, yaptıkları yorumları da etkilemektedir. Bilim adamları, onları değer yargılarından steril tutan vakumlu bir kapsül içinde yaşamazlar. Dünya üzerinde değerlerin olmadığı bir yer yoktur. Gökyüzüne kadar uçmak ve dünyanın yapısına kuş bakışı bir açıyla bakmak bile bilim adamlarını, özellikle de mantıklı Neorealistleri ve Neoliberalleri, değer yargılarından bağımsız kılmaz. Gökyüzünde bile onları kirletecek bir değer atmosferi vardır. Her ne kadar Konstrüktivistler ilgi alanlarını bilerek ve isteyerek teorilerinin içine katmasalar da ilgi alanları bir şekilde yargılarının içine karışır. Konstrüktivizm teorisi ve Konstrüktivistlerin inşa ettikleri teori bu nedenle sosyal olarak yapılandırılmıştır. [45]

Öznelerarası anlamların öneminin göz önünde bulundurulması Konstrüktivistleri mantıksal Neorealistlerin ve Neoliberallerin kullandığı açıklama yapan bakış açısını kullanmamaya teşvik etmiştir. Max Weber'in yolundan giderek verstehen, yani anlamak, bakış açısını kullanmışlardır ve insan bilincinin sosyal hayattaki gerçekliğini anlamayı ve yorumlamayı hedeflemişlerdir. Konstrüktivizm, araştırmacılarla anlamaya çalıştıkları şey arasında bir özne-obje ilişkisi kurmaz. Araştırmacılar, yorumladıkları şeyden daha üstün değillerdir. Hem araştırmacılar hem de insan sosyal dünyası öznedir. Bir taraftan, bu bakış açısı Konstrüktivistlerin kendi kavramsallıkları üzerinden yorumladıkları insan-sosyal dünyasına elverişli bir ortam yaratır. Diğer taraftan ise Konstrüktivistleri, kendi ilgi alanlarını veya kavramsal-analitik modellerini anlamaya çalıştıkları insan-sosyal dünyası üzerine empoze etmemek için her zaman dikkatli olmaya zorlar.[46]

Ancak, her ne kadar Konstrüktivizmin kendine özel ontolojik, epistemolojik ve metodolojik argümanları olsa da kendisini deneysel araştırma stratejileri konusunda mantıksal Neorealistlerden ve Neoliberallerden ayrıştırmaz. Öznelerarası anlamları anlamak ve yorumlamak için Konstrüktivistler, söylem analizi, süreç takibi,

---

[43] Peter J. Katzenstein, Robert O. Keohane, Stephen D. Krasner, "International Organization and the Study of World Politics". *International Organization*, Autumn, cilt 52, sayı 4, 1998, s. 645-685.

[44] Richard Price, Christian Reus-Smit, "Dangerous Liasons? Critical International Theory and Constructivism". *European Journal of International Relations*, cilt 4, sayı 3, 1998, s. 272

[45] Rice Kappen, Antje Wiener, "Something Rotten and the Social Construction of Social Constructivism: A Comment on Comments", *Journal of European Public Policy*, cilt 6, sayı 5, Aralık 1999, s. 775-785

[46] Emanuel Adler, *a.g.m*, s. 325-327

soybilim, yapılandırılmış odaklı karşılaştırmalar, mülakat, katılımcı gözlemleri, içerik analizi, birincil kaynakların niteliksel içerik analizi (arşiv, biyografi) ve istatistiki çalışmalar gibi alışılmış araştırma metotlarını kullanırlar. Konstrüktivizmde, Finnemore ve Sikkink'e göre *"sadece tek bir Konstrüktivist yöntem veya araştırma tasarısı bulunmamaktadır"* [47]

Konstrüktivistler, yukarıda da bahsedildiği gibi, maddesel dünyanın sosyal dünya tarafından şekillendirildiğini ve sosyal dünyayı şekillendirdiğini düşünürler. Devletin askeri gücü ve askeri gücün devletler arasındaki dağılımı otomatik olarak belirli bir uluslararası sosyal yapı oluşturmaz. Dünyadaki bütün devletler üzerinde yetki sahibi olan herhangi bir merkezi yönetim sistemi olmasa da Neorealistlerin öngördüğü gibi uluslararası sistem *"rekabetçi güvenlik sistemi"* haline gelmek zorunda değildir. Sistem, Neoliberallerin düşündüğü gibi bir *"bireysel güvenlik sistemi"* veya bir *"rekabetçi güvenlik sistemi"* olarak gelişebilir. [48]

Anarşi ve askeri gücün dağılımı devletlerin kimliklerini ve aralarındaki ilişkileri önceden belirlemez. Bir devletin sahip olduğu güçlü bir askeri yetkinlik diğer devletler için bir tehdit unsuru veya bir güvenlik unsuru anlamına gelebilir. Örneğin, Tayvan için ABD'nin elinde bulunan bir nükleer silahla Çin'in elinde bulunan bir nükleer silah aynı anlamı taşımayacaktır. [49]

Anarşik uluslararası sistem bu nedenle devletler için bir çeşit kendi kendine yardım sistemi oluşturmamaktadır. Bir devletin çok büyük askeri uygulamaları bir başka devlet tarafından tehdit olarak algılanabilir. Ayrıca bazı devletler için bölgesel bir tehdit de oluşturabilir. Kendini tehlikede hisseden her bir devlet askeri silahlı kuvvetlerini güçlendirebilir ancak aynı zamanda tehlikeyi dengelemek adına bir güvenlik veya toplu güvenlik sistemi oluşturabilirler. Wendt'in de defalarca dediği gibi *"Kendi kendine yardım etmek bir kurumdur"*. Ayrıca *"öznelerarası anlayışa ve beklentilere ve 'bilginin dağılımına' bağlıdır. Anarşinin yapısal bir özelliği değildir."* [50]

Bireysel ve işbirlikçi güvenlik sistemi olasılığı, dünya siyasetindeki güçler dengesi konseptinin önemini azaltır. Diğer devletlerin maddesel güçleri otomatik olarak askeri tehdit anlamına gelmediği için bir devletin maddesel gücündeki her değişikliğin diğer bir devlet tarafından dengelenmesi gerektiğini düşünmemek gerekir. Güçler dengesi konsepti daha çok, bir gerçekçi olan Stephen Walt tarafından da Soğuk Savaş'ın bitiminden önce tanımlandığı üzere, tehdit dengesi konseptiyle değiştirilmelidir. [51] Bu da bir devletin sadece tehditkar bir askeri güç karşısında dengeleyici bir adım atması gerektiğini, tehditkar olmayan bir askeri güç karşısında böyle bir önlem almasına gerek olmadığını belirtir. Bir devletin tehditkar bir hale gelip gelmemesi ise sahip olduğu tipe ve rol kimliklerine bağlıdır. Buna ek olarak bir devletin başvurabileceği anlamları da sosyal etkileşim aracılığıyla

---

[47] Martha Finnemore, Kathryn Sikkink, "Taking Stock: The Constructivist Research Program in International Relations and Comparative Politics", *Annual Review of Political Science*, 04.06.2001, s. 394-396
[48] Alexander Wendt, *Collective Identity…*, s. 397-99
[49] Jonh J. Mearsheimer, *a.g.m.*, s.49
[50] Alexander Wendt, *Anarchy is What States…*, s. 396-403.
[51] Stephen P. Walt, "Alliance Formation and the Balance of World Power", *International Security*, cilt 9, sayı 4, İlkbahar 1985, s. 8-9,

oluşturulan uluslararası kurallar ve kurumlar sağlar. Bu yönden düşünüldüğünde, saldırgan Neorealistlerin üstünü çizdiği göreceli kazancın önemi sürekli olarak azalır[6] ve devletler arasındaki işbirliği daha muhtemel hale gelir. Diğer devletlerin rol kimliklerini tanımlayarak bir devlet hangi devletlerle işbirliği içinde olması gerektiğini anlayabilir.[52] Göreceli kazanç devletler için hala önemli bir yere de sahip olsa devletlerin aralarında kurulan ilişkilerin karakterini belirleyen tek faktör değildir. Neoliberal Kurumsalcıların söylediği gibi göreceli kazanç ancak mutlak kazancın arkasından ikinci derece önemli bir ilgi odağı olabilir. Bir devletin eline geçecek maddesel kazançların yanı sıra özünde kendisinin sahip olduğu yetileri de vardır. Ayrıca hayatta kalma ve bu maddesel kazançları koruma içgüdüsüne sahiptir.[53]

Konstrüktivizm, uluslararası kurumların gerçekliğini anlamak konusunda Neoliberal Kurumsallığı da kapsar. Her ne kadar Neoliberal Kurumsalcılar, kurumların *"belirsizliğin bazı kurallarını azaltıp işlem maliyetlerini düşürme"* yetilerinin altını çizseler de devletlerin hile yapmasını engelleyecek güçlü bir garanti verememektedirler. Neoliberal Kurumsalcılar, kurumların önceden belirlenmiş bencil devletler üzerinde kurumların ne yapabileceği sorusunda istikrarlı davranmamışlardır. Kimlik ve çıkarların değişimi üzerine Joseph Nye bir çeşit *"karmaşık öğrenme"* süreci tanır, Robert Jervis *"bencillik ve çıkar konseptlerinin değişimleri"* üzerinde durur, Robert Keohane ise *"çıkarların sosyolojik kavrayışlarından"* bahseder. [54]

"Genellikle resmi kurallar ve ilkeler olarak kodlanmış olan göreceli olarak stabil bir set veya 'yapı' olan kimlikler ve çıkarlar" şeklinde uluslararası kurumların, kimlikleri devletlerin içine özümsemek ve ardından kimliği değiştirmek için yeterli söylemsel güçleri vardır. Uluslararası kurum sadece bir devletin bencil çıkarlarını sınırlayabilmekle kalmaz aynı zamanda devletin içine yeni veya farklı çıkarlar da özümsetebilir. Uluslararası kurumların, devletlerin uygunluk mantığı oluşturabilecekleri uluslararası kuralları vardır. Devletler veya devlet adamları durumlarını tanımlayabilir ve uluslararası kurallara bakarak bu durumda ne yapmaları gerektiğine karar verebilirler. Martha Finnemore, uluslararası kurumların ve insani standartların devletlerin diğer insani konulara karşı tavırlarını ve böylece de davranış biçimlerini nasıl değiştirebileceğini gösterir. *"Çok yönlü kurallar"* Finnemore'a göre *"uygun olanlar için politik menfaatler sağlarken uygun olmayan davranışlar içinse maliyet çıkarır."* [55] Bu tabi ki devletlerin uluslararası kuralları sorgulamadan kabul ettikleri anlamına gelmez. Devletlerin kimliklerini şekillendiren bir diğer faktör de hepsinin yerel siyasetidir. Devlet adamları, uluslararası kurallarla kolayca boyanabilecek boş birer kitap değillerdir. Yerelleştirme süreci yerel siyasetle uluslararası kurumlar arasındaki söylemsel tanışıklığın köprüsünü oluşturur ve ön-yerelleştirme (direnç ve inkar), yerel girişimler (girişimcilik ve çerçevelendirme), adaptasyon (aşılama ve budama) veya yükseltme ve evrenselleştirme formlarından biri olarak karşımıza çıkabilir. Bu süreç

---

[52] John J. Mearsheimer, *a.g.m.*, s. 35.
[53] Alexander Wendt, *Anarchy is What States...*, s. 402.
[54] Alexander Wendt, *Anarchy is What States...*, s. 399.
[55] Peter J. Katzenstein, *a.g.m.*, s. 153-185

bazı uluslararası fikirlerin ve kuralların bazı devletlerde diğerlerine oranla neden ve nasıl daha yaygın bir kabul gördüğünü açıklamaktadır.[56] Bu nedenle bir devletin yerel siyasetinin ve kimliğinin var olması o devletin uluslararası sosyal yapı önünde göreceli olarak özerkliğe sahip olması anlamına gelmektedir. Maddesel yetkinlikleri ve söylemsel gücü sayesinde bir devlet sahip olduğu kimliğini ulusal sınırlarının ötesine de yayabilmektedir. Tekrar eden uygulamalar sayesinde bir devlet kimliğini somutlaştırabilir veya esrarengiz bir hale sokabilir, arkasından uluslararası sosyal yapıyı inşa edebilir. Devletler ve devlet adamları pasif oyuncular değillerdir. Uluslararası kuralları ve kurumları şekillendirir ve onlar tarafından şekillenirler. Bu da bir tarafta devletler ve devlet adamları arasında 'temsilci' olarak dinamik ilişkiler oluştururken diğer tarafta uluslararası kurallarla kurumlar arasında sosyal yapı ilişkisini oluşturur. Öz ve sosyal yapı karşılıklı olarak inşa edilmiştir. Maddesel yapı, uluslararası sosyal yapılar ve yerel siyasetler arasındaki dinamik ilişkiler aracılığıyla dünya siyasetinde farklı ve birden çok kimlik oluşmuştur. Tek ve göreceli olarak durgun olan kişisel çıkar kimliğini varsayan yeni gerçekçilerin ve Neoliberal Kurumsalcıların aksine Konstrüktivistler bir devletin birden çok dinamik kimliği olduğunu savunmaktadır. Bir devlet hem demokratik, kapitalist, gelişmiş bir ülke olabilir ama aynı zamanda bir başka devletin müttefiki veya partneri olurken diğer yanda başka devletlerin düşmanı veya rakibi olabilir. Thomas Hobbes, Reinhold Niebuhr ve Hans Morganthau gibi Klasik Realistler insan doğasının özüne egoizmi, güç politikalarını yerleştirmişlerdir. Yapısal Realistler ve Neorealistler ise anarşi üzerinde durmuştur. Kenneth Waltz ise ikisine de önem vermiştir. *"Man, the State and War"* isimli eserinde anarşiyi savaşın oluşabilmesi için uygun ortamı yarattığı üzerinde durmuştur. Savaş ondan koruyan herhangi birşeyin bulunmamasından dolayı ortaya çıkar. Bu insan doğasından ve saldırgan ülkelerin politikaları nedeniyle ortaya çıkar. Waltz'a göre anarşi nedeniyle savaş her an çıkabilmektedir. Waltz üçüncü-fikir teoriye ulaşmaktadır. Ancak anarşik sistemi başlatan nedenler birinci ve ikinci fikirden ortaya çıkmaktadır. Bu görüş Waltz'un *"Theory of International Politics"* eserindeki görüşlerini tersine çevirmektedir. Bu eserde birinci ve ikinci fikir teoriler indirgemeci olarak reddedilmektedir ve anarşi tarafından yaratılan kendine yardım ve güç politikalarını dünya politikalarının gereği saymaktadır. Wendt'e göre bu yanlış bir görüştür. Keyfi görüşte, bir kişi veya yerel faktör A'yı B'ye saldırmaya iterse, B kendini korumak zorunda kalacaktır. Anarşiler güç savaşlarına neden olacak dinamikleri barındırabilirler, ancak barındırmayabilirler de. Bu durumda kimlik ve çıkarların başlıca yapılarının ne zaman ortaya çıkacağı konusu tartışılmalıdır. Oysaki Neorealizmde anarşinin karakterini şekillendiren faktörler azaltılmıştır. Dolayısıyla kendine yardım ve güç rekabeti politikaları devlet sisteminin yapısına dışsal olarak girmektedir. Wendt teorisini üç aşamada ortaya koymaktadır. Birincisi, kendine yardım ve anarşi kavramlarını, güvenliğin kendine yardım görüşünün anarşinin temel niteliklerinden olmadığını göstererek ayırmıştır. İkincisi, kendine yardım ve rekabetçi güç politikalarının anarşinin sadece keyfi bir rol oynadığı, devletlerin etkileşim süreçleri tarafından yaratıldığını göstermiştir. Devlet kimliklerinin birinci ve ikinci fikirlerini

---

[56] Amitav Acharya, "How Ideas Spread: Whose Norms Matter? Norm Localization and Institutional Change in Asian Regionalism", *International Organization*, cilt 58, sayı 2, İlkbahar 2004, s. 240-254

bilerek parantez içine almıştır. Ancak bunları önem vermediği için değil, anarşinin mantığını netleştirmek için yapmıştır. Üçüncüsü ise, birinci ve ikinci fikir belirteç yeniden dahil ederek, farklı tip anarşilerde kimlik şekilleri üzerindeki etkilerini belirlemektir.[57]

Waltz politik yapıyı üç aşamada tarif eder: Düzenleyici İlke (bu durumda bu anarşidir), Farklılaşma İlkesi ve Olanakların Dağılımı. Bu tanım Wendt'e göre devlet davranışı hakkında fikir verir. İki devletin dost veya düşman olacağıyla, birbirlerinin bağımsızlığını tanıyıp tanımayacağıyla, sağlam bağları olup olmayacağıyla, revizyonist mi yoksa statükocu mu olacağıyla ilgili fikir vermez. Öznel olan bu özellikler devletlerin güvenlik çıkarlarını ve anarşi altındaki davranışının karakterini etkiler. Waltz'un teorisinin bir revizyonunu yapan Stephan Walt ise güç dengesi yerine tehdit dengesinin devlet davranışlarını belirlediğini ortaya koymaktadır. Wendt'e göre, kimliğin ve çıkarların sistem içindeki yapısı kabul edilmeden, Waltz'un teorisi tatmin edici değildir ve anarşinin dinamiklerini ortaya koyamaz. Kendine hizmet öznel bir yapıdır ve teori içinde açıklayıcı bir özelliğe sahiptir. Ancak soru kendine hizmet anarşinin mantıksal mı yoksa şarta bağlı özelliği midir olmalıdır. Wendt bu konuda kimlik ve çıkarın yapısı görüşünden faydalanmış ve anarşiyi mantıksal bir şekilde takip etmediğini ortaya koymuştur. Konstrüktivist sosyal teorinin temel ilkesi, insanların hedefleri doğrultusunda hareket ettiğidir. Devletler düşmanlarına dostlarına davrandıklarından farklı davranmaktadır çünkü düşmanlar tehdit oluşturmaktadır ancak dostlar oluşturmamaktadır. Anarşi ve güç dağılımı ise bu konuda fikir vermemektedir. Örneğin ABD askeri gücü yakın yapısal durumlarına rağmen Kanada'ya Küba'dan daha farklı bir yaklaşım sergilemektedir. Güç dağılımı her zaman devletlerin hesaplarını etkilemektedir. Ancak bu etkinin büyüklüğü devletin kendini ve diğerini algı dağılımı içinde öznel olarak nasıl algıladığı ve diğerinden ne beklediğiyle ilgilidir. Wendt bu konuda şu örnekleri vermektedir; eğer bir toplum üniversitenin ne olduğunu unutursa, öğrencilerin ve öğretmenlerin varlığı son bulurdu veya ABD ve SSCB artık düşman olmadıklarına karar verselerdi, Soğuk Savaş son bulurdu. Dolayısıyla ortak anlamlar insanların hareketlerini belirleyen yapılardır.[58]

Anarşi altında kimlik oluşturma süreci ilk etapta güvenlik veya muhafaza olarak algılanabilir. Ancak güvenlik konseptleri diğerlerine karşı oluşturulan kendi öz algısından farklıdır. Ortak güvenlik sistemi egonun kazançlarının düşmanın kaybı olarak algılandığı ve devletlerin birbirlerinin güvenliğini negatif olarak tanımladığı bir sistemdir. Anarşi altındaki negatif kimlikleştirme Realist güç politikalarını oluşturur: riskten kaçınan aktörler bağıntılı kazanç ve kayıplar konusunda endişelenirler. Hobbes'çu herkese karşı savaş teorisinde olduğu gibi, ortak davranış bu tip bir sistemde neredeyse imkansızdır. Çünkü her aktör arkadan vurulmaktan korkmaktadır. Ortada ise bir devletin kendileriyle diğerlerinin güvenliği arasındaki ilişkiye kayıtsız kaldığı bireysel güvenlik sistemi vardır. Bu Neoliberal sistemi oluşturur. Devletler halen kendi güvenliklerini gözetiyordur ama öncelikle bağımlı kazançtansa salt kazançla ilgilenir. Birinin güç dağılımındaki durumu önemli değildir ve ortak hareket daha muhtemeldir. Ancak yine de özgür hareket etmek

---

[57] Alexander Wendt, *Anarchy is What States...*, s. 395-396
[58] Alexander Wendt, *Anarchy is What States...*, s. 396-397

isterler çünkü halen egoistlerdir. Rekabetçi ve bireyselci sistemler anarşinin kendine hizmet formudur. Bu noktada devletler diğerleriyle beraber kendi güvenliklerini pozitif olarak tanımlamazlar. Güvenlik rejimlerini oluşturacak pozitif bir güvenlik tanımlaması olmaması, bu tip sistemlerdeki güç politikalarının diğerlerini kendi çıkarlarını tazmin etmek için manipüle etmek üzerine olmasına neden olmaktadır. Bu görüşlere ortak güvenlik sistemi zıt düşmektedir. Bu sistemde devletler birbirlerini olumlu olarak tanımlar bu nedenle de birinin güvenliği hepsinin sorumluluğu olarak görülür. Bu kendine hizmet değildir, çünkü çıkarların tanımlandığı "*öz*" birlikteliktir, milli çıkarlar uluslararası çıkarlardır. Öz kavramı her ne kadar derinden ortaklık meydana getirirse, güvenlik o kadar fedakar bir yapıya sahip olur. Bu da ortak hareketi aktif tehditlerin varlığına ve özgür davranmaya olan eğime daha az bağımlı kılacaktır. Bu bakış açısına göre, güç ve kurumları iki zıt anlayış olarak gören uluslararası ilişkiler öğretisi birşeyleri gözden kaçırmaktadır. Çünkü anarşi ve güç dağılımı sadece devlet davranışı için kurumsal kimlik ve çıkar oluşturmak için bir anlam sahibi olabilir. Kendine hizmet tek olmamakla birlikte bir anarşi tipi ortaya koyan bu kurumlardan biridir. Wendt'e göre Waltz'un üç bölümden oluşan yapı tanımı belirsizdir. Yapıdan davranışa doğru ilerlemek için, dördüncü bir bölüme daha ihtiyaç vardır: sistem içinde birbirine bağlı kimlik ve çıkar yapısını oluşturmak. Bu durum doğal devletler birbirleriyle ilk karşılaşmasından öncesi düşünüldüğünde anlamlandırılabilir. Çünkü devletlerin kendi ve diğeri algıları yoktur, dolayısıyla birbirlerinden ayrı veya birbirlerinden etkilenmedikleri bir güvenlik algıları da yoktur. Ancak bu bakış açısı Waltz'unkinden farklıdır. Wendt'e göre ayrıca bu anarşiye bağlı olarak doğal devlet grubundaki devletlerin bir güvenlik ikilemi içinde olduğunu veya kurtlar sofrasında olduğunu söylemek doğru olmaz. Bu iddialar aktörlerin bencil kimlikleri ve çıkarları olmadan önce etkileşimden önce kendileri ve diğerleriyle ilgili bir tanımlamaları olmadığı öngörüsünde bulunur. Öyleyse, etkileşimden önceki doğal devletin kurucu vasıfları nelerdir? Wendt diğerleriyle etkileşime giren özün özellikleri çıkarıldığında iki şeyin kaldığını söyler. Birincisi, içsel özellikleri de içeren kurumun organlarının materyal yapısıdır. İnsanlar için bu vücuttur; devletler içinse hükümetin organizasyonel düzenleridir. Bu durumda Wendt devlet sisteminin elemanlarının dışında oluşturulan taslak malzemelerin devlet uluslararası toplum sürecine girmeden önce bu süreç bireyciliğin uluslararası tanımına uyan bağımsızlığı ya da bölgeciliği ifade etmemesine rağmen, yerel toplum tarafından yaratıldığını iddia etmektedir. İkincisi ise bu maddi yapıyı korumak yani hayatta kalmaktır. Bu kendiyle ilişkin olmak değildir, bu hayatta kalmanın anlam ve gereklerini kendi evrim anlayışı içinde nasıl gördüğüyle ilgilidir. [59]

Öyleyse, eğer kendine hizmet anarşinin kurucu özelliklerinden biri değilse, anarşinin gönüllü bir rol oynadığı bir süreçten ortaya çıkmış olması gereklidir. Bu da Wendt'e göre ikinci bir Konstrüktivizm özelliğidir: buna göre organize edilen davranış etkileşim dışında ortaya çıkar. Öz ve çıkar anlayışı diğerlerinin zamanla oluşturduğu eylemlerin bir aynasıdır. Wendt bu konuda ego ve düşman olmak üzere iki aktörün ilk karşı karşıya gelişini örnek gösterir. Her biri hayatta kalmak istiyordur ve bazı belli başlı maddi yetenekleri vardır. Ancak hiçbiri güç, gösteriş ve

[59] Alexander Wendt, *Anarchy is What States...*, s. 400-403.

fetih için biyolojik ve yerel yönetime sahip değildir. İkisinin arasında güvenlik veya güvensizlik yoktur. Öyleyse bu ikisi ne yapmalıdır? Realistler muhtemelen diğerinin kötü hedefleri olması ihtimaline karşı kötü odaklı bir davranış önerir, bunun için de ölme ihtimaline karşı alınan bir önlem olarak görür. Böyle bir olasılık sivil toplumda bile her zaman vardır. Eğer insanlar sadece kötü odaklı olasılıklar üzerine karar verirse toplum var olamaz. Ancak bunun yerine çoğu karar olasılıklar üzerine verilmelidir ki bunlar etkileşim ve aktörlerin davranışları tarafından yaratılır ve yaratılmalıdır. Öncelikle egonun geri çekilme, saldırı, silah bırakma, silahlanma, ilerleme gibi işaretleri yer alır. Ego için bu işaretler düşmanına nasıl cevap vermesi konusunda temellerini ortaya koyar. Bu temeller egonun eğilimleriyle ilgili sonuçları ve nitelikleri oluşturabilir. Bu da genellikle egonun tehlikede olması ihtimaline karşı oluşan anarşi olarak gösterilir. Bu anlayış iki fikre dayanır. Birincisi işaretlerin ve egonun gürültüyü, sayıları hareket ve davranışların yönü gibi durumları içeren ve ego tarafından oluşturulan fiziksel özelliklerdir. İkincisi, bu özelliklerle ne gibi değişiklikler ortaya konabileceğidir. Değişim egonun amaçlarıyla ilgili anlamlarda niteliksel bir hataya neden olabilir. Ancak işaretlerden önce egonun tehdit altında olduğuna dair bir durum yoktur. Sosyal tehditler doğal değildir, sonradan oluşturulmaktadır. Wendt bu konuya şu şekilde bir örnek vermektedir. Bir uzaylıyla karşılaşıldığında ilk anda saldırıya uğrandığının düşünülmediğini savunur. Kişinin bu durumda kendini tehdit altında hissedeceği doğrudur ancak eğer askeri güçler bu canlıya yöneltilirse bu canlının ilk işaretlerinden o kişinin güvenliği için tehdit olup olmadığı konusunda fikir verir. Yanılma ihtimali uzaylıların tehlikeli olmadığı düşüncesiyle davranmak anlamına gelmez. Davranışlar bizim karşı olarak aldığımız işaretlere bağlıdır. Bu da uzaylının davranışına karşı gelir. Eğer ilk işaretleri binlerce uzaylıyla New York'u yağmalamaksa, durumun tehlikeli olduğu düşünülür ve karşı olarak yanıt verilir. Ancak tek bir uzay gemisiyle barış yapma niyetiyle gelirlerse kişi de karşılık olarak güven tazeleyici davranış sergiler. Bu süreç sosyal bir davranışın sinyallerini veren, ortaya koyan ve karşılık veren bir süreçtir. Bu süreçle beraber öznel anlamlar oluşmaya başlar. İlk sosyal hareket, birbirlerinin ilerideki davranışları hakkında beklentiler ortaya çıkarır. Bu tecrübeye dayalı anlayışa bağlı olarak ego başkasına karşı yeni bir işaret ortaya koyar. O da egoya karşı koyar ve bu durum bu şekilde devam eder. Buradaki mekanizma ikmaldır. Etkileşim aktörleri birbirlerinin hakkında bazı düşünceler taşımaları konusunda mükafatlandırır ve diğerlerini savunmalarına engel olur. Eğer yeterince uzun süre devam ederse, bu durum iki tarafın da birbirleri hakkında etkileşime bağlı olarak karşılıklı sağlam bir görüş ortaya koymasını sağlar.[60]

Wendt'e göre, rekabetçi kurumlar, işbirlikçi kurumlardan daha az değildir. Bir tarafın diğer kendini tehdit altında hissettiği durumlarda sergilediği davranışların yer aldığı etkileşimsel konjonktürlerden ortaya çıkan kendine hizmete dayalı güvenlik sistemi, diğerlerine karşı güvensizliği ve bu yöndeki beklentileri yaratır. Egoist ve rekabetçi kimlikler de bu güvensizlik durumlarında ortaya çıkar. Eğer diğeri tehdit oluşturuyorsa, öz de diğerinin davranışını ayna gibi yansıtmaya yönelir. Diğerlerinin ödülünün bir nesnesi gibi davranıldığı için, işbirlikçi güvenlik için diğerlerine karşı

[60] Alexander Wendt, *Anarchy is What States…*, s. 403-405.

pozitif yaklaşım mümkün olmaz. Buna karşın, diğerlerinin empati duyarak güvenliğe saygı gösterdiği durumlarda pozitif kimlikleştirme oluşabilir. Bir aktörün kendi güvenliği için diğerlerinin güvenliğini tehlikeye soktuğu rekabetçi etkileşim sistemi güvenlik çıkmazlarına eğilimlidir, güvensizlik ve düşmanlık yaratır. Bu tip ikilemleri oluşturan kimlik ve çıkar şekilleri de etkileşimin ürünlerinden biridir ve kimlikler mevkilendirilmiş davranışlar tarafından yaratılır. Kişi uzaylılarla ilişkisine güvenlik ikilemi içinde başlamaz, güvenlik ikilemi anarşi veya doğa tarafından ortaya çıkarılmaz. Elbette bu tip bir ikilem bir kere ortaya çıktığı zaman değiştirilmesi zordur. Ancak Wendt'e göre esas nokta, süreç içinde daima var olan şey, kimliklerin ve çıkarların işbirliğine yönlendirebileceğidir. Eğer bir devlet kendini, kendine hizmet sisteminin içinde buluyorsa, bu onların deneyimlerinin o yönde olmasındandır. Deneyimleri değiştirmek, sistemi oluşturan öznel anlayışı da değiştirecektir.[61]

---

[61] Alexander Wendt, *Anarchy is What States...*, s. 406-407.

1. BÖLÜM: KÜRT SORUNUNUN TARİHSEL GELİŞİMİ VE IRAK KÜRT BÖLGESEL YÖNETİMİ'NİN OLUŞUMU

Kürtler Türkiye, İran, Irak, Suriye, Azerbaycan ve Ermenistan gibi ülkelerin sınırları içindeki 77.000 kilometrekarelik bir alanda yaşamaktadırlar. Modern Kürt dili Hint-Avrupa dil ailesine aittir ve dört farklı lehçeye sahiptir. Bu lehçeler Kurmanci, Sorani, Zazaki ve Gorani'dir. Kürtlerin yaşadığı coğrafya içinde yaşayan birçok medeniyet vardır ve bu Kürtlerin dil yapılarına etki etmiştir. Bu nedenle bu lehçeler birbirlerinden farklı özelliklere sahiptir. İslamiyet öncesi Kürtler Zerdüştlük, Manilik gibi dinlere; Gürcü ve Ermenilere komşu olan Kürtler ise Hristiyanlık gibi dinlere inanmışlardır. Tüm Ortadoğu toplumları gibi Kürtler arasında da din faktörü kimlik bilincinde önemli bir etkendir. Günümüzde Kürtlerin hemen hepsi Müslümandır.[1]

Baştanrı Xaldi sözcüğü etimolojik ve anlam bakımından Kürtçedir. Anlamı Tanrı ve sahip kavramlarını içerir. Kürtlerin Ataları sayılan Urartular'ın bilinen ilk Xaldi Kralı I. Sardori'dir. Sardori Kürtçe bir sözcüktür. Xaldi'nin başkentini Van gölü kıyısındaki kayalıklara kurmuş, sağlam bir kale yaptırmıştır. Xaldi Kralları egemenlikleri döneminde Transkafkasya'dan Akdeniz'e, Fırat boylarından Urumiye'ye kadar bir alanı ele geçirmişlerdir. Merkezden uzak yerlere düzgün planlı ve standart ölçülü şehirler kurmuşlardır. Urartular-Xaldiler kuzey ve güneyden gelen saldırılarla zayıflamışlar ve bu zayıflama sonucunda Med İmparatorluğu güçlenmiştir. Aynı kültür değerlerine sahip aşiretler yıkılan imparatorlukların mirası üzerine yeni bir devlet kurmuşlardır. Sırasıyla bölgede Horri-Mitaniler, Urartular, Gotiler, Kassiler, Medler ve diğer Ari devletler bu şekilde ortaya çıkmıştır. Ari özellik taşıyan ve bütün Aryanları bir toprak altında toplayan son imparatorluk Medlerdir. İlk Med birliği Dayakku adlı bir bilge tarafından kurulmuştur. Altı büyük Aryan aşiretini birleştirmiş ve Med Krallığını kurmuştur. Ancak Medler Anzan Kralı'na yenilerek Pers imparatorluğuna dönüştürülmüşlerdir.[2] Med İmparatorluğu Büyük İskender tarafından MÖ. 330 yılında yıkılmış, Büyük İskender'in M.Ö. 332'de Babil'de ölmesiyle birlikte Kürtler için iç çatışmalar dönemi başlamıştır. Bölgenin İslam ile tanışmasına kadar geçen sürede Kürt bölgesi Persler ve Romalılar arasında güç mücadelesine sahne olmuştur. İslamiyeti kabullerinden sonra Kürtler birlikte yaşadıkları Ermeniler ve Süryaniler gibi topluluklarda yönetici konumlarına gelmişlerdir. Bunun yanısıra bölgede birçok

---

[1] Bünyamin Dinçer, "Ortadoğu'da Yükselen Aktör: Kürtler", *Ortadoğu'da Devlet Altı Gruplar: Örgüt Mezhep Etnisite*, Derleyen Erkan Ertosun, Mahmut Akpınar, Nurettin Altundeğer, İldem Yayınları, Ankara 2015, s. 411-413.

[2] Ahmet Özer, *100 Soruda Kürt Sorunu*, Hemen Kitap, İstanbul 2013, s.37-48.

hanedanlık ve emirlikler kurmuşlardır. [3]

Güçlü aşiret bağları olan Kürtler çoğunlukla göçebedir, varlıklarını geleneksel olarak anayurt saydıkları bölgelerin dağlarında sürdürmektedirler. Aşiret geleneğine sahip olan Kürtlerin aşiretlerinden bazıları toprağın ilkel şekilde işlenmesiyle uğraşmaktadır. Bir kısmı da hayvancılık yapmaktadır. Aşiretin önde gelenlerinin fikri alınarak seçilen aşiret reisi Kürtlerin ekonomik ve sosyal yaşantısının temel birimidir. Aşirete duyulan sadakat duygusu Kürtler arasında önemlidir.[4]

Ahmet Tan'a göre, Kürtler laik kesim tarafından ortaya atılan Zerdüşt oldukları şeklindeki iddiaların aksine, 639 yılında Hz. Ömer zamanında Müslümanlığı kabul etmişler ve bu tarihten itibaren İslam Kürtler arasındaki en önemli bağlayıcı etkenlerden biri olmuştur. [5]

Giriş bölümünde değinildiği üzere kimlik yaşanan deneyimlerden etkilenir. Dolayısıyla Kürt sorununun tarihsel gelişimi bu kitabın teorik yapısının oluşumu açısından önem taşımaktadır.

Kürt Sorununun Tarihsel Gelişimi

Kürtlerle Türklerin ilk karşılaşması 1071 Malazgirt Savaşı ile olmuştur. Selçuklu Hükümdarı Alpaslan Van Gölü'nü dolaşıp Anadolu'daki Kürt beyliklerden biri olan Mervaniler'in merkezine uğradıktan sonra Malazgirt önlerine geldiğinde ona Mervani Kürt Devleti'nin süvarileri ve bölgedeki diğer Kürt aşiretleri yardım etmiştir. Selçuklu Devleti hükümdarlarından Sultan Mesut merkezi Bahar şehri olan ve günümüzdeki İran'ın Senandeşt, Hemedan ve Urmaniye'ye kadar olan bölgesinde bir Kürt eyaleti kurmuştur. Selçuklu hükümdarı Tuğrul Bey Doğu Anadolu'nun keşfini yapmak için kardeşi Çağrı Bey'i görevlendirmiştir. Çağrı Bey Van çevresine kadar gelmiştir. Burada Kürtlerle ilk defa karşılaşmış ve din birliği düşüncesiyle Kürtlerle işbirliği yapmıştır. Dolayısıyla Alpaslan bu bölgeye geldiğinde daha önce oluşmuş bir Kürt işbirliği söz konusudur. Kürtler din birliği düşüncesiyle Bizans'a karşı Türklerin yanında yer almıştır. Bu tarihten sonra din faktörü Kürtlerin ittifaklarını ve işbirliklerini yönlendiren önemli bir etken olmuştur. Malazgirt Savaşı sırasında Kürt beyliklerin topladıkları ordu Alpaslan'ın Bizans'ı yenmesinde önemli rol oynamıştır.[6] Bu tarihten sonra Kürtler, Türklerle birlikte Anadolu'nun İslamlaştırılmasında önemli rol oynamıştır. Selçuklu Sultanı Sencer döneminde İran'ın doğusunda bir Kürt eyaleti kurulmuş, Sencer'in yeğeni Süleyman Şah Ayba vali olarak bu bölgeye atanmıştır. Bahar şehrini de eyaletin merkezi haline getirmiştir. Selçuklular yıkılınca bölgede Artukoğulları, Dilmaçoğulları, İnanoğulları, Nisaoğulları, Karakoyunlular ve Akkoyunlular gibi beylikler ortaya çıkmıştır. Bu beyliklerin yönetimi eski Selçuklu komutanlarından olan Türkmenler tarafından yapılmıştır. Beylikler döneminin ardından bölge Moğol istilasına sahne olmuştur. Moğolların zayıflamasıyla Kürtler Safevi Hanedanlığı'nın kontrolüne girmişlerdir. Safeviler Kürtlere karşı sert politikalar izlemişler, Safevilerin Şii politikaları Kürtler arasında tepki görmüş ve Kürtler Safevilere karşı örgütlenmeye

[3] Bünyamin Dinçer, *a.g.m.,* s. 414-415.
[4] Ömer Özkaya, *Amerikan İstihbarat Belgeleriyle Kürtler*, Pegasus Yayınları, İstanbul 2013, s. 31-46.
[5] Altan Tan, *Değişen Ortadoğu'da Kürtler*, Çıra Yayınları, İstanbul 2016, s. 111-114.
[6] Ahmet Özer, *Beş Büyük Tarihi Kavşakta Kürtler ve Türkler*, Hemen Kitap, İstanbul 2009, s. 61-68.

başlamıştır. [7]

Kürtler ve Türklerin diğer bir karşılaşması ise Çaldıran Savaşı ile olmuştur. O dönemde Akkoyunlu Hükümdarı Sultan Yakup Han'ın özel katibi olan Bitlisli bir Kürt olan İdris-i Bitlisi'nin ikili ilişkilerdeki yeri önemlidir. İdris-i Bitlisi sonradan Osmanlı hükümdarı Yavuz Sultan Selim'in danışmanlığını yapmış, Osmanlı Devleti'nin Doğu ve Ortadoğu kazaskeri, yazarı, tarihçisi, din adamı ve diplomatı olarak da görev yapmıştır. Safavi Hanı İsmail Han ve Osmanlı Devleti Padişahı Yavuz Sultan Selim Çaldıran Savaşı'nda karşı karşıya gelmiş, Sünni sofi İdris-i Bitlisi bu savaşta önemli rol oynamış, Kürtlerin Osmanlı'nın tarafında savaşmalarını sağlamıştır. Bu durum Çaldıran Savaşı'nın kazanılmasında önemli bir rol oynamıştır. Pers ve Osmanlı İmparatorlukları arasında tarih boyunca yaşanan çekişmelerde Alevi Kürtler Safevileri desteklemiş, Sünni Kürtler ise Safevilere göre daha gevşek bir dini yönetime sahip olan Osmanlı Devleti'ni desteklemiştir. Yine de ister Alevi, ister Sünni olsun, Kürtlerin çoğu jeopolitik ve stratejik konumlarından dolayı Safevilerin sert tavrıyla karşı karşıya kalmıştır. Bu nedenle Osmanlı Devleti'nin tarafını tutmaları Kürtler için şaşırtıcı bir durum değildir. Yavuz Sultan Selim'in Çaldıran Savaşı'ndaki en önemli kozunun Kürtler'dir. Çaldıran Savaşı sürerken Osmanlı ordusu içinde bir çözülmenin, moralsizliğin başladığı bir süreçte Kürt ordusunun Yavuz Sultan Selim'in yanında yer alması ve 16 Kürt beyinin oluşturduğu ordunun hemen hemen Yavuz Sultan Selim'in ordusu kadar olması askerler arasında moral kaynağı olmuş, motivasyonları yükselmiştir. Bu moralle Osmanlı ordusu Erzurum, Ağrı, Doğubeyazıt üzerinden Çaldıran'ın önüne gelerek İsmail'in ordusuyla karşılaşmış ve Çaldıran Savaşı başlamıştır. İsmail'in ordusu buradaki koşulları iyi bilen Kürt ordusunun yardımıyla dağılmış, İsmail savaş alanından kaçmış, Çaldıran Savaşı böylece kazanılmıştır. Bu savaş sonrası Kürt tarihi için önemli olan İdris-i Bitlisi'nin önderliğinde Kürt prensleriyle yapılan 1514 Amasya Antlaşması imzalanmıştır. Bu anlaşmanın üç önemli anlamı vardır. Birinci olarak, Kürtleri bu tarihten sonra Osmanlı'nın yanında yer alacak, savaş zamanı Osmanlı'yla beraber olacaktır. İkincisi, Kürtler herhangi bir saldırıya maruz kaldığında Osmanlı Devleti yardıma gidecektir. Üçüncüsü, Kürtler Osmanlı Devleti'ne belli bir oranda vergi verecektir. Dolayısıyla tamamen özerk olan Kürtler dışarıda Osmanlı merkezi sistemine dahil olmuştur. [8]

Osmanlı Devleti 1839'da Tanzimat Fermanı'nı ilan etmiş ve bu süreçte daha önce otonomi verdiği bögeleri merkezi denetim altına almaya çalışmıştır. Tanzimat Fermanı'nı ilan eden Osmanlı Devleti Padişahı II. Mahmut bağımsız Kürt beyliklerini ve feodaliteyi merkezi yönetime doğru yönlendirmeyi hedeflemiştir. Bu nedenle 1940 yılında Botan Emiri Bedirhan Bey isyan etmiş, böylece bir Kürt birliği çabaları doğmuştur. [9] Osmanlı'nın Bedirhan Bey'le savaşı üç yıl sürmüş, Bedirhan Bey 1947'de Varna'ya kaçmıştır. [10] İsyanın bastırılmasıyla bölgede yeni bir idari düzenleme oluşturulmuştur. Diyarbakır vilayeti dağıtılmış, Van, Muş, Hakkari

---

[7] Bünyamin Dinçer, *a.g.m.*, s. 41-417.

[8] Ahmet Özer, *Beş Büyük Kavşakta...*, s. 87-124.

[9] Olivier Aymar, *L'Histoire Kurde: Des Origines à L'an 2000*, France Quercy, Paris 2007, s. 34.

[10] Gérard Chailand, *Les Kurdes et Le Kurdistan, La Question Nationale Kurde au Proche-Orient*, Libraire François Maspero, Paris 1981, s. 47.

sancakları ve Cizre, Botan ve Mardin kazalarından oluşan Kürdistan Eyaleti'ne çevrilmiştir.[11] Osmanlı Devleti içindeki milliyetçilik akımlarından Kürtler de etkilenmiş ancak bu etki Balkanlar, Ortadoğu ve Kafkaslar'daki milliyetçi akımlar kadar sert ve keskin olmamıştır. Tam tersine bazı Kürtçü akımlar Osmanlı Devleti'nin kurtuluşu için ortaya atılan Osmanlıcılık, Türkçülük gibi akımların içinde yer almışlardır.[12]

Kürt sorunu Türkiye Cumhuriyeti'nin kuruluşundan beri süregelen bir problemdir. Özer'e göre, Osmanlı Devleti'nde Kürtler vardır ancak tam bir Kürt sorunu yoktur. Tanzimat'la beraber merkezileştirme hareketleri Kürtler içinde ayaklanmaya sebep olmuş olsa da, Kürtler genellikle merkezi yönetime bağlı kalmıştır.[13] Cumhuriyet'in mimarları Türkçülüğü Turan ilkesinden Anadolu sınırlarına indirgemiş ve Misak-ı Milli ile sınırlandırmıştır. Mustafa Kemal önderliğinde başlatılan Kurtuluş Savaşı'nda Türleri Kürtleri, Lazları, Çerkezleri tek bir hareket altında birleştirmek için o günün koşullarında dini duygulardan yararlanılmıştır. Başlarda halife adına cihat çağrıları yapılmış, dini duygulara göndermelerde bulunulmuştur. Özellikle Kürtler arasında din unsurunun etkili olduğu söylenebilir. Kürtler Osmanlı Devleti ordusunda önemli bir insan gücüdür. O'na göre bu nedenle başta Sarıkamış'taki 3. Ordu'da, Çanakkale'de olmak üzere diğer cephelerde Kürt güçlerini görmek mümkündür. Kurtuluş Savaşı sırasında Mustafa Kemal Kürtlerle işbirliğine gitmek istemiştir. Ancak bu işbirliği için Kürtlere bir takım vaatlerde bulunulması gerektiği de farkedilmiştir. Erzurum Kongresi'nin kararlarında bu durumu görmek mümkündür. Bu birleşmenin ödülü olarak Erzurum Kongresi'nin 8. maddesinde *"milletlerin kendi mukadderatını bizzat tayin ettiği bir devirde, merkezi hükümetimiz de milletin iradesine tabi olmak zorundadır."* denilmiştir. Bu konu TBBM'de tartışmaya açılmamış, Batılı devletlerin verdiği umut ve vaatlerle Kürt Teali Cemiyeti Mayıs 1920'de Cemil Çeto aşiretinin, 1920 yazında da Milli Aşiret'in isyanlarını desteklemiş, Kürt temsilci Şerif Paşa 10 Ağustos 1920'de Sevr Antlaşması için masaya oturmuştur. Kemalistler de bu gelişmelerden sonra 1924'te Kürtlerle ittifaktan geri adım atmış, hilafeti kaldırmış, dolayısıyla Türklerle arasındaki en güçlü bağı din olarak gören Kürtlerin kopuşunu hızlandırmıştır.[14]

GAP alanı Fırat-Dicle Havzası ile yukarı Mezopotamya ovalarında yer alan 9 ili (Adıyaman, Batman, Diyarbakır, Gaziantep, Kilis, Mardin, Siirt, Şanlıurfa, Şırnak) kapsamaktadır. GAP kapsamındaki illerin alan ve nüfus büyüklüğü, Türkiye'nin ortalama % 10,7' si civarındadır. Ancak PKK'nın terör eylemleri nedeniyle proje olması gerektiğinden daha fazla harcamaya malolmuştur.[15] 2017 yılı itibariyle 22 baraj, 19 hidro elektrik santrali ve sulama şebekelerinin yapımı planlanan Proje için son yıllarda ayrılan büyük ödeneklerle birçok yatırım bitirilmiş, enerji yatırımlarında tamamlanma oranı yüzde 74'e ulaşmıştır. Başta Atatürk Barajı olmak üzere, Karakaya, Keban, Birecik, Batman, Dicle ve Kralkızı'nın da aralarında

[11] Ahmet Özer, *Beş Büyük Kavşakta...*, s. 170.
[12] Bünyamin Dinçer, *a.g.m.*, s. 417.
[13] Wedat Kaymak, *Précis de L'Histoire Kurde de L'Antiquité à 1940*, Éditions EYGE, Paris 1995, s.171.
[14] Ahmet Özer, *Beş Büyük Tarihi Kavşakta...*, s. 273-295.
[15] Emre Kongar, *a.g.e.*, s.315.

bulunduğu barajlardan elde edilen enerji, Türkiye'nin hidroelektrik enerjisi üretiminin önemli bir kısmına tekabül etmektedir. GAP Bölge Kalkınma İdaresi Başkanı Sadrettin Karahocagil, Anadolu Ajansı muhabirine yaptığı açıklamada, GAP'ın, dünyanın en büyük, özel, kapsamlı bölgesel kalkınma projesi olduğunu söylemektedir.[16]

Türkiye'deki Kürt milliyetçiliği üzerine yapılan pek çok araştırma iki farklı düşünce üzerine kurulmuştur.[17] Bu iki farklı düşünce sisteminin Kürt milliyetçiliğine dair fikirlerini anlamlandırmada birkaç tane örnek yeterli olacaktır. David McDowall, Kürtler üzerine yapılacak bütün modern tarih araştırmalarının Kürt insanlarının hükümlerinde yaşadıkları hükümetlerle olan mücadeleleri açısından yapılması gerektiğini belirtmektedir.[18] Michael Gunter, *"Kürt milliyetçiliği çoğunlukla 20. Yüzyılda, Türkiye, Irak, İran ve Suriye resmi devlet milliyetçiliklerinin baskılarına karşı gelişen devletsiz bir etnik tepki olarak oluşmuştur"* şeklinde belirtmiştir.[19] Benzer bir anlayışla Martin Van Bruinessen Türkiye'deki devlet baskılarının nihai olarak yıkmaya çalıştığı Kürt kültürünü güçlendirdiğini iddia etmektedir.[20] Hamit Bozarslan da Türk devleti ile Kürtçe konuşan gruplar arasındaki ilişkiyi düşmanca ve anlaşmazlıklarla dolu olarak tanımlamaktadır.[21] Tan'a göre, Türk devletinin zorunlu Türkçe eğitim ve zorunlu askerlik görevi gibi mecburi uygulamaları radikal bir Kürt milliyetçi kimliğinin oluşmasında etkilidir. 1980'li yıllarda PKK'nın oluşumunu ve Kürtler içerisinde yer buluşunu analiz ederken Tan, 1980 darbesinin çok önemli bir faktör olduğunu ifade etmektedir.[22] Murat Somer'e göre, pek çok yeni bağımsız olmuş ülkede etnik sorunlar yaratan bürokrasinin etnikleştirilmesi Türkiye'ye nüfuz edememiştir. Birçok Kürt bürokrasi içinde nüfuz ve güç elde etmiş ve Türk toplumunun içine entegre olmuştur. Somer'e göre, Türk milliyetçiliğinin etnik tanımının Kürt karşı milliyetçiliğinden önce geldiği ve nedensel olarak ona bağlı olduğu ampirik olarak kanıtlanmamıştır.[23]

Kürt sorununun diğer tarafında yer alan Metin Heper ise, Türk devletinin Kürt vatandaşlarına karşı olan politikalarının baskıcı olarak tanımlanamayacağını belirtmiştir.[24] Heper, Kürt milliyetçiliği üzerine yapılmış mevcut araştırmaların göreceli devlet-Kürt ilişkilerindeki barış ve sessizlik sürecini açıklamaya yetmediğini ifade etmiştir.[25] Heper'a göre Türk milliyetçiliği birincil olarak

---

[16] "Türkiye'nin Enerjisine GAP Desteği", *Hürriyet*, 23.03.2017, http://www.hurriyet.com.tr/turkiyenin-enerjisine-gap-destegi-40405504, (15.12.2017).

[17] Stefan Wolff, *Ethnic Conflict: A Global Perspective*, Oxford University Press, New York 2006, s. 52.

[18] David McDowell, *A Modern History of the Kurds*, I. B. Tauris, London 2000, s.1.

[19] Michael Gunter, "The Modern Origins of Kurdish Nationalism", *The Evolution of Kurdish Nationalism*, Derleyen Ahmed Mohammed, Michael A. Gunter, Mazda Publishers, Costa Mesa 2007, s. 15.

[20] Martin Van Bruinessen, "Ehmedî Xanî's Mem û Zîn and Its Role in the Emergence of Kurdish Nationalist Awareness", *Essays on the Origins of Kurdish Nationalism*, Derleyen Vali Abbas, Mazda Publishers, Costa Mesa 2003, s.57.

[21] Hamit Bozarslan, "Kurdish Nationalism in Turkey: From Tacit Contract to Rebellion (1919-1925)", *Essays on the Origins of Kurdish Nationalism*, Derleyen Vali Abbas, Mazda Publishers, Costa Mesa 2003, s.187.

[22] Altan Tan, *Kürt Sorunu*, Timaş, İstanbul 2003, s.399.

[23] Murat Somer, "Turkey's Kurdish Conflict: Changing Context, and Domestic and Regional Implications", *Middle East Journal*, cilt 58, sayı 2, İlkbahar 2004, s.241.

[24] Metin Heper, *The State and Kurds in Turkey*, Palgrave Macmillan, New York 2007, s.6.

[25] Metin Heper, *a.g.e.*, s.181.

yurttaşlık bazlıdır; bir *"biz"* hissiyatı oluşturan ideal, değer ve davranışlar topluluğunu benimsemiş olan vatandaşların gerçek Türkler olarak görüldüğü bir sistemi zorunlu kılan bir mantıkta devlete sadakatlerini beyan etmiş olanlar, kültürleri, dinleri ve dilleri fark etmeksizin Türk olarak kabul edilmiştir ve kültürel milliyetçilik tarafından desteklenmiştir. [26] Bu nedenle, *"Türkiye anayasal olarak vatandaşlık bazlı milliyetçiliği benimsemiştir... bir kişi etnik Türklerin ideallerini, değerlerini ve davranışlarını benimsediği sürece gerçek bir Türk olabilir"*[27]. Benzer şekilde Heper, bir Kürdün kendi ana dilini konuşmaya devam edebileceğini belirtmekte; ancak o (erkek/kadın) kişi eğer Türkçe konuşup, çocuklarına Türkçe isimler verir ve etnik Türklerin örf ve adetlerini de benimserse, o kişinin (erkek/kadın) ulusun tabiyet koşulunu karşılamış olduğunu söylemektedir.[28] Ancak Kürt milliyetçiliğine Heper'le farklı açılardan bakan Michael Mann ise bu görüşlere karşı çıkmaktadır. Mann'a göre, Heper tarafından dokümante edilmiş bu uygulamalar, bir etnik grubun dilinin ve kültürünün, sayısal olarak daha fazla olan ve devleti kontrol eden bir başka etnik grubun lehine, kurumsal olarak ötekileştirildiği örneklerdir.[29] Goodwin'e göre, 1980'ler ve 1990'larda birçok Kürt politik silahlı çatışma içindeki isyancı örgütlere katılmıştır. [30] Heper, ek parça ve homojen aktörler olan etnik gruplar ve etnik çıkarları temsil ettiğini iddia eden organizasyonlar arasındaki karmaşık ilişkinin, etnik ilişkilerin dinamiklerini anlamlandırmak için eleştirel bir biçimde analiz edilmesi gerektiğini iddia etmektedir. [31] Heper'e göre, etnik bir seçim bölgesi halkının çıkarları her zaman etnik örgütün çıkarlarıyla uyumlu değildir. Ayrıca, Türk Devleti monolitik bir aktör olmamış ve politikaları, özellikle 1950'de çok partili yönetime geçiş sonrasındaki otonom sosyal aktörlerin etkileşimiyle özlü bir biçimde etkilenmiştir. Heper ayrıca, fiilen Kürt sorununa sivil ve askeri yaklaşımların somut bir biçimde ayrıştığından bahseder. [32] Bunun yanısıra, Wolf'a göre, Türk milliyetçiliğinin etnik ya da sivil olup olmadığı tartışması çok verimli bir tartışma değildir. Sivil milliyetçiliğe karşı etnik milliyetçilik ikileminin, Türkiye'deki etnik çatışma motiflerini anlamada son derece sınırlı bir analitik değeri vardır. Yine Wolf'a göre, sivil milliyetçilik *"mutlaka daha iyi ya da daha kötü bir milliyetçilik türü"* değildir, o *"çoğunluk kültürlerine üstünlük sağlar,"* ve *"çok güçlü asimilasyonist ve olası dışlayıcı eğilimlere haizdir."* [33] Fredrik Barth'a göre, bir yandan, Türkiye'nin etnik unsurlarını vurgulayan yazarlar, milyonlarca Kürdün Türk kimliğini benimsediğini ve Kürt milliyetçiliğinden kaçındığını gerçekten açıklayamamaktadır. Barth, *"Araştırmanın kritik odağı... kapsadığı kültürel özdekten ziyade, grubu tanımlayan etnik sınır haline geldiğini"* ileri sürmektedir. [34] Andreas Wimmer'e göre, *"etnisite*

---

[26] Metin Heper, *a.g.e.*, s.184.

[27] Metin Heper, *a.g.e.*, s. 179.

[28] Metin Heper, *a.g.e.*, s. 92.

[29] Michael Mann, *The Dark Side of Democracy: Explaining Ethnic Cleansing*, Cambridge University Press, New York 2005, s.12.

[30] Jeff Goodwin, *No Other Way Out States and Revolutionary Movements 1945-1951*, Cambridge University Press, New York 2001, s.235.

[31] Metin Heper, *a.g.e.*, s.10.

[32] Metin Heper, *a.g.e.*, s.179.

[33] Stephan Wolff, *a.g.e.*, s. 52-53.

[34] Fredrik Barth, "Introduction", *Ethnic Groups and Boundaries: The Social Organization of Cultural Difference*, Derleyen Frederik Barth, Little, Brown and Company, Boston, 1969, s.15.

daha önce tanımlanmış olan, sabit gruplar arasındaki ilişkilere dair bir konudan daha ziyade, onlar arasındaki sınırları tanımlamak suretiyle gruplar oluşturma ya da yeniden oluşturma süreci olarak" anlaşılmaktadır.[35] Dolayısıyla, etnik sınır teşekkülü süreci birçok farklı stratejiyi içermektedir. Ulus oluşturma durumunda, devlet elitleri ya *"varolan etnik bir grubu içinde herkesin kaynaşabileceği bir ulus olarak yeniden tanımlar,"* ya da *"çeşitli etnik grupların birleşmesi vasıtasıyla yeni bir ulusal kategorisi yaratırlar."*[36] Wimmer Türkiye'deki ulus inşasının temel yönlerini yakalayan ilk stratejiyi *"birleşme"* olarak tanımlarken, ikincisini *"kaynaşma"* olarak tanımlar. O'nun tanımlamasında çoğunluğun etnik yapısı üzerine kurulu ulusal bir kimliğin yaratılması kaçınılmaz olarak, çok yabancı ya da *"birleşme ya da kaynaşma açısından politik olarak güvenilmez olarak algılanan"* azınlıkların yaratılmasını içerir.[37] Wimmer'ın bakış açısıyla, dilbilimsel, aşiretsel ve bölgesel farklılıkları aşan birleşik bir Kürt kategorisi oluşumu, kısmen Türkiye Cumhuriyeti'nin bir ürünüdür. Bu bakış açısına göre, Türk milliyetçiliğinin baskın üslubu, Türklük dışındaki tüm etnik kimlikleri marjinalleştiren etnik sınırı teşekkül ettiren, *"kaynaştırma"* stratejisine yol açmıştır. TSK Genelkurmay Başkanı, İlker Başbuğ Harp Akademileri'nde 14 Nisan 2009'da yapmış olduğu bir konuşmada, Türkiye'deki politik şiddetin etnik çatışma olarak tanımlanabileceği görüşüne şiddetle karşı çıkmıştır. Ona göre, PKK etnik gerilim ve şiddet üretmeye yönelik başarısız bir biçimde girişimlerde bulunmaktadır. TSK'nın, Kürt ve Zaza kökenli olan çok sayıda üyesi bulunmaktadır ve PKK'ya karşı savaşırken şehit düşmüştür. Başbuğ Heper'i onaylayarak alıntılar yapmış ve 1938'den 1984'e kadar hiçbir etnik bağlantılı şiddet olmadığını belirtmiştir. Başbuğ konuşmasında ayrıca, *"etnisitenin politize oluşu"* nun Lübnan, Irak ve Balkanlar'da istikrarsızlık ve şiddete yol açtığını ileri sürmüştür.[38] CHP lideri Deniz Baykal da benzer şekilde *"birleşme"* stratejisini izlemektedir. Türklüğün Türkiye'nin ulusal kimliği olarak algılanması gerektiğini ve bunun Türk yurttaşlarının başka etnik kimliklere sahip olmasına engel teşkil etmediğini ileri sürmektedir. Aynı zamanda, etnik kimliklerin anayasal tanınırlığına da karşı çıkmaktadır.[39] AK Parti[40] Kurucusu ve Cumhurbaşkanı Recep Tayyip Erdoğan[41]'ın Türk milliyetçiliği bakış açısı ise, Başbuğ ve Baykal'ın görüşlerine hem benzer, hem de farklıdır. Bir yandan Türklüğü çoklu etnik kimlikleri kapsayan geniş bir kategori olarak algılar. *"Türkler, Lazlar, Kürtler, Çerkezler, Gürcüler Türkiye Cumhuriyet yurttaşlığını paylaşırlar ve hepsi bizim kardeşlerimizdir."* demektedir.[42] Türkler ve Kürtler arasındaki farklılığın, aralarındaki birliği mutlaka

[35] Andreas Wimmer, "Elementary Strategies of Ethnic Boundary Making", *Ethnic and Racial Studies* cilt 31, sayı 6, Eylül 2008, s.1027.

[36] Andreas Wimmer, *a.g.m.*, s. 1032.

[37] Andreas Wimmer, *a.g.m.*, s. 1034.

[38] İlker Başbuğ'un 14 Nisan 2009'da Harp Akademileri'nde yaptığı konuşma, http://www.ntv.com.tr/turkiye/org-basbugun-konusmasinin-tam-metni,tFcIj7N-w0On1jKf-AVMCw, (13.06.2017).

[39] Baykal'ın 11 Ağustos 2009'da yaptığı grup konuşması, https://groups.google.com/forum/#!msg/oybirligi/D1n4x203JNw/FLWDTL8dRl8J, (13.06.2017).

[40] Bu kitapta Adalet ve Kalkınma Partisi'nin kısaltmasının farklı gruplarca farklı anlamlarda kullanılması nedeniyle, Adalet ve Kalkınma Partisi tarafından ortaya konan AK Parti kısaltması kullanılmıştır.

[41] 2003-2014 yılları arasında 11 yıl Türkiye başbakanlığı yapan Recep Tayyip Erdoğan, 2014'ten bu yana 12. Türkiye Cumhuriyeti Cumhurbaşkanı olarak görev yapmaktadır.

[42] Recep Tayyip Erdoğan'ın 11 Ağustos 2009'da yaptığı grup konuşması, http://www.yeniakit.com.tr/haber/erdoganin-8-yil-onceki-tarihi-konusmasi-265698.html, (13.06.2017).

temelden sarsması gerekmediğini çünkü, uzun bir iş birliği tarihine haiz olduklarını ve ortak inançları İslam üzerine kurulu, benzer kültürel değerleri paylaştıklarını iddia eder. Bu anlamda, Türkler ve Kürtler sadece aynı topraklar üzerinde yaşamakla kalmamış, fakat aynı zamanda etkileşimleri vasıtasıyla yakın bağlar kurmuş, ortak düşmanlara karşı savaşmışlardır ve aynı ortak İslam kültürünün mensupları olmuşlardır. Dolayısıyla, Erdoğan hem *"birleşme"* hem de *"kaynaşma"* stratejileriyle karakterize bir pozisyonu benimser ve Kürt etnik milliyetçiliğinin cazibesinin altını oyar. Türk devletinin monolitik ve statik bir varlık olarak görülmemesi için, Türk milliyetçiliğinin bu rakip yorumlamaları zaman içinde evrilmiş ve devletin Kürt milliyetçiliğinin meydan okumasına karşılık verme girişimleriyle birlikte daha açık ifade edilebilir bir hale gelmiştir. Kürt milliyetçileri, Türk milliyetçilerinin bu yorumlamalarına yanıt olarak bir çok etnik sınır teşekkülü stratejisini izlemişlerdir. Kürtleri Türklerden ayrı bir ulus gibi tanımlama çabası içinde, etnik kimliğe daha dar sınırlar çizmişler. Wimmer bu tür etnik sınır teşekkülünü *"daraltma"* olarak tanımlar. [43] DTP eş başkanı, Emine Ayna, Aralık 2008'de Varto'da yaptığı bir konuşmada, AK Parti adayı olan hiç kimsenin *"Ben bir Kürdüm"* diyemeyeceğini ileri sürer. *"Bu kabul edilebilir bir şey değildir, çünkü AK Parti politikaları Kürtleri yadsır. Her kim bir AK Partili oluyorsa, 'Ben Kürdüm' diyorsa dahi, bir Kürt değildir,"* demiştir. [44] 01 Mart 2009'da bir seçim toplantısında daha da ileri giderek, Kürtlüğün gerçek ölçütünün DTP'ye verilen destek olduğunu iddia etmiştir. [45] Dolayısıyla, Ayna'ya göre, eğer DTP dışındaki partilere oy veriyorsa, bir birey gerçek bir Kürt sayılmayacaktır. Ayna'nın stratejisi kendi kendisini engelleyicidir çünkü, bu bakış açısı Türkiye'de Kürtler ve diğer etnik gruplar arasında keskin bir sınır çizmektedir.

Wimmer'e göre, Türk devleti ve PKK terör örgürtü arasındaki çatışmanın doruğunda olduğu günlerinde dahi, etnik kimlik politik doğayı belirlememektedir. Diğer Kürt milliyetçileri *"transvaluation: trans değerlendirme"* olarak adlandırılan bir etnik sınır teşekkülünü izlemektedir. Bu terim farklı standart ya da ilke kullanarak ikinci bir değerlendirme yapmak demektir. [46] Rogers Brubaker ve David D. Laitin'e göre, Kürt milliyetçileri Cumhuriyetin ilk yıllarındaki kilit olayları yeniden yorumlamaktadır. 1925 Şeyh Said İsyanı ve 1937 Dersim İsyanı'nı yüceltmektedirler. Brubaker ve D. Laitin'e göre ayrıca Kürt milliyetçilerinin, Kürtçe konuşan insanların dahil olduğu her çatışmayı, Kürtlerin etnik kimliklerinden dolayı özel olarak hedef alındığı nefret saldırıları olarak algılama eğilimleri vardır. Çatışmayı etnisize etmeye yönelik bu amaç, *"çatışmanın etnik doğasına her zaman itiraz edildiği ve eylemin kendisinin özüne yönelik olmadığı gözlemiyle tutarlıdır; olay sonrası yorumlayıcı şikayetler vasıtasıyla su yüzüne çıkar."*[47] Joane Nagel ve Susan Olzak'a göre bu grup, Mustafa Kemal Atatürk'ün başarılarına karşı son

---

[43] Andreas Wimmer, *a.g.m.*, s.1036.
[44] "Bu Seçim Savaş ve Barışın Seçimidir", *Vatan*, 02.12.2008, http://www.gazetevatan. com/-bu-secim-savas-ve-barisin-secimi--211567-gundem/, (13. 06.2017).
[45] "DTP'li Emine'den sert çıkış", *Radikal*, 01.03.2009, http://www.radikal.com.tr/ politika/dtpli-emine-aynadan-sert-cikis-924003/, (13.06.2017).
[46] Andreas Wimmer, *a.g.m.*, s. 1037.
[47] Rogers Brubaker-David D. Laitin, "Ethnic and Nationalist Violence", *Annual Review of Sociology*, cilt 24, 1998, s.444.

derece büyük bir hayranlık beslemektedir.[48]

Devlet Televizyonu artık Kürtçe yayın yapmaktadır [49] ve üniversitelerin Kürt dili ve kültürü bölümleri[50] vardır. Böylece, Recep Tayyip Erdoğan'ın "*kaynaşma*" stratejisinin bazı unsurlarını benimsediği ve etnik Türkler ve Kürtlerce paylaşılan ortak değerlere odaklandığı söylenebilir.

Joel S. Migdal'a göre, etnik kimlik ve etnisite odaklı politik davranışın kabullenilmekten daha ziyade izah edilmeye ihtiyacı vardır. Seçimler genellikle devlet ve devlet olmayan aktörler arasındaki ayırımı flulaştırır ve onların etkileşimlerinin doğasını özlü bir şekilde biçimlendirir.[51] Donald L. Horowitz'e göre politik partilere üye olmuş olan sosyal aktörler seçimlere katılırlar ve etnik seçim bölgesi üzerinde baskı kurabilmek için birbirleriyle yarışırlar. Horowitz, Türkiye seçim sonuçlarının, seçmenlerin etnisitesiyle yakından alakalı olmadığını ve bu nedenle, siyasi partilerin sınırlı ölçüde seçmenlerin etnik kimliğine hitap etmekle uğraştığını belirtmektedir.[52] Benzer bir şekilde, İsmet Koç, Atilla Hancıoğlu ve Alanur Calvin de, aslında, etnik kimliğin Türkiye'de seçimi otomatik olarak belirlemediğini savunmaktadır. Buna örnek olarak 2007 seçimlerini göstermektedirler. Onlara göre, 2007 seçimlerinde AK Parti performansı göstermiştir ki, ılımlı platformları destekleyen merkeziyetçi ve çoklu etnikli politik partiler çok başarılı olabilmektedirler. Kürtlerin çıkarlarını temsil ettiğini iddia eden partiler, uzun zaman yüzde 7'den fazla oy alamamamışlardır. [53]

Seçimsel katılım, başta 1991 seçimleri olmak üzere, Kürt milliyetçilerinin değişken başarı derecelerinde, etnik temelli ittifakların oluşumunda da etkili olmuştur. 1971 Muhtırası gizli ve komplo odaklı örgütlerin yaygınlaşmasına yol açmıştır. Benzer şekilde, 1980 darbesi de PKK terör örgütü mensupluğunun cazip hale gelmesine önemli ölçüde katkı sağlamıştır. [54] Seçimsel katılım Kürt milliyetçilerinin rekabet ortamına girmesine neden olmuştur. Aslında, seçim yarışının hareket üzerindeki etkisi dikkate alınmadığı sürece, Kürt milliyetçi hareketinin davranışı, kritik zamanlarda kafa karıştırıcı olabilir. Haziran 1999'da ölüm cezasına çarptırıldıktan sonra, PKK terör örgütü elebaşı Abdullah Öcalan silahlı mücadelenin tarihsel misyonunu doldurduğunu ilan etmiş ve PKK teröristlerinin Türkiye'den geri çekilmesini istemiştir. Bu esnada, AB'nin teşvik ettiği reform süreci, modern Türk tarihinin en iddialı demokratikleşme

---

[48] Joane Nagel-Susan Olzak, "Ethnic Mobilization in New and Old States: An Extension of the Competition Model", *Social Problems*, cilt 30, sayı 2, Aralık 1982, s.129.

[49] TRT'nin Kürtçe kanalı TRT 6 1 Ocak 2009 itibariyle yayına başlamıştır. Ayrıntılı bilgi için bknz. "TRT'nin Kürtçe kanalı TRT 6 yayına başladı", *Hürriyet*, 01.01.2009, http://www.hurriyet.com.tr/trtnin-kurtce-kanali-trt-6-yayina-basladi-10683296, (05.02.2018).

[50] Mardin Artuklu Üniversitesi, Muş Alparslan Üniversitesi, Bingöl Üniversitesi ve Van Yüzüncü Yıl Üniversitesi'nde Kürtçe Yüksek Lisans programları 2013 yılında başlamıştır. Ayrıntılı bilgi için bknz. "4 Üniversitede Kürtçe Yüksek Lisans Programı", *Hürriyet*, 21.08.2013, http://www.hurriyet.com.tr/4-universitede-kurtce-yuksek-lisans-programi-24563335, (05.02.2018).

[51] Joel S. Migdal, *State in Society: Studying How States and Societies Transform and Constitute One Another*, Cambridge University Press, New York 2001, s. 150-170.

[52] Donald L. Horowitz, *Ethnic Groups in Conflict*, University of California Press, Los Angeles 2000, s.318-332.

[53] İsmet Koç-Atilla Hancıoğlu-Alanur Calvin, "Demographic Differentials and Demographic Integration of Turkish and Kurdish Populations in Turkey", *Population Research and Policy Review*, cilt 27, sayı 4, Ağustos 2008, s. 447-457.

[54] David Romano, *The Kurdish Nationalist Movement*, Cambridge University Press, New York 2006, s. 78-90.

dönemlerinden birisini başlatmıştır. Bu dönemde şiddete başvurmayan Kürt mobilizasyonuna yönelik yasal ve politik fırsatlar ortaya çıkmıştır. Yine de, Abdullah Öcalan ve PKK terör örgütü, 1 Haziran 2004'te silahlı saldırılarını yenilemeye karar vermişlerdir. Şiddetin yeniden tırmanması, kaçınılmaz surette, reform sürecini rayından çıkarmıştır. Bu bağlamda, PKK terör örgütünün silahlara geri dönme kararıyla AK Parti PKK'nın seçim bölgesindeki halkın üzerinde yükselen bir cazibeye sahip olmuştur. [55] AK Parti, Kürt milliyetçilerinin TSK'dan daha büyük bir kaygısı haline gelmiştir. Bu nedenle, PKK şiddetinin birincil amacı, seçim bölgesi üzerindeki kontrolü idame ettirmektir. Kürt milliyetçileri arasındaki rekabet, Kürt milliyetçileri ve çoklu etnik partiler arasındaki rekabet kadar önemlidir. [56]

İlk Kürt milliyetçi organizasyon, Cumhuriyet'in ilk yıllarındaki Kürt ayaklanmaları esnasında kurulmuş olan, Barzani hareketinden esinlenmiş, sol yönelimli Kürt aktivistlerle rekabet eden TDKP[57]'dir. 1990'lardan bu yana, İslam giderek artan bir biçimde, bir çok Kürt milliyetçisinin şikayetlerini ifade edebilecekleri bir araç haline gelmiştir.[58] Kürt milliyetçileriyle İslamcılığı birleştiren bu gruba, Kürtçü-İslamcı denilmektedir. Kürtçü-İslamcılar, politik görüşleri ve taleplerinde radikal olabilmektedirler. Kürt-İslamcı fikirlerini yayan önemli bir yayın da, Ağustos 2004'ten bu yana, hem Türkçe, hem de Kürtçe basılan, aylık Mizgîn dergisidir. Diyarbakır'da kurulmuş olan bu dergi, Türk devletinin Kürtlere karşı politikaları açısından hayli eleştireldir, aynı şekilde Kürt milliyetçi harekete karşı da mesafelidir. 2004'te kurulmuş olan Toplum-Der'e bağlıdır. Derginin politik önerileri iddialıdır. Dergi Kürt sorunu için en iyi çözümün federalizm olduğunu ve konfederalizm ve bağımsızlığın da ayrıca uygulanabilir seçenekler olduğunu ileri sürmektedir. [59]

PKK terör örgütünün Türk solunun simgesel figürlerini sahiplenmesi ve ortak hedefler için etnik gruplar arası yardımlaşma söyleminin başlangıcı 1960'larda, yeni bir Kürt aydın grubunun solcu politik aktivizmde rol almasıyla olmuştur. *"Bu on yıllık sürede Kürt milliyetçi hareketi radikal solu etnisiteler arası kurumsallaştırmış ve yasal çerçevesinde yeniden yapılandırılmış"* ve Kürt milliyetçiliğinde kalıcı ideolojik öncül etkiler bırakmıştır. [60]

Kürtler, Orta Doğu'da yaşadıkları ülkelerde (Türkiye, İran, Irak, Suriye ve Azerbaycan) nüfusun önemli bir bölümünü oluşturmakla birlikte Almanya, Hollanda ve İsveç gibi bazı Avrupa ülkelerinde de kayda değer bir yüzdeye sahiplerdir. [61] Kürtler farklı mezheplere mensupturlar (Sünni, Alevi ve Yezidi) farklı lehçeler konuşurlar (Zazaca, Kurmancî). Ali Rıza Özdemir'e göre Kürtçe

---

[55] Orhan Miroğlu, *Hevsel Bahçesinde bir Dut Ağacı*, İletişim Yayınları, İstanbul 2005, s.173-177.

[56] Yavuz Çamlıbel, *49'lar Davası: Bir Garip Ülkenin İdamlık Kürtleri*, Algı Yayınları, Ankara 2007, s.145-164.

[57] Türkiye Devrimci Komünist Partisi Türkiye Devrimci Komünist Partisi, Türkiye'de faaliyet gösteren yasa dışı siyasi partidir. Parti 2 Şubat 1980'de İzmir'de toplanan I. Kongresi'yle Halkın Kurtuluşu hareketinin partileşmesi sonucu kurulmuştur.

[58] Mehmet Faraç, *Batman'dan Beykoz'a Hizbullah'ın Kanlı Yolculuğu*, Günizi Yayıncılık, İstanbul 2001, s. 70-101.

[59] Şahbanu Hocaoğlu, "Kürd'e Evet! Kürdistan'a Hayır!", *Mizgin*, cilt 7, sayı 5, Mayıs 2009, s.8.

[60] Nicole Watts, "Silence and Voice: Turkish Policies and Kurdish Resistance in the Mid-20th Century", *The Evolution of Kurdish Nationalism*, Derleyen Mohammed Ahmed-Michael A. Gunter, Mazda Publishers, Costa Mesa 2007, s. 76.

[61] David McDowall, *A Modern History of the Kurds*, I. B. Tauris, London 1997, s.45-49.

konuşan Alevi aşiretler Kürtçeyi sonradan öğrenmiş Türkmen aşiretleridir. Dolayısıyla 16. ve 17. yüzyılda Aleviliğe bağlı Kürt kavimi yoktur. Kürtlerin tamamı Şafiî mezhebindendir. Bu tarihlerde bölgede Alevi Türkmenler vardır. Özdemir, bu bölgedeki Kürtçe konuşan Alevilerin Kürt olduğuna dair bir kanıt olmadığını, Alevi kökenli Kürtçe konuşabilen kişilerin Kürtçeyi sonradan öğrendiklerini, bunun dışında soylarını Oğuz, Harezm veya Kıpçak gibi Türk soylarına dayandırdığını ifade etmektedir.[62] Türkiye'de yaşayan Kürtler, Hint-Avrupa dilleri ailesinin İran dalının kuzeybatı grubuna ait olan Kürt dilinin pek çok lehçesi arasından genellikle ikisini (Zazaca ve Kurmancî) kullanırlar. Birçok Kürt kendini ailelerine, kökenlerine ve kendi hakkında oluşturduğu kimliğe göre tanımlamaktadır. Coğrafi olarak nüfusun sadece Kürtlerden oluştuğu belirli bir bölge bulunmamakla birlikte Doğu ve Güneydoğu Anadolu'nun pek çok kısmında çoğunluğu oluşturmaktadırlar. Daha önce belirtildiği gibi, Kürtler İran, Irak, Suriye ve Azerbaycan'da yaşamaktadırlar. Her ne kadar bu grubu birbirine bağlayan bir Kürt bilinci olsa da bu ülkelerdeki Kürtler farklı lehçeleri konuşurlar (Kuzey versiyonu; genellikle Kurmancî denir ve Türkiye, Suriye ve Irak ve İran'ın Kürtçe konuşulan bölgelerinin kuzey taraflarında konuşulur. Orta versiyonu; genellikle Soranî diye bilinir ve Batı İran ile IKBY'de konuşulur. Güney Kürt lehçeleri ile Hawramî veya Auramanî (Goranî) çok az kişi tarafından konuşulmakla birlikte genellikle İran'da kullanılır. Bu lehçeler de kendi içlerinde alt lehçelere ayrılır). Bu gruplar arasında hayat tarzı farklılıkları da bulunmaktadır. Kürtler tarih boyunca Sasani İmparatorluğu, Safevî Devleti, Osmanlı Devleti ve Türkiye Cumhuriyeti'nin yanı sıra diğer Ortadoğu devletlerinde yaşamışlardır.[63]

Kürtler, uluslararası alanda ilk defa 1920 yılında, Birinci Dünya Savaşı'nın arkasından Osmanlı topraklarının İtilaf Devletleri tarafından paylaşılmasını sağlayan Sevr Antlaşması ile tanınmıştır. Sevr Antlaşması Kürtleri etnik olarak belirgin bir grup olarak tanımış ve bu sayede Kürt popülasyonunun yoğun olduğu bölgelerde özerklik ilan edilmesi için bir plan oluşturulmuştur. Antlaşmayla bir Kürt otonom bölgesi Güneydoğu Anadolu Bölgesi'nde kurulmuştur.[64] İngiltere ve Batı devletleri için Kürtçülüğü körüklemek Şark politikalarının bir devamıdır. İngiltere Kürtler sayesinde Ortadoğu ve Anadolu'da kendi çıkarlarına hizmet edecek bir sömürü düzeni kurmayı hedeflemiştir. Bu politikada Kürtlerin rolü ve toprakları net değildir. Musul politikası da Kürtçülük üzerinden yürütülmüştür. İngiltere Kürt ayrılıkçı hareketinden faydalanarak Musul petrollerini ele geçirmeyi hedeflemiştir. Burada kuracağı tampon bir kukla devleti İran, Türkiye ve Araplara karşı kullanmayı hedeflemiştir. 12 Şubat-10 Mart tarihlerinde San Remo'da toplanan Londra Konferansı'nda Kürtlerle ilgili statü ve yeni devlete verilecek şekil konusunda İngiltere ve Fransa anlaşamamış, bu da Kürt otonom bölgesi konusunda İtilaf devletleri arasında bir mutabakatın olmadığını göstermiştir. 18-26 Nisan 1920'de toplanan San Remo Konferansı'nda Sevr Antlaşması öncesi Kürt otonom bölgesiyle ilgili orta yol bulunmuş ve 10 Ağustos 1920'de Sevr Antlaşması'yla bu

---

[62] Ali Rıza Özdemir, *101 Soruda Kürtler*, Kripto Yayınları, Ankara 2016, s. 163-165.
[63] David McDowall, *a.g.e.*, s. 20-27.
[64] Ayşe Betül Çelik, Ethnopolitical Conflict in Turkey: From the Denial of Kurds to Peaceful Co-existence?, *Handbook of Ethnic Conflict: International Perspectives*, Derleyen D. Landis-R.D. Albert, Springer Science and Business Media, LLC 2012, s.242-244.

durum kağıda dökülmüştür. Buna göre, Fırat'ın doğusunda, Ermenistan'ın güneyinde, Suriye ve Irak ile Türkiye sınırının kuzeyinde bir Kürt Otonom Bölgesi kurulmasına karar verilmiştir.[65] Sevr antlaşması yenik bir Osmanlı Devleti'yle savaştan galip çıkmış Avrupa devletleri arasında imzalanan bir anlaşmadır. Sevr'in amacı Osmanlı'nın Arap kolonileriyle ve Ege Denizi ile bağlantısını kesip, suyollarını ele geçirmektir. Sevr'de Kürtlere verilen otonom bölgenin de amacı bu politikayı hayata geçirmektir. Sevr'de Batılıların uyguladığı bu politika sonucunda Türkiye içinde Kürtlerin Türkiye'nin Güneyinde bir devlet kuracağı düşüncesi oluşmuştur. Bir başka deyişle, Soysal'a göre, Türklerin, Türkiye'nin güneydoğusunda bir Kürt devleti kurulmasına karşı duyduğu endişeler kaynağını Sevr'den almaktadır.[66] Her ne kadar Lozan Barış Antlaşması, Sevr Antlaşması'nın yerine geçmiş ve birleşmiş bir Türkiye oluşturmuş olsa da İtilaf Devletlerinin ülkeyi bölecekleri korkusu devam etmiştir ve günümüzde bile bahsedilen sorunun çözüme kavuşturulması için en büyük engellerden birini oluşturmaktadır. Çoğunluk tarafından "Sevr Paranoyası" olarak bilinen ve Kürt yoğunluklu bölgelerde özerklik ilan edilmesini sağlayarak Türk devletinin bölgesel bütünlüğünü bölmek ve Sevr Antlaşmasının koşullarını uygulamak isteyen dış güçlerin varlığı korkusu günümüzde bile pek çok Türk vatandaşının ve siyasal figürlerin konu hakkında oluşturulabilecek bütün kayda değer politikalara bakış açılarını etkilemektedir.[67]

Kürt sorununun uluslararası boyutuna da değinmek gereklidir. Türkiye ve Yunanistan arasındaki Kıbrıs sorunu, ikili ilişkileri zora sokan etkenlerden birisidir. Bununla birlikte, iki ülke arasında Batı Trakya sorunu vardır. Ayrıca, Yunanistan PKK terör örgütü için barınma, örgütlenme ve mensupları için eğitim yardımlarında bulunmuştur. Ermenistan ile de geleneksel olarak sorunlu giden bir ilişki söz konusudur. SSCB çöktükten sonra Orta Asya ve SSCB'de ortaya çıkmış tüm bağımsız özerk nitelikli Türk kökenli devletler ve yönetimler, Ortodoks kilisesi ve Slav ırkçılığı Rusya ile ilişkileri de gergin bir niteliğe sokmaktadır. Rusya bazen örtülü bazen açık şekilde PKK'ya destek vermiştir. İran kendi ülkesinde Kürt ve Türk unsurları barındırmakta ve kendi sorununu ihraç etme isteğiyle PKK'ya sığınma olanağı ve başka destekler vermektedir. Hafız Esad döneminde özellikle su sorununa karşı Suriye'nin de PKK kartını kullandığı ve PKK'ya açık barınma ve maddi destek verdiği de söylenebilir. Dolayısıyla hemen hemen tüm komşuları Türkiye'ye karşı Kürt kartını ellerinde tutmaktadırlar.[68]

Kürt sorununun gelişimini daha iyi anlamak için Kürt sorununun Türkiye Cumhuriyeti kurulduğu andan itibaren geçirdiği değişim süreçlerini değerlendirmekte fayda vardır.

Cumhuriyetin İlk Yıllarında Kürtler

İki savaş arası dönemde Türkiye'nin Kürt sorunu konusundaki politikalarının nedenlerini Baskın Oran tarafından birkaç maddede toplanmıştır. Öncelikle Türkiye

---

[65] Arif Bingöl, *Milli Devlet ve Kürtler: Atatürk'ün Milli Birlik Programı*, Kaynak Yayınları, İstanbul 2014, s. 48-52.
[66] İsmail Soysal, "Seventy Years of Turkish-Arab Relations and an Analysis of Turkish–Iraqi Relations (1920–1990)," *Studies on Turkish-Arab Relations*, Yıllık 6, 1991, s. 76.
[67] A. E. Montgomery, "The Making of the Treaty of Sèvres", *Historical Journal*, University of Birmingham, Londra 1972, s.775.
[68] Emre Kongar, *a.g.e.*, s. 307-308.

Osmanlı Devleti'nin mirasının etkisindedir. 1454'ten beri uygulanan Millet sistemi vatandaşlar arasında farklılık gözetmemektedir. Dolayısıyla farklı bir Kürt kimliği yoktur, bu gelenek de yeni Cumhuriyet'in politikalarıyla örtüşmektedir. Bunun yanısıra Kemalizm Türkçülükten gelmekte ve Jön Türklerin devamı niteliğini taşımaktadır. Osmanlı Devleti'nin parçalanmasının tekrarlanması Osmanlı çeşitliliğini devralan Türkiye için bir endişe kaynağı olmuştur. Özellikle asker Kürtlerin yaşadığı bölge elden gittiği takdirde Türkiye'nin Rusya için stratejik önemini kaybedeceğini düşünmektedir. Oran'a göre, isyanlar da göz önüne alındığında, 1920 ve 1930'lar Türkiye'nin Kürtlerle ilgili kaygılarını kanıtlar nitelik taşımaktadır.[69]

Kürtçü önderler Sevr antlaşması sırasında uluslararası desteği arkalarına almalarına rağmen, Kürt halkının desteğini alamamıştır. Kurtuluş Savaşı sırasında Kürtlerin çıkardıkları isyanlar da başarılı olamamıştır. Buna karşılık Milli Mücadelenin yönetici kadrosu Kürt desteğini almayı başarmıştır. Ayrıca din kardeşliğine aykırı olarak bölgede bir Ermeni devleti kurulması tehdidi Türk-Kürt birliğini sağlayan önemli bir faktördür. Milli Mücadeleyi yöneten kesim Kürtleri Türk milletinin bir parçası olarak kabul etmiştir. Dolayısıyla, Milli Mücadelenin bir Kürt sorunu yoktur.[70]

Mustafa Kemal Atatürk'ün kurduğu yeni Türk devleti aslında bir medeniyet değişimidir. Bu sadece siyasi anlamda değil, toplumsal anlamda da bir değişimi içermektedir. Laiklik bu anlamda bir modernleşme aracıdır. Bu noktada bütün elitler ve siyasiler, Türk milliyetçiliği ve Kemalist laikliği birleştirerek, dini kimliğiyle tanınan bir toplumu baştan aşağı değiştirmeyi planlamışlardır. Dolayısıyla İslam politik alandan dışlanmıştır. Kemalizm Türk milliyetçiliğini de içerdiği için, Kürt milliyetçiliği siyaset dışı bırakılmıştır. Yeni Türk Devleti'nin kurucuları, Türk milliyetçiliğinin sağlam bir temele oturması ilk olarak milli bir dil yaratılmasının gerekliliği üzerinde durmuştur. Bu nedenle Türk milliyetçiliği dili, toprakları ve gelenekleriyle etnik bir yapı barındırmaktadır. Kürt milliyetçiliği, Türk milliyetçiliği karşısında kendine yer bulmuştur. Kürt Milliyetçiliği, Türkiye Cumhuriyeti'nin kurulmasından itibaren de Azadi (Özgürlük) Hareketi (Kürt İstiklal Komitesi) olarak ifade ettikleri hareketlerle Güneydoğu Anadolu'da yayılmaya başlamıştır.[71]

Cumhuriyetin kuruluşundan sonraki birkaç yıl içinde pek çok Kürt ayaklanması olmuştur. 1924 – 1938 yılları arasında yaşanan 18 ayaklanmanın 17'si Doğu Anadolu'da olmuş ve bunların 16'sı Kürtlerle alakalı olarak gerçekleşmiştir. Bu ayaklanmaların üç tanesinden bahsetmek burada önemlidir çünkü bu ayaklanmaların anlatımları sözlü olarak nesiller boyu anlatılmış ve Türk ulusal kimliğinden uzak ve bir o kadar da ona karşı olarak anlatılarak ayrı bir Kürt kimliği oluşturulmasında önemli bir rol oynamıştır.[72]

---

[69] Baskın Oran, *Türkiyeli Kürtler...*, s. 181.

[70] Arif Bingöl, *a.g.e.*, s. 53-54.

[71] Ömer Taşpınar, *Kurdish Nationalism and Political Islam in Turkey: Kemalist Identity in Transition*, Routledge, New York 2005, s. 79.

[72] Leyla Neyzi, "Gülümser's Story: Life History Narratives, Memory and Belonging in Turkey", *New Perspectives on Turkey*, cilt 20, 1999, s.17.

Bu önemli Kürt ayaklanmalarından biri 1925 yılında Şeyh Said tarafından başlatılmıştır. Bu ayaklanmayı üç ayaklı değerlendirmek gerekmektedir. Öncelikle ayaklanma irtica olayı olarak savunulmakta ve bu görüşe dönemin yöneticileri de katılmaktadır. Halifeliğin kaldırılması gibi ülkede başlatılmış ya da Medeni Kanun gibi başlatılacak olan reformlara karşı bir direnç niteliğindedir. Bir başka görüşe göre ayaklanma feodal antikapitalist bir nitelik taşır. Sosyoekonomik açıdan Kemalizme karşı yapılan bir harekettir. Bir başka teze göre de ayaklanma Kürt milliyetçi bir ayaklanmadır ve dini motiflerle süslenmiştir.[73] Bir Kürt organizasyonu olan Azadî, bağımsız Kürdistan kurma amacını güderek, isyanın gerçekleşmesinde çok önemli bir rol oynamıştır. Olson, ayaklanmanın sahip olduğu milliyetçi elementler yüzünden önemli olmasının yanı sıra Kürt mobilizasyonunun zayıflığını da kanıtladığını söylemektedir. Öncelikle taşralarda oturan kesimler arasında bağlantı kurulamamıştır. Ayaklanmanın başarısız olmasının en önemli sebeplerinden biri Kürtlerin kendi aralarında hali hazırda sahip oldukları Sünni – Alevi farklılıklardan kaynaklanan rekabet olmuştur.[74] Şeyh Sait ayaklanması esas olarak bir Kürt milliyetçiliğinden çok, şeriat anlayışına dayalı bir nitelik taşımaktadır. Ayrıca Musul konusundaki anlaşmazlıkların ortaya çıktığı bir zamana denk gelmesi de ilgi çekicidir. Şeyh Sait İsyanı Musul konusunda Mustafa Kemal Atatürk'ün bazı girişimlerde bulunduğu bir döneme denk gelmiştir.[75] Ayaklanmanın arkasından Doğu kesimlerde zorunlu göçler ve sıkıyönetim başlamıştır. Ayaklanma ayrıca 1926 yılında Takrir-i Sükûn Kanunu'nun yürürlüğe girmesine ve İstiklal Mahkemeleri'nin muhalifleri tutuklamalarına sebebiyet vermiştir. Kanun iki sene yürürlükte kalmıştır ve biri Doğu'da diğeri ise Ankara'da olmak üzere iki İstiklal Mahkemesi bütün tepkileri ve isyanları bastırma ve "*toplumsal uyumu*" sağlama görevini üstlenmiştir.[76] 10 Haziran 1927 tarihinden parlamentodan geçmiş olan 1907 sayılı Bazı Eşhasın Şark Menatıkından Garb Vilayetine Nakline Dair Kanun ile pek çok Kürt Batı eyaletlerine gönderilmiştir.[77]

Türkiye Cumhuriyeti'nin ikinci en önemli Kürt ayaklanması ise 1930 yılında Ağrı Dağı (Ararat) bölgesinde eski Osmanlı ordusu subayı İhsan Nuri Paşa tarafından yönetilen bir isyan olarak gerçekleşmiştir. Türk devletinin vatandaşlık temelinde kurulmuş politikalarının ve hükümet acil güçlerinin bölgeyi yönetmesinden hoşnut olmayan bazı Kürt milliyetçiler 1927 yılında Hoybun (Bağımsızlık) grubunu kurmuşlardır. Beytüşşebap İsyanının operasyonel lideri, İhsan Nuri, modern silahlarda eğitimli olan erkeklerden seçtiği küçük bir grup toplamış ve adamlarını, yerel kabilelerin hali hazırda başkaldırılar gerçekleştirdikleri Ararat bölgesine çekmiştir. Bu sefer Türkiye'deki bazı Alevi kabilelerin yanı sıra İran'daki Kürt kabileleri de isyana katılmıştır. Ancak Türk ordusunun daha güçlü silahları, iletişimi ve lojistiği ile Kürt kabilelerinin koordineli mobilizasyondan uzak halleri

---

[73] Baskın Oran, *Atatürk Milliyetçiliği: Resmi İdeoloji Dışı Bir İnceleme*, Bilgi Yayınevi, Ankara 1999, s. 214-217.

[74] Robert Olson, *The Emergence of...*, s.156.

[75] Emre Kongar, *a.g.e.*, s. 301.

[76] David McDowall, *a.g.e.*, s.195.

[77] İlhan Tekeli, Involuntary Displacement and the Problem of Resettlement in Turkey from the Ottoman Empire to the Present, *Population Displacement and Resettlement: Development and Conflict in the Middle East*, Derleyen S. Shami, Center for Migration Studies, New York 1994, s.205-210.

ayaklanmanın bastırılmasında Türk devletine yardımcı olmuştur.[78]

Üçüncü ve son önemli Kürt ayaklanması ise 1930'larda gerçekleşen Dersim ayaklanmasıdır. Bu ayaklanma için zemin hazırlayan iki önemli faktör bulunmaktadır; birincisi 21 Haziran 1934 tarihinde Türk parlamentosunun kabul ettiği 2510 sayılı İskân Kanunudur. Bu kanun, göçmenlerin yerleştirilmesi ve ülke içinde belirli grupların yeniden yerleştirilmesini düzenlemek amacıyla çıkartılmış ve Türkiye'yi üç mıntıkaya bölmüştür: (1) popülasyonun Türk olmayan unsurlar taşıdığı ve Türk kültürünün arttırılması istenen bölgeler (sonuç olarak eski Osmanlı eyaletlerinden gelen ve Türk kökenleri olan göçmenler bu bölgelere yerleştirilmiştir); (2) Türk kültürü içinde homojenleşmesi beklenen kişiler için ayrılan bölgeler; ve (3) tamamen tahliye edilecek bölgeler (bu bölgelerde yaşayan halk ilk iki mıntıkadan birine göç ettirilecektir).[79] Kanun ayrıca güçlenme potansiyeli olan kabileleri kırmayı ve kabile mülkiyeti haklarını feshetmeyi hedeflemiştir. Ancak 1930'larda başka şehirlere nakledilen pek çok hane, 1947 yılında Türkiye'nin çok partili döneme geçmesi ile nakledilen bireylerin yerleştirildikleri yerlerde kalma zorunluluğu kaldırıldığı zaman 1940'lı yıllarda evlerine geri dönmüştür. [80] Dersim İsyanının gerçekleşmesindeki diğer önemli faktör ise Aralık 1935'de parlamentonun verdiği bir kararla Dersim'in askeri yönetim altına girmiş olmasıdır.[81] 25 Aralık 1935'te kabul edilen 2884 sayılı yasa ile Dersim adı Tunceli[82] adıyla değiştirilerek, yeni bir il kurulmuş ve bu ilin özel yetkilerle donatılmış bir askeri vali tarafından yönetilmesi karara bağlanmıştır. Bu vali-komutan gerektiğinde ilçe bucak ve merkezlerin yerlerini değiştirme yetkisine sahip, kişileri ya da aileleri başka yere göçürebilecek ve bu kişilerin Tunceli içinde yaşamalarını yasaklayabilecektir.[83] Tunceli halkı ise direkt hükümet kontrolüne karşı çıkmış ve 1936 yılında Seyit Rıza tarafından yönetilen Dersim İsyanı gerçekleşmiştir. 1938 yılının sonunda isyan, hükümet tarafından kanlı bir şekilde bastırılmıştır. Seyit Rıza asılmış ve binlerce kişi infaz edilmiştir. İsyanı zorunlu göçler ve nüfus kontrolü takip etmiştir.[84] Yapılan iskanlar sonucunda Tunceli sorununa Eskişehir, Kırklareli, Manisa, Tekirdağ, Aydın, Çorum Malkara, Çorlu, Ödemiş ve Balıkesir de dahil olmuş, bu kişiler Batı ve çevre illere dağılmışlardır.[85]

Bu noktada dönemin Başbakanı İsmet İnönü'nün 1935 yılında Mustafa Kemal Atatürk'ün isteğiyle çıktığı Anadolu'nun değişik illerine yaptığı ziyaret sonrası, Mustafa Kemal Atatürk'e sunmak üzere hazırladığı rapordan faydalanmak yerinde olacaktır. İnönü tek tek Doğu illerini gezmiş, Kürt sorununu değerlendirmiş ve çözüm için birtakım önerilerde bulunmuştur. Aşağıda O'nun görüşlerine yer verilecektir.

Elazığ'a trenle vararak Doğu illeri gezisini başlatan İsmet İnönü, Elazığ'daki en

---

[78] David McDowall, *a.g.e.*, s.205-210.
[79] İlhan Tekeli, *a.g.e.*, s.215.
[80] İlhan Tekeli, *a.g.e.*, s. 217-220.
[81] Ayşe Betül Çelik, *a.g.e.*, s.244.
[82] Kitabın bu bölümünden sonra Dersim adının Tunceli olarak değiştirilmesine değinilmiş olması sebebiyle, Tunceli iline yönelik bahislerde Tunceli olarak, bölgedeki isyana yönelik bahislerde Dersim adı kullanılacaktır.
[83] Ali Kaya, *Başlangıcından Günümüze Dersim Tarihi*, Demos Yayınları, İstanbul 2010, s. 442.
[84] Ayşe Betül Çelik, *a.g.e.*, s.245.
[85] Ali Kaya, *a.g.e.*, s. 563-565.

önemli sorun olarak Elazığ Ovası'nın kurumasını göstermiştir. Elazığ'ı ileride bir iskan bölgesi olarak kullanabilmek için Elazığ'daki sulama işlerine bir çözüm getirilmesi önerisinde bulunmuştur. İnönü Fırat Nehri'nin doğusunda ve güneyde en önemli dayanak noktasının birinci derecede Diyarbakır, ikinci derecede ise Urfa olduğunu söylemektedir. Bunun için Diyarbakır büyük bir medeniyet merkezi olmalıdır ve şehrin planlanmasına ağırlık verilmelidir. İnönü'ye göre Suriye'de yerleşmek için Fransa Mardin, Urfa, Antep ve Maraş'ın kendi ellerinde olmasını istemektedir. Türkler ise buna karşılık Halep'i elde tutmak istemişler ancak Fransızlarla anlaşamadıkları için bu gerçekleşmemiştir. Dolayısıyla bu konu ileriye dönük olarak bir sorun haline gelebilir. Fransızlar sınırda yaşayan halka birtakım vaatlerde bulunarak Karadeniz sahiline kadar Devletle çatışmaya hazır bir grup yetiştirmektedirler. Bunun yanısıra İnönü sınırdaki kaçakçılığa değinmiş, bez kaçakçılığı üzerinden örnek vermiştir. Buna göre 260.000 top kullanılan bezden sadece 3000'i sınırdan yasal olarak geçebilmiştir. Bu duruma İnönü ucuza bez üreterek bir çözüm getirilebilceğini ifade etmiştir. Ayrıca bölge halkı Suriye ile ticaret yapma isteğindedir. Fransızlarsa Kürt ve Arapları Türklere karşı kışkırtmakta ve buna karşılık olarak Türkiye İnönü'ye göre istihbarat faaliyetlerinin arttırılması gerektiği önerisinde bulunmaktadır. Ayrıca Maraş, Antep ve Urfa'daki halkın Fransızlarla ilişkiye geçmesinin önlenmesi gerektiğini ifade etmiştir. Maraş, Antep, Birecik, Urfa, Mardin gibi şehirlerin ihtiyaçlarını devlet karşılamalı ve bunlar arasında yolların sağlanması gereklidir. Urfa'yı Viranşehir, Mardin, Siverek, Diyarbakır'a ve kısa yolla Fırat'ı köprüyle geçerek bir taraftan Malatya bir taraftan Antep'e bağlayacak yolların yapılması gerktiğini de sözlerine ekler. Mardin'de hemen hemen hiç Türk olmadığını, Kürt, Arap ve Hristiyanlardan oluştuğunu gözlemlemiştir. Ancak Mardin'le ilgili fikri Midyat gibi yerleşimlerin Kürt sorunundan çok da etkilenmediğini düşünmektedir. Dolayısıyla bu bölgelerden Arap ve Hristiyanlar çıkartılırsa yerlerini Kürtler doldurur demektedir. İnönü'ye göre burada yaşayan Araplar Suriye'yle ilişkilerde kullanılabilir. İnönü'nün Siirt hakkındaki fikri de aynıdır. Siirt de itaatkar bir Arap şehridir. Siirt'in halkı uyumlu olduğu için Siirt'in doğusundaki bir su kaynağının yakınlarına nakilini uygun bulmuştur. Bunun yanısıra halkın içine girilmesi gerktiğini, ağaların denetiminden halkı uzaklaştırmak gerektiğini ve seyyar doktorlarla güven kazanılabileceğini savunmaktadır. Bitlis ise güçlü bir Türk kalesi haline getirilebileceğinden ve şehirde gelişmiş olan yün dokuma, ziraat gibi özellikleriyle bir ticaret merkezi haline getirilebileceğinden bahsetmektedir. Van içinse kömür ve petrol gibi şartları ümit verici görmektedir. Ağrı'da da bölge vatandaşlarının çok etkilenmemiş olduğu izlenimini edinmiştir. Iğdır ovasında pamuk ve pirincin yetiştirildiğinden bahsetmekte, ancak iskan ve sulama şartlarının yetersizliğinden bahsetmektedir. Ağrı ayaklanmasında Iğdır tarafından sürülen Kürtlerverimli boş Ermeni köylerine yerleşmiş, ovaya ve verime alışmışlardır ve oturdukları yerlerin tapularını almaktan başka istek yoktur. Dolayısıyla Iğdır'da yer değişimine gerek görmemektedir. Başta Erzurum olmak üzere bölgedeki bir başka sorunu da kömürdür. Halk tezek yakmaktadır. Dolayısıyla kömür Kars, Erzurum ve diğer şehirlerde problem olarak görülmüştür. Ayrıca Kars'ta üretim fiyatlar Rusların keyfince belirlenmekte, Ruslar bu bölgedeki tüccarlarla anlaşma içinde çalışmaktadır. İnönü bu konuyla da özellikle ilgilenilmesi gerektiğini raporlamıştır. Raporunda İnönü Erzurum'da asayiş olmadığından şikayet etmiş, halkın su ve elektrikten mahrum olduğunu sözlerine eklemiştir. Erzurum'un ulaşım sorunu da vardır. Bunun yanısıra Erzurum'a, Van'a ve Kars'a atanan valilerin keyfi yönetimlerini eleştirmiş, ihmal edildiğini sözlerine eklemiştir. Burada yapılack şeyin plan, su tesisatı, yapı malzemeleri sağlamak olduğunu, demiryolunun da derhal bağlanması gerektiğini söylemiştir. Erzincan içinse tespitleri ilgintir. Raporda Erzincan yanındaki boş köylerinin hızla Tunceli'nin yeni halkınca dolduğunu, buradaki ağalar tarafından çalıştırıldıklarını, dolayısıyla bu köylerin Dersim isyanında yer almış kişilerin yataklanacağı bir bölge haline gelmekte olduğunu söylemiştir. Bunun ardından da eklemektedir: *"Kısa zamanda Erzincan Kürt merkezi olursa, Kürdistan'ın kurulmasından korkarım."*[86]

İsmet İnönü'nün Kürt raporunda Samsun-Sivas hattını dışarıda bırakarak bu hattın doğusunda bulunan bölgede Türkiye nüfusunun üçte birinin yaşadığı, ancak Türk ekonomisine katkısının üçte birini karşılamadığını yazmakta, bu bölgenin ekonomisinin yükünün batı illerinin üzerinde olduğu eklenmektedir. Bu nedenle bu illerin verimli hale getirilmesi gerekmektedir. Bu bölgede siyasal ihmaller vardır ve Kürt sorununu barındırmaktadır. Dolayısıyla bu bölgede birtakım reformlar uygulanmalıdır. İnönü bu reformları birkaç başlık altında toplamaktadır. Rapora göre bu illerdeki idare şekli Genel Müfettişlik olmalıdır. Bu müfettişler sınır sorunları, iskan sorunları, birkaç ili kapsayan ekonomi ve ulaşım programları ve yer yer özel adliye rejimi özel donanımlı Genel Müfettişlerce yürütülmelidir. Tunceli ilinde askeri bir idare kurulmalı ve ıslahı bir programa bağlanmalıdır. Kazalarda bazı yenilikler yapılmalı ve yeni kazalar oluşturulması gereklidir. Genel müfettişler her şeye müdahale edebilmelidir. Bazı illerde özel bir adliye rejimi oluşturulmalıdır. İnönü'ye göre o dönemdeki kanunlarla donanımlı bir mülkiye ve hukuk mezunu olarak nahiye müdürü, kaymakam ve maiyet memuru bulmak zordur. Var olanların tecrübe ve donanımları yeterli değildir. Bunun yanı sıra Mülkiye'nin yapısında bir değişiklik yapıp, Harbiye gibi genişleterek Dahiliye, Maliye, belediye, Özel İdare görevlerine memur yetiştirmek gerektiğini düşünmektedir. Tunceli iliyle ilgili de bir takım planlar raporda yer almaktadır. Buna göre Tunceli ilinde Kolordu Kumandanı, vali ve üniformalı askerler, zabitler kaza kaymakamı olmalıdır. Valilik idaresi bir kolordu karargahı gibi yapılmalıdır. Bunun asayiş, yol, adliye, kültür, sağlık şubeleri olmalıdır. İdama kadar infaz burada görülmelidir. Adliye usulüyse basit, özel ve kesin olmalıdır. Valiliğin emrine en az yedi seyyar jandarma taburu verilmelidir. 1935 ve 1936 yıllarında ilin yolları ve karakolları yapılmalıdır ve Tunceli silahtan arındırılmalıdır. Valilik yol, orman işletme, hızlı ve kesin adalet gibi idareleri yerine getirmelidir. Bunun yanısıra Muş, Erzincan ve Van'la ilgili de bir takım planları vardır. Erzincan, Muş ve Van Ovaları kısmen boştur ve Kürt yayılmasına açıktır. Van, Muş ve Erzincan'da ve Elazığ Ovası'nda bu nedenle hızlı bir şekilde Türk kitleleri yerleştirilmelidir. Ancak ovalara yerleşmiş Kürt halk yerlerinden edilmemelidir. Erzincan Ovası'nı bu planın dışında tutmaktadır. Bu ille ilgili karara Tunceli'nin ıslahından sonra karar verilmesi gerektiğini yazmıştır. İnönü'nün raporunda Diyarbakır, Van ve Erzurum'un büyük medeniyet merkezleri olduğunu ve bu nedenle üzerlerinde daha çok durulması gerektiği yazmaktadır. Erzincan,

---

[86] Saygı Öztürk, *İsmet Paşa'nın Kürt Raporu*, Doğan Kitap, İstanbul Mart 2016, s.17-53.

Muş, Yeni Siirt, Urfa, Kars ve Artvin özel idareleri veya belediye hizmetlerine devletten yardım verilmesi gerekmektedir. Bunun yanısıra Bulanık, Malazgirt, Karaköse, Sürbahan merkezlerinin kurulmasına önem vermektedir. İnönü raporunda liman, demiryolları ve karayolları sorunlarına da yer vermektedir. Buna göre 1938'de Erzurum'a varacak bir demiryolu yapılması ve Erzurum-Sarıkamış dar hattının kışın kapanmayacak şekilde ıslah edilmesi gerekmektedir. Trabzon Limanı'nın inşasına başlanmalıdır. Iğdır'da bendin yapılması ve kanalın açılmasını, Erzincan Ovası'nda sulama işlerinin hallaedilmesini, yeni sulma kaynaklarının bulunmasını, Erzincan Ovası bataklıklarının kurutulmasını, sudan elektrik üretimi programının oluşturulmasını istemektedir. İnönü raporunda yakacak sorununa da yer vermiştir. Dolayısıyla bu sorun Doğu için çok önemli bir sorundur. Burdaki insanlar tezekle ısınmaktadırlar. Bu sorunun çözümü için Rusya'dan Kars ve Erzurum'a az gümrük bedeliyle kömür getirilmelidir. Bu kömür sadece Doğu illerinde kullanılmalıdır. Daha sonra var olan linyit ocakları işletilmeye başlanmalıdır. Bu açıdan Balkaya, Kükürtlü ve Sivişli'deki kömür ocakları önem taşımaktadır. Toplumsal anlamda da birtakım çözümleri raporuna dahil etmiştir. Buna göre, Kürtleşmiş ve kolayca Türklüğe dönecek olan yerlere eğitim hizmetleri gitmeli, burdaki halka Türkçe öğretilmeli, bu kişiler Türklüğe döndürülmelidir. Memur yetiştirecek kurumlar bu illerde yoktur ve Orta Öğretime girece Kürtler başvuruda bulunursa bu kişiler geri çevrilmemelidir. Devletin Kürtler üzerindeki etkisini arttırmak için sağlık hizmetlerine de eğilinilmesi gereklidir. O günün Türkiye'sinde hastalıklar yaygındır. Özellikle bu bölgede trahom, frengi, cüzzam ve akıl hastalıkları yaygın olarak görülmektedir. Sağlık hizmetlerine halkın değer verdiğini raporuna ekleyerek içine girilmek istenen Kürt merkezlerine seyyar doktorlarla girmenin çok etkili olacağına inanmaktadır. [87]

İnönü'nün Kürt raporunda bölgedeki olanaksızlıklar ve yanlış yönetim net olarak yer almaktadır. Bunun yanısıra sosyal, idari, ekonomik bazı sorunlara çözüm getirilmek istendiği açıktır. Bununla birlikte bölgeye yönelik önlemler de raporda yer almaktadır. Ancak alınan önlemler ve devlet hizmetleri Kürt sorununu bitirmeye yetmemiş, Kürt halkı arasında Kürt milliyetçiliği yayılmaya devam etmiştir.

Çok Partili Döneme Geçişte Kürtler

Dersim İsyanından sonra Kürt nüfuslu bölgelerde uygulanan devlet kontrolü Kürtlerin Türkiye Devleti'ne karşı yeniden hareketlenmesini zorlaştırmıştır. 1930'ların sonlarından 1950'lerin sonlarına kadar Türk rejimine karşı ciddi bir Kürt muhalefeti görülmemiştir. Siyasal mobilizasyon için olanak sağlayan ise 1960'lı yılların siyasal havası olmuştur. İlk sebep ise cemiyet özgürlüğü üzerinde en ciddi korumayı sağlayan anayasa olarak kabul gören 1961 Anayasası olmuştur.[88] Anayasa tarafından sağlanan haklar, 1970'lerin Türkiye siyasetinde önemli roller oynayacak olan ticari birliklerin ve öğrenci organizasyonlarının kurulmasını desteklemiştir. Ancak David McDowall'a göre, 1961 Anayasası'nın Kürtlerin organizasyonu ve mobilizasyonu açısından belirli özgürlükleri tanımış ve 1960'ların başından itibaren ilk Kürt gazetelerinin basımını desteklemiş olmasına rağmen, hükümetin Kürt

---

[87] Saygı Öztürk, *a.g.e.*, s. 53-65.
[88] Robert R. Bianchi, *Interest groups and political development in Turkey*, NJ: Princeton University Press, Princeton 1984, s. 87-89.

nüfuslu bölgeleri kontrol altında tutmak için birtakım önlemler uyguladığını da unutmamak gerekir. 1960 darbesinden sonra bir süreliğine yönetimi devralan MBK, 1587 sayılı kanun ile kamusal fikre zarar veren isimlerin ulusal kültüre, moral değerlere, örf ve adetlere uygun olmadığını öne sürerek Kürtçe yer isimlerini Türkçe isimlerle değiştirmeye başlamıştır. [89] 1960'lı yıllar kısmen demokratik ortamı çerçevesinde Kürtler hem dernekler hem de siyasal partilerde mobilizasyona başlamışlardır. 1961 yılında TİP kurulmuştur. Parti, İstanbul'daki orta sınıf *"yenilikçilerin"* yanı sıra taşradaki Kürtlerden ve Alevilerden fazlasıyla destek görmüştür. TİP her ne kadar *"toplu işçi partisi oluşturarak Türk toplumuna evrim geçirtmeyi"* hedefleyen SSCB yanlısı bir parti olsa da [90] parti aynı zamanda 1960'ların sonundaki organize eylemleri de desteklemiştir.[91] TİP'in İstanbul, Ankara ve İzmir gibi Batı Türkiye şehirlerindeki bakış açısı temelde kapitalist suiistimale karşı sınıf zorlukları üzerine kurulu olmuştur. Diğer taraftan TİP Doğu ve Güneydoğu Anadolu şehirlerinde şeyhlik, ağalık ve feodalizm gibi kavramların ortadan kaldırılması, toprak reformunun gündeme gelmesi konularında çalışmalar yapmıştır. Parti yetkilileri 1960'ların ortalarına kadar Kürtlüğü bir etnik hak olarak telaffuz etmemişler, sadece 1965 yılına gelindiğinde TİP başkanı Mehmet Ali Aybar, *"hitap ettiği kitleyi genişletmek, özellikle de Kürtleri ve Alevileri de dahil etmek için odak noktasını 'sınıf alakasından' çekip 'insan özgürlüğüne' kaydırdığını"* belirtmiştir. [92] 1966 yılındaki İkinci Kongresinde parti, Milli Demokratik Devrimi destekleyenler ve Sosyalist Devrimi destekleyenler olmak üzere ikiye ayrılmıştır. Aylık yayını olan Aydınlık'ın Kasım 1968 baskısında Mihri Belli tarafından yönetilen Milli Demokratik Devrim *"Ulusal Gerçeklik"* isimli bir makale yayınlamış ve Kürt sorununa değinmiştir. TİP, kendi programına devrimin işçilerin liderliğinde gerçekleşmesi gerektiğini savunan Sosyalist Devrim saflarında devam ederken Milli Demokratik Devrim partiyi *"pasifist ve parlamentarist"* olmakla eleştirmiş ve yeni bir sorunun oluşacağını savunmuştur. Ancak Kürt gençliği ne Milli Demokratik Devrim hareketi'ni ne de TİP'i, yüksek oranda takip etmemiştir. Bu Kürt gençliği daha sonra Türkiye Cumhuriyeti'nin ilk yasal Kürt kuruluşunu kurmuşlardır: DDKO. Kürt mobilizasyonu konusunda TİP'in en önemli noktası ise Türkiye'deki Kürtlerin varlığını tanıyan ilk yasal siyasi parti olmuş olmasıdır. 29 Ekim 1970 tarihli dördüncü genel toplantısında TİP, şu açıklamayı yapmıştır: *"Türkiye'nin doğusunda bir Kürt toplumu var... Toplumu yöneten kısmı temsil eden faşist yetkililer, Kürtlere karşı zaman zaman kanlı bir baskıya dönüşen asimile etme ve yıldırma politikası izlemişlerdir."*[93] Her ne kadar parti açıkça Türkiye'de bir etnik problem olduğunu belirtmiş olsa da bu analizin sınıfsal ve solcu terminoloji ile yüklü olduğu unutulmamalıdır.[94] Parti tüzüğüne göre, bölge az gelişmiştir ve Kürtler baskılanmıştır. Bunun da en temel sebebini *"bölgede çoğunlukla Kürtlerin yaşadığının çok iyi farkında olan dominant sınıfların*

---

[89] David McDowall, *a.g.e.*, s.220.

[90] Ahmet Samim, "The Left", *Turkey in transition: New perspectives*, Derleyen I. Schick-E. A. Tonak, Oxford University Press, New York 1987, s.150-155.

[91] Tarık Ziya Ekinci, *Türkiye İşçi Partisi ve Kürtler*, Sosyal Tarih Yayınları, İstanbul 2010, s. 13-16.

[92] Ahmet Samim, *a.g.e.*, s. 158.

[93] Gerard Chailand, *A People Without a Country*. Olive Branch Press, New York 1993, s.87.

[94] Henri J. Barkey-Graham E. Fuller, *Turkey's Kurdish question*, Rowman & Littlefi eld Publishers, New York 1998, s. 15.

ekonomik ve sosyal politikaları" olarak tanımlamıştır.[95]

Kürtler arasında Şeyhlik[96] önem taşımaktadır. Şeyh, oldukça nüfuz sahibi dini bir figür olarak kabul görmüştür.[97] Her ne kadar 1880 yılında İngilizlerin yardımı ile bağımsız bir devlet kurmak için ayaklanma başlatan Şeyh Ubeydullah Nehri olayında da olduğu gibi *"bin yıllık ve mesihe ait dini deyimleri kullanan"* nüfuz sahibi Kürt şeyhleri görmek mümkün olsa da, 1970'li yıllarda pek çok Kürt, çoğunlukla devletle olan bağlarını kendi güçlerini pekiştirmek adına kullanan şeyhlerin varlığının Kürt milliyetçiliğinin yükselmesinin önünde bir engel oluşturduğunu düşünmeye başlamıştır. Ağalık, mülk sahipliğine benzer bir kurumdur. Kürt nüfuslu bölgelerde Ağalar, Kürt kabilelerinin liderleri olarak görev yapmaktalardır ve kabile üyeleri üzerinde çok ciddi sosyal, ekonomik ve siyasi güce sahiptirler. Pek çok durumda Ağalar, devletle olan müştericilik benzeri ilişkilerini nüfus üzerindeki güçlerini ortaya koymak için kullanmışlardır.[98]

TİP'in pek çok üyesi tarafından ortaya konulan bakış açısına göre, onların söylemiyle *"Doğu problemi"*, Doğu Anadolu'nun *"kolonileşmesi"* üzerine harcanan ortak çabalar ve etnik farklılıklara bağlı göreceli yoksunluğundan kaynaklanmıştır. Bu iddia ile beraber kapitalist ve emperyalist güçler alt edildiği zaman Kürtlerin özgürleştirilebilecekleri inancı da gelişmiştir. Bu ideoloji 1960'ların başında özellikle de Kürt gençliği ve entelektüel kısmı tarafından destek görmüştür. Kürtler açısından 1960'larda yaşanan en önemli olay Doğu Mitingleridir. 1967 yılının Ağustos ayından 1969 yılının Ağustos ayına kadar Ankara'nın yanı sıra çeşitli Doğu ve Güneydoğu Anadolu şehirlerinde toplam 12 miting düzenlenmiştir.[99] TİP'in Türkiye'nin batısındaki şehirlerde düzenlediği mitingler pek popüler olmasa da Doğu Mitingleri binlerce insanı bir araya getirmiştir. Bu mitingler çoğunlukla bir eşitsizlik kaynağı olarak ağalık ve şeyhlik kavramlarının altını çizerken çoğunlukla toplumdaki ekonomik ve sosyal problemler, bölgeler arasındaki eşitsizlik, eşit olmayan gelir dağılımı ve fakirlik üzerine odaklanmıştır. Her ne kadar mitingler çoğunlukla TİP tarafından organize edilmiş olsalar da bir başka Kürt yanlısı parti olan KDP destekleyicileri de mitinglere katılmış ve destek vermiştir. Sait Elçi tarafından yürütülen bu siyasal organizasyon, Molla Mustafa Barzani tarafından yönetilen Irak'taki KDP ile bağları olan yasadışı bir partidir ve çoğunlukla zengin Kürt çiftçilerden destek görmüştür. Parti ne kadar mitingleri desteklemiş olsa da çok fazla Kürdü mobilize edememiştir. Mitinglerdeki afişlerden bazıları bölgeler arasında eşitsizlik olduğu iddiaları taşımaktadır: *"Eğer Batı bizim evimizse, Doğu nedir?", "Doğunun kaderi açlık, işsizlik ve yozlaşma", "Demokrasi nerede?", "Hayat güvencesi istiyoruz", "Petrol kanımızdı, onu da aldınız", "Bizim için misafirhaneler, onlar için villalar", "Doğulular uyandı. Şimdi haklarını peşinden gidecekler", "Haklar verilmez, alınır",* vs. Doğu Mitinglerinin en önemli noktası, Türkiye Cumhuriyeti'nin tarihinde ilk defa yasal bir partinin bu kadar çok Kürdü bir arada mobilize etmesidir. Her ne kadar Kürt kelimesi mitinglerde kullanılmamış olsa da konuya Doğu sorunu denmiştir. 1969 yılının mayıs ayında DDKO'ların

---

[95] Gerard Chailand, *a.g.e.*, s. 87.
[96] Şeyhlik dini bir kurumdur ve şeyh, İslam dinine bağlı Nakşibendi tarikatının başındaki kişiye verilen isimdir.
[97] Robert Olson, *The Emergence of…*, s.3.
[98] Henri J. Barkey-Graham E. Fuller, *a.g.e.* s. 17-20.
[99] Tarık Ziya Ekinci, *a.g.e.*, s. 16-19.

kuruluşu ise Türkiye Cumhuriyeti tarihinde Kürt mobilizasyonunun ilk önemli yasal adımı olarak görülmektedir. DDKO hakkında bilinmesi gereken önemli bir nokta ise başta gençler olmak üzere önemli sayıda bir Kürt topluluğunu mobilize etmiş olmasıdır.[100] DDKO'nun bakış açısı, TİP'e o kadar iyi yansıtılmıştır ki partinin 1970 yılındaki dördüncü genel toplantısında Türkiye'nin doğu kesimlerindeki Kürtlerin varlığı konusunda bir sonuca varılmıştır. Ancak, 12 Mart 1971 tarihinde gerçekleşen Askeri Muhtıra hem TİP'in hem de DDKO'nun kapatılması ile son bulmuştur. DDKO'nun kapatılmasına yönelik mahkeme kararı, ocakların vatana ihanet sebebiyle kapatıldığını öne sürmüştür. DDKO'nun açılmasıyla birlikte Kürtler siyasal meselelere dahil olmayı ve taleplerini yasal kanallar ile dile getirmeyi öğrenmişlerdir. Ancak DDKO'nun kısa süren ömrü ve 1971 yılında pek çok solcu siyasal partinin ve kurumun yasaklanması ve kapatılması nedenleriyle Kürt mobilizasyonu 1970'li yıllarda yasal olmayan farklı solcu kanallara yönelmiştir. 1971 muhtırası ile sendikalar, dernekler ve ticaret birliklerinin yanı sıra pek çok siyasi parti siyasal sahnelerden uzaklaştırılmış ve liderleri hapse atılmıştır. DDKO üyeleri *"bağımsız bir Kürt ırkı olduğu argümanını yaymak amacı ile Kürdizme inanan militanlar yetiştirmek ve Kürdistan'ın kurulmasına destek vermek"* suçlarıyla suçlanmışlardır.[101] Muhtıra aynı zamanda 1961 Anayasasında pek çok derneğe verilen hakları da kısıtlamıştır. 1971 yılından 1974 yılına kadar Kürt mobilizasyonu durmuştur. Pek çok lider yakalanmış ve devlet siyasi hayatın önemli bir kısmını kontrolü altına almıştır. 1971 Muhtırasından sonra yaşanan geçiş döneminin sonunda oluşturulan Koalisyon Hükümetinin getirdiği 1974 genel affı ile bu liderler siyasi arenaya geri getirilmiştir; ancak bu sefer çoğu yasadışı siyasi grupların birer parçası olmuşlardır. 1970'lerin ortalarında aşırı sağcı ve aşırı solcu gruplar arasında fazlasıyla siyasileştirilmiş bir siyasi sistem gelişmiştir. Bu ortam içinde farklı yasadışı Kürt gruplar ortaya çıkmıştır; her ne kadar hepsi solcu kampında olsa da kendi aralarında farklı siyasi bakış açılarına sahiplerdir.[102] 1970'li yıllarda aynı şekilde yasaklanan Türk solcu gruplarından farklı olarak yasadışı Kürt organizasyonları oluştuğu ve daha da önemlisi PKK kurulduğu için bu yıllar Kürt mobilizasyonu açısından oldukça önemli olmuştur. Her ne kadar bu yeni organizasyonların söylemleri eskilerine göre biraz daha devrimci yapıda olsa da Türkiye Cumhuriyeti tarihinde ilk defa Kürt milliyetçi talepleri açıkça dile getirilmiş ve 1965 yılında yasadışı siyasi bir parti olarak TKDP tarafından kullanılmasının hemen ardından bu grupların isimlerinde de Kürtçe kelimeler kullanılmıştır (örneğin, Yekitiya Proleterya Kürdistan – Kawa (Kurdistan Proleter Birliği), Rızgari (Kürdistan Bağımsızlık Hareketi), vs.). Bu noktada ise 1974 yılında Ankara ve İstanbul'da kurulan DDKD bahsetmek oldukça önemlidir. DDKD, aylık olarak çıkarttıkları dergide 12 Mart Muhtırasından sonra yasaklanan DDKO'nun yolundan gittiklerini belirtmiştir. Bu dernekler çoğunlukla kendilerini *"emperyalizmin, kolonializmin, yeni kolonializmin ve ırkçılığın"* yenilmesine adamış öğrenciler tarafından yönetilmişlerdir. [103] Çok sayıda Kürdü sokaklara dökmek ve onları alışılmış veya alışılmışın dışında katılımla siyasi hayata dahil etmek konusunda

---

100 Henri J. Barkey-Graham E. Fuller, *a.g.e.*, s.15.
101 Ayşe Betül Çelik, *a.g.e.*, s.249-250.
102 David McDowall, *a.g.e.*, s. 402.
103 Ayşe Betül Çelik, *a.g.e.*, s.250.

oldukça başarılı olmuşlardır. Böylece PKK ortaya çıkmıştır. Kürt mobilizasyonundaki aktif rolleri sebebiyle DDKD 1970'lerin sonlarına doğru devlet kontrolü altına girmiş ve 1980 Askeri Darbesiyle kapatılmıştır. 12 Eylül 1980 Darbesi, toplumun ideolojik olarak aşırı kutuplaşması ile herhangi bir partinin parlamentoda çoğunluğa ulaşmasını engelleyen yeni seçim yasaları nedeniyle hızlı değişen hükümetlerin giderek artan şiddete karşılık verememesinin sonuçlarının birleşmesinden kaynaklanmıştır. Darbeden sonra yüzlerce tutuklama yapılmış, 500 kişi ise idam cezasına çarptırılmıştır. Askeri cunta ayrıca sıkıyönetimi beraberinde getirmiştir.[104]

Bu noktada Kürt sorununa askerin yaklaşımını ele alması bakımından Jandarma Genel Komutanlığı'nın hazırladığı 1969-1970 tarihli Doğu ve Güneydoğu Anadolu'daki Kürtçülük Faaliyetleri isimli Kürt Raporu'na değinmekte fayda vardır. Bu rapor, 1939 yılında CHP Genel Sekreterliği'ne sunulan rapor, 1943'te Umumi Müfettiş Avni Doğan'ın raporu, 1947'de Maliye Müfettişi Burhan Ulutan'ın raporu, 1961'deki 27 Mayıs 1960 Raporu'ndan sonra hazırlanan beşinci rapordur. Raporda Türkiye Cumhuriyeti sınırları içindeki aşiretleri ve aşiretlerin siyasi güçleri ve konumlarıyla ilgili bilgiler vardır. Aşiretlerin yerleştikleri yerler, nüfusları, çıkarabilecekleri muharip sayısı, silah miktarı, devlet yanlısı olup oladıkları, diğer aşiretlerle ilişkileri konusunda araştırmalara yer verilmiştir. Bu raporda aşiretlere güvenilmez, devlete başkaldırma potansiyelini barındıran tehlikeler olarak değinilmiştir. Ayrıca devlet yanlısı aşiretleri diğer aşiretlere karşı kullanabilmek için detaylı bilgiler yer almaktadır. Rapordaki en önemli konu aşiretlerin Barzani ile ilişkisidir. Aşiretler istihbarat olarak Barzani'ye yakınlıkları ve uzaklıkları açısından değerlendirilmiştir. Aşiretler din açısından da değerlendirilmiştir. Erzincan'daki aşiretler Alevi Kürt aşireti olarak yer almış, bu aşiretlerin Irak'taki Sünni Kürt aşiretleriyle düşman oldukları yazılmıştır. Ayrıca birtakım aşiretlerin reislerinin olmadığı da rapora eklenmiştir. Reisi olmayan aşiretler Kürt-Alevi aşiretleridir, Dersim ve Erzincan'da yer almaktadırlar. Raporda bölgedeki silahlanma durumu ve silahların elde edilişi konusundaki bilgiler de vardır. Diyarbakır ve Ağrı bölgesindeki vatandaşların silahlanmaya istekli olduğu, Diyarbakır'da her iki evden birinde mavzer ve makineli silah bulunduğu belirtilmiştir. Ayrıca rapora göre Şam ve Beyrut'tan gelen silahlar Midyat, Cizre ve Silopi'de toplanmaktadır, oradan da Barzani'ye iletilmektedir. Raporda Kürtlerin potansiyel bir iç düşman olarak görüldükleri açık ve net bir şekilde anlaşılmaktadır. Ağrı bölgesindeki aşiretler devlete bağlı görünseler de esasen böyle olmadıkları yazılıdır. Mardin aşiretleri Türklere olumlu yaklaşarak ideallerini gizlediği şeklinde yer almaktadır. Van, Hakkari, Siirt, Bitlis ve Muş'taki aşiretlerse devlete karşı olarak görülmektedir. Ayrıca halkın %90'ının Kürtçe konuştuğu ve Türkçeyi benimsemedikleri, Kürt kavmi gibi hareket ederek kendilerini Kürt saydıkları ifade edilmektedir. Bunun yanısıra eğitimli Kürtlerin bölgede Türkiye karşıtı bir örgütlenme içine girdikleri de eklenmiştir. Dolayısıyla Rapora göre, okumuş Kürt, en tehlikeli Kürt'tür. Raporda Kürtlerin Kürtçe yayın yapan radyoları dinledikleri yazılmıştır. Raporda Kürtçülük davasına yardımda bulunduğu inanılan ağa, şeyh, politikacılar ve tanınmış kişilere isim isim yer verilmiştir. Raporda propogandalara

---

[104] Aziz Nesin, *Bulgaristan'da Türkler, Türkiye'de Kürtler: Yazılar-Belgeler*, Nesin Yayınevi, İstanbul 2000, s. 33-35.

ve siyasi çalışmalara da yer verilmiştir. Propoganda araçları olarak şeyhler, hocalar, Milli Eğitim mensupları, siyasi partiler ve politikacılar, gazeteciler, Kürtçe radyo ve plaklar sayılmıştır. Rapora göre 1950 yılından sonra sürgün edilen ve Suriye ve Irak'a şığınan ağalar ve şeyhlerin dönmesiyle partilere alınmaları, Atatürk ilkelerinden taviz verilmesi sonucunda Kürtler arasında Kürdistan kurma fikri yayılmıştır. Milletvekilleri oy için Kürtçülük propagandası yapmıştır. Rapora göre Kürt aşiretleri Türkleri bir şekilde içlerinde eritmeye çalışmaktadır. Kürtler Türk nüfusunun mallarını bir şekilde ele geçirerek Türk nüfusu silmenin peşindedir. Bunun yanısıra Kürt bölgelerine yerleştirilen Kürtlerin uyum sağlamayıp göç ettikleri veya geri döndükleri yazılmıştır.[105]

PKK ve "Kürt Sorunu"

2004 yılına kadar devlet Kürtçenin okullarda öğretilmesine ve Kürtçe yayın yapılmasına karşı politika izlemiştir. Bu uygulamalar Kürtler arasında hoşnutsuzluk sebebi olmuştur. Geçen yüzyılda Kürtlerin çoğunluğu Türkiye'nin Doğusu ve Güneydoğusunda yaşarken, bugün bu nüfusun yarısı Türkiye'nin başka yörelerine ve Avrupa'ya dağılmıştır. Yine de Kürt sosyo-kültürel çoğunluk Güneydoğu Anadolu'dadır. Bu bölgedeki ayaklanmaların geniş bir tarihi vardır ancak hiçbiri elebaşı Abdullah Öcalan yönetimindeki PKK terör örgütü kadar uzun soluklu olmamıştır.[106] PKK kuruluş yıllarından beri stratejisini halk ve devlet güçlerini karşı karşıya getirmek üzere kurmuştur. Halk ve devlet karşı karşıya gelirse mücadelenin tarafları genişleyecek böylece hareket büyüyecektir. Bu halkı kaybetme durumunda dahi itaat etmeye zorlama üzerinden bir strateji geliştirmiştir. Bu nedenle zaman zaman şiddeti halk üzerine yöneltmektedir. Bu nedenle yaptığı köy baskınları, katliamlar ve zorlamalar, halkı PKK'ya destek vermeye zorlama amacı taşımaktadır.[107] PKK'nın kuruluşu resmi olarak 1977 yılıdır ancak bundan önce grup, Türkiye'nin Kürt yoğunluklu nüfusu olan bölgelerinin birer koloni olduğunu öne süren *"Kürt Devriminin Yolu"* isimli bir belge hazırlamışlardır. Bu grup ayrıca hazırladıkları bu belge ile kolonileşmenin Türk hükümet sınıfıyla iş birliği yapmayı tercih eden Kürt feodalleri ve burjuvazisi tarafından uygulandığını savunmuşlardır. Öcalan ve arkadaşlarına göre sırf bu nedenden dolayı Kürtler, bağımsız Kürdistan'ı yaratmak için Marksist-Leninist bir devrime liderlik etmelilerdir. Belge daha sonra PKK'nın programı haline gelmiştir. Bu belgede PKK'nın amacı Kürtlerin çatışmalarını yönetmek ve organize etmek, emperyalizm ve feodalizme son vererek özgür Kürdistan'ı kurmak, sınıfsız bir toplum yaratmak ve birleşik ve özgür olarak kurmayı planladıkları Kürdistan'da diktatör proleter bir yönetim yürütmektir.[108] PKK'nın özelde amacı ise, Güneydoğu ve Doğu Anadolu'da, Suriye'nin doğusu, İran'ın batısı, Kuzey Irak ve Mezopotamya bölgesinde Bağımsız Birleşik Kürdistan'ı kurmaktır. Bu amaca ulaşmak için Mao'nun geliştirdiği silahlı faaliyetlere dayanan uzun süreli çatışma stratejisini

---

[105] Ruşen Aslan, *Jandarma Genel Komutanlığının Kürt Raporu: Devletin İç Düşmanı Kürtler*, İsmail Beşikçi Vakfı Yayınları, İstanbul 2014, s. 59-97.

[106] Doğu Ergil, *Kürt Raporu: Güvenlik Politikalarından Kimlik Siyasetine*, Timaş Yayınları, İstanbul 2009, s. 329-330.

[107] Orhan Miroğlu, *Yeni Yüzyıl, Kürtler ve Bağımsızlık*, Doğan Kitap, İstanbul 2015, s. 510-511.

[108] Christian More, *Les Kurdes Aujourd'hui, Mouvement National et Partis Politiques*, Editions L'Harmattan, Paris 1984, s. 189.

Şenbaş

benimsemiştir. 1973-1980 yılları arası PKK'nın kuruluş ve propoganda sürecidir. Elebaşı Abdullah Öcalan DDKO üyesi ve THKP-C sempatizanıdır.[109] 1973'te yeni bir örgüt kurmaya çalışmış, 1976 yılından itibarense hareketlerini Güneydoğu Anadolu bölgesine kaydırarak silahlı eylemleri başlatmıştır.[110] 1978'deyse Adalet Partisi Şanlıurfa milletvekili M. Celal Bucak'a yapılan saldırı ve Diyarbakır'ın Lice ilçesi Ziyaret Köyü'nde yaptığı kongreyle PKK'nın kuruluşu ilan edilmiştir. 12 Eylül 1980'de bazı terör örgütü mensupları Lübnan'daki Filistin Kampına gönderilmiş, Avrupa'daki sempatizanlara çeşitli dernekler kurdurulmuş, 1982'de Kuzey Irak'ta barınmak için araştırmalara başlanmış, KDP ile anlaşarak Suriye desteği ile elemanlarını Kuzey Irak'a yerleştirilmiştir. Birinci Körfez Savaşı sonunda Kuzey Irak'ta gerçekleştirilen ayaklanma, Irak'ın tepkisi üzerine İran ve Türkiye'ye gerçekleştirilen göç, ABD'nin öncülüğünde Kuzey Irak'ta yaşayan Kürtlerin güvenliğini Irak yönetimine karşı sağlama amaçlı Çekiç Güç sayesinde PKK uluslararası ortamda tanınmıştır. Bu dönemde Türk sınır karakollarına saldırılar düzenlenmiş, yurtiçi silahlı eylem ve kitle gösterilerini arttırılmış, Türk siyasi hayatı içinde HEP ile kuruluşu desteklenmiştir.[111] HEP ve hemen ardından kurulan DEP kapatıldıktan sonra HADEP kurulmuştur. İlk iki partide Abdullah Öcalan'dan hoşlanmayan, PKK'nın şiddet politikalarına karşı olan, ayrılıkçılığı tek çözüm olarak görmeyen Kürtler de yer almıştır. Bu kesim PKK'nın şiddet politikalarıyla bir yere varılamayacağının farkındadır. Bu nedenle HADEP'ten uzak durmuş ve kendi yapılanmalarının peşinden gitmeye başlamışlardır.[112] Esasında 1937 sonrasında Kürtlerin çoğunluğu silahlı çatışmaya karşıdır. Birçoğu bunun denendiğini ve işe yaramadığını düşünmektedir. Buna rağmen PKK Devlete karşı terör saldırılarının ve propagandanın işe yarayacağına inanmaktadır. PKK teröristleri propaganda ve terör saldırıları yoluyla, Kürt halkının milli duygularını uyandırarak, güçsüz oldukları ve acı çekmeye mahkum oldukları görüşünü değiştireceklerini dile getirmektedirler.[113] Bu söylemleriyle, Kürt sorunu uzmanlarından biri olan Jacquelina Sammali'ye göre PKK, birçok Kürt kökeninin içindeki milliyetçi duyguları körüklemiştir.[114]

PKK'nın bir silahlı birlik haline gelmesi ise Kürt mobilizasyonu ile birlikte Kürt olmayan siyasi mobilizasyonu baskılayan 12 Eylül 1980 askeri darbesinden hemen sonra gerçekleşmiştir. 1980 darbesinin ardından sıkıyönetim uygulanmaya başlamış ve dernek kurma haklarına ciddi kısıtlamalar getirilmiştir. Doğu Ergil'e göre, bu çerçevede düşünüldüğü zaman, Devlet mobilizasyonu engellemeye çalışırken PKK'nın sonraki yıllarda daha ciddi bir mobilizasyon gerçekleştirmesine kapı açmıştır. Yine Ergil'e göre, Kürtlerin sisteme karşı siyasal ve hukuki istekleri nedeniyle ortaya çıkan ve uzun zamandır süren süreç, Türk ve Kürt milliyetçiliğini keskinleştirmiştir.[115]

[109] Philippe Boulanger, *Géopolitique des Kurdes*, Ellipses Éditions Marketing, Paris 2006, s.151.
[110] Chris Kutschera, *Le Défi Kurde ou Le Rêve de L'Indépendance*, Éditions Bayard, Paris, 1997, s. 251.
[111] Suat İlhan, *Terör: Neden Türkiye?*, Alfa Yayınları, İstanbul 2008, s. 188-190.
[112] Hasan Cemal, *Kürtler*, Everest Yayınları, İstanbul 2015, s. 228-229.
[113] Sabri Ciğerli, Didier le Saout, *Öcalan et le PKK, Les Mutations de la Question Kurde et au Moyen-Orient*, Maisonneuve et Larose, Paris 2005, s. 189.
[114] Jacqueline Sammali, *Être Kurde, Un Délit*, Éditions L'Harmattan, Paris 1995, s. 254-255.
[115] Doğu Ergil, *Kürt Sorunu...*, a.g.e., s.332.

Daha önce belirtildiği gibi, PKK terör örgütü 1978'de kurulmuş, 1979'da milletvekilli ve aşiretin reisi olan Mehmet Celal Bucak'ı öldürmek isteyerek varlığını açıkça ilan etmiştir. Ancak 12 Eylül darbesinden sonra ufak bir sinme olmuştur. Bu tarihten sonra PKK üyeleri Avrupa'da politik hareketlerini sürdürmeye başlamıştır. AB Raporlarına göre Avrupa'ya göç eden Kürtlerin sayısı 1.3 milyonu bulmaktadır. Dolayısıyla Kürt politikası Avrupa için önemli bir arena halini almıştır.[116] 1981'de yayınlanan yayınları ve yapılan toplantılarında terör örgütü silahlı çatışmalar olmadan amaçlarına erişemeyeceklerini açıkça yazmaya başlamıştır. Irak-İran Savaşı sırasında gerçekleşen Halepçe katliamından ve Halepçe'de kimyasal silah kullanıldığı söylentileri ortaya çıktıktan sonra Irak ordusunun da Kürtlere saldırmasıyla binlerce Kürt sığınma istekleriyle Türkiye sınırına dayanmıştır. Türkiye ise tamamen insani nedenlerle gerekli hazırlığı olmamasına rağmen kapılarını Kürtlere açmış ve sığınma kampları oluşturmuştur. Ancak bu durum, Kongar'a göre, Güneydoğu'daki PKK sorununun, ülkede bir Kürt sorununa dönüşmeye başlamasına neden olmuştur. Ardından mülteci peşmergeleri ziyaret amacıyla dönemin Fransız Cumhurbaşkanının eşi Danielle Mitterand Diyarbakır'a gelmiştir. Böylece dünyanın ilgisi Kürt sorunu adıyla Güneydoğu'ya yönelmiştir. Ardından 14-15 Ekim 1989'da Fransa'da düzenlenen Kürt Konferansıyla sorun daha da ırkçı ve siyasal bir çizgiye çekilmiştir. Konferansın amacı Kürt kültürünü tanıtmak gibi görünse de aslında, siyasi temelleri vardır. O dönemde SHP'den milletvekili olan Kürt kökenli vekiller toplantıya partinin izni olmadan katılmış ve partiden ihraç edilmiştir. Bunun üzerine bu milletvekilleri HEP'i kurmuşlardır. 1991 seçimlerindeyse bu milletvekilleri tekrar partilerinden aday olmak istemişlerdir. Dönemin SHP genel başkanı Erdal İnönü Kürt milliyetçiliğine demokratik yapı içinde söz hakkı vermek adına bu isteklerini kabul etmiş ve bir kısmını aday göstermiştir. Dolayısıyla 22 Kürt kökenli milletvekili SHP sıralarından Meclis'e girmiştir. Hemen ardından da 1992'de istifa ederek DEP'i kurmuşlardır. Bir süre sonra DEP Anayasa Mahkemesi tarafından kapatılmıştır. Bu oluşumlar sırasında yurtdışına kaçan milletvekilleri Sürgünde Kürt Parlementosu'nu kurmuş ve Avrupa ülkeleri tarafından tanınma arayışına girmiştir. Kapatılan DEP'in yerine de HADEP kurulmuştur. 1995 seçimlerine girerek %10 barajını geçememişler ve Meclis dışında kalmışlardır.[117]

PKK, Türk yetkililerine karşı ilk silahlı saldırısını 1984 yılında jandarma garnizonuna karşı gerçekleştirmiştir.[118] 1991 seçimleri sonrasında Kürt sorununun çözülmesi için halk içinde bir talep doğmuştur. Bu dönemde hükümeti kuran Süleyman Demirel kendi adıyla anılan bir çözüm planı ortaya koymuş bu çözüm planı 1991 öncesinin Kemalist yaklaşımından oldukça farklı bir yaklaşımı içermiştir. Bununla birlikte, Kürtlerin anadillerini kullanmaları konusunda dönemin Türkiye Cumhuriyeti Cumhurbaşkanı Turgut Özal 31 Ocak 1991'de Kürtlerin anadillerini kullanmalarına izin verilmesi gerektiğini belirtmiştir. Elizabeth Picard'a göre, bu durum da PKK'nın elini kuvvetlendirmiştir, çünkü bu politika değişimini

---

[116] Michel Yerrier, "Kurdes: Le Dilemme Turc", *Les Cahiers de l'Orient*, sayı 30, 1993, s. 52; Ibrahim Sirkeci, "Migration from Turkey to Germany: An ethnic approach", *New Perspectives on Turkey*, sayı 29, 2003, s.189-207.

[117] Emre Kongar, *a.g.e.*, s. 302-307.

[118] Kemal Kirişçi, "The Transformation of Turkish Foreign Policy: The Rise of a Trading State", *New Perspectives on Turkey*, cilt 40, Bahar 2009, s.198-199.

kendi başarıları olarak adlandırmışlardır.[119] Silahlı çatışmaların hızı, PKK terör örgütü elebaşı Abdullah Öcalan 1999 yılının Şubat ayında MİT tarafından Nairobi, Kenya'da yakalandığı zaman düşüş göstermiştir. Aynı sene AB, Türkiye'yi AB üyeliğine aday olarak kabul etmiştir. Abdullah Öcalan'ın yakalanması ve PKK'nın eylemsizlik kararı ile gelen negatif barış dönemi 2004 yılının ortasına kadar sürmüş ve demokratik reformlar için verimli bir ortamın oluşturulmasını sağlamıştır. [120]

Bu noktada Barış Süreci'nde etkin bir rol oynadığı düşünülen Doğu Ergil'in yazmış olduğu Kürt Raporuna değinilecektir. Ergil'e göre, Cumhuriyetin kurucusu olan kadro Osmanlı Devleti döneminden dersler çıkarmış, eğer bir vatan içinde yaşayanlar birbirine benzerler ve farklar yok edilirse, sorunsuz bir ulus-devlet oluşturabilecekleri düşüncesinde mutabık kalmışlardır. Ergil bu nedenle vatandaşların tümüne biçilen kimliğin Türk, Müslüman, Sünni ve Hanefi olduğunu iddia etmiştir.[121] Ergil, Türkiye Cumhuriyeti'nin Kürt sorununu toplumsal bir uzlaşmazlıktan öte bir güvenlik sorunu olarak gördüğünü iddia etmektedir. Dolayısıyla eğer konu bir sosyal problem veya güvenlik meselesi olarak ele alınırsa çatışmanın taraflarından biri düşman olarak algılanır. Bu nedenle iç düşman olarak nitelendirilen bu grup siyasi ve kurumsal çözümlemelerden yararlanamaz. Askeri seçenekle bastırılmaya çalışılır.[122]

Daha önce bahsettiğimiz gibi, Kürtler geleneksel olarak aşiretlere, mezhep ve tarikat gruplarına ayrılmıştır. Ergil'in Raporuna göre, Güneydoğu Anadolu'da etkinliğini yakın zamana kadar sürdüren ağalık, köylüyü toprağa ve ağaya bağlı kılan tarım yöntemleri, patron-yanaşma ilişkileri, birleşerek geri kalmışlığı körüklemiştir. Bu düzen nedeniyle hem demokrasi hem de Pazar ekonomisi geri kalmıştır. Bu nedenle PKK propagandasını geri kalmışlık, fakirlik ve bölgenin ihmali üzerine kurmuştur. Bu söylem gençler, kadınlar ve topraksız köylüler içinde geniş bir taban bulmuştur. Ergil, PKK'yı sadece silahlı bir terör örgütü olarak görmenin Türkiye Cumhuriyeti Devleti yöneticilerinin bir yanlışı olduğunu Raporunda iddia etmiştir.[123]

Kürt diasporası da Kürt sorununun derinleşmesinde rol oynamıştır. 1960'larda Avrupa ekonomisi işgücüne ihtiyaç duymuş, Kürtlerin Avrupa'ya göçü bu süreçte başlamıştır.[124] 1970'lerde ve 1980'lerde Türkiye'deki askeri yönetimden kaçan Kürtlerin Avrupa'ya özellikle Almanya'ya göçü hızlandırmıştır. Sonraki yıllarda PKK göçü kendine sosyal destek tabanı yarattığı için yönetmiş ve ekonomik olarak desteklemiştir. Avrupa'da yaşayan Kürtlerin sayısı arttıkça PKK adına lobicilik ve halkla ilişkiler görevleri yürüten sivil örgütler kurulmaya başlanmıştır. Uydudan yayın yapan ROJ-TV gibi televizyon kanalları kurulmuş, gazeteler, dergiler, radyo kanallarıyla bu yayılma devam ettirilmiştir. Bir başka grup olarak Kürtlerin bazı ekonomik olarak güçlü kesimleri yasal işyerleri açarak örgüte maddi kaynak akışı

---

[119] Elizabeth Picard, *La Question Kurde*, Éditions Complexe, Paris 1991, s. 48.

[120] Ayşe Betül Çelik, *a.g.e.*, s.251.

[121] Doğu Ergil, *Kürt Raporu...*, s. 331.

[122] Doğu Ergil, *Kürt Raporu...*, s.332-333.

[123] Doğu Ergil, *Kürt Raporu...*, s. 353-356.

[124] Ibrahim Sirkeci, *The environment of insecurity in Turkey and the emigration of Turkish Kurds to Germany*. Edwin Mellen Press, 2006; Bahar Baser, "Inherited conflicts: spaces of contention between second-generation Turkish and Kurdish diasporas in Sweden and Germany." Doktora tezi, European University Institute, 2012.

sağlamıştır. Bütün bu faaliyetler Avrupa'dan Türkiye'deki Kürtlere yeni fikirler taşımıştır. Ayrıca konunun uluslararasılaşmasına neden olmuştur.[125] PKK'ya yakın Kürtler empoze olabildikleri Avrupa devletlerinde politik aktivitelerini sürdürmektedirler. PKK, Fransa'da, Almanya'da, Avusturya'da, İngiltere'de, İsviçre'de ve İsveç'te bulunmaktadır; PKK'nın en çok politik hareketlerini yürüttüğü ülke ise Belçika'dır. Bunun yanısıra PKK Asya'da (Japonya), Doğu Avrupa'da (Romanya), ABD'de, Avusturalya'da ve Hindistan'da da bulunmaktadır.[126]

1985'te geçici köy koruculuğu sistemi geliştirilmiştir.[127] Bu kişiler itibar sahibi olmuşlardır ve devlet ikna yoluyla aşiret reislerini koruculuk sisteminin içine çekmeye çalışmıştır.[128] Bu kişiler olaylara müdahale etme ehliyetine sahiptir, devletten maaş alırlar. Ergil'in Raporuna göre, birçok korucu eline imkan geçtiğinde şahsi anlaşmazlıklarını devletin verdiği bu yetkiyle çözmeye kalkışmış, birtakım suçlar işlemişlerdir. Bu şekliyle köy koruculuğu feodalizmi güçlendirmiştir. Sonuçta, kırsal kesimde bir kitle devletin eline bakmaya başlamıştır. Dolayısıyla, bu kişilerin imtiyazlarını kaybetmemek için olası bir iç barışa karşı çıkma ihtimalleri vardır.[129]

1999 Sonrası Dönemde Kürt Sorunu

1999 ile 2004 yılları arasında PKK, 1 Haziran 2004'de son bulan tek taraflı bir ateşkes ilan etmiştir. Bu süreçte bölgede uygulanan OHAL kapsamında pek çok kamusal eylem de kısıtlanmıştır.[130]

AB teamül hukukuna geçiş sürecinde kendi kanunlarını Avrupa normlarına adapte etmenin bir parçası olarak TBMM, Türkçe dışında başka anadillerde de yayın yapmayı kabul etmiş[131] ve Türkçe dışındaki dillerin kullanımı konusundaki kısıtlamaları hafifletmiş, idam cezasını kaldırmıştır[132]. Her ne kadar bu değişiklikler Kürt sorununun çözümü için yapılmış olmasa da Kürt sorunu üzerinde direkt etkilere sahip olmuşlardır. Bu anayasal haklar, Kürtlerin arasında önemli bir etki yaratmıştır. [133]

Diyarbakır'da 12 Ağustos 2005 tarihinde yaptığı bir konuşmada Başbakan Recep

---

[125] Doğu Ergil, *Kürt Raporu...*, s. 357-359.

[126] Philippe Boulanger, *Le Destin des Kurdes*, Éditions L'Harmattan, Paris 1998, s. 63.

[127] "Köy Kanununda Değişiklik Yapılmasına Dair Kanun Tasarı" 442 Sayılı Köy Kanunu'nun 74'üncü maddesinde değişiklik yapılarak 27.06.1985 tarihli ve 9632 sayılı Bakanlar Kurulu Kararı ile geçici köy korucularının çalıştırılacağı iller tespit edilmiş ve ilk olarak 13 ilde uygulanmaya başlamıştır. Bknz. (http://www.basbakanlik.gov.tr/docs/kkgm/kanuntasarilari/ koy.doc) (24.02.2018) 29 Ekim 2016 tarihinde 29872 sayılı Resmi Gazetede yayımlanan 676 sayılı Kanun Hükmünde Kararname ile Geçici Köy Korucuları adı Güvenlik Korucusu olarak değiştirilmiştir. www.resmigazete.gov.tr/eskiler/2016/10/20161029-5.htm (24.02.2018)

[128] Mehmet Kemal Işık, *Tarihselden Güncele Kürt Gerçeği*, Sorun Yayınları, İstanbul 2000, s. 145-168.

[129] Doğu Ergil, *Kürt Sorunu...*, s. 362.

[130] Sezgin Tanrıkulu-S. Yavuz, İnsan Hakları Açısından Olağanüstü Hal'in Bilânçosu. *Sosyal Bilimler Araştırma Dergisi, sayı 6*, 2005, s. 501.

[131] "Haftada 4 Saat Kürtçe Yayın İzni", *Hürriyet*, 18.11.2013, http://www.hurriyet.com.tr/ haftada-4-saat-kurtce-yayin-izni-38514949, (24.02.2017)

[132] "Ölüm Cezasının Kaldırılması ile Bazı Kanunlarda Değişiklik Yapılmasına İlişkin Kanun", *Resmi Gazete*, 14.07.2004, http://www.resmigazete.gov.tr/eskiler/2004/07/ 20040721.htm, (25.02.2018)

[133] Ayşe Betül Çelik-Bahar Rumelili, "Necessary but not Sufficient: The Role of EU in Resolving Turkey's Kurdish Question and Turkish-Greek Conflicts", *European Foreign Affairs Review*, cilt 11, sayı 2, 2006, s. 207-210.

Tayyip Erdoğan şunları söylemiştir; *"Kürt sorunu, herkesin sorunudur, özellikle de benim. Geçmişte yapılan hataları görmezden gelmek büyük devletlerin yapacağı bir şey değildir. Çözüm, daha çok demokrasi, vatandaşlık hakları ve refah sağlamaktır".*[134] Erdoğan'ın konuşması Kürt sorununun varlığının altını çizmiş ve hem Kürtler hem Türkler için *"Türk Kimliği"* yerine *"vatandaşlık"* önermiştir. Ancak PKK 2007'de yeniden şiddete başvurmuştur. 2004 yılının ortalarından 2009 yılının ortalarına kadar çatışmalar ve şiddetin Türkiye'nin batısındaki şehirlere de sıçraması, Barış Süreci başlatmak için yapılacak bütün girişimleri geciktirmiştir. 2004 sonrası dönemde şiddetin artmasıyla birlikte devletin odak noktası ülkenin güvenliği ve sınırsal bütünlüğü haline gelmiştir.[135]

Irak Kürt Bölgesel Yönetimi'nin Oluşum Süreci

Molla Mustafa Barzani 1946'da Irak'ta KDP'yi kurmuştur. Mustafa Barzani Barzan aşiretinin mensubudur. Barzan aşireti merkezi olan Barzan köyünden adını almıştır.[136] 22 Ocak 1946'da Mehabad'da bir Kürt Cumhuriyeti kurulmuştur. Mart ayında Barzaniler Mehabad'a davet edilmiş ve Mehabad Cumhuriyeti'ni desteklemek konusunda görüş birliği yapılmıştır. Barzaniler, İran Kürdistan Demokrat Partisi'nin kuruluşuyla ve 1943-1945 Barzan ayaklanmasından sonra Irak'ta da Kürdistan Demokrat Partisi'nin kurulmasına karar vermişlerdir. Ancak önlerinde bazı engeller vardır. Mehabad Cumhuriyeti yeni partinin eğitsel ve örgütsel faaliyetlerini yürütmesine izin vermemektedir. Çünkü yeni Cumhuriyet siyasi bir süreçten geçmektedir ve bu süreç bu tür faaliyetleri istememektedir. Çünkü bu yeni Cumhuriyet Batı desteği alan Türkiye ve Irak'ın baskısından çekinmektedir. Türkiye ve Irak ise bu süreci, Irak ve Türkiye topraklarını da içine alan bir Kürdistan kurulacağı şeklinde değerlendirmiştir. Ancak Barzani bu yeni partinin bir Irak partisi olduğunun altını çizmekte, partinin amacının Irak'taki Kürt halkının özgürlüğünün sağlanması olduğunu ifade etmektedir. Dolayısıyla Barzani, söyleminin ve faaliyetleri Irak ile sınırlı olduğunu belirtmektedir. SSCB etkisiyle aynı süreçte kurulan Mehabat Cumhuriyeti ve Azerbaycan Demokratik Cumhuriyeti SSCB'den aynı ölçüde yardım almamaktadır. Sonunda SSCB'nin İran'dan çekilmesiyle 17 Kasım 1946'da İran Mehabad'a girmiş ve bu genç Cumhuriyet sona ermiştir. Bu süreçte Barzani de Irak hükümetinin baskısı nedeniyle ülkeyi terketmiş, SSCB'ye sığınmıştır.[137] 1958 sonrasında Irak'ın İngilizler tarafından terkedilmesiyle ülkeden kaçmış olan Barzani, ülkeye geri dönmüş ve partisinin amacının Irak'ta bağımsız bir Kürdistan kurmak olduğunu açıkça dile getirmeye başlamıştır. Dönemin Irak Başkanı Abdül Kerim Kasım, Komünist dalgalanmaların dünyadaki etkisiyle Barzani'ye ve partisine Kürdistan konusunda vaatlerde bulunmuştur. Ancak tam tersi bir şekilde Kasım'ın bakanlarından Abdül Selim Arif Mısır ve Suriye'yi de içine alan Arap Birliği söylemlerinde bulunmaya başlamıştır. Bu açıklamalar sonrasında 1961'de Barzani'nin KDP'si yönetimle karşı karşıya

---

[134] "Orhan Doğan: Öcalan Bir Gün Serbest Kalacak", *Radikal*, 15.08.2005, http://www.radikal.com.tr/turkiye/ocalan-bir-gun-serbest-kalacak-754719/, (11.12.2017).

[135] Ayşe Betül Çelik, *a.g.e.*, s.251.

[136] Mesud Barzani, *Barzani ve Kürt Ulusal Özgürlük Harekpt9kti*, cilt 1, Çeviren Vahdettin İnce, Doz Yayınları, İstanbul 2017, s. 23.

[137] Mesud Barzani, *a.g.e.*, s. 185-198.

gelmişlerdir. Bu tarihten sonra Araplar ve Kürtler arasında süren çatışmalar sonrasında Kürtler, Irak'ın Kuzey Bölgesinde kontrolü ele geçirmiş, Kasım bu konuda başarısız olmuştur. 1963'te Kasım'ın yerine Abdül Selim Arif'in başa geçmesinde bu durumun etkisi vardır. Abdül Selim Arif'in ölümünden sonra Abdül Rahman Arif Irak'ın üçüncü başkanı olmuştur.[138]

Onlarca yıl süren iç çatışmaların ardından, Erbil, Duhok ve Süleymaniye eyaletlerinden ve yakınlarındaki bölgelerden meydana gelen IKBY, bölgesel bir hükümettir ve KDP lideri Mesut Barzani başkanlığı altında bir öz yönetimi vardır.[139] İki ana Kürt tarafının silahlı kuvvetleri olan peşmerge, 70.000 ila 120.000 kişilik tahmini bir güce sahip dikkate değer bir askeri güçtür. Barzani'nin eski rakibi ve şu anda müttefiki olan, KYB lideri Celal Talabani, 2005 yılında Irak'ın ilk savaş sonrası başkanı olarak seçilmiştir. Aslında destek bakımından selefinden çok daha az bir güce sahiptir, ancak hala sembolik önemden daha fazlasına sahip bir konumdadır. KDP ve KYB'nin temsilcileri, Bağdat'taki ana hükümet binalarına ve Dış İşleri Bakanlığı ve Başbakan Yardımcılığı makamlarına sahiptir. Saddam sonrası dönemin baskın güçleri, Kürtlerin öz yönetiminin mevcut statüsünü kabul etmiştir. 15 Ekim 2005 tarihinde ulusal bir referandum ile kabul edilen Irak'ın yeni anayasası, IKBY'yi kendi hükümet denetimi olan bir bölge olarak tanımıştır, kendi kurumlarını da oluşturmalarını kabul etmiştir (hükümet, parlamento, başkanlık ve iç güvenlik kuvvetleri). Petrol zengini Kerkük gibi karışık bir nüfusa sahip düzlük alanlar, onlarca yıldır ihtilaflara sahne olmuş ve zorlanan demografik değişiklikler yaşamıştır. Kürt partileri, anayasada bu alanların IKBY'ye katılmasının yolunu açan bir formülü kabul ettirmeyi başarmıştır. (Normalleşme süreci, bir mutabakat ve sonunda bir referandum) KYB, KDP ve daha küçük IKBY partileri tarafından 2005 seçimleri için oluşturulan IKBY İttifakı, ulusal uzlaşma ve güvenliğin artırılması gibi hayati konularda önemli bir ilerleme sağlayamamış olan Bağdat koalisyon hükümetinin bir parçasıdır. Kürtler konusunda bir uzlaşmaya olduğu söylenemez: temel Sünni Arap, Arap milliyetçi ve Sünni Arap İslamcı güçler ve Sadr hareketi gibi bazı Şii İslamcı akımların yanı sıra komşu devletler ve Arap halkının ana görüşü, federalizmi Irak'ın birliğine bir tehdit olarak görmekte ve Kürtlerin Bağdat'ta oynadığı baskın rol hakkında şüphe duymaktadır. Buna ek olarak, Kürt partileri, liderleri ve silahlı kuvvetleri 2005 anayasasında resmi isme kavuşmuştur. Bu yeni yönetim, Türkiye dış işleri tarafından resmi olarak kullanılan adıyla IKBY'dir.[140] Bu yeni yönetim, Irak'ta ABD destekli Koalisyon Kuvvetlerinin en yakın müttefikleridir. Bu, onları ABD tarafından her strateji değişikliğine hassas bir hale getirmektedir. Kürtler tarafından başarı olarak addedilen konular, ABD Irak stratejistleri tarafından sorgulanmaktadır. Ayrıca, Kürt taraflarının Kerkük için anayasal yol haritası üzerinden zorlama konusunda beyan edilen niyeti, Sünni Arap siyasi güçlerini, Türkmen ve Hıristiyan topluluklarını ve komşu Türkiye'yi kızdırmıştır. IKBY'nin yarı bağımsız gelişimi ve yakındaki devletlerin Kürt bölgelerinden öğrencileri, aydınları ve işçileri çekmesi, bu devletler tarafından

---

[138] Gauthier Wéry, "Les Kurdes d'Irak, Grands Gagnants de la Guerre Contre L'Etat Islamique? Une Analyse à Moyen Terme", *Focus Paper*, sayı 32, Ağustos 2015, s. 3-4.

[139] Inga Rogg-Hans Rimscha, "The Kurds as parties to and victims of conflicts in Iraq", *International Review of the Red Cross*, cilt 89, sayı 868, Aralık 2007, s. 823-824.

[140] IKBY'nin bölgede kullandıkları Kürtçe ismi "Hikûmeta Herêma Kurdistanê"dir.

şüpheyle ele alınmıştır. Ankara ile ilişkiler bozulmuş ve Ekim 2007'de Türk ordusu Güney Doğu sınırına büyük bir askeri kuvvet yığmıştır. İki büyük Kürt partisi, KDP ve KYB, 1994'ten 1998'e kadar süren iç çatışmalar ve Erbil (KDP) ve Süleymaniye'de (KYB) iki partili yönetimin soğuk eş varlığı ile geçen yılların sonrasında, güvenlik kuvvetlerinin yeniden birleştirilmesi gibi konular çözülmemiş durumdadır.[141]

Irak ve Kürtler

Irak'taki Kürtler Irak'ın Kuzeydoğusunda yaşamaktadır. İran-Afgan kökenlilerdir, Kuzey İranlılarla da karışmışlardır. Aşiret bağları önemlidir. Bir Kürdün bir diğerini düşman olarak algılaması aşiretlerin birbiriyle ilişkisine bağlıdır. Başlıca Kürt aşiretleri, Ako, Ertuşi, Batyat, Balık, Baradost, Barzani, Daudi, Dilo, Dizai, Duski, Girdi, Hamawand, Herki, Jaf, Kushnao, Mızui, Pizhder, Sargalu Şeyhleri, Şuan, Sindi, Surçi, Talabani, Zibari'dir. Kürtlerin aşiret liderleri ağa lakabını taşımaktadır. Arap olmayan halk olarak Kürtler Irak halkının çoğundan ayrılmaktadır. Kürtlerin bazıları Süryanice ve Türkçe de konuşmaktadır. Kürt kadınları diğer Arap toplumundan farklı olarak daha özgürdür. Aşiret bazlı farklılıklar belirgindir ve engebeli çevreden dolayı gruplar birbirinden izole yaşamaktadır.[142]

Merkezi yönetime isyan eden Kürt aşiretlerinin yanı sıra kentsel Kürt milliyetçileri, Birinci Dünya Savaşında Osmanlı İmparatorluğundan ayrıldığından bu yana Irak'ta önemli bir rol oynamıştır. 1945 yılında kurulan KDP, İkinci Dünya Savaşı sonrasında diğer ulusal liberalleşme hareketlerinin rol modelini takip ederek ilerici bir milliyetçi gündem ile bu iki unsuru birleştirmiştir. Bir Irak gündemine sahip iki siyasi güç olan Kamel al-Chaderchi'nin Ulusal Demokratik Partisi ve Irak Komünist Partisi'nin yanı sıra Baas Partisi ve Nasseristler gibi pan-Arap güçleri ile birlikte İngiliz destekli Irak monarşisine karşı çıkan kuvvetlerden birisi olmuştur. KDP'nin programa ait sloganı *"Kürdistan için özerklik, Irak için demokrasi"*, bağımsız bir devlet fikrinden vazgeçmek için (buna rağmen uzun vadeli bir stratejik hedef olarak kalmıştır) oluşturulmuştur. Bunu daha da ilerletmek için, Kürt aydınları, Irak'lı Arapların bir parçası olduğu Arap ulusu ve Irak'lı Kürtlerin ait olduğu daha büyük Kürt ulusu (örn. Türkiye, İran, Suriye ve Irak Kürtleri) arasında bir paralel çizerek Arap ve Kürt milliyetçiliği arasında bir *"ortak yaşam"* fikrini geliştirmiştir.[143] 1975 Cezayir Sözleşmesi öncesindeki askeri çatışmalar Monarşinin Abd al-Karim Qasim liderliğindeki özgür subaylar tarafından Temmuz 1958'de devrilmesinin ardından, Kürt lider Mustafa Barzani'nin SSCB sürgününden Bağdat'a dönmüştür. Şimdiki Irak Cumhuriyeti için yeni bir anayasa oluşturulmuş ve bu anayasada Arap ve Kürt halkları ile diğer azınlıkların bir ulus devlette ortaklığı onaylanmıştır. Kürt hareketi ilk olarak Kasım ile ittifak kurmuş ve sonrasında ayrılmış ve ilk olarak birinci Baas rejimi ile 1963'te ateşkes ilan etmiş ve sonrasında şiddetle çatışmıştır. Kasım'ın yönetimi sırasında askeri çatışmalar artmıştır. Baas Partisi, 1968'de ikinci kez yetkiyi aldığında, Kürtler ile uzun süren bir askeri

---

[141] Martin van Bruinessen, "Iraq: Kurdish challenges, *Looking into Iraq*, Der. Walter Poesch, Institute for Security Studies, Paris 2005, s. 60-65.
[142] Ömer Özkaya, *a.g.e.*, s. 59-95.
[143] Inga Rogg-Hans Rimscha, *a.g.m.*, s. 825-826.

çatışmadan kaçınmış ve bunun yerine Barzani'nin KDP'si ile müzakere etmiştir. Bu iki taraf, 11 Mart 1970 tarihinde özerk bir Kürt bölgesinin, Kürt çoğunluğuna sahip tüm bölgelerinden oluşturulmasını ve savaş zararı tazminatının verilmesini kabul etmiştir.[144] Kürt ve Arap milliyetçiliğinin birlikte var oluşunun en baskın destekçisi, Celal Talabani olmuştur.

Kerkük için, bölgenin Özerk Bölge haline getirilip getirilmemesine karar vermek için bir mutabakat ve referandum istenmiştir. 1970 memorandumunun uygulanması başarısız olmuştur. Hükümet tek taraflı olarak 1974'te Kürt beklentilerini karşılamayan bir özerklik kanunu oluşturduğundan, savaş devam etmiştir. Bölgesel çatışma ve Soğuk Savaşın (ABD, İran ve İsrail bir yanda SSCB diğer yanda) spesifik koşulları çerçevesinde, tam ölçekli bir savaşa dönmüştür. 1975 Cezayir Anlaşması, savaşı sona erdirmiştir ve İran'ın desteğinden türetilen Kürt hareketi yenilmiştir. Bağdat'taki Devrimci Komuta Konseyi, kendi özerklik versiyonunu uygulamaya başlamıştır. Erbil'de sınırlı yetkilere sahip bir ofis ile yasama ve yürütme konseyi oluşurken, merkezi hükümetin güvenlik hizmetleri ve iktidar partisi, nüfus üzerinde sıkı bir kontrol uygulamıştır. Özerk Bölge Duhok, Erbil ve Süleymaniye eyaletleri ile sınırlı iken, Kerkük ve Khanaqin gibi ihtilaflı bölgeler Araplaştırma politikasına maruz kalmıştır. İran ve Türkiye ile olan sınırlar boyunca, köyler yok edilmiş ve sakinleri zorla ya Güney Irak'a ya da Özerk Bölgedeki devlet kontrollü yerleşim bölgelerine yeniden yerleştirilmiştir.[145]

Talabani'nin yeni kurduğu KYB ve rakibi KDP, 1970'lerin sonlarında gerilla faaliyetlerine devam etmiştir. 1980-1988 yılları arasındaki İran-Irak Savaşının ve Iraklı Kürt taraflarının Tahran ile geçici ittifakının etkisi altında, Bağdat kırsal alanlarda zorunlu göç kampanyaları gerçekleştirmiştir.[146] Bunlar, 1984 başında merkezi hükümet ve KYB arasındaki yeni görüşmelerin sona ermesi sonrasında yoğunlaşmış ve 1988 Anfal kampanyası sonrasında yeniden başlamıştır. Irak'ın silahlı güçleri ve güvenlik kuvvetleri 1987'de *"yasak bölgeler"* olarak ilan edilmiş büyük bölgelerin kontrolünü almış ve büyük sayıda tutuklamalar gerçekleşmiştir. 1980'lerin sonlarına doğru, Kerkük'te birçok köy yok edilmiştir. Cezayir Anlaşması çerçevesinde, Irak, Shatt Al Arab'da iki ülke arasında sınır demarkasyonu ile ilgili olarak İran'a imtiyazlar verirken, İran, Iraklı Kürtlere olan desteğini sona erdirmiştir.[147] Sekiz yıl süren savaş, İran ve Irak'taki sosyal ve siyasi oyuncuların tamamı üzerinde uzun süren ve bazen göz ardı edilen bir etki bırakmıştır. Yenilen ve Kürt tarafları dağlardaki gizlenme yerlerine kaçmıştır. Mart 1988'te Halepçe'deki kimyasal silah saldırısı haricinde, Irak hükümeti tarafından uygulanan baskılar, uluslararası topluluk tarafından neredeyse fark edilmemiştir; sadece insan hakları grupları devletin sorumlu tutulmasını talep etmiştir. İran da desteğini devam ettirmemiştir. Iraklı hükümetin propagandası, Kürt tarafı *"hainler"* ve *"düşmanla işbirliği yapanlar"* olarak adlandırmıştır. Anfal kampanyası sırasında, bu, dini bir aforoz ifadesine dönüşmüştür. Bu propaganda ve KYB ile KDP'nin İran'ın yanında yer alması, Iraklı nüfus üzerinde dikkate değer bir etki yaratmıştır. Kuzey Irak,

---

[144] Martin van Bruinessen, "The Kurds between Iran and Iraq", *MERIP Middle East Report*, sayı 141, Temmuz-Ağustos 1986, s. 17-23.
[145] Inga Rogg-Hans Rimscha, *a.g.m.*, s. 827.
[146] Inga Rogg-Hans Rimscha, *a.g.m.*, s.828.
[147] Martin van Bruinessen, *a.g.m.*, s. 25.

"*Özerk Bölge*" resmi adından düşmüş, Anfal operasyonları resmi olarak anılmıştır. Resmi Arap medyasında, Suriye hariç olmak üzere (İranla müttefik ve Bağdat hükümetiyle muhalif olduğundan), 1988 yılında savaşın sona ermesi, resmi Irak versiyonuna paralel olarak tasvir edilmiştir. 1991 Körfez Savaşından sonraki ayaklanma ve Kuveyt'in bağımsızlığı için ABD liderliğindeki Koalisyon Güçleri tarafından desteklenmiş, savaşı sona erdiren 28 Şubat 1991 ateşkesinden birkaç gün sonra, popüler bir ayaklanma güney ve kuzey Irak'ta ortaya çıkmıştır. Körfez Savaşı müttefikleri, Bağdat'taki hükümete sadık olan Iraklı kuvvetler ve özel birimler ayaklanmayı bastırdığında pasif kalmıştır. Yüzbinlerce Iraklı, Türkiye ve İran ile olan kuzey ve doğu sınırlara kaçmıştır; tahminen 20.000'i yaşamlarını dağlarda ve mayın tarlalarında kaybetmiştir. Körfez Savaşı müttefikleri bir "*güvenli liman*" oluşturmuş ve 688 sayılı kararında BM Güvenlik Konseyi, bir insani müdahaleye yeşil ışık yakmıştır.[148] Kürt tarafları kademeli olarak Duhok, Erbil ve Süleymaniye'nin kontrolünü almıştır ve aynı zamanda 1980'lerdeki zorlu yer değiştirmenin sonuçları ile karşı karşıya kalmıştır.[149] Ortaya çıkan Kürt idaresinin aldığı ilk kararlardan birisi, Kürt aşiret birimleri ve devlete destek çıkan kişileri affetmek olmuştur. 1992'de parlamento seçimleri yapılmış ve aynı yıl Ekim ayında Erbil'deki Bölgesel Parlamento çığır açan bir karar vermiştir: Irak'taki Kürt sorununa çözüm olarak, başarısız özerklik yerine federalizm. Fiili öz yönetimin ilk yıllarında, deneyimsiz ve KDP ile KYB'nin tek partili yönetim anlayışı tarafından zayıflatılmış bir Kürt yönetimi, uluslararası insan hakları kurumlarının taleplerine yanıt vermeye çalışmıştır. 1994 yılında, arazi hakları hakkında yerel bir münakaşa, KDP ve KYB arasında hızlı bir şekilde çatışmaya dönüşmüştür. Aslında bu çatışma 1960'lara dayanmaktadır. 1964'te KDP liderliğindeki bir ayrılma sonrasında, fraksiyon, kısa bir süreliğine Barzani'nin hakim olduğu KDP'ye karşı Bağdat'ın yanında yer alan İbrahim Ahmed ve Celal Talabani'nin liderliği altına girmiştir. 1980'lerin sonraki yarısında, KDP, Bahdinan bölgesinde (KDP'nin hakim olduğu) partizan faaliyetleri yeniden başlatmak için yeni oluşturulan KYB'nin çabalarını askeri yollarla bastırmaya çalışmıştır. 1980'lerin başlarında, KDP-KYB düşmanlığı, Iraklı muhalif grupların iki rakip cephesinin ortaya çıkmasına neden olmuştur.[150] 1994'te ortaya çıkan Kürtler arası sivil savaşta, iki tarafın her biri, hasmını yenmek için komşu ülkelerin desteğini almıştır. 1996'da KDP bile, KYB'yi Erbil'den çıkarmak için Irak devletinden askeri destek istemiştir. 1996'da ABD ve Irak hükümeti arasında imzalanan Gıda için Petrol Anlaşması sonrasında, Erbil ve Süleymaniye'deki iki Kürt idaresi, ABD tarafından finanse edilen rehabilitasyon ve altyapı projelerinin etkin taşeronları olmuştur. 1998'de, KDP ve KYB, çatışmalarını sona erdirmiş ve bir "*soğuk barış*" ilişkisi içinde bir birlikte yaşama başlamış, ancak iki idareyi yeniden bir araya getirmeyi ya da savaş sırasında yerlerinden edilen binlerce vatandaşı ülkesine iade etmeyi istememişlerdir. 2002 sonbaharında, iki etki alanı arasında sahipsiz arazide hala ağır silahlandırılmış kontrol noktaları vardır. Her ne kadar çok daha küçük bir ölçekte olsa da, diğer bir çatışa ortaya çıkmıştır; bu sefer çatışma KYB ile merkezini İran sınırı üzerinde yer alan Halepçe yakınındaki

---

[148] Ralf Bäcker, Ronald Ofteringer, "Republic of Statelessness. Three Years of Humanitarian Intervention in Iraqi Kurdistan", *Middle East Report*, sayı 187-188, Mart-Haziran 1994, s. 40-45.

[149] Ingha Rogg-Hans Rimscha, *a.g.m.*, s. 829.

[150] Ralf Bäcker, Ronald Ofteringer, *a.g.m.*, s. 41.

dağlık alanda kurmuş olan Ansar al-Islam isimli radikal İslamcı bir grup arasında oluşmuştur. Bu grup, diğer İslamcı gruplardan ayrılan radikal İslamcılardan, Kürtlerden ve Araplardan meydana gelmektedir.[151] Bu sefer, KYB liderleri Ansar al-Islam'ın sadece İran'dan değil aynı zamanda Bağdat'tan da destek aldığını iddia etmiştir. Sami Zubaida'ya göre, Irak'ın demokratik olmadığı ama en azından çoğulcu olduğu Cumhuriyetin ilk yılları, kendisinin etnik sorun olarak adlandırdığı şeyi özerklik yoluyla çözmek ve tüm Iraklı toplulukların vatandaşlık yoluyla ulusal yaşama entegre olmasına izin vermek için gerçek bir fırsat sunmuştur. Toplumsal gerçekler, onlarca yıl süren tek parti yönetimi, savaşlar ve yaptırımlar sırasında ciddi oranda değişmiştir. Kürtler, özerkliğin ötesindeki çözümlere ve uluslararası korumaya bakmaya başlamıştır. Muhalefet bölünürken ve sürgüne giderken, yaptırımlar tarafından devamlı olarak sakatlanan devlet kontrollü Irak, toplumsal ayrışmanın ileri bir aşamasında yaşamıştır. *"Arap Irak içerisinde, rejim, toplulukların vatandaşlar olarak entegrasyonunu sistematik olarak baltalayarak Iraklıları komünalizme doğru itmiştir."*[152]

İkinci Körfez Savaşı

2002'de Bush yönetiminin Irak'a yönelik operasyon düzenleyeceği belirgin hale geldiğinde, KDP ve KYB liderleri rejim değişikliği ve bir askeri müdahale için açık onay vermemek ancak, sahne arkasındaki pazarlıklara katılmak arasında bir politika izlemiştir. Kürtlerin çoğu Saddam Hüseyin'in rejiminden kurtulmak isterken, üniter ve merkezci bir devlet isteyen Arap milliyetçisi ve İslamcı muhalif gruplarına olan güvenlerini de yitirmişlerdir. Kürtlerin çoğuna göre, yeni hükümetin mevcut duruma tekrar meydan okuması konusunda net teminatlar verememesi bir risk teşkil etmiştir. Kürtlerin bu konudaki hassasiyetleri, Aralık 2002'de, Londra'daki Muhalifler Konferansında ortaya çıkmıştır. Sürgüne gönderilmiş bir liberal olan ve Kürt haklarının tanınmasının savunucusu olan Kanaan Makiya bu Konferansta, on sekiz Irak eyaletine dayanan, Alman modeline yakın bir model sunmuştur. Bu durum, Irak'ta biri Arap ve diğeri Kürt olan iki federal devlet isteyen Kürtler için yeterli değildir. Londra Konferansı, savaş sonrası anayasa sürecinde daha sonradan ortaya çıkan çatışmaların tamamının bir öncülüdür. Etnik-mezhep ifadesinin temeli de burada yatmaktadır: takip komitesinin üyeleri etnik ve dini ilişkilere göre dikkatle seçilmiştir ve sadece az miktarda siyasi yatkınlık dikkate alınmıştır.[153]

Savaş sırasında, Kürt liderliği tarafsız bir profil sergilerken Kürt kuvvetleri, Kerkük, Musul ve hatta Bağdat gibi bölgelerde kılavuzlar olarak Amerikan birliklerine el altından hizmet etmiştir. Amerikan hava saldırıları yapılmış ve Kürt kara birliklerinin, İslam ve cihadın radikal yorumunu destekleyen Kürt Sünni İslamcı grup Ansar al-Islam'ı yendiği İran sınırında bir savaş gerçekleşmiştir.[154] Türkiye ise bölgesinin kullanımına izin vermemiş ve bu nedenle, ABD'nin bir kuzey cephesi açma planları gerçekleştirilememiştir. Dolayısıyla, kuzeydeki Amerikan ordusu varlığı birkaç bin hava indirme eri ile sınırlı kalmıştır. KDP ve KYB,

---

[151] UN Doc. SC/RES 688/1991, 05.04.1991, https://documents-dds-ny.un.org/doc/RESOLUTION/GEN/NR0/596/24/IMG/NR059624.pdf?OpenElement, (14.12.2017).

[152] Sami Zubaida, "Communalism and thwarted aspirations of citizenship", *Middle East Report*, sayı 237, Kış 2005, s. 10

[153] Sami Zubaida, *a.g.m.*, s. 9-11.

[154] Inga Rogg-Hans Rimscha, *a.g.m.*, s. 830.

savaşçılarını Musul ve Kerkük'e göndererek Kuzey Irak'taki iktidar boşluğundan yararlanmış ancak zamanla, ABD ile olan savaş alanı ittifakını desteklemek üzere kuvvetlerini geri çekmeyi kabul etmiştir. Başlarda, Kürt ve diğer resmi muhalefet liderleri siyasi düzeyde başarısız olmuştur. Celal Talabani'ye göre, Bağdat'ın düşmesinden sonra ilk Amerikan idarecisi olan Korgeneral Jay Garner, Talabani'yi, ülkenin yönetimi ve varlıklara ne yapılacağı konularında karar vermek için bir hükümet kurmaya davet etmiştir. Eski muhalefet, kısa vadede ortak bir formülde mutabık kalamamış ve Paul Bremer aniden Garner'in yerine geldiğinde bu mutabakat ortadan kalkmıştır. Garner'in aksine Bremer, üyeleri mezhep ve etnik kriterlere göre seçilmiş olan Yönetim Konseyini oluşturmuştur. Güvenlik levazımı ve Irak ordusunu dağıtmış, Baas Partisi'ni yasaklamış ve bir Baas'tan Arındırma Programı geliştirerek, bu Programa odaklanmıştır. Sonradan gelen süreçte, Kürtler yeni Irak'ta kilit oyuncular olarak ortaya çıkmıştır. Şii partiler, uzun bir süredir siyasi sahneden uzak olduklarından adaptasyon sürecindedir ve bu süreçte genç radikal vaiz Muqtada Sard'ın geliştirdiği hareket ile karşı karşıya kalmışlardır. Bununla birlikte, İngiliz mandasından bu yana Irak yönetiminde baskın olan Sünni Araplar güç kaybıyla mücadele etmek zorunda kalmıştır. Irak'ta yaşayan Kürtler ise, bakanlıklarda ve devlet kurumlarında, yeni kurulan istihbarat ve güvenlik levazımında ve özellikle orduda yüksek rütbeli pozisyonlar almak istiyorlardır. KDP ve KYB buna rağmen tarafların eşit bir pay alması konusunda ısrar etmektedir. Bir süre sonra, iki taraf partizan menfaatleri bir tarafa bırakmıştır. Çünkü Cihatçılar Irak'ın diğer bölgelerine yayılmaya başlamışlardır. (Radikal militan bir grup olan, o dönemdeki adıyla Tawhid, daha sonraki adıyla El-Kaide ve Abu Musab al-Zarqawi liderliğindeki organizasyon gibi)[155] Bremer'in kurduğu Yönetim Konseyi, on üç Şii Arap, beş Sünni Arap, beş Kürt, bir Türkmen ve bir Hıristiyan'dan meydana gelmiştir. Kürtçe, Irak'ın iki resmi dilinden birisi olarak kabul edilmiş ve *"yönetim sisteminin cumhuriyet, federal, demokratik ve çoğulcu olacağı ve yetkilerin federal hükümet ile bölgesel hükümetler, yönetimler, belediyeler ve yerel idareler arasında paylaştırılacağı"* kabul edilmiştir.[156]

Federal Devlet Kurma Çabaları

Irak'ın %55'ini Arapça konuşan Şiiler, %21'ini Kürtler, %18,4'ünü Arapça konuşan Sünniler, %2'sini de Türkmenler oluşturmaktadır. Bu açıdan bakıldığında Irak çok etnik ve dini kimlikli bir ülkedir, dolayısıyla devlet kurma çabaları bir Ortadoğu geleneği olarak bu yapıdan etkilenmiştir.

Mayıs 2006'da aylarca süren iç çekişmeler sonrasında, KDP ve KYB nihayet iki ayrı idareyi IKBY altında yeniden birleştirmiştir[157] Kırk iki Bakanı ve Devlet Bakanları ile, IKBY, bölgesel petrol bakanının selefi olarak hareket eden Tabii Kaynaklar Bakanı dahil olmak üzere Bağdat yönetiminin bir aynasıdır. Siyasi başarıları sürdürülebilir kılmak için, yabancı yatırımcıları Kuzey Irak'a çekme

---

[155] Law of Administration for the State of Iraq for the Transitional Period (TAL), Chapter 1, Article 4, 08.04.2004, http://www.au.af.mil/au/awc/awcgate/iraq/tal.htm, (17.12.2017).

[156] Law of Administration for the State of Iraq for the Transitional Period (TAL), Chapter 1, Article 4, 08.04.2004, http://www.au.af.mil/au/awc/awcgate/iraq/tal.htm, (17.12.2017).

[157] Rajiv Chandrasekaran, "Kurds cultivating their own bonds with US", *Washington Post*, 23.04.2007, http://www.washingtonpost.com/wp-dyn/content/article/2007/04/22/AR2007042201568.html?nav=rss_world, (12.12.2017).

konusunda dikkate değer çabalar harcamış ve bölgenin petrol zenginliğine özellikle dikkat etmiştir. Ağustos 2007'de bir petrol ve gaz kanununu kabul etmiş ve küçük uluslararası petrol ve gaz şirketleri ile yirmi üretim paylaşma anlaşması imzalanmıştır. Yaklaşık beş yıl içinde, üretimi günde sadece birkaç bin varilden bir milyon varile çıkarma planları bulunmaktadır. Bununla birlikte, Irak'taki petrol uzmanları, IKBY tarafından yapılan üretim paylaşma anlaşmalarına şiddetle karşı çıkmış ve uluslararası petrol şirketlerini tercih etmiştir. Milliyetçiler, bu sözleşmelerin Irak'ın ulusal zenginliğinin bir satışı anlamına geleceğini ifade ederken, Kürt temsilciler, bu değerli kaynakların Irak'ın kullanımına açık olduğunu iddia etmektedir.[158]

IKBY Petrol ve Haz Kanunu, Bölgenin parlamentosu olan IKBY Ulusal Meclisi tarafından 6 Ağustos 2007'de onaylanmıştır. Kanun, 9 Ağustos'ta Başkan Mesut Barzani'nin onayı ile yürürlüğe girmiştir.[159] Barzani bu kararı, Baker ve Hamilton Komisyonunun üyeleri, Irak'taki krizi çözmek için yeni bir Amerikan stratejisi arayışlarıyla Erbil'i değil Bağdat'ı ziyaret ettiğinde almıştır. Günümüzde IKBY'de, kamu sektörü iş gücünün yaklaşık yüzde seksenini barındırmaktadır ancak erişim, iki partinin patronaj sistemi tarafından düzenlenmektedir. Bölgede IKBY tarafından kontrol edilen güvenliğin bir bedeli de vardır: her mahallede parti ofisleri vardır. Her ne kadar bağımsız ve yarı bağımsız gazeteler ve online haber siteleri son yıllarda gelişse de medya hala iki büyük partinin yönetimindedir. Ekim ve Kasım 2007'de Erbil ve Süleymaniye'ye bir Gazetecileri Koruma Komitesi gitmiş, artarak devam eden fiziksel saldırılar olduğunu, güvenlik kuvvetleri tarafından muhabirlerin göz altına alındığını ve mahkemelerin gazetecileri aşağılamak için kullanıldığını rapor etmiştir. Devlet güvenlik servisi (Al-Amn Al-'Am veya Kürtçe Asayiş), Irak'ın geri kalanında dağıtılmıştır ancak, IKBY'de halen mevcuttur. KYB ve KDP'nin Barış Paktını imzalamasından neredeyse on yıl sonra, güvenlik düzeninin siyasetten arındırılması için hiçbir önemli adım atılmamıştır. Bu partilerin her biri kendi silahlı birimlerini, peşmerge, asayiş ve polis kuvvetlerini kullanmaktadır. Irak Savunma Bakanlığı ve Amerikalıların, Kürt birliklerini Bağdat güvenlik planı için istediklerinde, bu birimler resmi olarak Irak ordusunun resmi parçası olmasına rağmen KDP ve KYB ile görüşmek zorunda kalmıştır. Maliye Bakanlığının yeniden birleşmesi konusu da belirsizdir. Bölgesel Hükümetteki parti koalisyonu, yüzde 80'den daha fazla bir ezici çoğunluğa sahiptir ancak parlamento üyeleri, karar verme sürecinde çok az etkiye sahip olmaktan şikayet etmektedir.[160] Bunun yanısıra, KDP ve KYB arasında henüz çözülmemiş bir çatışma söz konusudur. Barzani IKBY'nin başkanıdır ve bu durum KDP ve KYB arasında bir sorun olarak olagelmiştir.[161] Barzani'nin başkanlığı KYB içerisinde, Talabani'nin grubu ve yıllardır genel sekreter yardımcısı olan Nawshirwan Mustafa etrafında toplanan reformcu kanat arasında bir ayrıma neden olmuştur. Yirmi yıldan daha uzun süredir KYB'nin şef diplomatı olan Mohammed Tofiq ile birlikte, Mustafa 2007 başında istifa etmiştir. Savaş sonrasında ve takip edilen siyasi süreç sırasında yeni kuvvetler ortaya çıkmış;

---

[158] Nechirvan Barzani, "Taking the lead on Iraqi oil", *Wall Street Journal*, 06.10.2007, https://www.wsj.com/articles/SB119163296042450938, (12.12.2017).

[159] Inga Rogg-Hans Rimscha, *a.g.m.*, s. 833.

[160] Roel Meijer, "The Association of Muslim Scholars in Iraq", *Middle East Report*, sayı 237, Kış 2005, s. 12.

[161] Inga Rogg-Hans Rimscha, *a.g.m.*, s. 835.

ittifaklar bozulmuş, ayrılmış ve bu da yeni ve bazen şaşırtıcı gruplaşmalara yol açmıştır. Rejimin yıkılmasından önce bile, Kürtlerin *"doğal müttefiklerinin"*[162], artık Irak sahnesinde hakim kuvvetler olmadığı görülmüştür. Bu durum, Aralık 2005 parlamenter seçimlerinde oyların yüzde 8'inden fazlasını alamayan İç Başbakan Ayad Allawi'nin seçmenler bloğuna katıldığında doğrulanmıştır. Aralık 2002'de Londra'da yapılan Irak Muhalefet Kongresinde verilen beyanda, Şii bloğu ile ittifak yapıldığına, sürgünde olan İslamcı Şii tarafların temsil talep ettiğine ve Şii nüfusunun çoğunluk statüsüne atıfta bulunulmuştur. Kürtler bunun içine çekilmiş ve Şii grupların başbakan makamını istemesini desteklemiştir. Bundan kısa süre sonra da Kürtler, Şiiler ile karşı karşıya gelmiştir. KYB, Irak'ta SCIRI ile güçlü bağlantılara sahiptir, her ikisi de İran-Irak savaşı sırasında Tahran'ın müttefikleridir ve bu nedenle Konseyin Adel Abdelmehdi isimli üyesininin başbakanlık adaylığını desteklemiştir. Bu, karşılıklı menfaate dayalı bir stratejik ittifaktır çünkü Üst Konsey, federalizm şemasının bir parçası olarak güney ve güney-orta Irak'ta bir Şii *"süper bölgesi"* yaratma çabasını desteklemek amaçlı bir federal çerçeve içerisinde Kürtlerin öz yönetimini istemiştir. SCIRI Şii ittifakı içerisinde bir çoğunluk yakalayamadıkları için, Kürtler ilk başta isteksiz bir şekilde Da-wa Partisinden İbrahim Jaafari'yi kabul etmişlerdir. Jaafari, ABD'nin desteğini kaybetmiş ve Kerkük ile alakalı beklentileri yerine getirmemiştir. Bu nedenle, Kürtler desteklerini çekmiş ve sahne arkasında Jaafari'nin ikinci bir dönemi kazanmasını engelleyen hareketlere etkin bir şekilde katılmış ve bunun yerine diğer bir üst düzey Da-wa yetkilisi olan Nuri al-Maliki'yi desteklemişlerdir. Arap milliyetçiliği ile bir dengenin kurulması Başta Baas versiyonu olmak üzere Baas milliyetçiliği, Kürtlerin tanınma arayışları için Irak'taki hareketlerinin bir yanda muhatabı ve diğer yanda ana muhalifidir. Müzakerelerin çeşitli dönemlerinde, Kürt liderleri ve Baas yönetimi karşı karşıya gelmiştir. Hükümet düzeyinde bile, Anfal kampanyasının mimarı olan Ali Hassan al-Majid tarafından ifade edilen bakış açıları kabul edilmiştir. Bağdat'ta askeri istihbarat eski başkanı olan ve Mart 1991'deki başarısız ayaklanmanın sonrasında Kürt liderler ile bir araya gelen müzakere ekibinin bir üyesi olan Wafiq Al-Samara'i gibi eski düşmanlar müttefikler olmuştur. Al-Samara'i, 1995'te görevinden alınmış, sürgüne gönderilmiş ve daha sonra Başkan Talabani'nin güvenlik danışmanı olmuştur. Baas yönetiminin düşmesinden ve Amerikan liderliğindeki Koalisyon Güçleri tarafından müdahalenin başlamasından sonra, *"direniş"* veya *"Sünni ayaklanması"* gerçekleşmiştir. Ayaklanan gruplar, hatta eski silahlı kuvvetler ve güvenlik güçlerinden birtakım üyeler ve yetkilileri de içine çekenler, neredeyse tamamen aşırı İslamcılığı ideolojileri olarak kabul etmiştir.[163] En azından bu grupların bazıları ya da belirli kısımları, intihar saldırıları ve araba ile kamyon bombaları kullanarak sivilleri hedef almış ve siyasi süreçlerde yer alanları *"hainler"* ve *"işbirlikçileri"* olarak adlandırmıştır. Dahası, El-Kaide'nin Irak şubesi, Şiiler, Kürtler veya Yezidiler olarak tüm toplulukların aforozunu ilan etmiştir. En şiddetli saldırılardan bir tanesi Şubat 2004'te Erbil'de KDP ve KYB merkezlerini hedef almıştır. Bunun aksine, bir takım Arap milliyetçisi ve ılımlı Sünni İslamcı gruplar, ya Irak İslam Partisi gibi 2003 öncesi muhalefet grupları ya

---

[162] Kürtlerin doğal müttefik olarak adlandırdıkları grup, Irak Komünist Partisi gibi tüm Iraklı toplulukların temsil edildiği ve liberal grupların saf dışı bırakıldığı laik siyasi gruplardır.

[163] Inga Rogg-Hans Rimscha, *a.g.m.*, s. 836-837.

da Tawafuq (uyuşma) resmi lideri olan Adnan alDulaimi liderliğindeki Irak Halk Kongresi gibi daha yeni olanlar, siyasi sürece katılmaya başlamıştır. Siyasi sürecin mevcut durumuna bağlı olarak, Kürt partileri ve Sünni topluluklarını temsil edenler arasındaki ilişkiler zaman zaman gerginleşmiştir.[164] Her ne kadar, siyasi süreçlerde yer alanlar ve isyan edenler arasında ulusal uzlaşma adına hiçbir ilerleme olmasa da, en azından bazı adımlar atılabilmiştir. Irak İslam Partisinden, Sünni Başkan Yardımcısı Tariq al-Hashemi, ilkeden meydana gelen bir Ulusal Sözleşmeyi ilan etmiştir ve içerisinde, IKBY'nin özel statüsünü açıkça tanımıştır. Ayrıca eyaletlerin yönetiminde federalizm veya görev dağılımının makul ve kabul edilebilir bir miktarını istemiştir.[165]

Son günlerde İsrail ABD'den sonra Kuzey Irak'ta bağımsız bir devlet kurulmasına en çok destek veren ülke olarak ortaya çıkmaktadır. Dolayısıyla Kuzey Irak'a en ciddi desteği veren İsrail'in bakış açısına da değinmek yerinde olacaktır. İsrail kurulduğu andan itibaren Arap devletleriyle bir çatışma içindedir. Bölgede İsrail daima Araplara karşı olan kimliklerle yakın durmaya çalışmıştır. Bu açıdan Kuzey Irak'ta yaşayan Kürt halkına yakın durmuştur. Ayrıca İsrail entellektüelleri arasında ABD'nin bölgede barışı sağlayamaması durumunda, ABD dışında herhangi bir kriz anında güvenebilecekleri bölgedeki bir müttefiğe ihtiyacı olduğu düşüncesi ortaya çıkmıştır. Bu nedenle İsrail Kuzey Irak'taki Kürtlerle yakın ilişkiler içinde olmuşlardır. [166]

Siyasi Partiler

Kürt milliyetçiliği, Irak'ta 1940'ların sonlarında bahsedilmeye başlanmış siyasi bir harekettir.[167] Kuzey Irak'ta derin köklere sahip olan ve aşiret sadakatlerine dayanan babadan kalma ağlar olan KDP ve KYB liderleri, hakim olan kilit siyasi kişiler arasında öne çıkmıştır. Kuzey Irak içerisinde milliyetçilik duyguları çok güçlü bir hal alırken, liderleri arasındaki anlaşmazlıklar, uzun vadeli bir uzlaşmaya varılmasına engel olmuştur.

KDP, tarihte, Irak'ta Kürtlerin yaşadığı bölgenin kuzey bölümündeki Badenan bölgesinde bulunan bir topluluk olan Barzani aşiretini temsil etmesiyle tanınmıştır. KDP'den farklı olarak, KYB, tek bir aşiretin siyasi kanadı olmamış, ancak aşiret sadakatine dayanmıştır. Lideri Celal Talabani, Kuzey Irak'ın en büyüklerinden olan Talabani aşiretindendir; KYB'nin çoğu yüksek profilli üyeleri bir aşireti temsil etmektedir. KDP'nin lideri Mesut Barzani'dir. Yardımcısı, yeğeni olan Neçirvan Barzani, IKBY'nin başbakanıdır. Diğer bazı Barzani'ler de KDP'de hakim pozisyonlardadır: Mesut'un en büyük oğlu Masroor, KDP'nin gizli ajansının başkanıdır; Mesut'un bir kuzeni olan Adham, merkez komitenin bir üyesidir. Aşiretin KDP üzerindeki etkisi, kuruluşuna kadar giden eski köklere sahiptir. Mesut Barzani'nin babası olan Mustafa Barzani, diğer siyasi kişiler ile birlikte 1947'de KDP'yi kurmuştur. Bu yıl içerisinde, kardeşi Sheik Ahmad tarfından Irak hükümetine karşı yapılan başkaldırıdan dolayı, *"Barzani, Irak'tan kaçış mücadelesi*

---

[164] Roel Meijer, *a.g.m.*, s.13.
[165] Inga Rogg-Hans Rimscha, *a.g.m.*, s. 835
[166] İdris Demir, "The Northern Iraq: 1990-2000", *ZKÜ Sosyal Bilimler Dergisi*, Cilt 3, Sayı 5, 2007, s. 200.
[167] Gareth R. V. Stansfield, *Iraqi Kurdistan: Political Development and Emergent Democracy*, Routledge Curzon, Canada 2003, s. 66.

ve SSCB'den sığınma istemek dışında çok az seçeneğe sahiptir". [168] KDP liderliği, öğrenciler ile Irak'taki aydınlar arasında popüler olan ancak kırsal alanlardan çok az destek alan İbrahim Ahmad'a düşmüştür. General Kasım, monarşiyi kaldırıp Irak Cumhuriyeti'ni 1958'de kurduğunda, siyasi özgürlüğü yasalaştırmış ve Barzani'yi Irak'a geri dönmeye davet etmiştir. Bununla birlikte, Barzani ülkesine döndüğünde KDP'nin Ahmad liderliğinde oluşturduğu sosyalist düzen tarafından hoş karşılanmamıştır. Kasım daha sonra komünistlerin desteğine ve KDP'nin Irak'ta yer almasına sinirlenmiş ve siyasi özgürlükleri sınırlamaya çalışmıştır. 1963 yılında, Arap Sosyalist Baas Partisi, askeri bir darbeyle Kasım'ı indirmiştir. Bununla birlikte, Barzani KDP'yi bu siyasi devrimden uzakta tutabilmiş ve tarafsız kalmasını sağlamıştır. 1963 yılında Barzani ve Baas rejimi arasında yapılan görüşmeler sırasında, Irak'ın yeni başkanı Abdul Salam Arrif, Ahmad'ı görmezden gelmiş ve Ahmad ile iyi bir ilişkisi olan Irak Komünist Partisini yok etmek için Barzani ile bir anlaşma imzalamıştır. Anlaşma aynı zamanda KDP'nin merkez komitesini de bölerek Barzani ve destekçilerini bir tarafa ve İbrahim Ahmad ile üvey oğlu Celal Talabani'yi diğer tarafa ayırmıştır. [169] Bunu protesto eden Ahmad ve destekçileri, Barzani'yi ilkelerine karşı hareket etmekle suçlayarak partiden ayrılmıştır. [170]

Bu aydın üyelerin partiden ayrılması, Barzani'ye KDP'nin partinin tüm kontrolünü eline alma şansı vermiştir. Bununla birlikte, Baas solcu grupları ortadan kaldırdıktan sonra, dikkatini Kürt müttefiki KDP'ye yöneltmiştir. [171] 1968'de Ahmad Hassan Al-Baker, Irak Başkanı olarak Arrif'le yer değiştirmiş ve Barzani'ye Kürt sorununu çözmek için bir anlaşma sunmuştur. Bununla birlikte, üzerindeki kontrolün Kürtlerin ana isteği olan petrol zengini Kerkük şehrini anlaşmaya dahil etmemiştir. 1971 yılında KDP anlaşmayı reddetmiş ve Barzani, amacını devam ettirmek için Kuzey Irak'taki dağlara geri dönmüştür. [172]

Kısa bir süre boyunca, Barzani, İran'dan aldığı destekten dolayı çatışmalara devam etmiştir. Ancak 1975 yılında, Başkan Al-Baker, sınır anlaşmazlıklarını çözmek üzere İran ile anlaşmış ve sonrasında İran'dan Kürt isyanına olan desteğini sona erdirmesini istemiştir. Bu anlaşma, Irak ordusunun KDP gerilla varlığını azaltmasını ve Barzani'nin İran'dan sığınma talep etmesini sağlamıştır. [173] KDP'nin geri çekilmesi, Celal Talabani için, inisiyatif kazanma konusunda altın bir fırsattır. Talabani, bir grup meslektaşı ile kendi siyasi partisi olan KYB'yi 1975 yılında kurmuştur. [174] Bu yeni parti ile KDP'ye meydan okumaya başlamışlardır.

Kürt siyasetçilerinin en büyük sorunları, KYB ile KDP arasındaki husumettir. Bu husumet, Irak rejimi Irak'taki Kürtlere karşı saldırıları başlattığında bile devam etmiştir. *"Barzani'nin 1975'te Irak rejimine karşı yenilmesinden sonra mücadeleyi sona erdirme kararı ve Talabani'nin bu bölünmeyi, Kürt özerliği mücadelesini*

---

[168] Denise Natali, *The Kurdish Quasi-State: Development and Dependency in Post-Gulf War Iraq*, Syracuse University Press, New York 2010, s.66.

[169] Denise Natali, *a.g.e.*, s.70-71.

[170] David McDowall, *a.g.e.*, s. 317

[171] Hanna Batatu, *The Old Social Classes and the Revolutionary Movements of Iraq*, Princeton University Press, London 1978, s. 390-400.

[172] Kerim Yıldız-Tom Blass, *Kurds in Iraq: The Past, Present and Future*, Kurdish Human Rights Project, London 2003, s. 35-42

[173] Gareth R. V. Stansfield, *a.g.e.*, s.70-79

[174] David McDowall, *a.g.e.*, s.338.

gerçekleştirmek üzere yeni bir parti olan KYB'yi kurmak için kullanma kabiliyeti,"[175] derinleşen bir bölünmenin başlangıcı olmuştur. İki taraf, sadece rakip olmakla kalmamış, birbirlerine her gün saldırmaya başlamışlardır.

Birkaç ay sonra, KYB, Saddam'ın zamana oynadığını ve Kürtlere hiçbir şey vermediğini düşünmeye başlamıştır. Dolayısıyla KYB, 1984 yılında Irak ordusuna saldırılarını yoğunlaştırmıştır. Buna ek olarak, ilk kez KYB, babasının ölümünden sonra KDP'nin başına geçen Mesut Barzani liderliğindeki KDP ile barış yapmıştır. Talabani ve Barzani ayrıca 1986 yılında Kuzey Irak Ulusal Cephesi adında bir koalisyon kurmuşlardır. İran'dan aldıkları destekle, KYB ve KDP ortak bir şekilde Halepçe'ye saldırmış ve Irak ordusunu geri çekilmeye zorlamışlardır. Bunun karşılığında Halepçe'ye kimyasal silahla saldırıda bulunulmuştur. 1988 yılında, İran ile savaş sona erdikten sonra, Saddam dikkatini Kürtlere vermiş, özellikle de Süleymaniye, Kerkük, Kalar ve Khanaqeen kentlerinin etrafında yaşayanlara odaklanmıştır.[176]

Körfez Savaşı sonrasında, 1991'de Kürt ayaklanmasının başlamasından itibaren, insanlar her gün Baas yönetimi yetkililerine saldırmıştır. BM yaptırım programları ile alakalı kendi sorunları çerçevesinde, rejim etkin bir şekilde Kürt şehirlerinden geri çekilmiş ve Kuzey Irak Ulusal Cephesi bölgenin kontrolünü ele almıştır. Bununla birlikte, KDP ve KYB arasındaki siyasi farklılıklar, Kuzey Irak Ulusal Cephesi'nin performansını olumsuz etkilemiştir. KYB ve KDP, merkezi olmayan bir Kürt Bölgesel Yönetimi oluşturmayı kabul etmiş olsa da, her ikisi de partilerine ve *"politbürolarına"* sadık kalarak, sadakati sağlamak üzere patronaj ağları üzerinden paylaşılan ayrı gelir akışları geliştirmiştir. Örneğin, KDP, tahmini olarak 750 Milyon Dolar olan gelirlerinin yüzde 85'ini vergilerden, Kürtlerin yaşadığı bölge ve Türkiye sınırındaki yasadışı ticaretin ürettiği gümrük gelirlerinden elde etmektedir. KYB ise 1991 ve 1997 yılları arasında Üretimini günde 1.200'den 144.000 pakete artıran Süleymaniye sigara fabrikasını geliştirmiştir.[177] Tarafların hiçbirisi, bu gelirleri IKBY'ye vermemiştir.

Durum, Nisan 1994'te iç savaşa dönüşmüştür. Çatışmanın başlangıcında, KYB, KDP'yi Erbil şehrinden çıkmaya zorlamış ancak zaferleri uzun sürmemiştir. 1996'da Irak ordusunun da desteği ile KDP, KYB'yi yenmiş ve Erbil'den Süleymaniye'ye iterek her taraf için bölgesel güç merkezlerini sabitlemiştir. KYB ile birlikte, Kürdistan İslamcı Hareketi ve Sosyalist Demokratik Parti gibi diğer küçük siyasi partiler de Erbil şehrini terk etmiş ve Süleymaniye'de KYB'ye katılmıştır. Bu çatışma sonrasında, her iki taraf da biri KDP altında Erbil'de ve diğeri KYB altında Süleymaniye'de olmak üzere kendi bakanlar konseylerini oluşturmuştur. Yumuşama 1998'e kadar devam etmiştir. Daha sonra, ABD işgali sırasında, KDP ve KYB nihayet kabinelerini birleştirmiş ve tek bir yönetim oluşturma konusunda mutabakat sağlamıştır. Bunun oluşturulma sürecinde, KDP, başbakanlık ve başkanlık pozisyonlarını kontrol etme konusunda ısrar etmiştir. Celal Talabani, Irak başkanı olmak istediği için, KDP'ye istedikleri pozisyonları vermiştir. 2005 Irak federal seçimine, KDP ve KYB, bir liste ile birlikte katılmış,

---

[175] David McDowell, *a.g.e.*, s. 22
[176] Nader Entessar, *Kurdish Politics in the Middle East*, Lexington Books, United Kingdom, 2010, s. 97- 100.
[177] Denise Natali, *a.g.e.*, s.40-45.

kabinelerini birleştirmiş ve Mustafa'nın torunu Neçirvan Barzani altında, KYB'den vekaleti ile birlikte yeni bir hükümet kurmuştur. Önemli pozisyonları böldükten sonra, KDP IKBY Başkanlığını almış ve Irak Federal Hükümeti'nde egemen kişi adayları olarak Celal Talabani'yi sunmayı kabul etmiştir.[178] IKBY kabinesi karışmış olsa da KYB ve KDP ayrı parti menfaatlerini takip etmeye devam etmiştir.

Kerkük Sorunu

Kürt hareketi için, Kerkük, Khanaqin ve Tuz Khurmatu Ovalarının yanı sıra Musul eyaletinin kuzey ve doğu kısımları, Sinjar ve Sheikhan, çok önemli bölgelerdir. Buradaki nüfusu ve geçmişi karışıktır, bu nedenle Kürt istekleri yerel Araplar, Arap milliyetçileri ve Türkmen ile Süryani topluluklarının temsilcilerinin isteklerine karşı olagelmiştir. Kerkük, Kürtler ve Merkezi Hükümet arasındaki çatışmanın ortasında bulunmaktadır. Özellikle Baas Partisi, 1968'den 2003'e kadar süren uzun yönetimi süresince, sadece Kürtlere karşı değil aynı zamanda Türkmen ve Süryani nüfuslara karşı techir, yer değiştirme, idari sınır değiştirme ve ayrımcılık ve eziyet uygulamıştır. KYB'nin eski ikinci komutanının belirttiği gibi, Kerkük'ün oldukça sembolik bir değeri de vardır. Bağdat ile tüm mücadeleler ve görüşmeler sonuçta başarısız olmuştur çünkü hükümet bir anlaşmayı bile kabul etmemiştir.[179] Geciken referandum Rejimin devrilmesinden sonra, KDP ve KYB sadece şehir ve diğer ihtilaflı bölgelerin kontrolünü ele almakla kalmamış, aynı zamanda bir *"Kürdistan"* çözümü için baskı yapma konusunda tüm ağırlığını ve pazarlık gücünü kullanmıştır. Bu çabalar, sonradan 2005 anayasasının 140'ncı maddesine dahil edilen ve eski rejimin özellikle Kerkük'teki Araplaştırma politikasını tersine döndürmek için spesifik önlemleri öngören Geçiş İdare Kanununun 38'inci Maddesinde sonuçlarını vermiştir. 11 Mart 1970 Memorandumuna benzer bir şekilde, Anayasanın 140. Maddesi, bir Kürt çoğunluğuna sahip bölge olduğu anlaşılırsa, Kerkük'ün IKBY'ye dahil edilme seçeneği ile, bir Referandum kararı ortaya çıkmıştır. Kürt liderleri inatçı bir şekilde Kerkük'ün tarih boyunca bir Kürt şehri olduğunu tekrarlarken, Türkmen temsilciler Kerkük'ü Irak'ın Türkmen azınlığının asıl ana vatanı olarak adlandırmaktadır. Türkmenler bölgenin ne Arap ne de Kürt olduğu ve bu nedenle IKBY'nin bir parçası olmaması gerektiğinde ısrar etmektedir. Türkmen ve Arap toplulukları büyük oranda Aralık 2005'teki seçimleri boykot etmiştir. Vali, eyalet konseyi başkanı, yerel ordu bölümü lideri ve farklı polis departmanlarının başkanlarının tamamı ya KYB ya da KDP'den Kürtlerdir.[180] Diğer yandan, eski rejime sadık ve radikal İslamcı grupların silahlı isyancı grupları, Kerkük bölgesindeki konut alanlarını, Pazar yerlerini, güvenlik kuvvetlerini ve Kürt partisi teşkilatlarını hedef alan ve çok sayıda sivil kayba neden olan bombalı araç ve intihar saldırıları gerçekleştirmiştir. Kürtler, 2007 sona ermeden önce bir Referandum istediklerinde gerilim daha da tırmanmıştır. Maliki yönetimi, Baas yönetimi tarafından yurtlarından edilen Arap vatandaşlarına tazminat ödemeyi kabul etmiş ve kendi bölgelerine dönmeleri konusunda sağlam adımlar atmış, böylece atmosfer yatışmıştır. 2007 sonuna kadar, yaklaşık 20.000 Arap asıl

---

[178] Bill Park, *Turkey's Policy Towards Northern Iraq: Problems and Perspectives,* Routledge, London 2005, s. 30.

[179] Inga Rogg-Hans Rimscha, *a.g.m.,* s. 836.

[180] Steve Fainaru-Anthony Shadid, "Kurdish officials sanction abductions in Kirkuk", *Washington Post,* 15.06.2005, http://www.washingtonpost.com/wp-dyn/content/article/ 2005/06/14/AR2005061401828.html, (12.12.2017).

memleketlerine yeniden yerleşme başvurusunda bulunmuştur. Arap bloğu, boykotuna son vermiş ve Kürtlerle kendilerine yerel yönetimde yüksek makamlı pozisyonlar sunan ve Kürtler, Araplar ve Türkmenler arasında devlet işlerinin dengeli bir dağılımını sağlayan bir anlaşmaya vardıktan sonra eyalet konseyine geri dönmüştür.[181] Buna ek olarak, Kürt partileri, bu sıkıntılı sürece bir BM müdahalesine olan itirazlarından vazgeçerek 140'ncı Maddenin uygulanmasının UNAMI teknik desteği ile sağlanacağı bir sürece izin vermiştir.[182] Petrol zenginliği ve karışık nüfusu ile, Kerkük *"Minyatür Irak"* olarak adlandırılabilir.

2005 yılında Irak Anayasası yeniden yazıldığında ve bir Referandum ile onaylandığında, birçok insan IKBY'nin Kürt haklarını yeni Irak anayasasında garanti altına alabileceğine ve ihtilaflı bölgeler sorununu çözebileceğine inanmıştır. Sınırlı bir boyutta, KYB ve KDP, Irak'taki eski siyasi sistemi, Kürtlere daha fazla özerklik veren bir *"federal hükümete"* dönüştürmüştür. KDP ve KYB, Kürt dilini Arapça ile birlikte yeni Irak Anayasasında iki resmi dilinden birisi olarak belirtmiştir.[16] Şaşırtıcı olmayan bir şekilde, IKBY ve Irak hükümeti arasında devam eden ihtilafla alakalı çok fazla konu vardır. Michael Gunter'e bu durumu şu şekilde açıklamaktadır: *"Bu tartışmaya açık yetkilerin içerisinde tabi kaynakların mülkiyeti (temel olarak petrol) ve bunlardan gelen gelirlerin kontrolü, IKBY ordusu veya Peşmergelerin rolü (KYB ve KDP'nin eski gerillaları) ve Kerkük'ün nihai durumu bulunmaktadır."*[183]

Irak hükümeti, bu maddeler ve anlaşmaları yapmaktan imtina edebilmiştir. Çünkü IKBY'de birleştirici bir strateji eksiktir. Onlar bu duruma şöyle bir örnek vermektedirler; ihtilaflı bölgeler üzerinde sekiz yıldan fazla süren anlaşmazlığın sonrasında, KDP ve KYB, çoğu Türkmen ve Sünni Araplar olan, Kuzey Irak'ta yaşayan azınlık gruplarını bundan fayda elde edebileceklerine ikna edememiştir. Uzun bir süre boyunca, KYB ve KDP bu grupları göz ardı etmiştir ancak parti üyeleri arasında arazi ve para dağıtmıştır. Buna ek olarak, *"Kerkük'ün IKBY'ye dahil edilmesini isteyen ve sadece modern Kürt karakterinde değil aynı zamanda daha eski Kürt kaynakları üzerinde ısrar eden Kürt yönetimi ile (KDP ve KYB), Kürtler kendilerini, Kerkük'ün Türkmenleri (ve Arapları) formunda değiştirilemez bir sıkıntının içinde bulmuşlardır"*.[184]

Yönetim Sorunları

Son yirmi yıl içerisinde, Kuzey Irak, IKBY ve bölgesel aktörler arasındaki çekişmelerin ortasında kalmıştır. Bu nedenle KDP ve KYB arasında devam etmekte olan gerginlikler, İran, Türkiye ve gelişim desteği üzerinden etki sağlayan diğerleri dahil olmak üzere bölgesel aktörlerin[185] sürekli arabuluculuğu bağlamında anlaşılmalıdır. IKBY'nin genel dinamiği, ekonomik faydalar için dış etkilerin kabul edilmesidir. IKBY'nin bu aktörlerin gündemleri ve desteklerine tepkisi, büyük

---

[181] Inga Rogg-Hans Rimscha, *a.g.m.*, s.838.

[182] UN Assistance Mission for Iraq, "Implementation of Article 140: Deadline of 31 December 2007", 15.12.2007, https://reliefweb.int/report/iraq/iraq-implementation-article-140-deadline-31-dec-2007, (12.11.2017).

[183] Michael Rubin, "Where's Kurdistan's Missing $4 Billion?," *The Kurdistan Tribune*, 03.07.2011, http://www.michaelrubin.org/9866/kurdistan-missing-4-billion, (12.11.2017).

[184] Gareth R. V. Stansfield, *a.g.e.*, s. 145

[185] Ofra Bengio, "Iraqi Kurds: Hour Of Power?," *Middle East Quarterly*, cilt 10, sayı 3, Yaz 2003, s. 43

oranda kısa vadeli olmuştur.

Irak'ta yaşayan Kürtler, Saddam'a karşı savaşlarında doğal bir müttefik olan İran ile iyi bir ilişki kurmak dışında başka seçeneğe sahip değildir. İlişki, İranlı Kürtlerin bölgelerinde özerklik için mücadele etmesinden dolayı karmaşıktır. Açıkça söylenmeyen karmaşıklık yüzünden, KYB ve KDP İran'la sadece güçlü bir ilişki kurmakla kalmamış; aynı zamanda Kuzey Irak'ta serbestçe hareket etmesine izin vermiştir. Örneğin, İslam Cumhuriyeti, büyük Kürt şehirlerinde Qarargay Ramadan adı altında istihbarat ofisleri kurmuştur. Sheri Lazier'e göre, bu ofisler sayesinde İran, Kuzey Irak'ta sığınmakta olan 300'den fazla İranlı Kürt siyasi aktivistin suikastini gerçekleştirmiştir. KYB ve KDP, asla bu suçları şikayet konusu etmemiştir. Irak'ın 2003'te işgal edilmesinden bu yana, İran, Kuzey'ta üç hedef gözetmiştir: Irak'ta ABD'ye karşı koymak, Kuzey Irak'ın ekonomik açıdan İran'a daha bağımlı hale getirmek ve Kürt bölgesindeki İranlı Kürt aktivistleri takip etmek. ABD ve İran arasında iyi bilinen ihtilaflar, bu belgenin kapsamının ötesindedir ancak bazılarından bahsetmek önemlidir. Liven Magazine'e göre, Kuzey Irak'ın mallarının – meyveler, sebzeler ve inşaat malzemeleri – yüzde 30-40'ı İran'dan ithal edilmekte ve 150'den fazla İran şirketi bu süreçte yer almaktadır. İran, IKBY'nin piyasalarını İran ürünleri ve mallarına bağımlı olmasını sağlamak için bu şirketleri kullanmaktadır. Ayrıca bu ekonomik ilişkiyi, siyasi menfaatlerini geliştirmek için de kullanmıştır. Örneğin, İranlı Kürt siyasi partileri özerklik istediğinde, İran sınırlarını kapatarak IKBY'ye İranlı Kürtleri bu düşüncelerinden vazgeçirme konusunda baskı yapmıştır. Kürtleri birbirleri ile mücadelede kullanmak, İran için kendi muhaliflerinin sayısını azaltmanın etkin bir yolu olmuştur. [186]

Türkiye'nin Kuzey Irak'ta özerk bir devlet kurulmasına yönelik tavrında, PKK ile devam etmekte olan çatışmaların etkisi büyüktür. Bu durum, Türkiye, 1995 yılında KDP ve KYB arasındaki iç savaşı durdurmak için Kuzey Irak'ta bir barış sağlayıcı olarak müdahalede bulunmaya davet edildiğinde başlamıştır. Türkiye birlikleri 2006'da geri çekilse de, arkada Türkiye'nin menfaatlerini Kuzey Irak'ta korumak üzere birçok kurum ve organizasyon bırakmıştır. İran gibi, Türkiye de Irak'ta yaşayan Kürtlerin Irak'tan tam bağımsızlığını istememektedir. IKBY'nin işbirliği ile MİT, Kuzey Irak'taki duruma etkide bulunmak için Özel Tim, Jit Tim, Oyak, Türk Kızılayı ve diğer basın kurumları gibi birçok küçük örgüt ve birim oluşturmuştur. Bu Türk kurumlarının hepsinin amacı aynıdır: PKK'yı destekleyen Irak üsleriyle mücadele etmek, Kürtlerin özerkliklerini geliştirmelerine engel olmak ve Kuzey Irak'taki Türkmen etnik grupları korumak.[187]

Iraklı Kürtler, Türkiye'nin desteğini almak için 1992 yılında PKK'ya karşı büyük bir saldırı başlatmış; ancak KDP ve KYB arasında başlayan iç savaş, PKK'nın hayatta kalmasını sağlamıştır. Türkiye'nin baskısı altında, Celal Talabani, PKK'yı Türk ordusuna karşı saldırılarını durdurmaya zorlamıştır. KYB, PKK aktivistlerini ortadan kaldırarak Türkiye ile müttefik olmuştur. Buna ek olarak, Türk ordusu 35.000 asker ile 1995 yılında Kuzey Irak sınırına giderek PKK'yı yok etmeyi

---

[186] David Romano, *The Kurdish Nationalist Movement: Opportunity, Mobilization, and Identity*, Cambridge University Press, New York 2006, s. 236-238.
[187] David Romano, *a.g.m.*, s. 240.

istemiş; ancak KDP ve KYB sadece Türklerle kısmen işbirliği yapmıştır.[188] Türkiye aynı zamanda Kürtlerin Kerkük şehrini eyaletlerine dahil etmesine itiraz etmektedir.

Diğer aktörler de IKBY'nin geleceğinde doğrudan paylara sahip olmak istemelerinin yanı sıra, KDP ve KYB ile aynı türde patronaj ilişkilerine sahiptir. 1996 yılında, gıda için petrol programı resmi olarak sona ermiş ancak uluslararası örgütlerden yardımlar Kuzey Irak'a akmaya devam etmiştir. [189] Dahası, *"1991'den 1996'ya kadar, Kuzey Irak ABD'nin Irak'a yaptığı toplam yardımın yaklaşık üçte ikisini veya 1 Milyar Doların üzerinde mal ve hizmeti almıştır."* [190] IKBY'nin resmi websitesine göre, *"Amerikan şirketleri ve onların ortakları halihazırda Kuzey Irak'ta eğitim, konut ve endüstriyel mallar gibi farklı sektörlerde 600 Milyon Dolardan fazla ticari yatırım planlamıştır."* [191] Buna ek olarak, İngiliz Deniz Aşırı Geliştirme İdaresinin Irak'a yaptığı yardımların %75'i Kuzey Irak'a gitmiş ve toplam BM kaynaklarının yüzde 65'i de Kuzey Irak'a gönderilmiştir. BM yardımı ve Kuzey Irak'a verilen hizmet gelirleri 1997'de 1 Milyar Dolardan yaklaşık 10 Milyar Dolara yükselmiştir. Ayrıca, yolsuzluk ve teslimattaki gecikmelere rağmen, 2003'e kadar BM Kuzey Irak'ta fazladan 4.1 ila 6.1 Milyar Dolar harcamıştır. Dahası, *"UNOPS toplamda Fon için 238 Milyon Dolarlık toplam bütçe değerine sahip 43 projeyi yürüten ITF için projelerin en büyük ikinci uygulayıcısı olmuştur."* Bununla birlikte, Michael Rubin, IKBY'ye aktarılmış nakitler ve kaynakların büyük kısmının kayıp olduğunu iddia etmiştir. Dolayısıyla, bu fonları bölgeyi kalkındırmaya harcamak yerine, KDP ve KYB içerisinde bir takım yüksek rütbeli siyasi liderler *"uluslararası ödemelerden gelen açıkça havale edilmiş fonları Çin'deki şirketlere, Birleşik Arap Emirliklerindeki otellere ve Amerikan şirketlerindeki hisse senetlerine veya kişisel banka hesaplarına yatırmıştır."*[192]

Güney Kore, IKBY'ye yardım etmiş olan önemli bir aktördür. Güney Kore hükümetinin Kuzey Irak'ta yer alması, 2003'te İkinci Körfez Savaşı'nda Güney Kore ordusunun yer almasına kadar gitmektedir. Güney Kore, Saddam'a karşı savaşlarına katkı olarak 2004'ten 2008'e kadar birliklerini Erbil'de tutmuştur. Bununla birlikte, şehir savaştan kurtulduğunda, Kore ordusu çoğunlukla Kuzey Irak'a altyapı geliştirme ve sivil yardımlar sunmuştur. Ordusunun yanı sıra, Güney Kore'den KOICA, çeşitli gelişim projelerinde IKBY'ye yardım etmiştir. Okullar, hidro-enerji santralleri, eğitim merkezleri, hastaneler, su kaynakları ve bir kanalizasyon sisteminin inşası ve devlet binalarının kapasitesinin iyileştirilmesi, ağır inşaat taşıtlarının satın alınması ve laboratuarlar inşa edilmesi gibi yardımlar yapılmıştır. Michael Rubin'in iddiasına göre, bu fonlar, Kürt şehirleri arasında eşit olarak dağıtılmamıştır, bunlarda Erbil yüzde 67, Süleymaniye yüzde 24.4 ve Duhok

---

[188] Michael Gunter, "Kurdish Infighting: The PKK-KDP Conflict", *The Kurdish Nationalist Movement in the 1990s: Its Impact on Turkey and the Middle East,* Der. Robert W Olson-Gülistan Gürbey-Aram Nigogosian-Michael Gunter-Henri Barkey, University Press of Kentucky, Lexington 1996, s. 50-65.

[189] United Nations Development Plan, "Drought Impact Assessment, Recovery and Mitigation Framework and Regional Project Design in Kurdistan Region (KR)", Aralık 2010, s.30-54, https://reliefweb.int/sites/reliefweb.int/files/resources/ B03750804A0EB2EC85257830006B6A97-Full_Report.pdf, (13.06.2017).

[190] Denise Natali, *a.g.e.,* s.30-31.

[191] "Kurdistan Board of Investment", *Kurdistan's Economy,* Şubat 2012, http://www.kurdistaninvestment.org/economy.html, (12.11.2017).

[192] Michael Rubin, *a.g.m.,* s. 6.

sadece yüzde 8.6 pay almıştır. Rubin'e göre, Güney Kore fonlarının bu üç şehir arasında eşit olmayan dağılımı, KDP ve KYB arasındaki ayrımla ilişkilendirilebilir. KDP, Güney Kore birliklerinin kaldığı Erbil'de hakim güçtür. KOICA ayrıca IKBY'nin KYB veya KDP ile alakalı olan veya bunların üyeleri olan kişilere verdiği burs programları da sunmuştur. Bu nedenle, Güney Kore yardımının bir kısmı bölgenin altyapısının geliştirilmesine gitse de, büyük bir kısmı KDP'ye ve daha az oranda KYB'ye gitmiştir.[193]

Ekonomik Potansiyel

IKBY'nin yönetimi altında, Kuzey Irak bazı bölgelerde ekonomik gelişime şahit olmuştur. IKBY Yatırım Kurulu'na göre, bu büyüme 2007'de başlamıştır. 2010'daki devlet bütçesi tahmini olarak 9.6 Milyar Dolardır. 2009 için gerçek GSYİH büyüme oranı yüzde 4.3'tür (dünya için yüzde 1.5'a karşılık). Bununla birlikte kişi başına GSYİH 2007 yılında gerçekleşen 3.200 Dolardan artışla sadece 4.500 Dolardır ancak bu bile bölgeyi ülke sıralamalarında 117'nci sıraya koymaktadır. Buna ek olarak, IKBY, Kuzey Irak'ta 1.376 özel endüstrinin oluşması için yerel ekonomiye yardımcı olmuştur.[194]

Bununla birlikte, bu ekonomik büyüme sadece birkaç alanda gerçekleşmiştir. IKBY tarafından eyaletin ekonomisinin 2008'e kadar farklı sektörlerindeki projeler için verdiği lisansların sayısına bakıldığında, bu büyümenin geçici ve hassas olduğu görülebilir. Bu ekonomik büyüme sürecinde sektörler arasında denge yoktur. İnşaat (% 34) ve daha az boyutta metal (% 20) ve gıda (% 15) alanları, en yüksek lisans sayısını alarak bu alanlarda diğerlerinde daha fazla faaliyet olduğunu göstermiştir.[195]

Uzun bir süredir, IKBY, büyük oranda bölgesel aktörler tarafından sunulan yardımlara bağlıdır. Ancak, hidrokarbon rezervlerinin boyutunun artan bir şekilde fark edilmesiyle, dikkatini hızlı bir şekilde petrol ve gaza kaydırmıştır. Şu anda petrol ve gaz sahalarına yatırım yapmakta olan 41'den fazla firma vardır. Rakip parti olan Goran'a göre, her ne kadar IKBY bir günde 45 milyar varil petrol üretme kapasitesine sahip olsa da şu anda sadece 200.000 üretmektedir. Bu sahaların tamamı, KDP ve KYB'nin doğrudan kontrol altındadır ancak IKBY'nin hiç kontrolü yoktur. 2001'den 2009'a kadar IKBY, 500 Milyar Irak Dinarından fazla bir maliyetle 14.184'ten fazla işçiye istihdam sağlayan 1.376 özel endüstriyel projeye fon sağlamıştır.[196]

IKBY, Crescent Petroleum ve Dana Gas tarafından kurulan bir ortak girişim olan Gas Cities LLC ile gelişim için Kürt Gaz Şehrinin inşasında 461 milyon metrekarelik bir sahanın verildiğini ilan ederek dikkatini gaza yöneltmiştir. Kürt Gaz Şehri içerisinde yaklaşık 3 Milyar Dolar maliyetle endüstriyel, konut ve ticari bileşenler bulunmaktadır. Dana Gas, Birleşik Arap Emirlikleri'nden gelen başkanı Sheikh Ahmed bin Sultan Al Qasimi altında *"Orta Doğu'daki ilk bölgesel özel sektör doğal gaz şirketidir"*.[197] Aynı zamanda Khor Mor gaz sahasını elektrik

---

[193] Michael Rubin, a.g.m., s.5.
[194] Denise Natali, *a.g.e.*, s. 87
[195] Denise Natali, *a.g.e.*, s.88.
[196] Denise Natali, *a.g.e.*, s. 84.
[197] *Oil Review Middle East*, "Gas Boost for Kurdistan Region of Iraq"

istasyonlarını beslemek ve sivillerin gaz taleplerini karşılamak için Süleymaniye ve Erbil şehirlerine bağlayacak 180 km'lik bir boru hattı projesi başlatılmıştır. Bununla birlikte, bu önemli sektörler üzerinde kontrol sahibi olan tek kişi, Tabi Kaynaklar Bakanı Ashty Hawramy ve KDP Başkan Yardımcısı Neçirvan Barzani olarak görülmektedir, IKBY değil. Hawramy, Kürt parlamentosu üyelerini, Barzani'nin petrol ve gazdan elde edilen tüm parayı yatırmak üzere HSBC'de bir banka hesabı açmaya karar verdiğini belirtmiştir. [198]

Kuzey Irak'ın toprağı çok verimlidir ve sebze, meyve ve buğday yetiştirmeye elverişlidir. 1980'lerde, Kuzey Irak, Irak buğdayının üçte birini üretmiştir. Kuzey Irak'ın arazilerinin neredeyse yüzde 74,6'sı tarıma elverişlidir; düzlüklerde ve dağlık alanlardaki ormanlarda ve ayrıca doğal araziler ve bağlarda boş ekim alanları vardır. Buna rağmen, tarım sektörü ihmalkar politikalardan ciddi zararlar görmüştür. IKBY Yönetiminde, mevcut ortalama tarım iş gücü yaklaşık yüzde 12,8'dir, yüksek bölgesel değişimlerle Süleymaniye'de yüzde 19,4'ten fazla iken Erbil'de sadece yüzde 6,6'dır. Diğer bölgelerde olduğu gibi, IKBY, yönetişimi iyileştirmeden patronaj amaçları için maaşları desteklemiştir. Örneğin, *"IKBY Tarım Bakanlığının 13,320 çalışanı varken, bunun aksine Kaliforniya Gıda ve Tarım Bakanlığının 1.892, Arizona Tarım Bakanlığının sadece 320 çalışanı vardır."* Yüksek çalışan sayısına rağmen, Kuzey Irak hala gıda tedarikinde İran ve Türkiye'ye bağlıdır. Kuzey Irak'taki inşaat sektörü son on yılda hızlı bir şekilde büyümüştür. Denise Natali'ye göre, Erbil'deki inşaat işlerinin yüzde 95'i Türki şirketlere giderken, Süleymaniye'de yüzde 85'lik bir kısım İranlı şirketlere aittir. [199] Natali ayrıca bu sektördeki zıplamanın sadece *"bir gecede milyoner olan az miktarda insana faydalı olduğunu"* ifade etmiştir. Örneğin, elektrik tedarikini iyileştirmek içi, IKBY, iki enerji santralinin onarımına 116 Milyon Dolarlık bir kaynak yaratmıştır. Bu yenileme, özel şirketlerin taşınabilir jeneratörleri ile birlikte, Kürt şehirlerine günde yaklaşık 15 saat elektrik vermektedir. IKBY, elektriği hala Türkiye ve İran'dan almaktadır ve enerjisi için merkezi yönetim ve taşınabilir jeneratörlere bağlıdır. [200]

Rubin'e göre, bu gelişme bile, artan mülkiyet fiyatlarından dolayı bölgeye faydalı değildir. Bu husus önemlidir çünkü çoğu mülkiyet, IKBY'deki sıradan vatandaşların imkanlarının ötesinde yüksek bir peşinat ödemesini gerektirmektedir. Bunun bir sonucu olarak, çoğu mülk küçük bir zengin elit kesime satılmaktadır. [201]

KOICA, Kuzey Irak'taki kamu çalışanları için çeşitli alanlarda eğitim kursları düzenlemiştir. MOP gelişimi desteklemek üzere IKBY Kamu İdaresi Enstitüsü'nü kurmuş ve kaynakları en iyi şekilde kullanmak ve vatandaşlara daha etkin hizmet sunmak için kamu hizmetine modern eğitim ve gelişim, danışmanlık ve araştırma sunmuştur. MOP ve INGO'lar, 2010'dan 2012'ye kadar 1.018 kurs düzenlemiştir. Bununla birlikte, bunların yüzde 88'i Erbil'de ve diğer yüzde 5'i Duhok'ta, KDP yönetimi altındaki merkezlerde sunulurken sadece yüzde 7'si KYB'nin hakim olduğu Süleymaniye'de gerçekleştirilmiştir. Benzer şekilde, 2007'den 2008'e kadar

20.10.2010, http://www.oilreviewmiddleeast.com/exploration-production/gas-boost-for-kurdistan-region-of-iraq, (14.06.2015).

[198] Michael Gunter, *Historical Dictionary of the Kurds*, Scarecrow Press, Mary Land 2004, s. 183.

[199] Natali, *a.g.e.*, s. 93

[200] Natali, *a.g.e.*, s.102.

[201] Rubin, *a.g.e.*, s. 8.

129 kursun sadece yüzde 27'si Japonya tarafından ve KOICA tarafından sunulan 13 kursun sadece yüzde 23'ü Süleymaniye'de verilmiştir.[202] Bu durum partizanlığın, eğitim kararlarını yönlendirdiğini ifade etmektedir.

---

[202] Kawa Jabary, *The Politics of Low Capacity: The Case of Kurdistan*, Master of Art Thesis, Political Science, Simon Fraser University, 2013, s.96-99.

2. BÖLÜM: SOĞUK SAVAŞ SONRASI TÜRKİYE-IRAK İLİŞKİLERİ

Soğuk Savaş'ın bitimi birçok ülke için şaşkınlıkla karşılanmış ve tek kutuplu ortamda dış politikalarında bir bocalama yaşamışlardır. Tam da böyle bir dönemde yaşanan Birinci Körfez Savaşı hem Türkiye hem Irak hem de ABD ile olan ilişkileri etkilemiş, Türkiye ABD için eski önemini kaybettiği düşüncesiyle ABD'nin Irak'a girişini kolaylaştıran birçok düzenleme yapmıştır. Ancak Türkiye için Birinci Körfez Savaşı'nın hiç tahmin edilemeyen bir sonucu olacaktır; Iraklı Kürtlerin kitle halinde Türkiye'ye göçmesiyle güçlenen ve uluslararası nitelik kazanan Kürt sorunu. Etnik kimliklerin ve düşman algılarının ülkelerin dış politikaları üzerinde etkisi olduğunu savunan, bu kitaptaki teorik dayanağımız olan Konstrüktivizm için de Birinci Körfez Savaşı sonrası gelişmeler önem taşımaktadır. Bu bölümde Soğuk Savaşın hemen bitimi sonrasında ve ABD'ye yapılan 11 Eylül saldırıları sonrası ABD tarafından kitle imha silahlarının varlığı iddiasıyla girilen ve yeniden şekillendirilen Irak ve kurulan IKBY ile Türkiye ilişkileri incelenecektir.

Birinci Körfez Savaşı ve Türkiye-Irak İlişkilerine Etkisi

1991 yılı ortalarında Irak lideri Saddam Hüseyin, İran-Irak Savaşı'nın ardından girdiği çıkmazdan kurtulmak için Ortadoğu'da huzursuzluk yaratmaya başlamıştır. Saddam Hüseyin Körfez ülkelerinin 1981-1990 yılları arasında petrol fiyatlarını düşürerek Irak'ı ekonomik zarara soktuklarını, Kuveyt'in Rumeyla bölgesindeki Irak'a ait petrollerden faydalandığını ve bu nedenle Kuveyt toprakları üzerinde hakkı olduğunu iddia etmiş ve İran-Irak savaşında Kuveyt'in Irak'a verdiği yardımı kesmesini bahane ederek Birinci Körfez Savaşı'nı başlatmıştır.[1] Aslında bu Irak'ın Kuveyt üzerindeki ilk iddiası değildir. 1961 yılında İngiltere Kuveyt'e asker göndermiş böylece kısa süreli olarak Irak durdurulmuş ama iddialara son verilememiştir.[2]

Bu iddiaların Kuveyt tarafından kabul edilmemesi üzerine 2 Ağustos 1990'da Saddam Hüseyin, Kuveyt'in tarihsel olarak Irak'ın bir eyaleti olduğunu ve kaçak olarak Irak petrolünü çıkardığını iddia ederek, Kuveyt'i işgal etmiştir.[3] Kuveyt'in işgal ve ilhakıyla hem Basra Körfezi'nde hem de genel olarak Ortadoğu'da güç dengesi birdenbire Irak lehine bozulmuş, bu durum petrolün güvenliğini ve bölgede ABD ve Batı Devletleri'nin çıkarlarını tehlikeye sokmuştur.[4]

Irak'ın Kuveyt'i ilhak etme isteğinin arkasında birkaç neden yatmaktadır. Öncelikle, Irak Kuveyt'i kendi toprakları üzerinde İngiltere tarafından oluşturulmuş,

---

[1] Hakan Ertaş, *1990 Sonrası Bölgesel Gelişmeler Eşliğinde Suriye*, Gazi Üniversitesi, Sosyal Bilimler Enstitüsü, Uluslararası İlişkiler Anabilim Dalı, Basılmamış Yüksek Lisans Tezi, Ankara 2006, s.68.

[2] Bernard Lewis, *Ortadoğu: İki Bin Yıllık Ortadoğu Tarihi*, Çev. Selen Y. Kölay, Arkadaş Yayınları, Ankara 2011, s. 451-452.

[3] Oral Sander, *Siyasi Tarih:1918-1994*, İmge Kitabevi Yayınları, Ankara Ekim 2007, s. 569.

[4] Tayyar Arı, Geçmişten Günümüze Ortadoğu: Siyaset, Savaş ve Diplomasi, Alfa Yayınları, İstanbul 2007, s. 562.

yapay bir devlet olarak görmektedir ve iki ülkenin birleşmesi gerektiği düşüncesindedir. Bu, geçmişte defalarca denenmiş ancak başarılı olunamamıştır. Yine de Saddam Hüseyin mevcut durumun bu hayali gerçekleştirmek için uygun olduğunu savunmaktadır. Bir diğer neden, Kuveyt'e ait olan Bubiyan Adası'nın petrol terminali kurmak için oldukça ekverişli olması ve Irak'ın Kuveyt'e ait olan Bubiyan ve Varba Adalarının karasuları ve kıta sahanlığı alanındaki petrol yataklarına ulaşma isteğidir. Ayrıca Irak bu adaları birleştirerek Körfez'de daha fazla kıyıya sahip olmayı ve bu adaların Umm Kasr Limanı'nın ağzında bulunmasından faydalanarak limana giriş ve çıkışları denetlemeyi hedeflemektedir. Kısaca Irak yönetiminin temel amacı, Kuveyt'in petrol kaynaklarını ele geçirip Körfez petrolüne hakim olarak dünya petrol fiyatları üzerinde söz sahibi olmaktır.[5] Saddam Hüseyin'in bunun için doğru zaman olduğunu düşünmesinin nedeniyse, tüm Arap devletlerinin emperyalist ve baş düşman İsrail'in baş destekçisi ABD'ye karşı kendisiyle birlikte hareket edeceklerine inanması,[6] İran-Irak Savaşı sonrası SSCB'den elde ettiği destekle, SSCB'nin müdahaleye izin vermeyeceğini düşünmesidir.[7] Saddam Hüseyin bir siyasi tahmin hatası yapmıştır. Öncelikle SSCB eski gücünde değildir, bu nedenle ne BM'yi ne de ABD'yi savaş hazırlıkları durumunda engelleme şansına sahip değildir.[8] Nitekim dönemin SSCB Devlet Başkanı Mikhail Gorbaçov, 29 Ekim 1991'de yaptığı konuşmada Körfez krizinde askeri çözümü onaylamadığını belirtmesine rağmen 29 Kasım 1991'de BM'nin aldığı askeri güç kullanma kararına olumlu oy vermiştir.[9] Bunun yanısıra Irak askeri birlikleri İran-Irak Savaşı'ndan yorgun çıkmıştır, savaş iradeleri düşüktür ve klasik piyade savaşına göre eğitilmişlerdir.[10] Araplar ise Saddam yönetimine karşı çıkarak Saddam Hüseyin'i hayal kırıklığına uğratmışlardır.[11]

Kuveyt'in işgali yalnız bölgeyi değil, petrol kaynaklarının denetimini ve dolayısıyla tüm uluslararası sistemi tehdit etmektedir. ABD hiç zaman kaybetmeksizin, NATO ve çeşitli Arap devletlerinin katıldığı çokuluslu bir ittifak kurmuş ve bölgede askeri yığınak yapılmaya başlanmıştır.[12] BM Güvenlik Konseyi, Kuveyt'in işgali sırasında tam bir işbirliği görüntüsündedir. 2 Ağustos 1990'da Irak'ın Kuveyt'ten derhal ve koşulsuz olarak çıkmasını öngören 660 sayılı karar ve ardından ekonomik yaptırım öngören 661 sayılı karar tam bir birlik içinde alınmıştır. Bu karara göre Irak ve Irak'ın işgal etmiş olduğu Kuveyt'e ekonomik ve siyasi ambargo uygulanacaktır. Türkiye karardan bir gün sonra 7 Ağustos 1990 günü Yumurtalık Boru Hattı'nı kapattığını açıklamış ve Irak ile olan ticaretini durdurmuştur.[13] ABD'nin yanında müttefik aradığı ve Suudi Arabistan'ın kendi topraklarından geçen boru hattını ilk kapatan ülke olmaktan çekindiği bir sırada Türkiye'nin bu kararı hızlıca alması ABD için önemli bir güven etkeni olmuştur.[14]

---

[5] Tayyar Arı, *Geçmişten Günümüze…*, s. 564-567.
[6] Oral Sander, *Siyasi..*, s. 572.
[7] Tayyar Arı, *Geçmişten Günümüze…*, s.567.
[8] Oral Sander, *Siyasi…*, s. 572.
[9] Tayyar Arı, *Geçmişten Günümüze…*, 567-568.
[10] Oral Sander, *Siyasi…*, 571.
[11] Tayyar Arı, *Geçmişten Günümüze…*, s. 568.
[12] Oral Sander, *Siyasi…*, s. 570.
[13] Tayyar Arı, *Geçmişten Günümüze…*, s. 568.
[14] İlhan Uzgel, "ABD ve NATO'yla İlişkiler", *Türk Dış Politikası, Kurtuluş Savaşı'ndan Bugüne Olgular, Belgeler,*

Türkiye'nin Birinci Körfez Savaşı'nda ABD'ye sağladığı en büyük kolaylık 17 Ocak 1991'de İncirlik Hava Üssü'nü açmasıdır. ABD, hemen ardından Irak'ı bu üslere inen savaş uçaklarıyla bombalamaya başlamıştır. Uçaklar ya buradan kalkarak bombalamakta ya da Hint Okyanusu'ndaki üslerden kalkarak, Irak'ı bombalamakta ve buraya inmektedir. [15] Bu noktada Türkiye'nin Irak'a karşı en büyük tepkiyi veren ülke olması ilgi çekicidir. Elbette bu durum dönemin Türkiye Cumhurbaşkanı Turgut Özal'ın Ortadoğu politikasının bir sonucudur.

Yapılan ambargo ve diplomatik girişimler sonuç vermeyince BM Güvenlik Konseyi Irak'a karşı kuvvet kullanımını düzenleyen 678 sayılı kararı almıştır. Bu karara BM anlaşmasının VII. Bölümünde açıklanan kollektif güvenlik sistemi devreye sokulmuştur. Kuveyt hükümeti ile işbirliği yapılarak barış ve güvenliğin sağlanması için gerekli araçların kullanılmasına kakar verilmiştir. Böylece 1991'in Ocak ayında uluslararası gücün Saddam Hüseyin'i ve kuvvetlerini Kuveyt'ten çıkarmak için güç kullanacakları kesinleşmiş 12 Ocak 1991'de ABD Senatosu savaş kararını onaylamış, 16 Ocak 1991'de savaş başlamıştır.[16]

Savaşın başında Müttefikler Irak'a füze saldırısında bulunmuş, Irak'da Suudi Arabistan ve İsrail'e füze yollayarak cevap vermiştir. 16 Ocak'ta Amerikalı bir generalin denetimindeki Müttefikler, 24 Şubat'a kadar sürecek olan ve daha çok hava harekatı şeklinde devam eden Çöl Fırtınası Operasyonu'nun birinci aşamasına başlamışlardır.[17] 23 Şubat'ta Kuveyt'i kurtarmaya yönelik kara harekatı başlamış ve Irak 4 gün içinde yenilmiştir.[18]

Körfez Savaşı'nda Irak'ın askeri gücüne ve ekonomisine verilen zararla Batı, merkezi otoriteyi zayıflatmış, fakat Saddam yönetimini devirememiştir. Körfez Savaşı'nın Irak açısından da etnik kimlikler üzerinden yürüttüğü dış politika açısından bazı sonuçları olmuştur. Kuzeydeki Kürt ve Şii bölgelerinde ayaklanmalar olmuş, Saddam Hüseyin bunları şiddetle bastırmıştır. Dönemin ABD Devlet Başkanı George Bush Irak halkını ayaklanmaya teşvik etmiş ancak Kürtleri Saddam karşısında yalnız bırakmıştır. Bununla birlikte, ne ABD ne de Avrupa ülkeleri Şiilerin Irak'ın güneyinde güçlenmelerini istememişlerdir. Çünkü böyle bir durumda İran'la bağlantı kurma ihtimali vardır, bu durum İsrail çıkarlarıyla ters düşmektedir. Bu nedenle Şiiler yalnız kalmış, Saddam'ın terörüne kurban gitmiş ve mülteci olarak yaşamak zorunda kalmışlardır. Saddam Türkmenlere karşı da baskı ve şiddet uygulamıştır. Kuzey Irak'taki belirsizlik ve bölge liderleri arasındaki çekişmeler ABD'nin bölgedeki manevra alanını genişletmiştir. Bölgeyi mümkün olduğunca küçük birimlere bölmeyi amaçlayan ABD, bölgede tek bir devletin güç sahibi olmasını istememektedir.[19] Gerek ABD'nin gerek Avrupa ülkelerinin bu politikalarında da, Konstrüktivizmin etnik ve dini kimlik dayanaklı düşman algısına ve belirli etnik kimliklere mensup ülkelerin daha sonraki dış politikasının tahmin edilebileceği iddiasına uyumluluk gözlemleyebiliriz. Irak'ta var olan Şii Arapların

---

Yorumlar, Derleyen Baskın Oran, İletişim Yayınları, cilt 2, İstanbul 2008, s. 255.

[15] İlhan Uzgel, *ABD ve NATO'yla…,* s. 255.

[16] Murat Yılmaz-Ahmet Emin Dağ-Fatma Tunç, *Irak: Baas Diktatörlüğünden ABD Hefemonyasına İnsani Durum,* İ.H.H. Yayınları, sayı 2, İstanbul Eylül 2003, s.63.

[17] Tayyar Arı, *Geçmişten Günümüze…,* s.570.

[18] Oral Sander, *Siyasi…,* s. 570.

[19] Murat Yılmaz-Ahmet Emin Dağ-Fatma Tunç, *a.g.e.,* s. 65-73.

bir süre sonra İran'a yakınlaşabileceği ve bölgede bulunan petrolün İran'ın kontrolüne geçebileceği algısı ABD ve Avrupa Devletleri'nde muhtemelen mevcuttur. Bu nedenle bölgeyi bölmeyi ve bu şekilde İran'ın güçlenmesini engellemeyi hedeflemişlerdir. Aynı şekilde Irak hükümetinin Kürtlere uyguladığı baskı poltikaları da Konstrüktivizmle uyumludur. Irak içinde varolan Kürt azınlık çoklukla Kuzey Irak'ta yaşamaktadır ve bölgede sonraları bağımsız bir Kürt bölgesi isteyecekleri ve en önemlisi Kerkük'ü de denetim altına alarak petrol kaynaklarını böleceği fikri Saddam ve taraftarlarında mevcuttur. Dolayısıyla burada Irak'ın etnik kimliklere yönelik bir baskı politikası geliştirdiği de söylenebilir.

Birinci Körfez Savaşı sonrasında Kuzey Irak'ta yaşayan Kürt topluluklar Ortadoğu'daki ortamın kendilerine bir devlet kurma olanağı sağlayacağını düşünmeye başlamışlardır ve bu bölgede yapılanma hareketlerini başlatmışlardır.[20] Ancak daha önce değinildiği üzere, Barzani ve Talabani'nin çıkar çatışması içindeki tutumları bu konuda net bir adım atmalarına olanak vermemiştir. Bu durumda ABD de yetersiz kalmaktadır çünkü müttefiği Türkiye'yi kırmaktan kaçınmaktadır. Bunun yanısıra bölgedeki bu belirsiz hal ABD'nin çıkarlarıyla örtüşmektedir. Irak'ta kurulacak bir Kürt Devleti'ne Türkiye'nin yanısıra Suriye ve İran da karşı çıkmaktadır. Dolayısıyla bu belirsizlik durumu onları da rahatlatmıştır. [21]

Birinci Körfez Savaşı sonrasında Ortadoğu'da durumlar değişmiştir. Tüm Ortadoğu ve Kuzey Afrika'da köktenci akımlar güçlenmiştir. 1945'ten beri *"güzel bir düş"* olarak algılanan ve bütün siyasal partilerin programlarının başında yera alan *"Arap Birliği"* konusu büyük bir yara almıştır. Körfez Savaşı'nda Arapların ayrı saflarda bulunmaları ve kendi ulusal çıkarlarının yanında *"ortak düşman"* Batı çıkarlarını da gözeterek aralarında savaşmaları, Arap Birliği fikrinin ortadan kalkmasına neden olmuştur. Bunun yanısıra bölgede ortak düşman olarak Batı algılanmaya başlanmıştır ve ister milliyetçi ister dinci olsun akımlar bu fikri ortak olarak kullanmaya başlamıştır. İran'ın kışkırtması ve Arap Birliği'nin tamamen ortadan kalkmasıyla birlik çağrısı yapan köktendinciler, daha rahat hareket etmeye başlamışlardır. Ayrıca bu süreçte Irak'ın kabileler, mezhepler ve yerel asiler arasında çatışmalara ve bölünmelere sürüklenme ihtimali ortaya çıkmıştır. Savaşın Ortadoğu'ya bir başka etkisi de 1991'de Irak'a uygulanan siyasi ambargo sonucu Irak'ın zayıflaşmasıyla, İran'ın bölgede yeni bir ağırlık kazanmasıdır. Bölgedeki iki güçlü devletten birinin güç kaybetmesi, diğerini güçlendirmiştir. [22]

Soğuk Savaş'ın ardından oluşan ortamın Ortadoğu açısından en önemli sonucu Ortadoğu Barış Sürecidir. Ortadoğu Barış Süreci ABD'nin bölgedeki gücünü arttırıcı, İsrail ile Arap Dünyası arasındaki sorunlara kalıcı çözümün bulunması ve adil bir barışın sağlanması için atılan adımların bulunduğu süreçtir.[23] Soğuk Savaş sonrası oluşan tek kutuplu ortamda ABD'nin artık SSCB'nin bölgede bir tehdit unsuru olduğunu iddia ederek bölge ülkelerini kendi çatısı altında toplaması

---

[20] Kendal Nezan, "Renaissance D'un Peuple: Fragile Printemps Kurde en Irak", *Le Monde Diplomatique*, Ağustos 2001, https://www.monde-diplomatique.fr/2001/08/NEZAN/8014, (21.01.2017), s.9.

[21] Ahmet Davutoğlu, *Stratejik Derinlik: Türkiye'nin Uluslararası Konumu*, Küre Yayınları, İstanbul 2001, s. 442-444.

[22] Oral Sander, *Siyasi..*, s.573-576.

[23] Çağrı Erhan, "Ortadoğu'yla İlişkiler: Arap Olmayan Devletler'le İlişkiler", *Türk Dış Politikası, Kurtuluş Savaşı'ndan Bugüne Olgular, Belgeler, Yorumlar*, Derleyen Baskın Oran, İletişim Yayınları, cilt 2, İstanbul 2008, s.570.

mümkün değildir. Filistin sorunuysa, İran'ın bölge ülkeleri üzerindeki etkisini arttırdığından derhal çözülmesi gereken bir konu olmuştur. İran bölgede ABD için ciddi bir tehlikedir. Filistin Kurtuluş Örgütü, Birinci Körfez Savaşı sırasında Saddam'ın tarafında bulunmamış, bu da Filistin Kurtuluş Örgütü'ne olan güveni sarsmıştır. Böylece Filistin Kurtuluş Örgütü'ne verilen siyasal ve ekonomik destek kısmen azalıştır. Filistinli gençler arasında İran destekli HAMAS taraftarlığı yükselişe geçmiştir. İsrail ise HAMAS karşısında Filistin Kurtuluş Örgütü'nü tercih etmektedir. Çünkü İsrail ve ABD Mısır'da İslami bir devrim, Ürdün'de başa gelecek İslamcı bir yönetim, Lübnan'da İslami bir ayaklanma ve Suriye'de İslami bir darbe olması tehlikesiyle karşı karşıya gelmek istememektedirler. Bu nedenle bir dini oluşumu engelleyecek Ortadoğu Barışı'nın gerekli olduğunu düşünmektedir. Bunun yanısıra İsrail'de Filistinlilere özerklik konusunda olumlu yaklaşan, işgal bölgelerinde Yahudi yerleşimini durduran ve Filistinlilere uyguladığı kısıtlamalardan vazgeçen dönemin Rabin hükümeti, 1992'de seçimle başa gelmiştir. Birinci Körfez Savaşı sonrası oluşan ortamda BM, 242 ve 338 sayılı İsrail'in işgal ettiği topraklardan çıkmasını öngören karara uyması gerektiğinin altını çizerek, Filistin sorununun da çözümünü bu şekilde sağlama hedefindedir.[24] 30 Ekim 1991'de Madrid'de Barış Süreci üç kollu olarak başlamıştır.[25]

Türkiye açısındansa Birinci Körfez Savaşı önemli bir yere sahiptir. Türkiye bu dönemde Soğuk Savaş sırasındaki Ortadoğu ve Arap Dünyası ile ilgili savaş ve karışıklıklara müdahale etmeme politikasından vazgeçmiş, Arap dünyasında daha aktif bir rol izleme politikasına yönelmiştir.[26] Batı Saddam'ın Kuveyt'i işgaliyle petrolün güvenliği konusunda endişe ederken, Türkiye bölgedeki dengeleri kendi aleyhine değişmesinden korkmaktadır. Savaştan önce Irak ve Türkiye'nin arası su sorunu nedeniyle bozulmuş, Türkiye ve Suriye arasında su ve terör konusunda 1987'de yapılan protokol üçlü bir hal alamamıştır. Türkiye tarafında Irak'ın bu konuyu güçle çözmek istediği görüşü hakimdir. Türkiye'nin Birinci Körfez Savaşı sırasında izlediği politika tamamen bölgede kendi aleyhine bir değişim yaşanmasını önlemek üzerinedir.[27] BM'nin 661 sayılı kararı almasının hemen ardından Türkiye Irak ile ticari ilişkilerini durdurduğunu ve Yumurtalık-Kerkük Boru Hattı'nı kestiğini açıklamıştır.[28] Ayrıca burada dönemin Türkiye Cumhurbaşkanı Turgut Özal'ın politikasını birkaç yönlü değerlendirmek gerekir. Öncelikle Özal, dış politikada etki alanlarını genişletmek ve bölgesel olaylarda daha etkin hale gelmek istemektedir. ABD ile ilişkileri iyileştirme çabası içine girdiği de söylenebilir. Ayrıca AB'ye tam üyelik için Brüksel'le ticari ilişkilerini geliştirme amacındadır. Bunun yanısıra başta Körfez ülkeleri olmak üzere Ortadoğu ülkeleriyle daha aktif bir ilişki kurarak ticaretini geliştirmeyi hedeflemiştir.[29] Atay Akdevelioğlu ve Ömer Kürkçüoğlu Özal'ın amaçlarına bölgedeki karışıklıktan yararlanarak Musul ve

---

[24] Tayyar Arı, *Geçmişten Günümüze...*, s.668-671.

[25] Berna Özen Süer, "Suriye-İsrail İlişkileri", *Ortadoğu Siyasetinde Suriye*, Der. Türel Yulmaz, Mehmet Şahin, Platin Yayınları, Ankara 2004, s.153.

[26] Sabri Sayari, "Turkey and The Middle East in 1990s", *University of California Press on Behalf of the Institute for Palestine Studies-Journal of Palestine Studies*, cilt 26, sayı 3, Bahar 1997, s. 45

[27] Tayyar Arı, *Geçmişten Günümüze...*, s. 583-584.

[28] William Hale, "Turkey, the Middle East and The Gulf Crisis", *International Affairs, Royal Institute of International Affairs*, cilt 68, sayı 4, October 1994, s. 683-684.

[29] Sabri Sayari, *a.g.m.*, s. 46.

Kerkük'ün geri alınması amacının da eklenmesi gerektiğini iddia etmektedir.[30]

Türkiye'nin desteği olmadan Saddam'a karşı girişilecek ekonomik ambargoların etkisiz kalacağı ABD tarafından anlaşılmıştır. Bu nedenle Türkiye'nin Yumurtalık-Kerkük Boru Hattını kapatması önem teşkil etmektedir. Ancak William Hale'e göre, bu politika Türkiye için büyük ekonomik kayıba neden olmuştur. Irak ve Kuveyt ile yapılan ticaretin kesilmesi ve boru hattından kazanılan paranın kesilmesi Türkiye'ye bir yılda 2 ila 2.5 milyar dolara mal olmuştur. [31] Türkiye'nin boru hattından elde ettiği transit gelirin durması ve Irak'la yapılan ticaretin büyük ölçüde kesilmesi sonucunda Güneydoğu Anadolu'da işsizlik artmış, Irak Türkiye'ye olan borçlarını ödememeye başlamış ve müteahhitlik hizmetleri durmuştur. [32] Bunun yanısıra Türkiye'nin Ortadoğu ile olan ticari ilişkilerinde de belirgin bir ilerleyiş olmamıştır. Türkiye'nin Ortadoğu'da daha aktif bir rol izleme politikası Arap Devletleri tarafından çok da kabul görmemiş ve Türkiye'ye küçük bir ekonomik kazanç sağlamıştır. [33] ABD ise Birinci Körfez Savaşı'nda verdiği yardım karşılığında Özal'ın istediği askeri modernizasyon, tekstil ithalatına konan kısıtlamaların kaldırılması ve borçların hafifletilmesi konusunda Türkiye'ye olumlu yaklaşmış ve 1991-1992 yılları arası verdiği yardımı arttırmış, Arap Emirlikleri, ABD ve Kuveyt'in katkılarıyla 4.2 milyar dolarlık Türk Savunma Fonu oluşturulmuştur.[34]

Ekonomik ambargo Saddam'ı durdurmaya yetmemiştir. Bunun üzerine Türkiye'nin NATO'daki üyeliğinin önemi hem kendi için hem de Batı için bir kere daha artmıştır. İncirlik Üssü'nü Amerikan askerleri için açma veya Körfez'e asker yollama konuları Türkiye için sorun olmuştur. Dönemin Cumhurbaşkanı Turgut Özal, muhalefet ve hükümet mensuplarıyla görüş ayrılığındadır. Bu durumda bölgeye asker yollamak zorlaşmıştır. Bu arada başı Mesut Yılmaz'ın çektiği hükümet içi muhalefetler, Turgut Özal'ın Birinci Körfez Savaşı politikalarını gerekçe göstererek birer birer istifa etmektedir. Dönemin Dışişleri Bakanı Ali Bozer, 11 Ekim 1991'de dönemin ABD Başkanı Bush ile görüşmesinde kendisini safdışı bırakmasından şikayet ederek istifa etmiş, dönemin Genel Kurmay Başkanı General Necip Toruntay da 3 Aralık 1991'de Özal'ın Körfez politikaları nedeniyle istifa etmiştir. Bu durum elbette ülkede arka arkaya şok etkisi yaratmıştır. Böylece Turgut Özal'ın savaş sırasında bölgeye asker göndermesi engellenmiştir. Buna karşılık Türkiye İncirlik Üssü'nü ABD'ye hemen açmamış ve bu kartını elinde tutmuştur. [35]

Türkiye birkaç ay sonra başka bir sorunla karşı karşıya kalmıştır. Saddam'ın Kürtlere uyguladığı baskılar sonrasında Kürt mülteciler İran ve Türkiye sınırına akın etmeye başlamışlardır. Nisan ayı ortalarında yapılan açıklamaya göre Türkiye'ye 500.000 mülteci giriş yapmıştır. Bundan bir süre sonra bu konudaki tek çözümün mültecileri Kuzey Irak'a geri yollamak olduğu düşünülmeye başlanmıştır. Ancak Kürtlerin sadece barınma ve yiyecek ihtiyacı yoktur, Saddam güçlerinin karşısında güvenliklerinin de korunması gerekmektedir. Turgut Özal yaptığı bir dizi

---

[30] Atay Akdevelioğlu, Ömer Kürkçüoğlu, "Ortadoğu'yla İlişkiler: İran'la İlişkiler", *Türk Dış Politikası Kurtuluş Savaşı'ndan Bugüne Olgular, Belgeler Yorumlar*, Derleyan Baskın Oran, cilt 2, İletişim Yayınları, İstanbul 2008, s. 582.

[31] William Hale, *a.g.m.*, s. 684.

[32] İlhan Uzgel, *ABD ve NATO'yla...*, s. 258.

[33] Sabri Sayari, *a.g.m.*, s. 46.

[34] İlhan Uzgel, *ABD ve NATO'yla...*, s.258.

[35] William Hale, *a.g.m.*, s. 684-687.

görüşmeden sonra Nisan sonunda 17.000 kadar Batı Kuvveti Irak içinde ve çevresinde Huzur Operasyonu'nu başlatmıştır. Bu harekatın amacı Kürt mültecilere dönebilecekleri bir güvenlik ortamını yaratmaktır. Huzur Operasyonu başarılı olmuş ve Kürt mülteciler ülkelerine dönmüşlerdir. Ancak Birinci Körfez Savaşı sonrası ortaya çıkan yeni düzenin Türkiye için önemli bir sonucu olmuştur. Kuzey Irak'ta yaşayan Kürtler, Bağdat'ın kontrolünde ve Batı'nın koruyuculuğu altında yeni bir Kürt politik yapılanma için adımlar atmaya başlamışlardır. Bu Türkiye için kabul edilemezdir. Türkiye geleneksel olarak sınırına yakın bir Kürt devletine karşı çıkmaktadır. Kendi içinde bir Kürt sorunu vardır ve böyle bir yapılanma ile güvenliği tehlikeye girebilir. Ancak Sabri Sayari'ye göre, Huzur Operasyonu ile bunu istemeden de olsa kabul etmiştir.[36]

Huzur Operasyonu sonrasında 2000 kişiden oluşan ve Türkiye'nin 800 kişiyle katıldığı Çekiç Güç Operasyonu başlamıştır. Bunun amacı Saddam'ın Kürtlere herhangi bir baskı uygulamasını engellemektir. Eylül sonunda bu operasyon TBMM tarafından yenilenmiştir.[37] 1997 Ocak ayından sonra Çekiç Güç yerini Keşif Güç'e bırakmış, bu yapı da 6 aylık dönemlerce süresi uzatılmış, Türkiye de içinde bulunmuştur. Ancak bu Keşif Güç'ün amacı Kürtlere yardım değil, Irak'ın BM kararına uyumunu denetlemektir. Bunlar da Çekiç Güç gibi İncirlik Hava Üssü'nden kalkarak Irak'a keşif düzenlemiştir.[38]

Birinci Körfez Savaşı sonrası Saddam'ın Kuzey Irak'tan çekilmesi sonrasında, 1984'ten beri terör saldırıları düzenleyen PKK, 1991'den itibaren Kuzey Irak'taki otorite boşluğundan faydalanarak, Türkiye sınırına yakın merkezler kurmaya başlamıştır.[39] Birinci Körfez Savaşı sonrası süreçteki gelişmeler Türkiye'deki özellikle Güneydoğu Anadolu'da yaşayan Kürt vatandaşlarda etnik ayrılıkçı bir zihniyet uyandırmıştır. PKK'nın kazandığı bu güç sonrasında Türkiye'nin iç ve dış politikasındaki en önemli sorun, Kürt sorunu olmuştur.[40]

1991 yılında Saddam'ın Kuzey Irak'tan çekilmesini fırsat bilen PKK bölgeden silah getirmeye başlamış, ilk iş olarak 4 Ağustos'ta Samanlı Jandarma Karakolu'na saldırmış ve 9 Türk askeri şehit olmuştur.[41]

Turgut Özal'ın politikaları hayal kırıklığı yaratmıştır. Birinci Körfez Savaşı'yla Türkiye'nin Körfez ülkeleri ve Ortadoğu açısından önemi bir kere daha algılanmış ancak bu Batı ile olan ilişkilerde bir iyileşme için yeterli olmamıştır. Buna karşılık Ortadoğu politikasında daha aktif olması, Arap Dünyası'nda bölgede yeni bir Türk hakimiyeti olup olmayacağı konusundaki kaygıları arttırmıştır.[42] Türkiye yine Turgut Özal'ın beklentisinin aksine Ortadoğu'daki Barış Süreci için Madrid'de yapılan zirveye çağrılmamıştır. Kuveyt'in yeniden inşası için beklenen müteahhitlik fırsatı sunulmadığı gibi, Kuveyt ve Suudi Arabistan yayınladıkları

---

[36] Sabri Sayari, *a.g.m.*, s. 46.
[37] William Hale, *a.g.m.*, s. 687-688.
[38] Tayyar Arı, *Geçmişten Günümüze...*, s. 588.
[39] Hasan Güngörmez, "Les Nouvelle Relations Bilatérales Entre Ankara et Erbil", *İGÜSBD*, cilt 1, sayı 1, Haziran 2014, s. 63.
[40] Sabri Sayari, *a.g.m.*, s.47.
[41] William Hale, *a.g.m.*, s. 689
[42] Sabri Sayari, *a.g.m.*, s. 46.

teşekkür bildirisinde Türkiye'nin adını unutmuştur.[43]

Türkiye'nin ABD'ye İncirlik Üssü'nü açmasıyla beraber Arap Dünyasından tepkiler gelmeye başlamıştır. Oysa Irak'ın Kuveyt'e girmesinden sonra Suriye, İran, Suudi Arabistan ve Mısır Türkiye'ye yakınlaşmıştır. Ancak İncirlik Üssü'nün açılmasından sonra İran, Libya, Fas, Ürdün ve Cezayir resmi açıklamalarda Türkiye'yi kınamış, Suriye ise biraz daha üstü örtülü bir şekilde tepkisini dile getirmiştir.[44] Birinci Körfez Savaşı sırasında Türkiye'nin Yumurtalık-Kerkük Boru Hattı'nı kapatarak İncirlik Üssü'nü açmış olması Arap Dünyası içinde ellili yıllarda oluşan Türkiye'nin Batı güçlerinin desteğiyle Ortadoğu'da operasyonlara girişen ülke imajının bir kere daha ortaya çıkmasına neden olmuştur. Bu nedenle Arap Dünyası Irak'ın oluşturduğu tehlikeye tepki göstermesine rağmen bu durumdan rahatsızlık duymuştur.[45]

ABD Birinci Körfez Savaşı'ndan sonra bölgede kesin ve belirleyici güç olmuştur. Bu duruma en büyük tepki Fransa ve Almanya başta olmak üzer Avrupa Birliği ülkelerinden gelmiş ancak bu da yeterli olmamıştır. Tarihinde ilk kez Ortadoğu'da bu kadar kuvvetli olmasında Türkiye'nin yeri önemli bir gerçektir. ABD'nin Ortadoğu politikaları petrol denetiminde, bunun dünya pazarına ulaştırılmasına ve yeni politika olarak Irak ve İran'ı çevrelemeye dayalıdır. ABD Birinci Körfez Savaşı sonrası Irak ve İran'ı çevreleme politikasına ağırlık vermeye başlamıştır. [46] Bu politikanın bir sonucu olarak 33. Paralelin güneyi ve 36. Paralelin kuzeyinin Bağdat yönetiminin dışına çıkmasından sonra bölgede oluşan otorite boşluğunun, Şii ve Kürt gruplarca doldurulmak istenmesiyle, Irak'ın çevrelenmesi politikası güden ABD ve bu gruplarla Bağdat yönetimi arasındaki ilişkiler inişli çıkışlı olarak devam etmiştir.[47] Çekiç Güç bu politikanın en önemli ayağını oluşturmaktadır. Türkiye açısından da Irak'ın çevrelenmesi önem teşkil etmektedir. Çünkü Irak su konusunda Türkiye'ye düşmanca yaklaşımlarda bulunmuştur. Irak'a karşı Birinci Körfez Savaşı sonrasında Türkiye'nin izlediği politikalar (Barzani ve Talabani ile ilişki kurması, boru hattını kapatması, üslerini Irak'ın bombalanması için kullandırması gibi) Irak'ın Türkiye'ye karşı sert bir tutum takınmasına ve ABD baskısı bittiği takdirde Türkiye'ye yönelmesine neden olabilmektedir.[48] Şunu da eklemek gerekir ki, ABD'nin bölgede bir Kürt Devleti kurma politikaları 1991'den sonra kapsamlı ve sürekli bir hal almış, bu oluşumun önünü ABD Çekiç Güç ile bizzat açmıştır.[49]

Çekiç Güç'ün kuruluşundan hemen sonra 17 Mayıs 1992'de Kuzey Irak'ta bir hükümet ve parlamento oluşturmak için seçimler yapılmıştır. Bu seçimle hiçbir parti salt çoğunluğu sağlayamadığından parlamento başkanının Mesut Barzani liderliğindeki KDP, başbakanın ise Celal Talabani liderliğindeki KYB oluşturulmasına karar verilmiştir. Seçimlerin üzerinden daha iki yıl geçmişken, Talabani'ye ait güçler Erbil'de yönetimi tek başlarına ele geçirmişler, KDP güçlerini

[43] İlhan Uzgel, *ABD ve NATO'yla...*, s. 258.
[44] Celalettin Yavuz, *Geçmişten Geleceğe Suriye Türkiye İlişkileri*, Ankara Ticaret Odası Yayınları, Ankara 2005, s. 408.
[45] Ahmet Davutoğlu, *Stratejik Derinlik...*, s. 412.
[46] İlhan Uzgel, *ABD ve NATO'yla...*, s.254.
[47] Tayyar Arı, *Geçmişten Günümüze...*, s.585.
[48] İlhan Uzgel, *ABD ve NATO'yla...*, s. 270-272.
[49] İlhan Uzgel, *ABD ve NATO'yla...*, s.259.

şehirden uzaklaştırmaya başlamışlar ve seçimlerle oluşan yapı böylece ortadan kalkmıştır. Kürt liderler seçimler sonrasında oluşan yapıya ilişkin, bağımsız bir Kürdistan fikrini gütmediklerini söylemişler ve bağımsız bir Kürt Devleti'nin kurulmayacağı konusunda güvence vermişlerdir. Ancak Kuzey Irak'ta bağımsız bir parlamento kurulması bunun arkasından bir hükümet oluşumunun olacağını ve dolayısıyla bağımsızlığa yönelik bir girişim olduğunun sinyallerini vermektedir. [50]

Türkiye'nin 1990'lı Yıllarda Gerçekleştirdiği Kuzey Irak'a Yönelik Sınır Ötesi Operasyonlar

1995 Kuzey Irak'a Yönelik Sınır Ötesi Operasyonlar dönemin başbakanı Tansu Çiller tarafından başlatılmıştır. Bu operasyonda PKK'nın yollarını kesmek ve Kuzey Irak'taki Türk varlığını uzun süreli hale getirmek amaçlanmıştır. Böylece örgütün lojistik desteği yok edilecek, bazı geçiş noktaları tamamen etkisiz hale getirilecektir. [51]

Türk yetkililerinin savunduğu birkaç tane açıklamayı ve gerekçeyi bir araya getirmek mümkündür. Aşağıda, bu gerekçelerin bir ülke tarafından güç kullanılması ile ilgili kurallar da göz önünde bulundurularak yapılmış kısa bir incelemeleri verilmiştir.

Türkiye ve Irak arasında yapılmış ve bir ülkeye, diğerinin bölgesine müdahale etme izni veren herhangi bir anlaşma, bu operasyonlar için gerekli yasal temeli oluşturabilir. Bu konu ile ilgili üç anlaşma bulunmaktadır. Bunlardan ilki 1926 yılında imzalanmıştır. Bu antlaşma, Türkiye, Irak ve İngiltere arasında yapılmış ve güncel Irak-Türkiye sınırını belirlemiştir. Bu antlaşmanın 12. Maddesi, *"Taraflar, kendi sınırları içinde diğer tarafa karşı herhangi bir organize aktiviteye izin vermezler,"* demektedir. 10. Madde sınırın iki tarafında da 75'er kilometrelik bir sınır bölgesi tanımlar. 9. Madde ise bahsedilen bu bölgede bir cinayet veya suç işleyen ve diğer ülkenin sınırına kaçan kişilerin yakalanıp ülkelerine iade edilmeleri gerektiğini bildirir. Bu konuyla ilgili olan ikinci anlaşma ise 1946 tarihli Türkiye-Irak Dostluk ve İyi Komşuluk Anlaşması'dır. Bu anlaşmanın *"Sınır Protokolü"* isimli altıncı protokolü, 1926 anlaşmasının ilgili maddelerinin yerine getirilmiştir. 1. Madde sınır bölgesini yine 75 kilometre olarak belirler. 11. Madde uyarınca ise Taraflar, bu bölge içinde oluşan ve diğer Tarafın güvenliğini ve sınır bütünlüğünü tehdit eden bütün aktiviteleri engellemek için gerekli önlemleri almakla yükümlüdürler. Her ne kadar bu anlaşmalar, her bir tarafın diğer tarafa karşı oluşabilecek örgütlere veya aktivitelere izin vermemesi yükümlülüğünü tanımlıyor olsalar da herhangi bir tarafın diğer tarafın bölgesine izinsiz müdahale edebileceğini belirtmemektedir. Buna göre, taraf olan ülkeler, kendi sınırları içinde diğer ülkeye karşı herhangi bir düşmanca aktivite oluşmasını önlemek ve bahsedilen sınır bölgeye kaçan suçluları yakalamak ve kendi ülkelerine iade etmekle yükümlüdürler ancak diğer ülke anlaşma koşullarına uymasa bile bir diğerinin bölgesine herhangi bir güç uygulayamamaktadır. 1984 yılında imzalanan Güvenlik Protokolü bu duruma bir değişiklik getirmiş ve taraflara, önceden izin alınmasına gerek olmaksızın diğer tarafın bölgesine 5 kilometre giriş yapma izni tanımıştır. 1989

---

[50] Tayyar Arı, *Geçmişten Günümüze…*, s.590-591.
[51] Hasan Cemal, *a.g.e.*, s. 261-273.

yılına kadar bu protokol, Türkiye'nin yaptığı operasyonlar için gerekli yasal temeli sağlamıştır. Kuzey Irak'ta kendi otoritesini sağlaması engellendiği için Irak hükümeti, Türkiye'nin kendi bölgesinde operasyon yapmasına izin vermek zorunda kalmıştır.[52] Ancak Irak hükümetinin 1988 yılının mart ayında sivil Kürtlere karşı kimyasal silah kullanmasının ardından Türkiye, bu protokolün süresini uzatmama kararı almıştır. 1990 yılında Türkiye bu protokolü yenilemeyi teklif ettiğinde ise bu sefer teklifi reddeden Irak hükümeti olmuştur.

Bunun yanısıra sıcak takip hakkından da bahsetmek gereklidir. Sıcak Takip Hakkı uluslararası deniz hukuku kapsamında kabul edilmiş bir haktır. BM Deniz Hukuku Sözleşmesi Madde 111 şu bildirimi yapmaktadır: *"Sahildar devletin yetkili makamları, bu devletin kanunlarına ve kurallarına aykırı hareket ettiğine ilişkin yeterli kanıya sahip oldukları takdirde bir yabancı geminin izlenmesine girişebilirler. Bu izleme, yabancı gemi veya bunun araçlarından birini izleyen devletin iç sularında, takımada sularında, karasularında veya bitişik bölgesinde iken başlamalıdır; ve karasularının veya bitişik bölgenin ötesinde, ancak kesintiye uğramamak şartıyla devam edebilir."* Ancak bu hak, gemi kendi bölge sularına veya üçüncü bir devletin bölge sularına girdiği anda son bulmaktadır. Buna göre izleme, devlet yetkilileri tarafından suç işlendikten hemen sonra başlatılmalıdır. Ayrıca bu hak sadece savaş gemileri veya askeri hava araçları ya da resmi hizmette olduğu açıkça belirlenmiş olan diğer gemiler veya hava araçları üzerinde uygulanabilir. Genel olarak bu hakkın belirli koşullar altında kara üzerinde de uygulanabileceği kanısı vardır. Nicholas Poulantzas, sıcak takip veya kesintisiz izleme hakkını bir devletin, kusurlu olanları a) kendi bölge suları, b) kendi bölgesi ve kendi sularının üzerindeki hava sahası ve c) kendi topraklarının sınırlarının dışında -ya da bir ülkenin yetki sahibi olduğu tüm alanların dışında- açık denizlerde veya açık denizlerin üzerindeki hava sahalarında ya da kimseye ait olmayan topraklarda ya da eğer ilgili bir anlaşma varsa başka bir ülkenin bölgelerinde takip etme hakkı olarak tanımlar. Takip, bu alanlardan birinde ihlal yapıldıktan hemen sonra başlamalı ve ilgili gemi bir başka devletin bölge sularına girdiği anda bırakılmalıdır. Söz konusu kara olduğunda bütün devletlere açık uluslararası bir alan olmadığı için takip, bir başka devletin bölgesinde devam eder.[53] Böylesi bir durumda ise, ikinci devletin açık rızası alınmalıdır.

Türkiye'nin ilk Sınır Ötesi Operasyonu 1983 yılının Mart ayında gerçekleşmiştir. Arkasından 1986, 1987 ve 1991 yıllarında başka operasyonlar yapılmıştır. Bu operasyonların hepsi, sıcak takip hakkı uygulaması kapsamında açıklanmış ve hepsi de PKK'nın Türkiye sınırları içinde gerçekleştirdiği eylemlerden sonra yapılmıştır. Örneğin, 1986 operasyonu, PKK tarafından yapılan saldırı sonucunda dokuz Türk askerinin hayatını kaybetmesi yedi Türk askerinin kaçırılması üzerine başlatılmıştır. Dışişleri Bakanlığı Sözcüsü Murat Sungar, sıcak takip hakkını kullanma hakkını bir anlaşmanın uluslararası hukuka göre gerekli olmadığını söylemiştir. Sungar'a göre, bir devletin bölgesinde başlayan bir terör eylemi bir diğer devletin bölgesinde

---

[52] Amikam Nachmani, *Turkey: Facing a New Millennium: Coping with Intertwined Conflict*, Manchester University Press, Manchester 2003, s. 33-55.
[53] Nicholas Poulantzas, *The Right of Hot Pursuit in International Law*, Cambrigde University Press, Cambrigde 2002, s. 213-232.

devam ediyorsa, ilk ülke teröristleri hiçbir zaman gözden kaybetmemek şartıyla ikinci ülkenin topraklarında takip edebilir.[54] Yine de bir ülkenin sınır bütünlüğünün bir başka ülkenin ajanları tarafından bozulması, her ne kadar bu eylem suçluların takibi için yapılmış olsa bile, uluslararası hukukun ihlali sayılmaktadır. Mutlak gereklilik ve meşru müdafaa durumlarında bile devletler, aralarında buna açıkça izin veren bir anlaşma olmayan komşu ülkelere böyle bir hak tanımamaktadır. 1984 Güvenlik Protokolü ise hem Türkiye'ye hem de Irak'a bu hakkı tanımıştır. Bu protokol ile birlikte her iki tarafın da suçluları, diğer tarafın topraklarında maksimum 5 kilometreye kadar takip etme hakkı olmuştur. Ancak sıcak takip hakkı 1991 yılından (yani Irak hükümeti 36'ncı paralelin kuzeyinde oluşturulan uçuş yasaklı bölge ile bölge üzerindeki tüm kontrolünü yitirdikten ve Irak'ta yaşayan Kürtlerin Irak hükümetine karşı Huzur Harekâtı-2 güçleri tarafından korunmaya başlamasından) sonra yapılan operasyonlar için yasal bir temel oluşturmaz. 1992 yılından sonra ise Türkiye'nin operasyonları, Türkiye sınırları içinde herhangi bir PKK eylemini izlemeksizin sadece Kuzey Irak'taki PKK kamplarını yok etmek amacıyla başlar ve biter olmuştur. Dolayısıyla Türkiye'nin sıcak takip hakkını bölgedeki PKK teröristlerinin sınır ihlalini engellemek için yaptığını, amacının Irak'a karşı bir güç gösterisi yapmak değil, kendi içindeki etnik kimlik sorununun bir parçası olarak PKK'nın güçlenmesini engellemek olduğu söylenebilir. Dolayısıyla Türkiye'nin Irak'a yönelik yaptığı eylemlerin Konstrüktivizmle uyumlu olduğunu sözlerimize eklemk gerekmektedir.

Gereklilik de savunma açısından önemli bir husustur. Gereklilik, BM Tüzüğü taslağı hazırlanmadan önce uluslararası teamül hukuku kapsamında geçerli bir savunma olarak gözetilmiştir. Gereklilik ancak belirli bir değerin bir başka değerin isteyerek ihlal edilmesi halinde korunabilecek olması ve ihlal edilen değerin genellikle korunmaya çalışılan değerden daha önemsiz olması halinde geçerli bir savunma yerine geçebilir.[55] Genellikle kendini koruma veya kendine yardım etme konseptleri kapsamında bir gerekçe olarak düşünülmektedir. Kendini koruma, geleneksel uluslararası hukukta bile oldukça yetersiz tanımlanmış bir terimdir ve bu nedenle devletlerin belirli sınırlamalarla beraber güç kullanımına elverişli hale gelmiştir. Bu konsept, isteyen devletler için geniş bir manevra alanı sağlamaktadır. Eğer bir devletin hayati çıkarları tehdit ediliyorsa, bu devlet kendi çıkarlarını korumak için güce başvurabilir. Bütün devletler, diğer devletlerin egemenliğine ve bağımsızlığına saygı duymakla yükümlüdür. Ancak belirli istisnai durumlarda bir devlet, bir diğer devletin sınırları içine müdahalede bulunabilir ve kendini koruma da bu istisnai durumlardan bir tanesidir.[56]

Diğer taraftan, Madde 2/4 kapsamında herhangi bir anlam bulanıklığı olmadan ve iddialara karşı zayıf noktaları olmasına rağmen güç kullanarak müdahale etmenin belirli amaçlar için kabul edilebilir olduğu gösterilmiştir. Bu kapsamda düşünüldüğünde Madde 2/4, genel kendine yardım etme veya kendini koruma

[54] Uğur Ergan, "Anında İstihbarat Anında Vur Anlaşması", *Hürriyet*, 27.02.2008, http://hurarsiv.hurriyet.com.tr/goster/haber.aspx?id=8329931&tarih=2008-02-27, (06.04.2016).

[55] Belatchew, Asrat, "Prohibition of Force Under the United Nations Charter", *A Study of Art*, cilt 2, sayı 4, 1991, s. 44-59.

[56] Lassa Francis Oppenheim, *International Law: A Treatise. Disputes, War and Neutrality*, cilt 2, Longmans, Londra 1926, s. 100-143.

kavramları üzerinden bir gerekçelendirmeye yer bırakmamaktadır. Her ne kadar devletler bazen bazı durumlarda hala güç kullanmaya başvuruyor olsalar da hiçbiri kendini koruma kapsamında bir güç kullanımı için hak iddia etmezler. Tam aksine, eylemlerinin BM Tüzüğünün koşullarına uyduğunu kanıtlamak için çok uğraşırlar. Bu tavır, dünya organizasyonunun uluslararası barışı ve güvenliği sağlama konusunda zaman zaman yetersiz kalmasına rağmen devletlerin hala sorunları güç kullanmadan çözme ilkesine inandıklarını ve bu ilkenin kendini koruma veya kendine yardım etme konseptleri üzerinden bir gerekçeyi desteklemediğini göstermektedir. Kendi başına bir kategori olarak *"Gereklilik"*, bu koşullar altında gerekli olan geçerli temeli sağlayabilir. Uluslararası hukuk, *"Gereklilik"* ilkesini çok uzun zamandır yükümlülüklerin yerine getirilmemesine karşın varlığını yöneten yasal gerekliliklerin yerine getirilmesi koşuluyla geçerli bir savunma olarak tanımaktadır.[57] Belatchew Asrat'a göre bu ilkenin, BM Tüzüğünün ilgili hükümleri kapsamındaki yasal duruşu hala kesinleştirilmiş değildir. Güç kullanımı yasağının ihlal edilmesi için kabul edilebilir bir sebeptir ancak, yasağın kendisi tarafından korunan değerlerin korunması olabilir. Başka bir deyişle, bir devlet, bir diğer devlet tarafından kendi yasal değerlerini bekleyen bir kaybı, yıkımı veya ölümcül tehdidi engellemek için tehdit oluşturan devletin zamanında ve etkin bir şekilde müdahale edememesi halinde diğer devletin korunan değerlerine karşı güç kullanırsa *"Gereklilik"* ilkesi kapsamında hareket etmiş olur.[58]

Dolayısıyla, Türkiye-Irak sınırı, sürdürülebilir bir sınır hattı oluşturmamaktadır. Bölge dağlıktır ve sert bir iklimi vardır. Irak yetkililerinin yanı sıra yerel Kürt yetkililerin de kabul ettikleri üzere bölgede kurulmuş PKK kampları bulunmaktadır. Bir devlet olarak, bölücü silahlı bir örgüt tarafından kurulmuş bu kamplara izin vermemek ve kendi bölgesinde bu örgütün aktivitelerini durdurmak Irak hükümetinin sorumluluğudur. Ancak Irak hükümeti, kendi kontrolünün dışında olan sebeplerle bu sorumluluğu yerine getirememiştir ve bu sebeple Türkiye, bir *"gereklilik"* durumu kapsamında hareket etmek durumunda kalmıştır. Uluslararası Hukuk Komisyonu, bazı devletlerin *"gereklilik"* halini güç kullanımı için geçerli bir yasal temel olarak kabul ettiğini ancak Komisyonunun bunu bir kural olarak kabul etmediğini belirtir.[59]

Türkiye'deki akademik ortamlarda bu operasyonların yasallığı konusundaki en genel kanı, bu operasyonlar için gerekli temeli Güvenlik Konseyi'nin 688 numaralı Kararının oluşturduğu yönündedir.[60] Türkiye, 2 Nisan 1991 tarihinde Güvenlik Konseyi'nden duruma müdahale etmesini ve mülteci problemini çözmesini istemiştir. 10 Nisan'da Türkiye Dışişleri Bakanı, mültecilerin ihtiyaçlarını acilen ve güvenli bir şekilde karşılayabilmek için Irak bölgesinde geçici oturum alanları kurulmasını teklifini desteklediklerini açıklamışlardır. Yaklaşık 7 ile 10 günlük bir süreç içinde 500.000 Iraklı Kürt Türk sınırından geçmiştir. Güvenlik Konseyi

---

[57] Belatchew Asrat, *a.g.m.*, s. 47.
[58] Belatchew Asrat, *a.g.m.*, s. 53.
[59] United Nations, "Report of the Commission to the General Assembly on the work of its thirty-second session", *Yearbook of the International Law Commission Part 2*, cilt 2, New York 1981, s. 34-52, http://legal.un.org/ilc/publications/yearbooks/english/ilc_1980_v2_p2.pdf, (14.12.2017).
[60] Sertaç Başeren, "Huzur Operasyonu ve Türkiye Cumhuriyeti'nin Kuzey Irak'ta Gerçekleştirdiği Harekatın Hukuki Temelleri," *Avrasya Dosyası*, cilt 2, sayı 1, 1995, s. 230.

kararında ise Irak'ın kendi insanları üzerinde kurduğu baskının, bölgedeki uluslararası barışı ve güvenliği tehdit eden bir sorun haline dönüştüğünden ve bu sorunun uluslararası bölgelerde ciddi boyutlarda bir mülteci akınına neden olduğundan bahsedilmiş ve baskılara bir son verilmesi ile politik görüşmelerin başlatılması talep edilmiştir. Bu kararın 7'nci paragrafında Güvenlik Konseyi'nin *"insani yardım çabalarına katkıda bulunmaları için bütün Üye Ülkelere ve yardım kuruluşlarına seslendiği"* söylenmiştir. Karar ayrıca, *"Irak'ın bu hedefler doğrultusunda Genel Sekreter ile iş birliği yapmasını"* talep etmiştir. Güvenlik Konseyi'nin 688 numaralı Kararı, silahlı müdahale hakkında herhangi bir beyanda bulunmamaktadır. Bu karar tarafından açıklanan tek hedef, Irakları Kürtlere insani yardım ulaştırma konusunda olmuştur ve Konseyde de Kuzey Irak'a askeri güç yönlendirme eğilimli bir tartışma asla geçmemiştir.[61]

Ancak bu karar, 36'ncı paralelin kuzeyinde fiili bir güvenli bölge oluşturulması olarak yorumlanmıştır. 688 numaralı Kararın bahsedilen gibi bir eyleme izin verip vermediği ise kapsamlı olarak tartışılmıştır. Huzur Operasyonu, *"insani müdahale hakkı örneği"* olarak ele alınmıştır. ABD Başkanı Bush, Huzur Operasyonu'nun 688 numaralı Karar temelinde gerçekleştirilen bir operasyon olduğunu açıklamıştır. Diğer taraftan, Genel Sekreter Perez de Cuellar ise Kuzey Irak'a herhangi bir askeri güç gönderme kararı verilmeden önce Irak'a mutlaka danışılması gerektiğini ve BM tarafından desteklenen herhangi bir polis gücünün bir Güvenlik Konseyi kararına bağlı olması gerektiğini belirtmiştir.[62].

Bölgede Irak üzerine uygulanan kısıtlamanın ardından bölgede düzenin kimin sağlayacağı sorunu ortaya çıkmıştır. Bunu Irak yönetimi yapamamaktadır çünkü bölge üzerindeki artık kontrolü kalmamıştır. Bu sorunun cevabı ise Irak'ın egemenliğini kısıtlayan o kararın, Güvenlik Konseyi 688 numaralı Kararının içinde bulunmuştur. Güvenlik Konseyi'nin kararları, BM'ye üye ülkeler tarafından yürütülür. Bu nedenle bölgedeki düzen de BM ülkeleri tarafından sağlanmalıdır. Huzur Operasyonu-2, bu görevin bir parçası olarak oluşturulmuştur. Diğer taraftan ise bütün bu önlemler, PKK eylemlerinin Kuzey Irak'taki kamplarda planlanması ve organize edilmesi ve arkasından Türkiye'de gerçekleştirilmesini önlemeye yeterli değildir. 1995 operasyonu esnasında Türkiye, PKK'nın oldukça rahat bir şekilde Kuzey Irak'ta yerleşmiş olduğunu görmüştür. 36'ncı paralelin kuzeyinde toplam 20 adet PKK kampı vardır.[63] Bu durum, bölgede hala devam eden PKK aktivitelerini bitiremeyen veya bitirmek istemeyen Huzur Operasyonu'nu Türkiye için oldukça uygunsuz, hatta tehlikeli denebilecek bir hale getirmiştir. Bu koşullar altında ise Türkiye'nin kendi güvenliğini korumak ve bölgede düzen sağlamak için Kuzey Irak'a sınır ötesi operasyonlar düzenleme hakkı oluşmuştur ve o da bu hakkı kullanmıştır. Yine de Türkiye hiçbir zaman operasyonlarının 688 numaralı Karar temelinde yürütüldüğünü belirtmemiştir.

Yürürlükteki Tüzükte yer alan hiçbir madde, herhangi bir BM üye ülkesine karşı

---

[61] David J. Scheffer, "Use of Force After the Cold War: Panama, Iraq, and the New World Order," *Right v. Might: International Law and the Use of Force*, Derleyen Louis Henkin, Council on Foreign Relations, New York 1991, s. 109-172.

[62] Inger Österdahl, "By All Means, Intervene!", *Nordic Journal of International Law*, cilt 66, sayı 2, 1997, s.250-252.

[63] Baskın Oran, *Kalkık Horoz: Çekiç Güç ve Kürt Devleti*, Bilgi Yayınları, Ankara 1998, s.109-112.

bir silahlı saldırı gerçekleşmesi halinde o devletin, Güvenlik Konseyi uluslararası barışı ve güvenliği korumak için gerekli önlemleri alana kadar bireysel veya toplu şekilde kendini korumak için meşru müdafaa gösterme hakkını etkilemez. Üye ülkeler tarafından meşru müdafaa hakkı kapsamında alınan önlemler derhal Güvenlik Konseyi'ne bildirilmelidir ve hiçbir şekilde yürürlükteki Tüzük uyarınca Güvenlik Konseyi'nin uluslararası barışı ve güvenliği korumak için uygun göreceği eylemleri gerçekleştirme yetkisini ve sorumluluğunu etkilememelidir. Derek Bowett'ın görüşü[64] üzerinden ilerlenirse, sırf bu kelime seçimleri bile Türkiye'nin gerçekleştirdiği operasyonların meşru müdafaa hakkı kapsamında açıklanamayacağını göstermek için yeterlidir. Konseptin nasıl yorumlandığı fark etmeksizin Türkiye, gerçekleştirdiği operasyonları Güvenlik Konseyi'ne hiç bildirmemiştir. Bowett, sırf bu maddenin bile, yapılacak eylemleri Güvenlik Konseyi'ne bildirmek konusunda *"yasal bir yükümlülük oluşturduğunu"* düşünmektedir. Nikaragua olayına bakılırsa Uluslararası Adalet Divanı, eylemlerin bildirilmemesinin, aynı eylemlerin uluslararası teamül hukuku uyarınca meşru müdafaa olarak geçerliliğini etkilemeyeceği sonucuna varmıştır. Ancak Divan, Tüzük uygulanabilir olsaydı kararının ne olacağı sorusunu hiç yanıtlamamıştır. Diğer taraftan, Bowett'e göre, yasal bir meşru müdafaa eyleminin sadece Güvenlik Konseyi'ne bildirilmediği için tamamen yasadışı duruma düşeceğini söylemek de çok aşırı olur, çünkü bildirme görevi öne sürülen saldırgana karşı değil, uluslararası topluma karşı bir görevdir. Bu nedenle öne sürülen saldırgan, eylemin Güvenlik Konseyi'ne bildirilmemesi nedeniyle herhangi bir haklı meşru müdafaa eyleminin *"geçersizliğini"* isteme hakkına sahip değildir.[65]

14 Aralık 1974 tarihli 3314 numaralı karara göre, Kuzey Irak'ta organize edilen ve buradan yürütülen PKK eylemleri, silahlı saldırı olarak tanımlanabilmektedir. Kararın 3(g) maddesi, *"bir devlet tarafından veya adına bir başka devlete karşı silahlı güç kullanan eylemler yürütecek silahlı ekiplerin, grupların, düzensiz birliklerin veya paraları askerlerin gönderilmesi"* silahlı saldırı olarak tanımlanır şeklinde belirtmektedir. Louis Henkin'e göre, yine de PKK teröristlerinin Türkiye'ye karşı belirli eylemler yürütmeleri için gönderenin Irak hükümeti olmadığı veya Irak hükümetinin bu adamları engelleyebilecek bir pozisyonda olmadığı ortadadır. ABD ise, 1985 yılında Libya bölgesini bombalamasını açıklayabilmek adına *"silahlı saldırı"* konseptini belirli terör eylemlerini de içerecek şekilde yorumlamıştır. Yine de Libya'nın bombalanması dünya çapında kınanmış ve ABD'nin gerekçeleri de reddedilmiştir.[66]

Madde 51'in ifade şeklinden, Tüzük kapsamında devletlerin sadece gerçek bir silahlı saldırı gerçekleştikten sonra meşru müdafaa hakkını kullanabilecekleri anlaşılmaktadır. Bu yorumlama ile Madde 51'in, uluslararası teamül hukukunda izin verilen önceden kendini savunma hakkını kısıtladığı anlaşılmaktadır. Diğer yandan, Madde 51'de kullanılan *"temel"* kelimesi, tam tersi şekilde de anlaşılabilir ve bu durumda Tüzükten önce geçerli olan daha geniş kapsamlı meşru müdafaa hakkı

---

[64] Derek W. Bowett, *Self-defense in International Law*, Praeger, London 1958, s.96-109.

[65] Derek W. Bowett, *a.g.e.*, s. 105-106.

[66] Louis Henkin, "Use of Force, Law and US Policy", *Right v. Might: International Law and the Use of Force*, Derleyen Louis Henkin, Council on Foreign Relations, New York 1991, s.37-69.

kabul edilebilir olur. Pek çok akademisyen, bu iki kavramdan birinde karar kılmaktadır. Bu sorun üzerinde herhangi bir uluslararası yargı yetkilisinin verdiği ve kayda geçen bir karar bulunmamaktadır. Yine de çoğu devlet bazı durumlarda gerçek bir silahlı saldırı gerçekleşmeden önce güç kullanmanın yasal olduğu düşüncesini desteklemektedirler.[67] Sonuç olarak, Madde 51 altında beklentisel meşru müdafaanın belirli koşullar altında kabul edilebilir olduğu sonucuna varılabilir. Bu koşullar: (a) bir ülkenin yaşam güvenliğinin başka bir ülke tarafından gelecek büyük kapsamlı silahlı bir saldırıyla tehdit edildiğine dair kesin ve süregelen kanıtlar olması ve (b) bahsi geçen saldırıyı engellemek için kullanılabilecek bütün barışçıl yolların denenmiş, sonuç alınamamışsa veya böyle bir yolu denemek için zaman yoksa[68]

1995 yılında hem Türkiye hem de Irak devletleri, Türkiye'nin Kuzey Irak'ta yürüttüğü operasyonlar nedeniyle BM'de bir hayli aktif rol almışlardır. 28 Mart 1995 tarihinde Irak, ilk defa Güvenlik Konseyi'ne başvurmuştur. 7 Nisan 1995'de Irak bir defa daha Güvenlik Konseyi'ne başvurup Türkiye'nin kendisinin egemenliğini, sınır bütünlüğünü ve hava sahasını ihlal ettiğini ve saldırganca hareketler sergilediğini söylemiştir. Bu mektupta, Türkiye'nin Irak'a karşı saldırılarının arttığı ve hatta 20 ile 31 Mart tarihleri arasında Türk hava araçlarının toplamda 107 defa hücum yaptığı iddia edilmiştir. Irak'a göre, bölgedeki durum ABD'nin müdahaleci politikasının bir sonucudur. Buna göre, Irak, kendi ulusal egemenliğini uygulasa bölgede hiçbir Kürt kalmazdır. Mayıs 1955'de Irak bir defa daha Güvenlik Konseyi'ne başvurmuş ve bu sefer de Türkiye'nin, Irak'ın sınır bütünlüğünü tehdit edecek şekilde kuzeybatı bölgesini işgal ettiğini iddia etmiştir. Türkiye, 24 Temmuz 1995 tarihinde bu mektuba cevap vererek Irak'a, kendisinin 1991 yılından beri kendi ülkesinin kuzeyinde egemenlik sağlayamadığını hatırlatmıştır. Bu nedenle Türkiye, Irak'tan uluslararası hukuk kapsamında üzerine düşen sorumluluğu yerine getirmesini ve kendi bölgesinin Türkiye'ye karşı terör eylemlerinde bulunan kişilerce kullanılmasını engellemesini istemiştir. Bu koşullar altında Türkiye'nin kendi güvenliğini korumak için yasal önlemlere başvurması, Irak'ın egemenliğinin ihlali olarak düşünülmemelidir. Ayrıca Türkiye, bu operasyonların sadece sınırlı bir süre ve kapsam dahilinde olduğunu ve dünya halkının bu konuda bilgilendirildiğinin altını çizer. 1996'da Irak birkaç defa daha Güvenlik Konseyi'ne başvurup Türkiye'nin kara ve hava baskınlarından ve istilalarından şikayetçi olmuştur. [69] Ancak bu mektupların hiçbiri Güvenlik Konseyi'nin programına girmemiştir. Mektuplar, Güvenlik Konseyi'nin evrakları arasındadır ancak hiç işleme alınmamışlardır ve onlarla ilgili hiçbir karar alınmamıştır. Türkiye, bu mektuplara ilk cevabını 2 Temmuz 1996'da vermiş ve Irak'a daha önce bahsettiği endişelerini tekrarlamıştır. Türkiye'nin eylemlerinin tek hedefinin sadece PKK elementleri ve kaynakları olduğunun ve sivil halkın zarar görmemesi için mümkün olan en üst seviyede önlemlerin alındığının altı çizilmiştir.

---

[67] Anthony Clark Arend-Robert J. Beck, *International Law and the Use of Force: Beyond the United Nations Charter Paradigm*, Rotledge, London 1993, s. 234-250.

[68] Ian Brownlie, "The United Nations Charter and the Use of Force, 1945-1985", *The Current Legal Regulation of the Use of Force*, Derleyen Antonio Cassese, Oxford University Press, New York 2005, s.491-504.

[69] *United Nations Security Council*, Resolution 1081, 27 Kasım 1996, http://www.un.org/en/ga/search/view_doc.asp?symbol=S/RES/1081(1996), (14.12.2017).

Ayrıca bu mektupta Türkiye, ilk defa Suriye'den bahsetmiş ve Suriye'nin PKK terör örgütü mensuplarına sığınacak yer ve destek sağladığının herkes tarafından bilindiğini ve Genel Kurul 49/60 ile 50/186 numaralı kararlarına aykırı davrandığını savunmuştur. Irak tarafından 1996 yılında Güvenlik Konseyi'ne gönderilen bütün mektuplar aynı özellikleri taşımaktadır. Bu özelliklerin en belirgini, Kuzey Irak'taki durumun ABD politikalarının sonucu olduğu ve Türkiye'nin de Huzur Harekâtı ile bu politikalara yardımcı olduğu argümanlarıdır. Irak'a göre, Türkiye'nin Kuzey Irak'taki güvenli sığınakları ve tampon bölgeleri, Türkiye'nin Irak içinde ABD'nin de desteklediği bir varlık oluşturmasını sağlamaktadır.[70] Türkiye, defalarca Irak'ın sınır bütünlüğünü ihlal etmek gibi bir niyeti olmadığının altını çizmiştir. Türkiye'ye göre, sınıra paralel uzanan toprak şeridinin geçici tehlike alanı olarak ilan edilmesini tek sebebi, terörist elementlerin Irak üzerinden Türkiye topraklarına sızmalarını zorlaştırmaktır ve bu yüzden de Irak'ın sınır bütünlüğünü ihlal ediyor sayılmazdır, çünkü Türkiye ne bu bölge üzerinde egemenlik ilan etmiş ne de herhangi bir askeri işgal hali oluşturmuştur.

23 Ekim 1996 tarihli bir mektupta Türkiye, 1991 yılından beri Irak'la karşılıklı olarak yürüttüğü politikanın beş temel element üzerine kurulu olduğundan bahsetmiştir. Bu beş temel element şunlardır: (a) Irak'ın sınır bütünlüğünün, egemenliğinin, bağımsızlığının ve politik birlikteliğinin korunması, (b) Irak'ın Güvenlik Konseyi kararlarına tam olarak uyması ve uluslararası camia ile yeniden iletişim kurması, (c) Irak'ın tüm vatandaşlarının kendi geleceklerini tatmin edici bir şekilde planlama hakkının olması (d) Irak vatandaşlarının insani ihtiyaçlarının karşılanması, (e) Körfez Savaşı'nın bir sonucu olarak Irak'ta oluşan durum nedeniyle Türkiye üzerinde uygulanan negatif ekonomik ve güvenlik kısıtlamalarının azaltılması[71]

Irak, 1997 yılında da Güvenlik Konseyi'ne mektup göndermeye devam etmiştir. Ancak Güvenlik Konseyi'nin bu konudaki eylemsizliğinde bir değişiklik olmamıştır.[72] 26 Mayıs 1997 tarihli bir mektupta Irak ilk defa eylemsizliği yüzünden Güvenlik Konseyi'ni eleştirmiştir. Irak, Konseyin bu konuda hiçbir eylem yapmak istememesine bağlı olarak kendilerinin de artık Konseyin tek derdinin kendi kararlarının uygulanması olduğunu ve Irak'ın egemenliği veya yasal yetkisi ile ilgilenmediğini düşünmeye başladığını belirtmiştir. Irak 16 Haziran'da bir mektup daha yazmış ve uluslararası barışı ve güvenliği korumaktan sorumlu olan ve bir zamanlar Irak'la özel olarak ilgilenen Güvenlik Konseyi'nin bu konuda sessiz kalmasınının ve Türkiye'yi durdurmak için herhangi bir eylemde bulunmamasının oldukça şaşırtıcı olduğunu kaleme almıştır. Irak, Konseyin bu davranışını çifte standart olarak adlandırmıştır. Diğer taraftan ise Türkiye, herhangi bir yanlış anlaşılmayı önlemek adına Irak'ı her zaman diplomatik yollardan bilgilendirdiğini ve güçlerinin hali hazırda Irak'tan geri çekilmeye başladığını belirtmiştir. Bu mektupta Türkiye hedeflerini, kendi yasal güvenlik çıkarlarını gözetmek ve kendi

---

[70] *United Nations Security Council*, Resolution 1041, 29 Ocak 1996, http://www.un.org/en/ga/search/view_doc.asp?symbol=S/RES/1041(1996), (14.12.2017).
[71] *United Nations Security Council*, Resolution 1039, 29 Ocak 1996, http://www.un.org/en/ga/search/view_doc.asp?symbol=S/RES/1039(1996), (14.12.2017).
[72] *United Nations Security Council*, Resolution 1095, 28 Ocak 1997, https://documents-dds-ny.un.org/doc/UNDOC/GEN/N97/023/92/PDF/N9702392.pdf?OpenElement, (14.12.2017).

insanlarını teröre karşı savunmak olarak adlandırmıştır.[73] 1997 yılında Türkiye, Irak'ın suçlamalarına bu sefer Genel Kurul'da cevap vermiş ve aldığı önlemleri meşru müdafaa olarak açıklamıştır. Türkiye'nin yaptığı açıklamaya göre Kuzey Irak'taki fiili vakum sayesinde silahlı teröristler bu bölgede yerleşme ve Türkiye topraklarında saldırılar düzenleme fırsatı elde etmiştir. Bu elementler ise Türkiye ve sınır bölgelerde yaşayan Türk halkının yaşamları ve mülkleri için ciddi ve kabul edilemez bir tehdit oluşturmaktadır. Bu açıklamadan sonra Türkiye, 2003 yılında Irak'ın işgal edilmesine kadar yazılan diğer mektuplara başka bir cevap vermemiştir.[74]

Konstrüktivist yaklaşıma göre ise devletlerin davranışlarını şekillendiren temel unsur fikirler ve çıkarlardır. Realizm çıkarı maddi güçle ifade ederken, Konstrüktivizm çıkarları fikir ve kanılarla açıklar. Çıkarlar belirli fikirler ve algılamalar etrafında şekillendirilir. Dolayısıyla fikirler, ilişkiler, algılamalar ve tercihler etrafında şekillenen çıkarlardan bahsetmeden tek başına güç çok fazla anlam ifade etmez.[75] Devletlerin güce yaklaşımını, onu algılamaları ve kullanma niyetleri, fikirler, kanılar ve bu doğrultuda tanımlanan çıkarlar belirler. Güç, güç dağılımından önemlisi çıkar dağılımına göre belirlenir.[76] Devletler tarihsel deneyimlerinin ve diğer aktörler hakkındaki kanılarıyla diğer devletlerin politikalarını algılar ve bir çıkarımda bulunurlar. Sahip oldukları kimlikler ve çıkar tanımlamalarının bir sonucu olarak bazılarını tehdit olarak görürler bazılarını da görmezler. Bu nedenle de güç arayışı realistlerin öngördüğü gibi her zaman çatışmaya değil bazen işbirliğine de yol açabilir. Güce ilişkin farklı tanımlamaların temelinde onun zaman ve mekana göre değişen niteliği yatmaktadır. Zaman içerisinde hem aktörlere hem de sisteme ilişkin güç unsurları değişim geçirmektedir. Uluslararası sistem Dünya Savaşlarının getirdiği kayıpların tekrarlanmasını engellemek amacıyla, işgal yoluyla toprak kazanımı ve askeri gücün keyfe keder kullanılmasına karşı geliştirilen kurallar tarafından şekillendirilmiştir. Ancak bu kurallar, uluslararası politikayı bir güç mücadelesi arenası olmaktan çıkarmamış, devletler sistemin yeni kuralları çerçevesinde yeni güç değerlendirmeleri yapmışlardır. Kullanılamayan güç faktörleri tamamen terkedilmemiş ancak arka plana itilmiştir.[77]

Dolayısıyla Türkiye'nin 1990'lı yıllarda Irak'a düzenlediği operasyonlarda altta yatan sebebin Irak'a bir güç kullanımı değil ancak Irak'ın kontrol sağlayamadığı Kuzey Irak'ta konuşlanmakta olan PKK'ya yönelik olduğunu söyleyebiliriz. Dolayısıyla Irak Devleti'ni kendine bir tehdit olduğu için değil, Irak Devleti'ne bağlı Kuzey Irak'ı, kendi içindeki etnik kimlik sorunu nedeniyle bir tehdit olarak gördüğü için operasyonları gerçekleştirmiştir ve Irak hükümeti tarafından yollanan mektuplara da Irak'ın toprak bütünlüğünden yana olduğunu, Irak hükümetini hedef

---

[73] United Nations Security Council, *Resolution 1109*, 28.05.1997, https://documents-dds-ny.un.org/doc/UNDOC/GEN/N97/140/31/PDF/N9714031.pdf?OpenElement, (14.12.2017).

[74] United Nations, "Reports of The Security Council 16 June 1999-15 June 2000", *Security Council Official Records Fifty Fifth Year*, sayı 2, New York 2002, http://www.un.org/documents/ga/docs/55/a552.pdf, (12.12.2017), s. 88.

[75] Alexander Wendt, *Social Theory...*, s. 96-120.

[76] Alexander Wendt, *Social Theory...*, s.104-109.

[77] Haluk Özdemir, "Uluslararası İlişkilerde Güç, Çok Boyutlu Bir Değerlendirme", *Ankara Üniversitesi SBBF Dergisi*, cilt 63, sayı 3, s. 134-135.

almadığını, aslında onlarla bir çeşit işbirliği içinde olduğunu söylemekte, Irak hükümetinden Kuzey Irak'taki PKK kamplarını yok etmesi için yardım istemektedir. Bu açıdan bakıldığında güç kullanımının Konstrüktivist bir amaç taşıdığını ve bu kitabın teorik yapısıyla uyumlu olduğunu söylemek mümkündür.

İkinci Körfez Savaşı ve Türkiye-Irak İlişkileri

İran Devrimi'nden sonra İran'ın şeriat yönetimi ve bu yönetimi ihraç etme politikaları ABD başta olmak üzere tüm Avrupa ülkelerini endişeye düşürmüştür. Bu nedenle ABD Irak'ı İran-Irak savaşında desteklemiş ve silahlandırmıştır. Ancak Irak bölgede saldırgan davranışlara başlayınca ABD Irak'ı yatıştırma politikası geliştirmiştir. Irak'ın Kuveyt'i işgaliyle bu politikasından vazgeçen ABD, bundan sonra Irak'ı sindirme politikası gütmeye başlamıştır. [78] ABD 11 Eylül 2001 tarihinde El Kaide kaynaklı bir terör saldırısına uğramıştır. Ancak Bush yönetimi 2002 yılından itibaren dikkatini Irak'a yönlendirmiş, Irak'ın 11 Eylül saldırılarına katıldığına dair bir kanıt yoksa da dönemin başkanı George W. Bush, Irak'ın kitle imha silahlarına sahip olduğunu ve bu silahların ABD güvenliğini tehdit ettiğini, Saddam'ın bu silahları El-Kaide gibi terör örgütlerine verebileceğini iddia etmeye başlamıştır. William L. Cleaveland'a göre, dillendirilmeyen diğer nedense Irak'ın sahip olduğu büyük petrol rezervini kontrol etmektir. [79]

11 Eylül saldınlarının ardından ABD Başkanı George W. Bush 17 Eylül 2002'de kitle imha silahlarının kendisine zarar vereceği endişesi taşıdığını neden göstererek Yeni Ulusal Güvenlik Stratejisi adında yenidış politikasını ortaya koymuş, yeni bir boyut kazanan uluslararası hukuk düzeninin kurallarını yeniden tartışmaya açmıştır. ABD'nin Irak işgali, BM hukuk sisteminin genel şiddet yasağına aykırıdır ve BM Anlaşması'nın 42. 51. maddesine de uymamaktadır. Ece Göztepe'ye göre, bu işgal ABD'nin 2002 yılında ilan ettiği Yeni Ulusal Güvenlik Stratejisi'nin bir parçası olarak görülmelidir. [80] İkinci Körfez Savaşı'nın Türkiye-Irak ilişkilerinde yeni bir süreci başlattığı, Kürt sorununa yaklaşımı değiştirdiği ve ABD ile olan ilişkilerin de etkilendiği söylenebilir. İkinci Körfez Savaşı sonrası oluşan yeni ortamda, Türkiye dış politikasında Konstrüktivist bir anlayış geliştirmeye başlamış, bunun bir yansıması olarak IKBY'yle olan ilişkilerini yeniden değerlendirerek, kendi Kürt sorununun varlığı nedeniyle başta ekonomik olmak üzere, daha çok işbirliği geliştirmeye başlamıştır. Bu bölümde Türkiye'nin 1 Mart Tezkeresini reddetmesi ve ABD ile olan ilişkilere yansıması, yeni dönem Türkiye'nin IKBY'yle olan ilişkileri, Kürt sorununa bakış ve yaklaşımdaki birtakım değişiklikleri değerlendirilecektir.

1 Mart Tezkeresinin Reddi ve Türkiye'nin Savaş Dışı Durumu

Saldırıya ve sonrasında işgale katkı konusunda yoğun taleplerle sıkıştırılan Türkiye, üç aşamalı bir tezkere süreci yaşamıştır. Bunlardan ilki, Irak'a karşı muhtemel bir askeri harekâtta kullanılabilecek askeri üs ve tesisler ile limanlarda alt

---

[78] Nasuh Uslu, "Körfez Savaşı ve Amerika'nın Politikaları", *Ankara Üniversitesi SBF Dergisi*, cilt 54, s. 3, 1999, s. 165-167.

[79] William L. Cleveland, *Modern Ortadoğu Tarihi*, Agora Yayıncılık, İstanbul 2008, s. 595.

[80] Ece Göztepe, "Amerika'nın İkinci Irak Müdahalesinin Uluslararası Hukuk ve Türkiye'nin Bu Savaşa Katılımının Anayasa Hukuku Açısından Değerlendirilmesi, Ya da 'Haklı Savaş'ın Haksızlığı Üzerine", *Ankara Üniversitesi SBF Dergisi*, cilt 59, sayı 3, 2004, s. 79-81.

yapı geliştirme çalışmaları için ABD'ye mensup teknik askeri personelin üç ay süreyle Türkiye'de bulunmasına Anayasa'nın 92. maddesi uyarınca izin verilmesine ilişkin tezkeredir Bu tezkere, TBMM'nin 6 Şubat 2003 tarihinde yapılan kapalı oturumunda kabul edilmiştir. İkincisi, 25 Şubat 2003 tarih ve 3/189 esas numaralı, TBMM'nin 1 Mart 2003 tarihli oturumunda oylanarak salt çoğunluk sağlanamadığı için reddedilen tezkeredir. Üçüncüsü, TBMM'ne 19 Mart 2003'te sunulup 20 Mart'ta görüşülerek kabul edilen, Türk Silahlı Kuvvetleri'nin Kuzey Irak'a gönderilmesi, Türk hava sahasının yabancı silahlı kuvvetlerin hava unsurlarına altı ay süreyle açılmasına ilişkin tezkeredir. Bu tezkerenin kabulüne ilişkin 763 sayılı TBMM kararı, 21 Mart 2003'te Resmi Gazete'de yayımlanarak yürürlüğe girmiştir.

Türkiye'nin İkinci Körfez Savaşı'na karşı aldığı pozisyon, bir taraftan Irak'ın komşusu, diğer taraftan ABD'nin yakın müttefiki olarak jeo-stratejik, jeo-politik ve jeo-ekonomik konumundan dolayı bir bakıma kritiktir. Bu yüzden Türkiye, Irak'la karşılıklı olarak kendi güvenliğini ve ekonomik ve politik çıkarlarını korumakla ABD ile ittifakını sürdürmek gibi birbirine zıt iki çıkar arasında sıkışıp kalmıştır. Türkiye her zaman Irak'ta oluşabilecek bir istikrarsızlığın doğurabileceği güvenlik ve sosyoekonomik sonuçlardan çekinmiştir. İlişkileri, bir seri ortak ekonomik, tarihi, sosyokültürel ve güvenlik bağlantılar temelinde karmaşık bir birbirine bağımlılık durumu olarak tanımlanabilir. 1920'li yıllardan Birinci Körfez Savaşı'na kadar iki ülkenin ekonomi ve güvenlik ile ilgili konularda sıkı bir iş birliği vardır. Özellikle 1980'lerde iki ülke arasındaki iki petrol boru hatları ve İran-Irak savaşından kaynaklanan belirli avantajlar sayesinde Irak, Türkiye'nin en iyi ekonomik ortaklarından biridir. Aynı şekilde Türkiye ve Irak, terörist ve bölücü örgütlere karşı savaşmak için sıcak takip hakkını belirledikleri 1978 yılında yapılan Türkiye-Irak anlaşmasında da bir örneğinin görüldüğü gibi, birbirlerinin bölgelerine sığınan terörist ve bölücü örgütlere karşı savaşmak konusunda da iyi bir iş birliğine sahiptir.[81]

Ancak birbirlerine olan bu bağımlılıkları daha önce bahsedildiği üzere, Birinci Körfez Savaşı esnasında sekteye uğramış ve o zamandan beri de giderek kötüleşmiştir. İki ülkenin sıkı ilişkilerinin kötüleşmesiyle birlikte işbirliği de durdurulmuş ve bu durum iki ülkeye de ekonomi, politika ve güvenlik alanlarında çok ciddi bir kayba mal olmuştur. Dahası, Türkiye'nin Irak konusundaki endişeleri de burada bitmemiştir. 1990'larda Türkiye, Irak'ta oluşan güç vakumunun terörizm ve Kürt devletinin kurulması gibi negatif etkilerini ortadan kaldırmak ve BM Güvenlik Konseyi'nin kararları doğrultusunda petrol hatlarını açık tutmak için oldukça zorlu zamanlar geçirmiştir. Tüm bu hedeflere ulaşmak için Türkiye ABD ile işbirliği içine girmiştir. Bunun en somut örneği ise Çekiç Güç birliklerinin Birinci Körfez Savaşı'nın sonunda Güneydoğu Türkiye'de kurulmuş olan İncirlik üssüne konuşlanmış olmasıdır. Türkiye'nin İkinci Körfez Savaşı'ndaki hassas pozisyonunun başka bir boyutu ise tabi ki sadece çift yönlü değil IMF gibi uluslararası finans kuruluşları ve NATO bağlamlarıyla çok yönlü düzeylerde yürüyen ABD ilişkisidir. Soğuk Savaş'ın ilk yıllarından beri Türkiye ve ABD hem bölge hem de dünya genelini ilgilendiren pek çok konuda yakın ilişkiler

---

[81] Ramazan Gözen, "Turkish-Iraqi Relations: From Cooperation to Uncertainty", *Foreign Policy*, cilt 29, sayı 3-4, 1995, s. 76.

yürütmüşlerdir. Bu ilişkinin en güncel ve en önemli örneği ise Birinci Körfez Savaşı esnasında ve 1990'lı yıllarda savaşın sonuçları gün yüzüne çıkarken yaşanmıştır. Bu süreçte iki ülke, Soğuk Savaş sonrası Balkanlar, Kafkaslar, Orta Asya, Avrupa ve Orta Doğu'da kurulacak sistemin oluşturulmasının yanı sıra Irak sorunuyla ilgili de bir stratejik fikir birliğine sahiptir. Önceki yıllara bakılacak olursa, Türkiye'nin bu durumda ABD ile sadece iyi ilişkilerini devam ettirmek için değil Irak üzerindeki çıkarlarını ve etkisini korumak için de iş birliği yapacağı düşünülmektedir. Türkiye'nin 1990'lı yıllarda Başbakan Turgut Özal'ın liderliğinde yaptığı da tam olarak budur; Irak üzerinde yaptırım uygulayarak ve Türkiye'deki hava üslerini Amerikan savaş uçaklarına açarak ABD ile iş birliği yapmıştır. Ocak 2003'de George W. Bush yönetimi Türk hükümetinden yaklaşık 80.000 Amerikan birliğinin Irak'a geçmesi için altı hava üssü ve havaalanının yanı sıra üç Akdeniz limanının kullanımına izin vermeleri talebinde bulunmuştur. Bunun yanı sıra 6.000 Amerikan Özel Kuvvetler askerinin beş sene için Türkiye'ye yerleştirilmesini istemiştir. Bu noktada Abdullah Gül[82] liderliğindeki Türk hükümeti Amerikan operasyonunu desteklemekle bu krizi barışçıl yollardan çözmek arasında bir ikileme düşmüştür. Hükümetin ilk tepkilerinin analizi ise Amerikan saldırısını desteklemek için çok hevesli görünmemek yaklaşımına uymaktadır.[83]

Bunun sonucunda Cumhurbaşkanı Abdullah Gül bölgedeki altı ülkeye ziyaretler düzenlemiş ve İstanbul'da bu altı ulusun davetli olduğu bir zirve düzenlemiştir. Hem dünyaya hem de Türk halkına Türkiye'nin bu krizi barışçıl yollardan çözmek taraftarı olduğunu göstermeye çalışmaktadır. Ancak ABD'nin bu askeri harekatı başlatmak konusundaki kararlılığını görünce hükümet fikrini değiştirmiş ve Irak Savaşı'nda ABD'ye destek olmak istediğini dile getirmiştir. Ancak, tek bir şartları vardır; ABD Türkiye'ye ekonomi, güvenlik ve politika alanlarında güvence verecektir. Başka bir deyişle, Türkler, Amerikalılardan savaşın muhtemel negatif etkilerini engellemek için bir çeşit teminat anlaşması istemişlerdir.[84] ABD ile müzakereler devam ederken Türk hükümeti teklifi, hükümetin Amerikan askerlerinin Türkiye üzerinden geçmesi ve Türk birliklerinin Irak'a gönderilmesi için izninin alınması gereken TBMM'ye sunmuştur. Şaşırtıcı bir biçimde, 1 Mart 2003 tarihli toplantısında TBMM, hükümetin Irak Savaşı'nda Amerikan-Türk askeri birliğini sağlayacak olan bu teklifini kabul etmeme kararı almıştır.

Türkiye'nin Savaş Dışı Pozisyonunun Nedenleri ve Sonuçları

27 Aralik 2002 tarihli MGK toplantisindan sonrayapilan resmi açıklamaya göre, "MGK, Meclisi vesayet altına almamak için Irak konusunda hükümete tavsiye kararı almayacak". Dönemin Cumhurbaşkanı Ahmet Necdet Sezer, Meclis Başkanı Bülent Arınç, muhalefet partisi lideri Deniz Baykal yazılı ve görsel medyada bu konuda görüş bildirmeyeceklerine dair kararlarını belirtmişlerdir. Bu mesajlar nedeniyle Meclisin gündemine gelmeden tezkerenin meşruiyeti sorgulanmaya başlamıştır. Oylama öncesinde Erdoğan tereddüt yok şeklinde açıklamalar

---

[82] Abdullah Gül; Türk ekonomist, siyasetçi ve Türkiye'nin 11. Cumhurbaşkanıdır. Cumhurbaşkanlığı görevini 2007–2014 yılları arasında sürdürmüştür.

[83] Gareth Jenkins, "Müslim Democrats in Turkey?", *Survival*, cilt 45, sayı 1, İlkbahar 2003, s. 54.

[84]   UNMOVIC,   *Briefing*,   sayı   1429,   27.01.2003, http://www.un.org/Depts/unmovic/new/pages/security_council_briefings.asp, (14.12.2017).

yapmıştır. Bununla birlikte oylamadan önce grup kararı almadıklarını belirtmiştir. Nitekim oylamanın ertesinde suskunlugunu koruyan Silahli Kuvvetler 5 Mart tarihinde Orgeneral Özkök de benzer şekilde TSK'nın oylama sonucundan rahatsız olmadığını, demokrasinin her anlamda islediğini ve Hükümetle uyum içinde olduklarını belirtmiştir.[85] Anayasamızda silahlı kuvvetlerin görev ve yetkileri ile statüsü ve Hükümetin, Cumhurbaşkanının, Parlamentonun silahlı kuvvetler ile ilişkisini düzenleyen tüm maddelerin atıf yaptığı ortak bir temel kavram vardır: ulusal güvenlik. Türkiye için ulusal güvenlik tanımı da, Türkiye Cumhuriyeti Devleti'nin anayasal düzeni, ulusal varlığı, bütünlüğü, uluslararası alanda siyasi, sosyal, ekonomik ve kültürel çıkarlarını ve uluslararası hukukla koruma altına alınmış her türlü haklarını ve çıkarlarını korumak ve kollamaktır.[86]

1 Mart Tezkeresinde Türkiye'den talep edilenler şunlardır: Öncelikle askeri harekât amacıyla (askeri birlik, uçak ve savaş gemisi sayısı belirtilmeden) on iki havaalanı (Afyon, Adana, Batman, Çorlu, Diyarbakır, Erhaç, Malatya, Erzurum, İncirlik, Mardin, Muş, Oğuzeli, Gaziantep ve Sabiha Gökçen) ile dört limanın (İskenderun, Mersin, Taşucu ve İzmir) kullanımı; ikinci olarak Irak'ın kuzeyden işgaline katılacak ABD kara birliklerinin geri desteği amacıyla Mardin civarında lojistik destek bölgesi, Midyat civarında taktik toplanma bölgesi, Kolordu destek alanı olarak Silopi civarında bir bölge, Güneydoğuda manevra alanı olarak kullanılacak bir bölge; üçüncü olarak bu harekâta, NATO askeri tatbikatları amacıyla Türkiye'ye gelecek sınırlı sayıda ABD personeli için öngörülen NATO bünyesindeki ve ikili teknik düzenlemelerin uygulanması; dördüncü olarak Mutabakat Belgesi ve ekindeki, harekât amacıyla Türkiye'de konuşlandırılacak ABD askerlerinin Türk toprakları üzerindeki faaliyetlerinin ilkelerini içeren Uygulama Antlaşması'nın alt düzeydeki Türk üs komutanları ile ABD birlik komutanları arasında imzalanması yönündeki talepler ve son olarak Türkiye üzerinden gerçekleştirilecek harekâtın esasları.[87]

TBMM kararı pek çok farklı nedenin etkisi altında yapılmış olsa da en önemlisi ABD'nin yürütmek istediği operasyonun yasalara uygun olduğu konusunda bir görüş birliğinin olmamasıdır. Başlangıç olarak birçok yönetici ve Türk halkının çoğunluğu, ABD'nin Irak'a karşı açtığı savaşın yasadışı bir eylem olduğunu düşünmektedir. Savaş öncesi dönemin başından sonuna kadar Türkiye'nin önemli karar mercileri[88] ve karar merci organları, Türkiye'nin ABD tarafından öne sürülen bu savaşta yer alıp almamasını uluslararası yasallığa bağlamışlardır. Onlara göre, Türkiye Anayasasının 92. Maddesindeki uluslararası yasallık hükmü uyarınca ABD'nin herhangi bir operasyon yürütmesi için BM Güvenlik Konseyi'nden bu operasyonu onaylayan bir karar çıkması gerekmektedir. 17 Ocak 2003'de Cumhurbaşkanlığı Sarayı'nda gerçekleşen ve pek çok önemli karar merciinin (Başbakan Sezer, Cumhurbaşkanı Gül, Dışişleri Bakanı Yakış, Savunma Bakanı Gönül ve Genelkurmay Başkanı Özkök) katıldığı Zirve toplantısından sonra, *"...*

---

[85] Gül Barkay-Şehnuz Yılmaz, "Savaşın Ardından: Amerika'nın Irak Politikası ve Türkiye'nin Konumu", *FP Foreign Policy*, Mart-Nisan/Mayıs-Haziran 2003, s. 35.
[86] Meltem Dikmen Caniklioğlu, "Ulusal ve Uluslararası Hukuk Işığında Türkiye'nin 2003 Tezkere Serüvenine İlişkin Görüşler-Düşünceler", *Dokuz Eylül Üniversitesi Hukuk Fakültesi Dergisi*, Cilt: 9, Sayı 2, 2007, s. 46.
[87] Meltem Dikmen Caniklioğlu, a.g.m., s. 34-35.

ikinci bir BM Güvenlik Konseyi kararı olmadan meclisten bir yetki almanın zor olacağı... " belirtilmiştir.[89]

31 Ocak'ta, Ulusal Güvenlik Konseyi hükümete *"Anayasanın 92. Maddesi uyarınca uluslararası yasallığa uygun barışçıl yolların aranmaya devam edilmesini"* önermiştir.[90] Başbakan, TBMM'nin bu konuyla ilgili toplantısından hemen önce buna benzer bir açıklamada bulunmuş ve *"TBMM'nin bir karar alması için uluslararası yasallığın olması gerektiğini"* belirtmiştir. [91]

Halk arasında da ABD'nin Irak'a karşı yürüttüğü operasyonun kanunlara ve ahlak kurallarına aykırı olduğu görüşü yaygındır. Halk ayrıca ABD'nin politik değişimlerin (Afganistan ve Irak'tan başlayıp İran, Suriye, Suudi Arabistan vs. ile devam eden) yanı sıra politik sınırları da yeniden çizerek bölgeyi tamamen baştan şekillendirecek daha büyük bir oyun yürüttüğünden de endişelenmektedir. Bu iki davranış biçiminde hem Türkiye hem de bölgedeki diğer ülkeler için olumsuz yan etkileri vardır. Halkın ABD-Türkiye müzakereleri sürecinde genel olarak üzerinde anlaştığı bir diğer önemli konu da ABD'nin Türkiye topraklarını kullanması ve Türkiye topraklarında Amerikan askerlerinin konuşlandırılması meselesinin Birinci Dünya Savaşı'ndan sonra İngiliz ve Fransız askerlerinin Türkiye'de konuşlandırılmasına benzer olduğudur. Her ne kadar Türkiye Anayasası zaman zaman akademisyenler, köşe yazarları ve politikacılar tarafından farklı yorumlansa da karar mercileri arasındaki genel kanı ABD'nin Irak'a saldırmasının uluslararası yasallığının sağlanması için bu konuda bir BM Güvenlik Konseyi kararı olması gerektiği yönündedir. Böylece, savaşın arife gecesinde açıklanan araştırmalar, Türk halkının %94'ünün Amerikan operasyonuna karşı olduğunu ortaya koymuştur. Özellikle de önemli medya kanalları, sayısız sağcı ve solcu sivil toplum grupları ve medya önündeki akademisyenler tartışmasız bir şekilde Irak savaşına karşı çıkmışlardır. Bu gruplar arasında İslamcı kamuoyunu yöneten kişiler belirleyici bir rol oynamıştır. Kanal 7 veya STV gibi Türkiye'deki İslam yanlısı televizyon kanalları veya Yeni Şafak, Vakit ve Zaman gibi İslam yanlısı gazeteler (ki hepsinin de AK Parti üzerinde o dönem için belirli bir etkisi vardır) savaşa karşı ve özellikle de Türkiye'nin bu savaşta ABD'nin yanında yer almasına karşı çok sert bir tavır sergilemektedirler. Bazı önemli ve etki sahibi İslamcı köşe yazarları, yazarlar, akademisyenler ve aydınlar sadece sokaklardaki halkın değil İslami geçmişleri ve hassasiyetleri olan ve son seçimle çoğunlukla İslam yanlısı seçmenlerden oy alan AK Parti'li meclis üyelerinin de fikirlerini etkilemişlerdir. Ramazan Gözen'e göre, çoğu AK Parti'li meclis üyesinin İslamcı halkın kamuoyuna sempati ve saygı duymaktadır ve işin sonunda hükümet liderlerini değil kamuoyunu dinlemeye karar vermişlerdir. TBMM'deki oylamadan hemen önce meclis üyelerinin e-postalarına, cep telefonlarına ve hatta meclisteki odalarına *'Hayır verin!'* mesajı iletilmiştir. Ayrıca bazı Meclis üyelerinin Türkiye'deki İslam yanlısı parti hareketin lideri olan Necmettin Erbakan'la bir alakaları olduğu ve Erbakan'ın veya ABD operasyonuna

---

[89] UNMOVIC, *Briefing*, sayı 1428, 20.01.2003. http://www.un.org/Depts/unmovic/new/pages/security_council_briefings.asp, (14.12.2017).

[90] UNMOVIC, *Briefing*, sayı 1431, 09.02.2003. http://www.un.org/Depts/unmovic/new/pages/security_council_briefings.asp, (14.12.2017).

[91] UNMOVIC, *Briefing*, sayı 1433, 19.12.2002, http://www.un.org/Depts/unmovic/new/pages/security_council_briefings.asp, (14.12.2017).

karşı çıkan diğer Türk liderlerin etkisi altında oy vermiş olabilecekleri de iddia edilmiştir. [92]

Türk halkının ve karar mercilerinin bu savaşa karşı çıkmasının arkasındaki en büyük sebeplerden biri Birinci Körfez Savaşı'nın mirasıdır.[93] Meclis üyeleri, halk veya devlet bürokratları olmaları fark etmeksizin Türk halkının ezici çoğunluğu Birinci Körfez Savaşı'nın Türkiye'ye birçok alanda çok ciddi zararları olduğunu düşünmektedir. Türkiye, o savaşın sonuçlarıyla hayal kırıklığına uğramıştır. Türkiye'nin Birinci Körfez Savaşı'ndaki savaş sonu kayıpları üç gruba ayrılabilir: ekonomik kayıplar, güvenlik problemleri ve politik zorluklar.

Ekonomik açıdan bakıldığında Körfez Savaşı'nın Türkiye'ye maliyeti daha önce belirtildiği gibi ortalama 40 milyar dolardır. 1990'ların sonunda Türkiye'ye meydana gelen ekonomik krizin arkasındaki en büyük neden bu durum olmuştur. Güvenlik açısından bakıldığında ise uçuş yasağı bölgesinin ve Irak merkezi yetkisinin Kuzey Irak üzerindeki kontrolünün alınmasının sonucunda Kuzey Irak'ta oluşan güç vakumu nedeniyle Türkiye, artan terör saldırılarıyla karşı karşıya kalmıştır. Bunun sonucunda İncirlik üssünde konuşlanan Çekiç Güç güçlerine ve Kuzey Irak'a kamp kurmuş teröristlerle savaşmak için bölgeye operasyonlar düzenlenmesine rağmen Türkiye'de bölgeyi kontrol altına almayı başaramamıştır. Kendi sınırları içindeki Kürt ayaklanmalarına ve teröristlere sığınak sağlayan komşu güç vakumuna karşılık olarak Türkiye'nin 1990'lardaki iç ve dış politikalarında güvenlik öncelikli bir hal almıştır. Türkiye'nin tüm ekonomik, insan ve zaman kaynakları güvenlik odaklı politikalara yönlendirilmiştir ve sonuç olarak Türkiye'nin gelişme ve modernleşme süreçleri zarar görmüştür. Dahası, Kuzey Irak'ta yaşayan Kürtler daha fazla politik, askeri ve ekonomik organizasyon özgürlüğü elde ettikçe bir Kürt devletinin kurulması ihtimali de artar olmuştur. Türkiye tüm küresel siyasal ve ekonomik gelişmelerden neredeyse tamamen soyutlanmıştır. PKK ile olan çatışmalarından doğan güvenlik odaklı politikaları yüzünden zaman zaman AB ve ABD ile ilişkilerinde sorunlar yaşamaya başlamıştır. Dahası, aynı yaklaşımdan dolayı Türkiye'nin Orda Doğu ve İslam Dünyası ile olan ilişkileri de bozulmuştur. Tüm bunlara ek olarak Türk halkının ABD'nin Türkiye de dahil tüm bölgeye karşı yürüttüğü politikalarla ilgili kuşkuları vardır. Genel kanı ABD'nin bölgede Kürt devletinin kurulmasını destekleyeceği ve sonra da bu devleti Orta Doğu'da kendi hedefleri doğrultusunda kullanacağı yönündedir. Tüm bunların dışında, Türk kamuoyu, 1990'larda Irak'taki istikrarsızlığı barışçıl yollarla bitirmedikleri ve PKK teröristlerine Kuzey Irak'ta sığınma fırsatı tanıdıkları için ABD'yi uzun zamandır eleştirmektedir. Tüm bunların sonucunda, Türk kamuoyunun gözünde ABD için olumsuz bir imaj çizilmiştir. 2003 yılında Pew araştırma merkezi tarafından Türkiye'ye yapılan bir kamuoyu yoklamasında Türklerin %83'ünün ABD'ye karşı olumsuz bir bakış açısına sahip oldukları ve %71'inin de ABD'nin Türkiye'ye karşı askeri bir tehdit içerdiğini düşündükleri

---

[92] Ramazan Gözen, "Causes and Consequences of Turkey's Out of War Position In the Iraq War of 2003", *Turkish Yearbook*, cilt 36, 2005, s. 78-79.
[93] Solmaz Ünaydın, "Turkey's Policy Towards the Middle East and the Question of Iraq", *Turkish Policy Quarterly*, cilt 1, sayı 4, Kış 2002, s. 37.

Şenbaş

ortaya çıkmıştır.[94]

Birinci Körfez Savaşı'nın sonunda öğrenilen tüm derslerin ışığında hem Türk kamuoyu hem de devlet yetkilileri, Irak'ta bir savaşa daha girmeye sıcak bakmamaktadırlar. Türkiye'nin bu hususta *'sütten ağzı yanan yoğurdu üfleyerek yer'* atasözüne uygun davrandığı söylenebilir.

Savaşın sonunda, Türkiye tekrar benzer problemlerle karşı karşıya kalacağından çekinmektedir çünkü ABD ile yapılmış kesin ve net bir anlaşma yoktur. Müzakereler, savaştan çok önce başlamıştır. İki aylık bir süre boyunca Ankara ve Washington'da yürütülen görüşmeler esnasında taraflar üç önemli konu (ekonomik, askeri/güvenlik ve politik) üzerinde durulmuş ancak tüm konular hakkında final bir anlaşmaya varamamışlardır. Ancak dönemin medya kaynakları üzerinden yapılan analizlere dayalı bazı sonuçlar, Türkiye ile ABD'nin neden ortak bir anlaşmaya varamadıkları konusunda bir fikir sahibi olmamıza yardımcı olabilir.[95]

İki taraf arasındaki ilk anlaşmazlık finansal meseleler üzerinedir. Bu konuda Türkiye, tüm kayıplarının (haber kaynaklarına göre toplam 32 milyar dolar) tam tazminini istemiş ve bu tazmin için yazılı bir anlaşma talep etmiştir. Ancak ABD, 6 milyar dolar nakit vermeyi ve sonrasında da Kongre'den onaylanırsa ve IMF koşullarına bağlı olarak da 20 milyar dolar borç vermeyi teklif etmiştir. İkinci anlaşmazlık noktası ise askeri-güvenlik meselesinden kaynaklanmıştır. Bu cephede Türkiye Irak'a Türkiye topraklarından geçecek Amerikan birliklerinin sayısı kadar asker yollamak istediğini belirtmiştir. Giden Türk birlikleri, Irak'tan mültecilerin gelmesini engellemek, PKK terör eylemleriyle mücedele etmek ve bölgede bir Kürt devletinin kurulmasını engellemek için uygun olan bölgelere konuşlandırılacaktır. ABD'nin bu koşulları kabul edip etmediğine dair medyada herhangi bir haber bulunamamıştır. Medyada verilen tek haber Türkiye ile ABD'nin Türk birliklerinin Irak'a girmeleri halinde nerede konuşlanacakları konusunda anlaşmaya varamadıklarıdır. Bir de Peşmerge ismi verilen Kürtlerin nasıl silahlandırılacağı ve nasıl silahsızlandırılacağı konularında anlaşmaya varamamışlardır. Üçüncü anlaşmazlık konusu ise savaş sonrası Irak'ın yeniden yapılandırılması hakkındadır. Bu konuda Türkiye, Irak'ın savaş sonrası yeniden yapılandırılmasında önemli bir rol oynamak istemektedir. Bu talebe uygun olarak Türkiye, birleşmiş Irak'ın gelecekteki hükümetinde Türkmenlerin güç paylaşımlarını ve koşullarını iyileştirmek istemektedir. ABD, Kürt faktörünün oluşturduğu engel yüzünden, özellikle de ikinci ve üçüncü taleplerine olumlu bir yanıt vermekte zorlanmıştır. Barzani'nin KDP'si ve Talabani'nin KYB'si liderliğindeki Kürt grupları Kuzey Irak'ta Türk birliklerini istememektedirler ve gerekirse Irak içinde Türk birlikleri ile savaşacaklarını dile getirmişlerdir. Türk bayrakları ve Atatürk resimlerini yakarak Türkiye karşıtı eylemlerde bulunmuşlardır. ABD ise iki temel sebepten Kürtlerin görüşlerine önem göstermektedir: Birincisi, ABD'nin Kürtlere karşı on yıldır bir bağlılığı vardır ve gelecekte onlara ihtiyacı olacağını bilmektedir. İkincisi ise ABD, Türk birliklerinin Kuzey Irak'a girmesine izin verip Kürtleri reddederse Kürtlerle Türkmenler arasında Türk birlikleri tarafından desteklenecek bir iç savaş çıkması kuvvetle muhtemeldir. Böylesi bir iç savaş ABD'nin planlarını rayından çıkarır ve

[94] Ramazan Gözen, *Causes and Consequences…*, s.80-81.
[95] Murat Yetkin, *Tezkere: Irak Krizinin Gerçek Öyküsü*, Remzi Kitabevi, İstanbul 2004, s.120-173.

ABD'nin Irak'taki askeri harekatını kesinlikle olumsuz etkiler düşüncesi hakimdir.[96] TBMM'deki oylama öncesinde iki tarafın sahip olduğu bu görüş farklılıkları nedeniyle bir anlaşma yapılamamıştır. 1 Mart tarihine gelindiğinde her ne kadar olumlu gelişmeler var gibi görünse de taraflar hala bütün konular üzerinde ortak noktayı bulamadıkları için bir anlaşma yapılamamıştır. 25 Şubat günü TBMM'deki AK Parti grup toplantısından hemen önce Recep Tayyip Erdoğan bu hatadan bahsetmiştir. Meclis üyelerinin sonucu sadece beğenmediklerini söylemek doğru olmaz, Meclis üyeleri aynı zamanda ABD'ye öfkelenmişlerdir. Hatta savaş esnasında Türk birliklerinin Kuzey Irak'ta konuşlandırılması konusunda ABD'nin Kürtleri ikna edememiş olmasına bozulmuşlardır. [97]

Milliyet Gazetesi köşe yazarı Fikret Bila, müzakerelerin sonunda Türkiye ile ABD'nin metni Milliyet'te yayınlanan bir Mutabakat Bildirisi imzaladıklarını iddia etmiştir. Bila'ya göre TBMM yasa tasarısının geçmesine izin verirse ABD ve Türkiye savaş boyunca iş birliği yapacak ve Türk birlikleri Kuzey Irak'taki Kürt bölgelerine konuşlandırılacaktır. [98] Bila'nın görüşleri ve yayınlanan metnin tartışmaya açık olmasının iki temel sebebi vardır: Öncelikle, yayınlanan metin herhangi bir imza içermediği için orijinal belge olarak kabul edilmemektedir. Ayrıca bir anlaşma olarak da düşünülememektedir çünkü *"bir Mutabakat Bildirisi bir rapor gibi sadece birinin veya bir komitenin belirli bir konu hakkında bilgi iletmesi için hazırlanan bir belgedir".*[99] İkinci olarak ise Türk birliklerinin Kuzey Irak'ta konuşlandırılacağı görüşü savaş sonrası veya savaş esnasındaki gelişmelerin hiçbiriyle örtüşmemektedir. Savaş sonrası gelişmeler, Türk ordusu ile Iraklı Kürtler arasında herhangi bir sorun oluşmasını önlemek adına ABD'nin Türk birliklerinin Kuzey Irak'a girmelerine izin vermek konusunda çekinceleri olduğunu göstermiştir.

Yukarıda bahsedilen problemlerin sonucunda Türkiye, İkinci Körfez Savaşı'nda yer almamıştır. Türkiye'nin savaş boyunca ABD'ye askeri tek desteği, Amerikan savaş uçaklarının geçebilmesi için Türk hava sahasının açılması olmuştur. Askeri operasyonların sonunda ABD Saddam rejimini devirmiş ve bu da Türkiye ve Türk dış politikası için çeşitli sonuçlar doğurmuştur. [100]

İkinci Körfez Savaşı'nın dışında kalarak Türkiye, kendisini Irak'ta bir savaşın içinde bulmaktan ve bu savaşın getireceği olumsuz sonuçlardan korunmuştur. Her ne kadar spekülatif ve varsayıma dayalı olsa da Türkiye Irak'a girmiş olsaydı – pozitif ve insani hedefleri ve planları fark etmeksizin – gelişebilecek birkaç tane senaryo vardır. Öncelikle, eğer Türkiye Irak'a birlik gönderseydi kendisini kesinlikle Irak'ta kaos ve karmaşanın içinde bulacaktı, tıpkı ABD ve müttefiklerinin Mayıs 2003'de Amerikan askeri operasyonları sona erdiğinden beri uğraştıkları gibi. Türkiye kesinlikle başta Kuzey'deki Kürt gruplar ve sonra da Orta ve Güney Irak'ta işgalci askerlere karşı savaşan gruplardan olmak üzere direnişle karşılaşacaktır. Ayrıca, Türkiye'nin İkinci Körfez Savaşı'nda yer alması özellikle İran ve Suriye gibi Irak'ın komşularından da tepki görecektir. Bu ülkeler Türkiye'nin katılımını

---

[96] Yola Habif, "The Future of Iraq", *Turkish Policy Quarterly*, cilt 1, sayı 4, Kış 2002, s. 104-106.

[97] Murat Yetkin, *a.g.e.*, s. 165-173.

[98] Fikret Bila, "Irak İçin Gizli Antlaşma", *Milliyet*, 22.02.2003, http://gazetearsivi.milliyet.com.tr/Arsiv/2003/09/22, (09.04.2016).

[99] Collins Cobuild, *English Language Dictionary*, HarperCollins Publishers, London 1987, s. 906.

[100] Ramazan Gözen, *Causes and Consequences...*, s. 85.

büyük ihtimalle Kuzey Irak üzerinde kontrol ve hegemonya kurmak isteği olarak yorumlayacaklardır ve böylece bu üç ülke arasında da bir güçler dengesi savaşı kıvılcımı oluşacaktır. Böyle bir durumda ise bu ülkeler arasında bölgede daha kapsamlı bir savaş olacaktır ve muhtemelen savaşan ülkelere destek olarak diğer ülkeler de dahil olacaklardır. Tüm bunlar, 1980'lerdeki İran – Irak Savaşı'nda ve 1990'lada Türkiye'nin PKK ile ilk mücadeleye başladığı zamanlarda olduğu gibi insan hayatı, ekonomi ve politika konularında ciddi kayıplara yol açacaktır. Bu olasılıklar düşünüldüğünde Türkiye'nin kendisini savaş esnasında ve sonrasında ciddi tehlikelerden kurtardığı söylenebilir. Bunun da sonuç olarak Türkiye'deki ekonomik, politik ve sosyal durumları olumlu etkilemiştir. [101]

Türkiye'nin ekonomik, sosyal ve politik sistemleri, Türkiye'nin savaş dışı pozisyonundan çok fazla etkilenmemiştir. Ekonomik açıdan bakarsak Türkiye büyük ve üstünden gelinemeyecek bir ekonomik krizle karşı karşıya kalmamıştır. Dövizin istikrarsızlığı çok kısa sürmüştür. Türkiye'nin herhangi bir askeri masrafı da olmadığı için Türkiye bütçesi çok ciddi boyutlarda etkilenmemiştir. İkinci Körfez Savaşı'ndan turizm de zarar görmemiştir. [102]

Politik açıdan bakılırsa, demokratik süreç etkinliğini kanıtlamış ve anayasal sürecin Türkiye'nin dış politikası üzerindeki etkisini gözler önüne sermiştir. Bunun üzerine dünya genelinde Türkiye demokrasisine karşı daha büyük bir sempati oluşmuş ve bu da dolaylı olarak Türkiye'nin tam AB üyeliği başvurusuna bir katkıda bulunmuştur. Dahası, eğer yasa tasarısı kabul edilseydi bazı AK Parti milletvekilleri ve bakanları muhtemelen partiden ayrılacakları için Türkiye'yi ciddi bir hükümet krizi bekleyebilirdi. Son olarak ise sosyal istikrar bozulmamıştır. Türkiye üzerinde baskı oluşturan Kürtler ve solcular dahil radikal ve savaş karşıtı gruplar herhangi bir rahatsız edici veya kontrol edilemez gösteride veya ayaklanmada bulunmamışlardır. Türk kamuoyu Amerikan operasyonuna karşı protestolarda bulunmuştur ancak bu kaos yaratacak kadar ileri gitmemiştir. Türkiye'nin dünya siyasetindeki prestiji ve imajı iyileşmiştir. Dünya genelinde ABD'nin Irak'a karşı yasal olmayan bir saldırısı olarak görülen bu olayı Türkiye'nin reddetmesi, neredeyse tüm dünyanın gözünde yapılacak doğru hareket ve izlenecek uygun politika olarak değerlendirilmiştir. 'Hayır' oyunun sonucu olarak Türkiye'nin Avrupa ve Arap İslam dünyasındaki imajı iyileşmiştir. Türkiye, güçlü demokratik süreçleri olan bir ülke gibi görülmeye başlamıştır. Her ne kadar ABD'yi desteklemediği için Türkiye'yi eleştirenler olmuş olsa da gözlemcilerin çoğu Türkiye'nin bu duruşunu takdir etmiştir. [103]

Sonuç olarak bu gelişmelerin çoğunluğu, Türkiye'nin AB'ye tam üyeliğini gerçekleştirmek yolunda yapılmıştır. İkinci Körfez Savaşı'nın olumlu sonuçlarından biri olarak Türkiye ve AB arasında savaş sonrasında giderek artan bir uzlaşma olduğu için bu durum çok da şaşırtıcı değildir. Türkiye ile AB'nin birbirlerine bakış açılarında ciddi değişiklikler olmuştur. En önemlisi ise hem Türkiye hem de AB (özellikle Almanya ve Fransa), güvenlik anlayışlarının her zamankinden çok daha benzer olduğunu fark etmişlerdir. Bu algının Türkiye'nin tam AB üyeliği hedeflerine katkıda bulunduğu bir gerçektir çünkü Türkiye'nin AB üyeliği sadece

---

[101] Ramazan Gözen, *Causes and Consequences...*, s. 86.
[102] Ramazan Gözen, *Causes and Consequences...*, s. 87.
[103] Ramazan Gözen, *Causes and Consequences...*, s. 87.

'*alçak siyaset*' alanındaki reformların uygulanmasına değil (Türkiye yasalarının demokrasi, insan hakları, yasal, ekonomik ve politik sistemler için olan AB standartlarına uygunlaştırılması gibi) ayrıca '*yüksek siyaset*' alanlarında ortak hedeflere sahip olmalarına da bağlıdır. AB o dönemde, kendi güvenliğinin Türkiye'nin dış güvenliğine ve siyasi davranışlarına bağlı olduğunu fark etmiştir. Türkiye'yi daha önceden gördüğü gibi bir '*güvenlik tüketicisi ülke*' olarak görmeyi bırakıp '*güvenlik sağlayıcısı ülke*' olarak görmeye başlamıştır. Diğer taraftan ise Türkiye de kendi çevresindeki bölgede barış, istikrar ve güvenlik elde edebilmek için AB faktörünü de hesaba katmak zorunda olduğunu fark etmrktedir. Avrupa Komisyonu Başkanı Romano Prodi, Komisyon Üyesi Javier Solana, eski Genişlemeden Sorumlu Komisyon Yetkilisi Günter Verheugen ve Almanya Şansölyesi Gerhard Schroeder, Almanya Dışişleri Bakanı Joschka Fischer ve Fransa Cumhurbaşkanı Jacques Chirac'ın da aralarında bulunduğu çoğu yüksek rütbeli AB yetkilisi, savaşın sonundan beri Türkiye'nin AB üyeliği konusunda oldukça olumlu yorumlar yapmışlardır. Yorumlarının en kritik noktası ise Türkiye'yi artık sadece sözde alçak siyaset bakış açısından ziyade daha çok stratejik ve güvenlik odaklı bir bakış açısından görüntülüyor olmalarıdır. Duruma başka bir açıdan bakılacak olursa, Türkiye'nin savaş dışı pozisyonunun Türkiye ve Türk dış siyaseti için olumsuz sonuçları da olmuştur. Bunların önemlisi savaş esnasında ve savaştan sonra yaşanan Türkiye-ABD ilişkilerindeki krizdir. ABD yönetimi, Türkiye'nin desteğini ve iş birliğini alamadığı için çok şaşırmıştı çünkü bu, iki ülke arasında Soğuk Savaş sonrası dönemde yürüyen iş birliği düzenine hiç uymamaktadır. Diğer taraftan ise Türkiye, ABD'nin Irak Savaşı esnasında ve sonrasında Türkiye'ye karşı izlediği politika nedeniyle hayal kırıklığına uğramıştır. 1 Mart oylamasından beri Türkiye ve ABD arasındaki müttefiklik durumu zarar görmüştür ve bu da krizin derinleşmesinde ve karşılıklı olarak Türkiye-ABD ilişkilerinde bir keyifsizlik hali oluşmasına yol açmıştır. [104]

Krizin doğası, üç temel açıdan analiz edilebilir: Türkiye ile ABD arasındaki krizin ilk ve en temel elementi iki ülke arasında giderek büyüyen güvensizliktir. 1 Mart oylaması, iki ülkenin de son elli senede, özellikle de Soğuk Savaş'tan sonra gelişen stratejik düşünce şekline ciddi bir zarar vermiştir. İki ülke hem NATO kapsamında hem de demokrasi, liberallik, yasaların uygulanması ve dünya genelinde benzer değerlerin yayılması gibi ortak değerlerde yakın ilişkiler kurmuşlardır. Bu anlayış şimdi hem Türkiye demokrasisinin doğası hem de Irak'taki gelişmeler yüzünden sarsıntıya uğramıştır. ABD Savunma Bakanı Paul Wolfowitz'in CNN Türk habercilerine verdiği bir röportaj ise Türkiye'de şaşkınlık yaratmıştır. Wolfowitz, Türk generallerini yasa tasarısı konusunda eylemsizlikle ve ABD'nin kendilerinden beklediği inancı göstermemekle suçlamıştır. Açık açık Türk ordusunu Meclis oyunun sonucunu etkilemek için ellerinden geleni yapmamakla itham etmiştir. Dahası, Wolfowitz Amerika ile Türkiye arasındaki iyi ilişkilerin geri gelmesini Türkiye'nin özür dilemesine bağlamış ve "... *Haydi öne çıkıp 'hata yaptık, işlerin Irak'ta ne kadar kötü durumda olduğunu bilmemiz gerekiyordu ama artık biliyoruz, şimdi Amerikalılara nasıl yardım edebileceğimizi bulalım' diyen bir Türkiye olsun*"

---

[104] Hichem Karoui, *Diplomacy and Conflict: Policy Analyses: 2001-2003*, KRPC Middle East Studies, Paris 2015, s. 115-150.

demiştir.[105] Bu konuşmalar, Türk kamuoyundan gelen güçlü olumsuz tepki sonucunda iki ülke arasındaki güven krizini iyice derinleştirmiştir. Wolfowitz'in demokrasi anlayışını Türk yetkilileri onaylamamaktadır. Bir diğer deyişle, krizin ikinci bir açısı olarak iki ülke arasında Irak'ın yeniden yapılandırılması ve geleceği hakkında birbiriyle çatışan çıkarlar ve anlayışlar oluşmaya başlamıştır. Sonuç olarak İkinci Körfez Savaşı'nın Türkiye-ABD ilişkileri üzerindeki en büyük ve en gerçek sonucu, Türkiye ve ABD'nin Irak'ın yeniden yapılandırılması konusunda nasıl beraber çalışacakları veya beraber çalışıp çalışmayacakları ile ilgilidir.

1991 yılı sonrasında ABD'nin uyguladığı Kürt politikası ABD-Türkiye ilişkilerinin geleceği açısından önem taşımaktadır. ABD Kuzey Irak'ta bir Kürt devleti kurmak konusunda ısrarlıdır ve bu konuda Türkiye ile fikir alışverişine gitmemektedir.[106] Iraklı muhaliflere 97 milyon dolarlık bir yardım yapılması karara bağlanınca, Türkiye'nin Saddam'ın düşürülmesinin ardından bölgede kimin egemen olacağıyla ilgili kaygıları artmıştır.[107] İkinci Körfez Savaşı'nın başlangıcından beri olan gelişmeler Türkiye ve ABD'nin Irak konusunda birbirlerinden farklı çıkarları ve endişeleri olduğunu göstermektedir. Anlaşmazlığın ve krizin asıl kaynağı Kürtlerin Irak'taki konumları üzerinedir. Birinci Körfez Savaşı'ndan beri ABD'nin Irak'a karşı yürüttüğü politika temelde Kürt gruplardan gelen destek üzerine kurulmuştur. Iraklı Kürtler, ABD'nin bölgedeki en sadık müttefiki haline gelmiştir. Bu durum ise özellikle İkinci Körfez Savaşı'ndan ve ABD'nin Kürtlerin Irak'taki rolünü ve pozisyonunu Türkiye'nin rolüne ve katkısına tercih etmesinden beri iyice kuvvetlenmiştir. Gittikçe büyüyen ABD-Türkiye krizinin kalbinde ise bu sorun yatmaktadır. Irak'ın yeniden yapılandırılmasında Kürtlere güvenirken ABD bir yandan da Türkiye'yi Irak'tan askeri anlamda tamamen çıkartmayı hedeflemektedir.[108] Diğer taraftan ise Kürtler ABD ile işbirliği yaparak savaş esnasında ve sonrasında daha çok etki sahibi olmayı hedeflemişlerdir.

ABD'nin Kürt politikasının arkasında ise üç temel neden yatmaktadır: Öncelikle, ABD hala Irak sınırları içinde Türkler ve Kürtler arasında bir çatışma çıkmasından ve ABD'nin tüm Irak politikasının çökmesinden korkmaktadır. İkinci olarak, Irak'ın yeniden yapılandırılmasında ABD'ye çok yardımları dokunacağını iddia eden Kürtler, Amerikan yönetimini Türklerin Irak'ta askeri bir rol oynamasına izin vermemek konusunda ikna etmişlerdir. Üçüncüsü ise hem ABD hem de Kürtler, Türkiye'nin Irak üzerinde bir etki küresine sahip olabileceğini düşündüğü için Türkiye'nin Irak'ın yeniden yapılandırılmasında herhangi bir söz sahibi olmasına izin verilmemiştir. Yine Gözen'e göre, savaştan sonra, bu argümanı kanıtlayacak nitelikte pek çok gelişme yaşanmıştır. Bunlardan biri, 11 Türk askerinin 4 Temmuz 2003 tarihinde Süleymaniye'de Amerikan piyadeleri tarafından rehin alınmalarıdır. Kürt liderleri, Türklerin Kerkük'te önemli bir siyasi figüre karşı bir plan yapıldığı şüphesiyle Amerikan birliklerini Süleymaniye'de Türk Özel Kuvvetlerine karşı bir

---

[105] "American administration to punish Turkey over Iraq", *Pravda Report*, 07.05.2003, http://www.pravdareport.com/world/asia/07-05-2003/2738-turkey-0/, (07.07.2016).

[106] Melek Fırat, Ömer Kürkçüoğlu, "Ortadoğu'yla İlişkiler", *Türk Dış Politikası, Kurtuluş Savaşı'ndan Bugüne Olgular, Belgeler, Yorumlar*, Derleyen Baskın Oran, İletişim Yayınları, cilt 2, İstanbul 2008, s. 565.

[107] Tayyar Arı, *Geçmişten Günümüze…*, s. 626.

[108] M. Hakan Yavuz, "Provincial Not Ethnic Federalism in Iraq", *Middle East Policy*, cilt 11, sayı 1, İlkbahar 2004, s. 129-130.

operasyon yürütmeye ikna etmişlerdir. Sonuç ise ABD 173'ncü hava indirme tugayının yaklaşık 100 üyesi tarafından 11 Türk askerinin ve 13 sivilin apaçık ve kaba bir şekilde indirilmesi olmuştur. Bu olay, iki ülke arasında çok daha ciddi bir gerilim yaratmıştır. Türkiye Genelkurmay Başkanı bu olayı '*iki ülkenin silahlı kuvvetleri arasındaki en büyük güven krizi*' olarak tanımlamış ancak bir yandan da bu olayın Washington'un veya ABD Ordusunun resmi bir politikası olduğunu düşünmediğini belirtmiştir.[109] Türk yetkililerden gelen ortam yumuşatıcı mesajlara rağmen bu olay iki ülke arasındaki ittifaka iki temel sebepten çok ciddi zarar vermiştir: Öncelikle, bu olay Türkiye ile ABD'nin Birinci Körfez Savaşı'ndan beri süren Irak konusundaki iş birliğine vurulmuş büyük bir darbedir. Hatta Huzur Harekatı kapsamında Türk askerleri bölgedeki güvenlik gelişmelerini takip edebilmek için neredeyse 10 yıldır bölgede konuşlandırılmıştır. Dahası, ABD yetkililerinin Irak'ın güvenliğinin sağlanması için verdikleri onay ve kabul üzerine Kuzey Irak'a konuşlandırılmışlardır. İkincisi, Türk liderler, Türk birliklerinin Kerkük'te bir Kürt liderine karşı bir plan içinde olduklarına ikna olmamışlardır. Böyle bir durum vardıysa bölgedeki ABD yetkilileri Ankara'daki Türk yetkililerini uyarabilir ve gerekli önlemlerin alınması sağlanabilirdi düşüncesi mevcuttur. Tüm bunların yanı sıra, askerlerinin yakalanma şekli, yani ofislerinin kapılarının kırılması, ellerinin kelepçelenmesi, kafalarına çuval geçirilmesi ve Türk hükümetine haber vermeden Bağdat'a götürülmeleri, Türk Silahlı Kuvvetleri için oldukça onur kırıcı ve küçük düşürücüdür. Bu olaydan sonra ABD ile bir anlaşmaya vararak Türkiye, birliklerini küçük sayılarda olmak üzere yavaş yavaş Kuzey Irak'tan geri çekmiştir. Askerlerin geri çekilmesi için ise Türkiye'nin şartları vardır: Irak'taki Amerikan yetkilileriyle iletişimde kalmak için Türkiye'nin Irak'ta temsilcileri kalacaktır ve ABD, PKK-KADEK'i Kuzey Irak'tan tamamen gönderecek, bir Kürt devletinin kurulmasını engelleyecek ve Türk karşıtı bireylerin Irak'ın Kalıcı Yönetim Konseyinde yer almasına izin vermeyecektir.[110] Bu süreçte Türkiye Dışişleri Bakanlığı görevini yürüten Gül bu konuda "*Türkiye için istikrar ve güvenlik olduğu sürece Türk birliklerinin Irak'ın içinde kalmasına gerek yoktu... [çünkü] Türkiye, her zaman için Irak'ın sınır bütünlüğünü savunmuş bir ülke olarak, bir başka ülkenin sınırları içinde asla askeri varlığını sürdürmek istemez,*" demiştir. 111

Irak'ta güvensizliğin artması üzerine ABD, Türkiye'nin katkısına ihtiyacı olabileceğini açıklamıştır. Türk hükümeti kendini tekrar tehlikeye atarak TBMM'den Türk birliklerinin orta Irak'ta istikrarın sağlanması için barış elçileri olarak Kuzey Irak'tan aşağı gönderilmesi için izin talebinde bulunmuştur. Türkiye'deki kamuoyunun muhalefetine rağmen TBMM, 7 Ekim 2003'de Erdoğan hükümetinin talebini onaylamıştır. Bu karar gerçekten de ABD'nin Irak'ta güvenliği ve barışı sağlamasına yardım etmek için verilmiştir. Bu eylem ise Türklerin ABD ile aralarını düzeltme denemesi olarak da görülebilmektedir. Medyada çıkan haberlere göre ABD, Türkiye'ye 8.5 milyar dolar kredi sağlayacaktır ve karşılığında

[109] Ramazan Gözen, *Causes and Consequences...*, s. 91.
[110] Zeynep Tuğrul, "Irak'ta Oyun Yeni Başlıyor", *Sabah*, 18.07.2003, http://arsiv.sabah.com.tr/2003/07/18/d01.html, (07.07.2016).
[111] "ABD Asker İstiyor", *Milliyet*, 18.07.2003, http://gazetearsivi.milliyet.com.tr/Arsiv/2003/07/18, (07.07.2016).

Türk birliklerinin Kuzey Irak'ta konuşlandırılmamasını, sadece Bağdat çevresinde savaştan hasar görmüş alanda bulundurulmalarını talep etmektedir.[112]

Türk askerlerinin ABD politikasını desteklemek için Irak'a gönderilmesine sadece Kürtler değil Araplar da karşı çıkmaktadır. Sonuç olarak, devam etmek için ABD ile tam bir ay süren anlamsız müzakerelerin üzerine 7 Kasım tarihinde Türk hükümeti, Irak'a asker göndermeyeceğini açıklamıştır. Yani sonunda Türkiye ve ABD belirtilen koşullar altında Türk askerlerinin Irak'a gönderilmeyeceği konusunda anlaşabilmişlerdir.[113]

Türkiye ayrıca 8 Mart 2004'de imzalanan Irak Geçici Anayasası nedeniyle Irak'ın yeniden yapılandırılmasında Kürtlerin üstleneceği rolden de endişelenmiştir. Geçici Anayasanın 53'ncü ve 54'ncü maddeleri, Irak Kürt Bölgesel Yönetimi ve yetkilerinden bahsetmekte ve onları Irak federasyonunun özel bir üyesi olarak tanımaktadır ve bu da Şiiler ve Türkmenler gibi diğer Iraklıların aleyhine bir durumdur. Bu, sadece Şiiler için değil, Türkiye için de can sıkıcı bir durumdur. Türkiye, Yönetim Konseyinde ve Irak Anayasasının oluşturulmasında eşit bir güç paylaşımı ve iş bölümü olması gerektiğine inanmaktadır. Özellikle de Türkiye, Irak'ın federalliğinin etnik kriterler üzerine değil coğrafi kriterler üzerine kurulması gerektiğini savunmaktadır; Kürtlerin, Kürt devletini kurmalarını sağlayacak kadar çok güçleri olmamalıdır, Türkmenlerin de eşit paylarını almaları gerekmektedir. Türkiye'nin tüm önerilerine rağmen her ne kadar Kürtlerin aldığı pay küçülse de, Türkmenler de ne Konseyde ne de Geçici Anayasada Türkiye'nin beklentilerini karşılayacak kadar pay almamışlardır. Kürtler ve Türkmenler arasındaki hak ve güç dağıtımının bir parçası da petrol açısından zengin olan Kerkük ve Musul bölgeleridir. Türkiye, bu bölgedeki ekonomik zenginliğin Irak'taki tüm grupların yararına olacak şekilde kullanılması ve bu şehirlerin etnik oluşumlarının yapay olarak Kürtlerin getirilerek değiştirilmemesi gerektiğine inanmaktadır.[114]

Bu nedenle Türkiye, Kürtlerin pozisyonu ve stratejik bölgelerle ilgili bazı '*kırmızı çizgiler*' belirlemiştir. Kürtler, Kerkük ve Musul'un etnik ve yönetim bileşenlerinde değişiklik yapmak için bu iki şehre girdiğinde TSK, bölgeye müdahale etmek için hazır ola geçirilmiştir. ABD yine Türkiye'nin müdahalesine karşı çıkmış ve Türkiye'yi, Irak'a tek taraflı olarak girmemeleri konusunda uyarmıştır. Türk hükümetinden gelen yoğun diplomatik girişimlerin sonucunda Amerikan askerleri durumu kontrol altına almış ve Kürtlerin iki şehri kontrol etmesini engellemişlerdir. Ancak Kürtlerin toplu göçünü ve yerleşimini engelleyememişlerdir. Son olarak ise Türkiye, Kuzey Irak'taki PKK varlığından endişe etmekte ve onların da bölgeden temizlenmelerini beklemektedir. Ancak ABD'nin bu konudaki taahhütlerine rağmen PKK teröristleri hala Kuzey Irak'ta varlıklarını sürdürmektedir. ABD, Irak'ın yeniden yapılandırılmasında Kürtler ile birlikte hareket ettiği sürece Türkiye'nin Kuzey Irak veya Irak'ın herhangi bir kısmında 1990'larda ve hatta 1980'lerde iki ülke arasındaki sıcak takip anlaşması sayesinde sahip olduğu askeri ve politik varlığa yeniden sahip olması zor gibi görünmektedir. ABD Irak'ı tek başına işgal ettiği ve Irak'ın yeniden yapılandırılmasında dominant bir pozisyon elde

---

[112] Murat Yetkin, *a.g.e.*, s. 201-207.
[113] Murat Yetkin, *a.g.e.*, s. 225-265.
[114] Ramazan Gözen, *Causes and Consequences...*, s. 92.

ettiği için Türkiye, yeni Irak'ın oluşumundaki etkisini kaybetmiştir. Ancak, bu süreçte Türkiye Dışişleri Bakanı ve Başbakan Yardımcısı olan Gül'ün Yakın Doğu Politikası üzerine Washington Institute'da yaptığı bir konuşmada[115] açıkça belirttiği gibi Türkiye, Irak'ta barış ve güvenliği sağlamak için Irak ile olan ilişkilerini geliştirmeye yönelmiştir.

Türkiye, Irak'ın ekonomi, altyapı ve sosyal düzen konularında yeniden yapılandırılmasında bir rol ve pozisyon sahibi olmak istemektedir. Bunun için de Kürt bölgesiyle ekonomik ilişkilerini geliştirerek bu bölgeyi kendine bağımlı kılmayı istemektedir. Türkiye'ye göre böyle bir bağımlılık güvenlik konularını da düzene sokacaktır ve Kürt bölgesindeki gelişmelere daha rahat dahil olunabilecektir.[116] Türk ve Iraklı iş adamları ve yetkililer, Irak'ta iş ve işbirliği yapmak üzere birbirlerini ziyaret etmişlerdir. Türk iş adamları ilaç, gıda maddeleri, inşaat maddeleri vs. ihraç etmenin yanı sıra Irak'ta hastaneler, okullar ve köprüler inşa etmişlerdir. Ayrıca eklemek gerekir ki, İkinci Körfez Savaşı'ndan beri ortada olan güven krizine dayanan büyük sorun, ABD ve Türkiye'nin Orta Doğu ve Orta Asya'daki stratejik çıkarlarının her zaman birbirleriyle aynı olmayacağını göstermiştir.[117] Bu nedenle, eski ABD Başkanı Clinton'un 1999 yılında TBMM'de yaptığı konuşmada '*stratejik ortaklık*' olarak tanımladığı bu ilişki sona ermiştir. Bu, iki ülkenin bölgedeki gelişmelerle ilgili ortak çıkarlar ve politikalar gütmediği anlamına gelmektedir. Türkiye ve ABD'nin özellikle bölgedeki güvenlik değişimi konusunda farklı algıları vardır.

ABD'nin 2003 yılında Irak'a açtığı savaş, bölgedeki güç dengelerini altüst etmiş ve komşu ülkeler ile büyük Arap dünyasındaki davranışlarla politikaları derinden etkilemiştir. En önemli değişim elementlerinden biri, on yıllar boyunca marjinalleştirilmiş olan Kürtlerin ve Şii çoğunluğun Irak'taki dominant gruplar haline gelmesi olmuştur. 2003'teki İkinci Körfez Savaşı'nın ve ardından tüm Ortadoğu ve özelde Kuzey Irak'ta yaşanan dönüşümlerin Türk dış politikasında bir değişime yol açtığı söylenebilir. 2003'ten itibaren bu süreçte Başbakanlık görevini yürüten Erdoğan'ın dış politika konusundaki baş danışmanı olarak görev alan ve 1 Mayıs 2009'da Dışişleri Bakanı olarak atanan akademisyen Ahmet Davutoğlu, bu yeni dış politikanın entelektüel mimarıdır.[118] Davutoğlu, yeni dış politika anlayışını, Türkiye'nin coğrafi konumu üzerine kurarak, eski Osmanlı mirasına da atıfta bulunarak, komşularının Türkiye'ye yabancılaşmasına bir son verilmesi gerektiğini vurgulamaktadır. Bu konuda en önem verdiği bölge Ortadoğu'dur. Dolayısıyla, bu bölgedeki ilişkilerdeki kötüleşmeler Türkiye'nin manevra alanını daraltmaktadır.[119] Davutoğlu'nun "*proaktif dış politika*" olarak tanımlanan politikası, komşularla sıfır sorun anlayışına dayanan bir ilişkinin sağlanmasını, ardından da maksimum işbirliği

[115] Ramazan Gözen, *Causes and Consequences...*, s. 95.

[116] Robert Olson, "Turkey's Policies Toward Kurdistan-Iraq and Iraq: Nationalism, Capitalism and State Formation", *Mediterranean Quarterly*, cilt 17, sayı 1, Kış 2006, s. 66-67.

[117] İhsan D. Dağı, "Limits of Turkey's Strategic Partnership with the USA: Issues of Iraq, Democratisation and the EU", *Turkish Busines & Association TÜSIAD-US*, 16.05.2002, https://www.euractiv.com/section/enlargement/opinion/limits-of-turkey-s-strategic-partnership-with-the-usa-issues-of-iraq-democratization-and-the-eu/, (07.07.2016).

[118] Altan Aktaş, "Güvenlikleştirme Yaklaşımı ve Türkiye'nin Ulusal Güvenlik Anlayışındaki Dönüşüm", *Sosyal Bilimler Dergisi*, cilt 1, sayı 2, Temmuz 2011, s.7

[119] Bülent Aras, "Davutoğlu Era in Turkish Foreign Policy." *SETA Policy Brief*, sayı 23, Mayıs 2009, s. 3-4.

sağlanmasını hedeflenmektedir.[120] Aslında Davutoğlu'nun bu yeni dış politika vizyonu, Türkiye'nin sahip olduğu tarihsel miras ve coğrafi konum gibi faktörlerin birer avantaj olarak değerlendirilmesi gerektiği yönündeki yeni bir varsayıma dayanmaktadır.[121] Davutoğlu'na göre *"...Türkiye, bir çevre ülke olma rolünü geçmişte bırakmalı ve yeni bir konum edinmelidir: güvenlik ve istikrarı sadece kendisi için değil, aynı zamanda çevre bölgeleri için de sağlayan bir konum. Türkiye kendi güvenlik ve istikrarını, çevresinde düzeni, istikrarı ve güvenliği sağlamak için daha aktif ve yapıcı bir rol oynayarak garanti altına almalıdır."*[122] Davutoğlu, Türkiye'nin kendi bölgesinde bir etki alanı kurabilmesi için öncelikle ülke içindeki demokrasi ve güvenlik arasındaki dengeyi kurması gerektiğini öne sürmektedir.[123] Davutoğlu'nun vizyonu, ulusal güvenlik kültürü ve jeopolitik kültürüne atıflarda bulunarak siyaset yapıcıları etkilemiş ve dış politikada yeni yönelişlerin ortaya çıkmasını sağlamıştır. Bu süreç, ulusal güvenlik anlayışını yeniden şekillendirerek dış politika yapım sürecine yeni aktörlerin de katılımını sağlamıştır.[124] Bu yeni aktörler temelde ortak tarihi ve kültürel bilince sahip ülkelerle özelde IKBY'yle işbirliğini geliştirmek amaçlı dış politikaya dahil edilmiştir. İşbirliği, ortak tarihsel algıları değiştirmeye, güvenlikte işbirliğini geliştirmeye, etnik ve dini kimliklerin varlıklarını kabul ederek onlarla varolan tarihi düşmanlık algısını değiştirmeye yöneliktir. Bu doğrultuda Ahmet Davutoğlu, gerek İkinci Körfez Savaşı sonrasında ABD'yle ilişkilerde gerilemeyi durdurmak için, gerekse Ortadoğu ve Kuzey Irak'taki gelişmelere dahil olmak için yumuşak güç, işbirliği gibi terimleri ortaya koymuştur. 1 Mart Tezkeresinin reddinin ardından Kuzey Irak'taki gelişmelere dahil olma yolları kapanan Türkiye için, kendi etnik kimlik sorunundan kaynaklanan PKK'yla mücadelede Davutoğlu Konstrüktivist bakış açısıyla yaklaşarak IKBY'yle öncelikle ekonomik ilişkiler kurarak karşılıklı bağımlılığı geliştirmeye çalışmıştır. Dolayısıyla İkinci Körfez Savaşı'nın ve 1 Mart Tezkeresinin reddinin Türkiye dış politikasında Konstrüktivist bir dönüşümü tetiklediği söylenebilir.

Türkiye-Irak İlişkileri Üzerine Genel Bir Değerlendirme

1991 öncesinde Kürt sorunu konusunda Türkiye ve Irak işbirliği içindedirler. Ancak 1991 sonrası 36. Paralelin kuzeyinde uçuşa yasak bölgenin kurulmasıyla Bağdat yönetimi kuzeydeki denetimini kaybetmiştir. Türkiye İncirlik üssünü açarak kuzeyde uçuşa yasak bölgenin kurulması konusunda hem yardımcı olmuş hem de bu bölgede PKK'nın güçlenmesinden endişe etmiştir. Bu noktada Irak'ın toprak bütünlüğünden yana bir politika izleyerek bölgede bir Kürt devleti kurulmasına engel olmaya çalışmıştır. Bunun için de Türkiye ABD desteğini almaya çalışmış, Kuzey Irak'taki Kürt gruplarla ilişkilerini geliştirerek PKK'nın burada güçlenmesini engellemeye çalışmış, aynı zamanda da Türkmen gruplarla ilişkilerini geliştirmeye çalışmıştır. Bu çerçevede Türkiye 1980'lerde mesafeli durduğu Kuzey Irak'taki Kürt gruplarla 1990 sonrası ilişki kurmaya başlamıştır. Mesut Barzani

---

[120] Bülent Aras, *a.g.m.*, s. 8-9

[121] Ahmet Davutoğlu, "Turkey's Foreign Policy Vision: An Assessment of 2007." *Insight Turkey*, cilt 10 sayı 1, 2008, s. 65-93.

[122] Ahmet Davutoğlu, *Turkey's Foreign Policy...*, s. 79.

[123] Ahmet Davutoğlu, *Turkey's Foreign Policy...*, s. 76-95.

[124] Bülent Aras, *a.g.m.*, s. 4-5.

yönetimindeki KDP 1980'li yıllarda PKK ile işbirliği içindeyken 1987 sonunda PKK'nın KDP üyelerini hedef almasıyla Türkiye için ilişki kurmak için gereken zemini hazırlamıştır. Bu tarihten sonra PKK, Celal Talabani önderliğindeki KYB ile ilişkilerini geliştirmeye başlamıştır. Birinci Körfez Savaşı'yla bu durum değişmiş, Özal KDP ve KYB liderleriyle Ankara'da görüşerek bu partilerin PKK ile ilişki kurmasını engellemeye çalışmıştır.[125] Görüldüğü gibi, Türkiye ve Iraklı Kürtlerin arasındaki ilişki hiçbir zaman kolay olmamıştır, ancak 1991 yılından günümüze kadar dikkat çekici bir biçimde geliştiği söylenebilir. Türkiye, daha önce bahsedildiği üzere, 1991 yılında müttefik güçlerin güvenli bölgeyi korumaları için İncirlik hava üssünü kullanmalarına izin verdiğinde Kürtlerin korunmasına yardım etmiştir.[126] KDP'nin ve KYB'nin Ankara'da iletişim ofisi açmalarına izin verilmiştir. Aynı süreçte Türkiye, Iraklı Kürtlerin bağımsızlığa eğimli davranışlar sergiledeklerinden ve yasadışı terör örgütü PKK'ya gereğinden fazla tolerans ve destek gösterdiklerinden şüphelenmeye devam etmiştir. 1991 yılından beri Türk ordusu, Irak'a yönelik birçok sınır ötesi operasyon düzenlemiştir. Bu operasyonların amacı daha önce belirtildiği üzere Kuzey Irak'taki PKK varlığını sonlandırmaktır.[127] 1997 yılında gerçekleşen bir saldırıda KDP silahlı güçlerinin Türk ordusunu desteklemesiyle Türkiye, Irak'ın Duhok ilinde, yaklaşık 1.500 askerin bulunduğu üç kalıcı üs kurmuştur.[128] Zamanla Türkiye, Kuzey Irak ile iyi ilişkiler kurmuş ve bu ilişkileri sürdürmeyi başarmıştır. Türk şirketlerinin inşaat, ticaret ve petrol endüstrilerinde önemli yatırımları bulunmaktadır. Çoğunlukla Türkiye'nin Güneydoğu bölgesinden gelen binlerce işçi bu sektörlerde kendilerine iş imkanı bulmaktadır.[129] Daha önce değinildiği üzere, 1990'ların başında Kuzey Irak'taki seçimlerin ardından bölgesel hükümet kurulmuş, ancak 1994'te KDP ve KYB çatışma içine girmişlerdir. Türkiye için bu çatışma Kuzey Irak'ta bölgesel bir yönetim kurulması ihtimalini azalttığı için olumlu bir durumdur. Ancak diğer taraftan da bölgedeki güç boşluğunu PKK doldurabilir endişeleri de vardır. Bu nedenle Barzani'nin KDP'siyle PKK'ya karşı işbirliği içine girilmiştir. 1995'te sınır ötesi harekatı Bağdat kadar tüm bölge halkı tarafından tepkiyle karşılanmıştır. Türkiye 1997-1998 yılları arasındaysa bölgedeki PKK varlığını azaltmıştır. 1998 yılında Abdullah Öcalan'ın yakalanması ve PKK'nın ateşkes ilan etmesiyle Türkiye'nin güvenlik politikaları rahatlamış, ancak Irak'la ilgili geleneksel politikasını, yani ülkenin toprak bütünlüğünün korunması ve Kuzey Irak'ın PKK için güvenli bir bölge olmasının engellenmesi politikasından vazgeçmemiştir.[130] 2003 yılından beri Türkiye hükümetinin Amerikan ordusunun Türk bölgesine erişimine izin vermemesiyle birlikte Türkiye, Irak'taki önemli değişiklikler üzerindeki etkisinin önemli bir kısmını kaybetmiştir. Irak'ta bulunan Amerikan birlikleri nedeniyle Kürtler, kuzeydeki güçlü komşularıyla olan ilişkilerinde

---

[125] Özlem Tür, "Türkiye'nin Irak ve Suriye İlişkileri", *XXI. Yüzyılda Türk Dış Politikasının Analizi*, Derleyen Faruk Sönmezoğlu-Nurcan Özgür Baklacıoğlu-Özlem Terzi, DER Yayınları, İstanbul Eylül 2012, s. 597.

[126] Sabri Sayarı, *a.g.m.*, s. 46.

[127] Inga Rogg-Hans Rimscha, *a.g.m.*, s. 839.

[128] Henri J. Barkey, "Iraq and Its Neighbours: Turkey and Iraq, The Perils and Prospects of Proximity", *United States Institute of Peace, Special Report*, sayı 141, Temmuz 2005, https://www.files.ethz.ch/isn/39369/2005_july_sr141.pdf, (12.12.2017), s.4.

[129] Inga Rogg-Hans Rimscha, *a.g.m.*, s. 839.

[130] Özlem Tür, *a.g.e.*, s. 597-598.

kendilerine daha güvenli bir duruş sergilemeye başlamışlardır. 2003 yılında ABD ve İngiltere'nin başlattığı İkinci Körfez Savaşı'nın başından itibaren Türkiye Irak konusunda kırmızı çizgileri olduğunu ifade etmiştir. Ayrıca Kerkük'ün IKBY'ye katılmasının Türkiye tarafından bağımsızlık yolunda belirleyici bir adım olarak anlaşılacağını ve bu konuda hassasiyetini koruduğunu da eklemek gerekmektedir.[131]

AK Parti'nin başa gelmesiyle beraber Türkiye Ortadoğu ile yakın ilişkiler kurma politikasına dönmüştür. İsmail Cem döneminde başlayan bölgesel odaklı politika doğrultusunda ilerleyen AK Parti bölge ülkeleriyle ilişkilerini geliştirmeye çalışmıştır. Türkiye'nin bölge ticaretinde önemli bir yer elde etmesini hedefleyen ve komşularla sıfır sorun politikası AK Parti ile daha derinden işlenmeye başlanmıştır. AK Parti'nin iş dünyasıyla yakın ilişkileri nedeniyle bölgenin iyi bir pazar olduğu düşünülürse, bu süreçteki dış politikanın güvenlik kaygılarını bir tarafa bırakarak ticaretin önündeki engelleri kaldırmayı amaçladığını eklemek gerekmektedir.[132] Türkiye 1960'lara kadar Sadabat Paktı, Bağdat Paktı, gibi ittifak ilişkileri dışında Ortadoğu'yla hiç ilişki kurmamıştır. Ancak 1960'lardan itibaren çok yönlü dış politikaya geçilmesiyle ilişkiler geliştirilmeye çalışılmıştır. 1967 ve 1973 Arap-İsrail Savaşlarında Türkiye açıkça Arapların yanında olmuş, ABD'nin İncirlik üssünü kullanmasına izin vermemiştir. 1980 ve 1990'larda bölgeye direk engaje olmak için ekonomik, siyasal ve askeri ilişkilerde bulunmuşlardır. AK Parti döneminde bölge ülkeleriyle daha çok ilişkiye geçilmiş olsa da İlhan Uzgel'e göre, bu durum geçmişte kullanılmış siyasetin yeniden gündeme gelmesidir.[133]

2003 yılında ABD ile zaten kötü olan ilişkiler 4 Temmuz 2003'te Süleymaniye Olayı'yla daha da kötüleşmiştir. Süleymaniye'deki Türk Özel Timi Bürosu'nu 100 kadar ABD askeri kendileriyle işbirliği yapan KYB üyeleriyle beraber basmış ve Türk askerlerinin kafalarına çuval geçirilerek göz altına almıştır. Bu olay ABD'nin hem Türkiye'nin bölgedeki varlığından rahatsız olduğunu göstermiş, hem de üstü kapalı bir uyarı niteliğinde olmuştur.[134] Uzgel'e göre Süleymaniye olayının anlamı Türkiye'nin Kuzey Irak politikasındaki dönüşümü gerçekleştirmiş olmasıdır. Kuzey Irak'taki Türk varlığı ABD için Saddam'ı çevreleme konusunda anlamlıdır. Ancak Saddam'ın olmadığı ve ABD'nin Kürtlerle işbirliğinde olduğu bir dönemde Türk askeri ABD'ye sorun çıkarabilir gözüyle bakılmaktadır. Böylece bu olayla birlikte Türkiye'de *"kırmızı çizgiler"* olarak bilinen Türkiye'nin Irak'ta etnik bir federasyonun kurulmaması, Irak'ın bölünmemesi, Türklerin haklarının korunması, Kerkük'ün Türk denetimine geçmesi gibi unsurları içeren politikasına son verilmiştir. Bundan sonra Kerkük'te Kürtler nüfusu hızla artmıştır, ABD ordusu Telafer'de Türkmenlere yönelik sert operasyonlar yürütmüş, siyasal temsil haklarını ellerinden almış ve tüm bunlar karşısında Türkiye Türkmenlerin haklarını savunamamıştır.[135]

Türkiye'de ideolojik ve siyasi çevreler ABD'nin Ortadoğu politikası konusunda

---

[131] Inga Rogg-Hans Rimscha, *a.g.m.*, s.840.

[132] Kemal Kirişçi, "The Transformation of Turkish Foreign Policy: The Rise of a Trading State", *New Perspectives on Turkey*, cilt 40, Bahar 2009, s.34-39.

[133] İlhan Uzgel, "Dış Politikada AKP: Stratejik Konumdan Stratejik Modele", *AKP Kitabı: Bir Dönemin Blançosu*, Derleyen İlhan Uzgel-Bülent Duru, Phoenix Yayınevi, Ankara Şubat 2009, s. 360.

[134] Özlem Tür, *a.g.e.*, s. 602-603.

[135] İlhan Uzgel, *Dış Politikada…*, s. 373-374.

kuşkuya düşmüşlerdir. Çoğu ABD'nin Avrupa benzeri bir emperyalizmin peşinde olduğunu, bu bölgeye bu şekilde hakim olmaya çalıştığını düşünmektedir. Bununla birlikte İsrail Devleti gibi dış güçlerin kalıcı manipülasyon ve müdahalesine yol açacak bir Kürt devleti kurulması amacında olduğunu düşünülmektedir.[136] Türkiye'nin ABD'den Kuzey Irak'taki PKK'nın varlığını yok etmek için askeri eylem yapmasını istemesine karşı ABD'nin bunu yapmakta isteksiz olması Türkiye'yi endişelendirmiştir. Bu isteksizliğin nedeni, öncelikle Irak güçlerine karşı ABD'nin Kürt desteğine ihtiyaç duyması, ikinci olarak ABD'nin Irak'ta yaşayan Kürtlerin Irak politikaları için gerekli bir unsur olduğunu düşünmesi, üçüncü olarak Irak'ta yaşayan Kürtlerin Irak'ta kurulacak bir yönetimden dışlanmasının Irak'ta iç savaşa varabilecek bir karmaşaya neden olabileceğine inanmasıdır.[137]

Irak'ın savaş sonrası süreçte kaos içinde olması ABD'yi bir müttefik arayışına sokmuş ve 20 Mart tarihli ABD güçlerine lojistik desteğin 6 aylık tezkerenin süresinin dolmasıyla Türkiye'nin Irak'a asker yollaması yeniden gündeme gelmiştir. 7 Ekim'de 8.5 milyar dolarlık kredi yardımını da içeren Türkiye'nin Kuzey Irak'taki istikrar ve güvenliğe katkı sağlaması için asker yollamasına ilişkin tezkere kabul edilmiş, bu süreçte Başbakanlık görevini yürüten Recep Tayyip Erdoğan, Türkiye'nin temel amacının PKK'yı bölgeden temizlemek olduğunu dile getirmiştir. Ancak hem Kürt hem Araplardan tepki gelince tezkere rafa kaldırılmıştır. Bu dönemde Irak'ın kuzeyindeki PKK varlığı 5000 civarındadır ve bu da Türkiye'nin güvenlik kaygılarını arttırmaktadır. 2004 yılında PKK'nın tek taraflı ateşkesi sona ermiş ve bu süreç sonrasında 1200 PKK'lının Irak sınırından Türkiye'ye girdiği rapor edilmiştir. Bu durum Türkiye'nin kaygılarını haklı çıkarmış, Türkiye de buna karşılık bölgedeki Sünni gruplar ve Türkmenlerin etkisinin artması gerektiğinin altını çizmeye başlamıştır.[138] 2007 yılının ilk yarısında ise olaylar bambaşka bir yola sapmıştır. PKK, Türk ordusunun birliklerine karşı sınırın hemen kuzeyinde birden fazla saldırı düzenlemiş ve bunun üzerine Türk ordusu Irak'a müdahale etmekle tehdit etmiştir. Fondation Institute Kurde de Paris'in haberine göre Erbil'deki Kürt liderler bu hareketi, laik Türk ordusunun ılımlı İslam taraftarı olan Başbakan Recep Tayyip Erdoğan'a karşı yaptığı politik bir manevranın yanı sıra Kerkük'te anayasal yol haritasının uygulanması yönündeki Kürt taleplerine bir cevap olarak algılamışlardır.[139] Ankara kendi eylemlerini, 1980'lerin başında Bağdat'la imzaladıkları ve 1983 yılında IKBY'ye askeri birliklerin gönderilmesine yol açmış olan bir "*sıcak takip anlaşması*" üzerinden meşrulaştırmıştır. İki tarafın da birbirine karşı olan sert tonu ise gerginliğin artmasına sebep olmuştur. Türk medya kanalları Barzani'ye "*kabile reisi*" derken KDP'nin temsilcileri, muhtemel bir askeri müdahaleye karşın Türkiye'nin çoğunluğu Kürt yerleşimi olan güneydoğu

[136] Graham E. Fuller, *Yükselen Bölgesel Aktör: Yeni Türkiye Cumhuriyeti*, Timaş Yayınları, İstanbul, 2009, s. 197-198.

[137] F. Stephan Larrabee, "Turkey As a US Security Partner, *RAND Corporation*, 2008, s.8. https://www.rand.org/content/dam/rand/pubs/monographs/2008/RAND_MG694.pdf, (14.12.2017), s.8.

[138] Özlem Tür, *a.g.e.*, s. 603-604.

[139]"Syria and Iran Pledge Help to Defuse Turkey-Iraqi Crisis", *Fondation Institute Kurde de Paris*, 29.10.2007, http://www.institutkurde.org/en/info/latest/syria-and-iran-pledge-help-to-defuse-turkey-iraq-crisis-1006.html, (12.12.2017).

bölgelerinde bir ayaklanma olabileceği tehdidinde bulunmuşlardır. [140]

2005 yılında Irak'ta yapılan seçimde KYB lideri Celal Talabani'nin Irak Cumhurbaşkanı olması, Kerkük konusunda Türkiye taleplerinin hala karşılanmaması, PKK'nın hala Kuzey Irak'ta bulunması ve sınırdan sızan teröristlerin ülkede sorun çıkarması Türk-ABD ilişkilerindeki güveni yeniden kurma çabalarını yetersiz kılmıştır. Bununla beraber iki tarafın da işbirliği alanları geçerliliğini korumaktadır. ABD'nin Ortadoğu ve Kafkaslardaki enerji politikaları için Türk-Amerikan ilişkileri önem taşımaktadır. [141]

Türkiye'nin IKBY'yle olan ilişkileri 2007 yılının ikinci yarısından itibaren bazı değişikliklere uğramıştır. Karşılıklı çatışma temalı Kürt gruplarıyla da ilişkiler değişime uğramıştır. Sık sık akrabalık söylemi ortaya çıkmış, hatta 11. Cumhurbaşkanı Abdullah Gül Kürtlerin de Türkmenler gibi akraba olduğunu söylemeye başlamıştır.[142] 2007 yılının Ekim ayında Türkiye'nin binlerce askeri sınıra göndermesi ve sonuç olarak hem Iraklı yetkililerin hem de ABD'nin PKK'ya karşı sağlam önlemler almasını talep etmesiyle daha önce hiç olmadığı bir seviyeye çıkmıştır. Barzani diplomatik bir çözüm ve direkt bir toplantı önerse de Türkiye, IKBY'yi resmi olarak tanımadığı için görüşmeleri sadece Bağdat ile yürütme konusunda ısrar etmiştir. KDP liderine göre PKK, Ankara için Iraklı Kürtlerin refah ve özgürlüğünü kısıtlamak için bir bahaneden başka bir şey değildir. Hem Bush yönetimi hem de Barzani'nin bölgesel hükümeti en azından o an için Türk baskısı karşısında pes etmek zorunda kalmıştır. Washington PKK'nın sınırdaki hareketleri ile ilgili Ankara'ya istihbarat vermeyi kabul ederken KDP ve KYB, PKK'nın tedarik hatları üzerine kısıtlamalar uygulamaya başlamıştır. Aralık 2007'de Türkiye'nin sınır üzerindeki muhtemel PKK konumlarını bombalaması üzerine ABD, Bağdat ve Erbil'in buna karşı tepkileri sessizlik olmuştur.[143] ABD bu yeni politikasında Irak'taki siyasi süreçte bölge ülkelerinin desteğini almayı hedeflemiştir. Dolayısıyla Türkiye-Irak yakınlaşması ABD tarafından da desteklenmektedir. 2006 yılında ABD ve Türkiye Terörle Mücadele Koordinasyonu Grubu'nun oluşturulmasında anlaşmışlardır. Ancak beklentilerin aksine bu koordinasyon PKK ile mücadelede etkili olamamış, ABD'nin PKK'ya karşı beklenen net tutumu sergilemesi sağlanamamıştır. 2007'de Recep Tayyip Erdoğan'ın Washington ziyareti sonrası ABD-Irak ve Türkiye arasında üçlü mekanizma kurulmasına karar verilmiş, bu da Türk tarafında PKK'nın etkinliğinin azaltılacağı umutlarının ortaya çıkmasına neden olmuştur. Temmuz 2008'de Irak ve Türkiye arasında Yüksek Düzeyli Stratejik İşbirliği Konseyi kurulmasına karar verilmiş, böylece ilişkiler bir adım daha ileri taşınmıştır. [144]

Bu noktada Ankara-Bağdat ilişkilerine de değinmekte yarar vardır. Türkiye ve Maliki yönetimi arasındaki ilk gerilim, Irak'ın Başkanı Tarık Haşimi'nin Bağdat Havaalanında gözaltına alınmasıyla ortaya çıkmıştır. Bu durum Şii-Sünni

---

[140] Inga Rogg-Hans Rimscha, *a.g.m.*, s. 840.
[141] Tayyar Arı, *Geçmişten Günümüze...*, s. 632.
[142] Özlem Tür, *a.g.e*, s. 605.
[143] Ramazan Yavuz, "Kuzey Irak'ta Panik, Kandil'e Bomba Yağıyor", *Hürriyet*, 08.06.2007, http://www.hurriyet.com.tr/kuzey-irakta-panik-kandile-bomba-yagiyor-6673479, (04.06.2017).
[144] Özlem Tür, *a.g.e.*, s. 606.

çatışmasının bir sembolü haline gelmiştir. Haşimi Türkiye'ye sığınmış ve Maliki yönetimini Sünnilere karşı mezhepçi bir politika gütmekle suçlamıştır. Maliki ise Tükiye'yi Irak'ın iç işlerine karışmakla suçlamıştır. Bunu izleyen günlerde Türkiye Maliki'nin katı rejimi altındaki Sünni Kürtlerin Maliki'ye muhalefetine destek vermiştir. Bunun yanısıra Türkiye'nin Barzani ile ilişkileri, Maliki yönetimiyle Türkiye'nin ilişkilerinin bozulmasını hızlandırmıştır. 2012'nin dördüncü ayında Erdoğan Maliki'yi Sunnilere karşı izlediği politikaların sertliği dolayısıyla eleştirmiş, Maliki ise buna karşılık Bağdat'taki Türk elçisini çağırtarak, Türkiye'nin Irak'ın içişlerine karışmamasını istemiştir. ABD'nin geri çekilmesini takiben Mart 2011'de Erdoğan'ın Erbil'i ziyaret etmesi önemli bir adımdır. 2012'de Ahmet Davutoğlu ve Enerji Bakanı IKBY'yi ziyaret etmiştir. Bu süreçte Ankara'nın Bağdat yönetimiyle herhangi bir teması olmamıştır. Buna karşılık IKBY'yle siyasi, ekonomik ve askeri ilişkilerde gelişmeler vardır. Bağdat yönetimi açısından en önemlisi petrolün IKBY kontrolü altında Türkiye üzerinden ithalatı ile ilgili olan anlaşmadır. Başlarda Bağdat yönetimi buna karşıdır. Ancak sonraları 2013'te Bağdat petrolün bağımsız olarak gönderilmesi gerektiği yönünde açıklamalar yapmaya başlamışlardır. 2015'te Bağdat Başeka'da görevde olan Türk askerinin çekilmesini istemiştir, ki bu durum Türkiye için önemli bir sorundur. Maliki yönetiminin Suriye'deki politikası Suriye rejiminin yanında olmak yönündedir. Bu durum da Türkiye-Bağdat ilişkilerini çıkmaza sokmaktadır. [145]

2.3.1. Türkiye-Irak İlişkilerinde PKK Sorunu

Daha önce değinildiği üzere, PKK, 1974 yılında Abdullah Öcalan tarafından in Marksist-Leninist bölücü bir örgüt olarak kurulmuş ve 1978 yılında resmi olarak Kürdistan İşçi Partisi ismini almıştır. Çoğunlukla Türkiye'deki Kürtlerden oluşan grup 1984 yılında silahlı şiddet kampanyası yürütmeye başlamıştır. PKK'nın asıl amacı Güneydoğu Türkiye, Kuzey Irak ve İran ve Suriye'nin bir bölümünü de alarak bağımsız bir Kürt devleti kurmaktır. 1980-88 İran-Irak savaşı esnasında Bağdat'ın Kuzey Irak'ın n kontrolünü yitirmesi ile PKK için güvenli bir alan oluşturulmuştur.

Bu süreç boyunca PKK, KDP ile uyum içinde çalışmayı başarmıştır. Ümit Özdağ ve Ersel Aydınlı'ya göre, her ne kadar Türkiye Bağdat ile bir barış anlaşması imzalayarak Irak sınırlarının 10 kilometre kadar içine girip o bölgede operasyon yürütme izni almaya çalışsa da 1983-1988 yılları arasında Türkiye'deki pek çok kişi bu iç üslerin önemini kavrayamamıştır. Bunun sonucu olarak ise Türkiye, sınır ötesi operasyonlar için kendisine tanınan hakkı yeterince kullanamamıştır. 1988 yılında Irak ordusu, Türkiye-Irak sınırındaki Irak bölgesinde kontrolü geri kazanmak için kuzeyi sıkıştırmaya başlamış, aralarında Iraklı Kürtlerin de olduğu binlerce mültecinin bölgeden kaçmasına sebep olmuştur. Bağdat, bu militanları Türk bölgesinde takip etmek için Türkiye'den izin istemiş ancak Türkiye buna izin vermemiş ve Bağdat ile arasındaki sıcak takip anlaşmasını yenilememiştir. Özdağ ve Aydınlı'nın da belirttiği gibi, bu hamle iki ülke arasında bu konudaki iş birliğinin sonu olmuştur. [146]

---

[145] İdris Demir, *Turkey's Foreign Policy Towards The Middle East: Under The Shadow of Arab Spring*, Cambridge Sholars Publishing, UK 2017, s. 17-20.

[146] Ümit Özdağ-Ersel Aydınlı, "Winning a Low Intensity Conflict: Drawing Lessons from the Turkish Case," *Review of International Affairs*, cilt 2, 2003, s. 110-115.

Türk ordusunun Genel Kurmayı 1991 yılında PKK'ya karşı olan mücadelede yeni bir strateji edinmiştir. Öncelikle silahlı güçlerin bölgedeki kontrolünü yeniden sağlamak için sayısal üstünlüklerini kullanarak bu mücadelede daha belirleyici bir rol alacaklarını açıklamıştır. Bu amaçla bazı ordu birimleri, özel olarak yeniden yapılandırılmış ve baştan eğitilmiştir. İkinci olarak ise Türkiye'nin Irak'a Yönelik Sınır Ötesi Operasyonlarına devam edeceği duyurulmuştur. Türkiye-Irak sınırında müşterek olarak hem Barzani'nin KDP güçleri hem de Talabani'nin KYB güçleri tarafından kontrol edilecek beş kilometrelik bir güvenlik alanı oluşturulmuştur. Bu dönemde, iki parti de PKK'nın politik etkisini azaltmak istemektedir. Kuzey Irak'taki en büyük sınır ötesi operasyon 12 Ekim 1992 tarihinde, 500 PKK teröristinin Şemdinli-Derecik bölgesindeki askeri karakollara saldırması üzerine gerçekleşmiştir. PKK'nın son büyük saldırısı ise 29 Aralık 1998 tarihinde Kuzey Irak'tan gönderilmiş ve Türkiye de Kuzey Irak'a asker göndererek karşılık vermiştir.[147]

Türk yetkilileri 1999 yılının başlarında Abdullah Öcalan'ı Kenya'da yakalamış ve Türkiye Devlet Güvenlik Mahkemesi Öcalan'ı idam cezasına çarptırmıştır. Ağustos 1999'da Öcalan bir barış girişimi duyurusu yaparak PKK'dan şiddetten uzaklaşmalarını istemiş ve Ankara'dan Kürt meselesi üzerine bir toplantı talebinde bulunmuştur. Ocak 2000'de yapılan PKK Kongresinde üyeler Öcalan'ın girişimini desteklemişlerdir. Elebaşı tutuklanmış, birçok yöneticisi ve mensubu yakalanmış veya etkisiz hale getirilmiş olsa da PKK ortadan kalkmamış, bir değişim sürecine girerek içinde bulundukları duruma adapte olmaya çalışmıştır.[148] Nisan 2002'de yapılan 8. Parti Kongresinde PKK adını KADEK olarak değiştirmiş ve Kürt haklarını desteklemek için şiddet içermeyen yollar izleyeceğini duyurmuştur. 2003 yılının sonlarına doğru grup, yeni bir politik yüz arayışına girmiş ve Kongra-Gel adı altında barışçıl olarak nitelendirdikleri hedefleri yolunda yürürken bir yandan da saldırılara devam edip silahsızlanmayı reddetmişlerdir, bunu da kendilerini savunmak için yaptıklarını iddia etmişlerdir. Beş sene sonra, grubun muhafazakâr kanadı olan HPG[149] 1 Temmuz 2004 tarihinde kendi ilan ettikleri ateşkesten vazgeçmiştir. Ateşkes süreci boyunca grup ikiye bölünmüştür; politik düşünen reformcular ve şiddete geri dönüşün elçiliğini yapan muhafazakârlar. Şubat 2004'te grubun kontrolü muhafazakarlara geçmiştir.[150]

2007 genel seçimlerinde Kürtlerin çıkarlarını temsil eden DTP, 16 üyeyle TBMM'ye girmeyi başarmıştır. Seçim sonuçları incelendiğinde, Türkiye'nin o dönemki iktidar partisi olan AK Parti'nin çoğunluğu Kürt olan bölgelerde oyların neredeyse yarısını almış olduğu görülmektedir.[151]

PKK, Büyük Britanya ve Fransa'da 1993 yılından beri bir yasadışı terör örgütü olarak kabul edilmektedir. Avrupa Birliği 2004 yılında PKK'yı KADEK ve Kongra-Gel gibi diğer isimleriyle birlikte *"Terör Örgütleri Listesi"*ne eklemiştir. PKK ayrıca

---

[147] Ümit Özdağ-Ersel Aydınlı, *a.g.m.*, s. 113.

[148] Christian Chocquet, "Le Terrorisme Est Il Une Menace de Défense?", *Revue Conflits*, sayı 44, 2001, s. 47.

[149] Halk Savunma Güçleri PKK'nın askeri kanadıdır. 2000 yılında düzenlenen 7. PKK Kongresinde adı değiştirilen örgütün eski adları sırasıyla Kürdistan Kurtuluş Güçleri ve Kürdistan Halk Kurtuluş Ordusu

[150] Isabelle Moulier, "L'emploi de La Force par La Turquie contre Le Parti des Travailleurs du Kurdistan dans Le Nord de L'Irak", *Annuaire Français de Droit International*, 2008, s. 143-152.

[151] Ümit Özdağ-Ersel Aydınlı, *a.g.m.*, 103-106.

ABD tarafından da bir terör örgütü olarak tanınmaktadır.[152]

Türk ordusu tarafından Kuzey Irak'taki ilk operasyon 1983 yılında yapılmış ve sonrasında Türkiye, 1986 ve 1987 yıllarında yapılan operasyonlar için Irak'tan izin almıştır. İlk zamanlarda yapılan diğer operasyonlar Türk yetkililer tarafından sıcak takip hakkı altındaki uygulamalar olarak açıklanmıştır. Birinci Körfez Savaşı'ndan sonra Türkiye'nin yaptığı operasyonların doğası değişmiştir. Savaştan hemen sonra ve Saddam Hüseyin rejimini devirmeme kararının ardından Türkiye ve İran sınırlarından büyük sayılarda Kürt mülteci akını olmuştur. Bunun sonucu olarak BM Güvenlik Konseyi'nin Nisan 1991 tarihli ve 688 numaralı kararı alınmıştır. Güvenlik Konseyi, özellikle de Kürt yoğunluklu bölgelerde Iraklı sivillerin üzerine uygulanan baskıları kınamış ve bu davranışın bölgedeki uluslararası barışı ve güvenliği tehlikeye attığını belirtmiştir. Ayrıca Irak'ın baskıları sonlandırması ve uluslararası yardım kuruluşlarının bölgede ihtiyacı olanlara ulaşabilmeleri için derhal erişim sağlanması talep edilmiştir. Bu talep sonunda tüm üye ülkelere ulaşmış ve yardım kuruluşları bölgeye yardım yapmaya başlamıştır. Ancak Konsey, kararın hiçbir yerinde, genellikle Konsey tarafından baskı yapmaya yönelik önlemlere izin verildiği zaman kullanılan, Tüzüğün 7. Bölümü uyarınca hareket ettiğini belirtmemiştir. Kuzey Irak üzerindeki Irak egemenliği Güvenlik Konseyi'nin 688. Kararı ile kısıtlanmıştır. Huzur Harekatı çerçevesinde Irak üzerinde 36'ncı paralelin hemen kuzeyindeki bölgeye uçuş yasağı getirilmiş ve sonuç olarak Irak devletinin Kuzey Irak üzerindeki kontrolü tamamen elinden alınmıştır. Bölgenin yasal hükümdarı bölgenin üzerindeki kontrolünü yitirince Türkiye, Kuzey Irak'taki terör aktivitelerini bitirmek için üçüncü bir oyuncunun devreye girebileceğini düşünmüştür. 688 nolu yasa tasarısı kapsamında düşünüldüğünde bu, uçuş yasağı getiren ülkelerin görevi olmalıdır ancak onlar bu görevde başarılı olamadıkları için Türk yetkilileri, ülkelerinin güvenliğini korumak adına bu sınırlar arası operasyonları sürdüreceklerini açıklamışlardır. 1 Mart 1992'de Kuzey Irak'ta bulunan Hakurk'taki PKK kampına düzenlenen bir hava operasyonu yapılmıştır. Irak hükümeti bu operasyonu protesto etse de Türk yetkilileri itirazları görmezden gelmiştir. Türkiye'nin bu itirazları görmezden gelmesindeki en büyük etken, Irak hükümetinin bölge üzerinde herhangi bir kontrolü kalmadığının açıkça ortada olmasıdır. Bu kapsamda, Türkiye'nin Irak'ın bölgesel bütünlüğüne önem verdiğinin ve bu operasyonun tek amacının Kuzey Irak'taki Irak hükümetinin kontrolü dışında kurulan PKK kamplarının yok edilmesi olduğunun altı çizilmiştir.[153] Bu sebeple Türkiye, bu operasyonların meşru müdafaa hakkı çerçevesinde yürütüldüğünü açıklamıştır.

1991 yılından sonra Türkiye'nin Kuzey Irak'ta az sayıda birlik barındırmaya devam ettiği bilinmektedir. Her ne kadar bu sayının çok olmadığı bilinse de kesin miktar hala bilinmemektedir.[154] Türkiye, Kuzey Irak'ta üç temel kalemde askeri varlığını sürdürmeye devam etmiştir: Birincisi, Türkiye Irak sınırının Irak tarafında

[152] Title 22 of the US Code, "Chapter 6 Terrorist Groups", *Section 2656f*, http://www.state.gov/documents/organization/45323.pdf, (09.12.2017), s. 102-103.

[153] "Büyükanıt: Direktif Bekliyoruz, Geldiği an Gireriz", *Hürriyet*, 11.05.2007, http://hurarsiv.hurriyet.com.tr/goster/haber.aspx?id=7623884&tarih=2007-11-05, (05.04.2016).

[154] Zeynep Gürcanlı, "İşte Irak'la Yapılan Savaş Protokolü", *Hürriyet*, 22.02.2008, http://www.hurriyet.com.tr/iste-irakla-yapilan-savas-protokolu-8290593, (04.04.2016).

kapsamlı birlikler (2000-2500 birlik); ikincisi Erbil, Zaho, Duhok, Süleymaniye ve Köysancak'da iletişim ofisleri ve üçüncüsü iki Kürt grup arasında çıkan 1996 krizinden sonra kurulan barış denetleme gücü.[155]

1983 yılında hava bombardımanı olarak başlayan Türk sınır ötesi operasyonları her yeni operasyonla birlikte daha kapsamlı bir hal almıştır. 1992, 1995 ve 1997 yıllarında Türkiye, Kuzey Irak'ta üç büyük ve kapsamlı operasyon gerçekleştirmiştir. Bu operasyonlar, bazı Arap ülkeleri tarafından *"Musul ve Kerkük'ü işgal etmek üzere yapılanlar operasyonlar"* olarak değerlendirilmiş olsa da Türkiye her fırsatta bu iddiaları reddetmiştir.[156]

Operasyonlara gelen tepkilerin neredeyse hepsi operasyonların süresi ve sivillerin durumu üzerine yoğunlaşmaktadır. ABD Başkanı Clinton, 1995 operasyonunu sadece sivillerin zarar görmemesi koşuluyla desteklemiş, Rusya ise Türkiye'den operasyonunu bitirmesini ve Irak bölgesinden bir an önce ayrılmasını istemiştir. İngiltere, ABD'nin endişelerine ses getirmiş ve Türkiye'nin daha önce belirttiği hedeflerine sadık kalmasını talep etmiştir. Buna göre, operasyonlar mümkün olduğu kadar çabuk tamamlanmalı, operasyon alanı sınırlı kalmalı ve siviller hiçbir koşulda zarar görmemelidir.[157]

Irak Kürt Bölgesel Yönetimi'nin Oluşması Sonrası İlişkiler Hakkında Genel Bir Değerlendirme

2003'teki İkinci Körfez Savaşı'nın öncesinde Türkiye Irak sorununun barışçıl yollardan çözülmesinden yanadır. Irak'ın BM kararları olmadan müdahalenin yanlışlığı taraftarıdır. Bu nedenle de bir yandan Irak'ı BM kararlarını uygulama yönünde telkin ederken, diğer yandan bölge ülkeleriyle yaptığı görüşmelerde sorunun güç kullanmadan çözülmesi gerektiğini belirtmektedir.[158]

İkinci Körfez Savaşı, Kuzey Irak'ın karakteristik yapısını ciddi şekilde değiştirmiştir. Bu bölge artık Irak hükümetinin kontrolünden çıkmıştır. İkinci Körfez Savaşı, 2003 yılının 20 Mart tarihinde ABD tarafından *"Irak Özgürleştirme Operasyonu"* adı altında başlatılmıştır. ABD ve İngiltere, kuzeydeki Kürt güçleriyle iş birliği yapmıştır. Irak ordusu yenilmiş ve 9 Nisan 2003 tarihinde Bağdat düşmüştür. 1 Mayıs 2003 tarihinde ABD Başkanı Bush büyük askeri operasyonların tamamlandığını duyurmuş, Baas Partisi rejimini resmi olarak sonlandırmış ve Irak Başkanı Saddam Hüseyin'i görevinden almıştır. CPA tarafından bir askeri birlik oluşturulmuş ve yönetilmiştir. CPA daha sonra bir Irak Geçici Yönetim Konseyi oluşturmuş ve belirli yetkileri bu konseye vermiştir. 2004 yılının ortalarında CPA'nın direkt yönetimi sona ermiş ve devletin tüm yetkileri yeni, egemen ve bağımsız Irak Geçici Hükümetine devredilmiştir. CPA 28 Haziran 2004 tarihinde askeri operasyonu sonlandırmış ve Başbakan İyad Allavi tarafından yönetilen yeni Irak hükümetine sınırlı yetkiler atamıştır. [159]

---

[155] Serhat Erkmen, "4 Temmuz'dan Sonra Türkiye'nin Kuzey Irak'taki Askeri Varlığı," *Stratejik Analiz*, cilt 4, sayı 40, 2003, ss. 49-56, s.49-52.

[156] Ali Nihat Özcan, "Türkiye'nin Kronikleşen Baş Ağrısı: Kuzey Irak," *Stratejik Analiz*, sayı 1, 2001, s. 94-95.

[157] Ali Nihat Özcan, *a.g.m.*, s. 99.

[158] Tayyar Arı, *Geçmişten Günümüze...*, s. 627.

[159] Arthur Goldschmidt Jr.-Lawrence Davidson, *Kısa Ortadoğu Tarihi*, Çeviren Aydemir Güler, Doruk

Bu noktada daha önce değinilen Türkiye'nin ABD'ye yönelik yardımı reddetmesine yeniden değinmek gerekmektedir. Türkiye üzerinden Irak'a yönelik ikinci bir cephenin açılmasını öngören tezkere 1 Mart 2003 tarihinde Meclis'te gerekli çoğunluğun sağlanamaması üzerine red edilmiştir. Yapılan oylamaya 533 milletvekili katılmış, 250 ret, 264 kabul, 19 çekimser oy kullanılmıştır. Ancak Anayasanın 96. Maddesince oylamaya katılanların salt çoğunluğuna ulaşılamadığı için tezkere rededilmiştir.[160] Daha önce bahsedildiği gibi, ilk Amerikan tepkisi 6 Mayıs'ta ABD Savunma Bakan Yardımcısı Paul Wolfowitz tarafından CNN Türk'te iki gazeteciyle yaptığı röportajla verilmiştir. Wolfowitz direk olarak Genelkurmay Başkanlığı ve Türk yöneticileri suçlamıştır. Bundan hemen sonra Genelkurmay Başkanlığı tezkerenin kabulünden yana olduklarını açıklamıştır. Ancak bu ABD nezdinde kabul görmemiştir.[161]

Genelkurmay Başkanlığının geri planda durmasının Gerger'e göre iki nedeni vardır. İlk olarak ABD ve Irak'taki Kürtler arasında işbirliği vardır ve savaş sonrası oluşacak Kürt devleti Genelkurmayı da endişelendirmektedir. Bunun yanısıra Türkiye'nin ABD ve İngiltere ile birlikte Irak'a girmesine Kürtler ve Araplar tepki göstermektedir. İkincisi ise, halkın tepkisi karşısında Genelkurmay ABD önderliğinde Müslüman bir ülkeye saldırmanın sorumluluğunu yönetime yüklemek istemektedir.[162]

1 Mart tezkeresinin reddi sonrasında Uzgel'e göre, Türkiye'deki stratejistlerin öngörüleri yanlış çıkmış ve ABD Irak'ı çok kısa bir sürede ele geçirmiştir. Ancak Türkiye'nin bu olaydan sonra stratejik önemini kaybettiğini söylemek doğru değildir. Özellikle Afganistan ve Irak operasyonları için İncirlik önemli bir üstür. Ancak Irak müdahalesiyle bu üslere artık vazgeçilmez bir anlam yüklemek doğru değildir.[163]

2004 yılında verilen BM Güvenlik Konseyi 1546 numaralı Kararı askeri ile istilanın sona erdiği ve egemen ve bağımsız Geçici Irak Hükümetinin tam sorumluluk ve yetkiye sahip olduğu tanınmıştır. Geçici Irak Hükümeti, Ocak 2005'de yapılan seçimler ile değiştirilmiştir. Bir başka önemli dönüm noktası ise 6 Nisan 2005 tarihinde demokratik olarak seçilen yönetimin oluşturulması olmuştur. Bu yeni yönetimde, Ocak 2005'de seçilen Başbakan İbrahim el-Caferi ile Başkan Celal Talabani de bulunmaktadır. Saddam Hüseyin'in devrilmesi ile sonuçlanan işgal boyunca ana Kürt partileri ABD tarafından yönetilen koalisyonla iş birliği yapmış, böylece Irak'ın yönetici konseyinde Kürt politikacılar da kendilerine yer bulmuştur. IKBY'nin şimdi Erbil, Duhok ve Süleymaniye üzerinde anayasal olarak tanınmış yetkisinin yanı sıra Diyala ve Kerkük illeri üzerinde de filli yetkisi vardır. BM ile Türkiye yetkililerinin Türkiye'nin hangi koşullar altında gelecek savaşta yer alacağı ve ABD'nin de Türkiye'ye ne gibi finansal getiriler vaat edebileceği konularında gerçekleştirdikleri görüşmeler, 19 Mart tarihinde savaş başlayana kadar devam etmiştir. Her ne kadar iktidara yeni gelen AK Parti, ABD ile iş birliği yapmak

Yayıncılık, İstanbul 2007, s.570-571.

[160] Tayyar Arı, *Geçmişten Günümüze...*, s. 627-628.

[161] Haluk Gerger, ABD Ortadoğu Türkiye, Ceylan Yayınları, İstanbul, Kasım 2006, s. 494.

[162] Haluk Gerger, *a.g.e.*, s. 495.

[163] İlhan Uzgel, *ABD ve NATO'yla...*, s. 372.

konusunda hevesli gibi görünse de Türk halkı savaşa dahil olmak konusundaki görüşe itiraz etmiştir.[164] ABD güçlerinin Türkiye üzerinden Irak'a erişim sağlaması konusundaki karar TBMM'den geçirilememiştir. Bu durum, Türkiye'de savaşa dahil olmak istemeyen güçlü bir muhalefet olduğunu göstermektedir.[165]

Amerikan güçleri Irak'ı kontrol altına alırken Washington'dan Ankara'ya herhangi bir tek yönlü askeri müdahale yapılmaktan kaçınılması konusunda bir uyarı gelmiştir. Türkiye defalarca ABD'ye Kuzey Irak'taki PKK kamplarının kapatılması ve bu bölgelerdeki PKK'lılar tarafından Türkiye'ye gerçekleştirilen saldırıların engellenmesi konusunda talepte bulunduysa da ABD, bu konuya ayırabilecek askeri kapasitesi olmadığını iddia ederek böyle bir eylemde bulunmayı reddetmiştir. ABD yetkilileri, Türkiye'nin herhangi bir sınır ötesi operasyonda bulunmayı düşünmesi halinde bunu önce Irak hükümetiyle tartışması gerektiğini vurgulamıştır. Türk güçleriyle Kuzey Irak'a bir operasyon daha düzenleme ihtimali zaman zaman Türklerin hedeflerinde kendini göstermiş olsa da 2007 yılı itibariyle vücuda bürünmeye başlamıştır. 2006 yılının Temmuz ayının sonlarına gelindiğinde Türk gazeteleri üç temel ihtimalden bahsetmektedir: (a) Kandil Dağı ve Kuzey Irak'ta bulunan PKK kamplarıyla sınırlı bir hava harekatı, (b) hava kuvvetlerinden destek olan özel kuvvetlerin Kuzey Irak'ta belirli hedefleri vurması, ve (c) 50.000 birlik ile birlikte tam kapsamlı bir kara harekatı. Bunların dışında gazetelerde Beyaz Saray'ın ve Pentagon'un böylesi bir askeri harekatın *"akıllıca olmadığını"* düşündüklerini ve gerçekleştirilmesi durumunda Türkiye ile ABD arasında ciddi bir krize neden olabileceğini de yazmaktadır. [166]

Ekim 2007'ye gelindiğinde sınır ötesi bir operasyon ihtimali hala gelişmeye devam etmektedir. 17 Ekim tarihinde sınır ötesi operasyon gerçekleştirme kararının tamamen hükümet tarafından verilmesini öngören bir yasa tasarısı TBMM'den geçmiştir. [167] Bu yasa tasarısı, PKK saldırıları yüzünden 1 haftada 13 askerin hayatını yitirmesi üzerine gelmiştir.[168]

Türkiye, PKK teröristlerinin Kuzey Irak'tan Türkiye'ye girdiği ve saldırıları gerçekleştirdikten sonra aynı yoldan Kuzey Irak'a geri döndükleri konusunda ısrar etmektedir. Öte yandan hem ABD hem de Irak hükümetleri, PKK teröristlerinin Kuzey Irak'ta barındıklarını kabul etmektedir. [169] Ancak Irak hükümeti her ne kadar PKK'yı Kuzey Irak'tan çıkartma konusunda Türkiye ile iş birliği yapmaya istekli gibi görünse de Türk yetkilileri bu teklifin içten olmadığına inanmaktadır. Bu durumun sonucu olarak Türkiye'de, Irak ve ABD'nin PKK'nın Kuzey Irak'taki varlığını yok etmek gibi bir niyetleri olmadan Türkiye'yi savuşturmaya çalıştıkları

---

[164] Robert Olson, "Views from Turkey: Reasons for the United States War Against Iraq," *Journal of Third World Studies*, sayı 22, 2005, s. 150-154.

[165] Bill Park, "Strategic Location, Political Dislocation: Turkey, the United States, and Northern Iraq," *Middle East Review of International Affairs*, cilt 7, sayı 2, Haziran 2003, s. 17.

[166] "Gates Geldiğinde Çekilme Başlamıştı", *Hürriyet*, 29.02.2008, http://www.hurriyet.com.tr/gates-geldiginde-cekilme-baslamisti-8346538, (05.04.2017).

[167] "Meclis Açıklamaları", *Meclis Haber*, 17.10.2017, http://www.meclishaber.gov.tr/develop/owa/haber_portal.aciklama?p1=46067, (06.12.2017).

[168] "Turkish Troops Kill PKK Rebels", *BBC News*, 28.10.2007, http://news.bbc.co.uk/2/hi/europe/7066309.stm, (05.04.2017).

[169] Paul Reynolds, "Diplomatic Pressure Builds on Turkey", *BBC News*, 24.10.2007, http://news.bbc.co.uk/2/hi/europe/7056802.stm, (05.04.2017).

doğrultusunda bir kamu algısı oluşmuştur. [170]

Bu bakış açısı, bu süreçte Başbakanlık görevini yürüten Erdoğan'ın ABD'ye gerçekleştirdiği ziyaretin arkasından ciddi bir şekilde değişmiştir. Başbakan Erdoğan ve ABD Başkanı Bush, 5 Kasım 2007 tarihinde bir toplantı yapmışlardır. Gazete haberlerine göre Bush, Türkiye'ye Türkiye sınırına yaklaşan teröristlerle ilgili gerçek zamanlı bilgi ve istihbarat paylaşmayı teklif etmiştir. Bu sayede hali hazırda Kuzey Irak'ta bulunan Türk birlikleri, sınır ötesi operasyon gerçekleştirmek durumunda kalmadan bu teröristleri vurabilecektir. Erdoğan'ın kelimeleri ise Türkiye'nin bu konudaki pozisyonunu bir defa daha özetlemiştir. Erdoğan'a göre bir terör örgütüne karşı sınır ötesi operasyonlar gerçekleştirmek, uluslararası hukuk tarafından tanınan bir haktır ve Türkiye, ABD ile birlikte yasal haklarını kullanmaya başlayacaktır. 9 Kasım'da Türk Ordusunun Genel Kurmay Başkanı, ordunun hazır olduğunu ve operasyon için hükümetten gelecek kararı beklediklerini açıklamıştır. Açıklamasının en önemli noktası ise ABD'nin gerçek zamanlı istihbarat paylaşımı teklifi üzerinedir: *"Bir operasyon yapılmayacaksa istihbarat ne işe yarayacak?"* demiştir. Bunun üzerine 16 Kasım'da Türk güçleri, Türkiye içinde ancak Irak sınırına çok yakın bir noktada operasyon başlatmışlardır. 30 Kasım'da ise Başbakan Erdoğan, orduya iki gün önce sınır ötesi operasyon yapma izni verildiği yönünde bir basın açıklaması yapmıştır. Ardından Genel Kurmay Başkanlığının internet sitesinden üç temel noktayı vurgulayan bir açıklama yapılmıştır: Öncelikle ordunun 28 Kasım'da hükümetten sınır ötesi operasyon yapma izni aldığı onaylanmıştır. İkincisi, ilk operasyonun 1 Aralık'ta başarıyla tamamlandığı bildirilmiştir. Üçüncüsü, ne Kuzey Irak'ta yaşayan sivil halkın ne de düşmanlık göstermeyen yerel grupların operasyonun hedefi olmadığı, sadece PKK Kongra-Gel terör örgütünün hedeflendiğinin altı çizilmiştir. İlk hava bombardımanı 22 Ekim'de gerçekleştirilmiştir[171] ve hava saldırıları resmi olarak başladıktan sonraki ilk iki ay hiçbir kara operasyonu yapılmamıştır. Sadece savaş uçakları sınırı geçmiş ve PKK kamplarını bombalamıştır. 22 Şubat 2008 tarihinde ise 10.000 birlik içeren bir kara operasyonu başlatılmıştır. Bu harekata *"hava operasyonlarının devamı"* denilmiştir. [172] Harekat toplam 8 gün sürmüştür. Ondan sonra hava operasyonları devam etmesine rağmen herhangi bir kara operasyonu yürütülmemiştir. [173]

Bu operasyon ile Türkiye tarafından 1991-2003 yılları arasında yürütülen operasyonların arasındaki en büyük fark ise Irak hükümetinin rızasıdır. Muhtemelen sırf bu yüzden ne Türkiye ne de ABD operasyon için herhangi bir yasal temel öne sürmemiştir. Operasyonla ilgili temel bilgiler Irak hükümetine önceden iletilmiştir ancak operasyonun tam tarihi bildirilmemiştir. Iraklı Kürtler ve az sayıda Amerikan birliği operasyon başlamadan önce bölgeden ayrılmıştır. Türkiye ile Irak

[170] Guillaume Perrier, "Turquie, Syrie, Irak: les barrages de la discorde" *Le Monde Français*, 16.03.2009, http://www.lemonde.fr/planete/article/2009/03/16/turquie-syrie-irak-les-barrages-de-la-discorde_1168422_3244.html, (12.01.2017).

[171]"Turkey Defends Cross-Border Raids on Kurdish Guerillas", *The Guardian*, 01.11.2007, https://www.theguardian.com/world/2007/nov/01/kurds.usa, (05.04.2017).

[172]"Turkey Launches Major Iraq Incursion", *CNN*, 23.02.2008, http://edition.cnn.com/2008/WORLD/meast/02/22/turkey.iraq/index.html, (05.04.2017).

[173]"Report: Turkey BombsKurdish Bases In Iraq", *NBC News*, 20.03.2008, http://www.nbcnews.com/id/23726754#.WifTY0xuI2w, (05.04.2017).

yetkililerinin arasındaki anlaşmanın bir diğer önemli noktası ise Türk birliklerinin operasyonun amacına ulaşıldıktan sonra hemen ülkelerine dönmeleridir. Dahası, Türk yetkililerinin kamu önünde Irak'ın sınır bütünlüğünün korunduğunu açıklamaları gerekecektir.[174] Operasyonlar devam ederken ise operasyonun süresi nedeniyle Türkiye-ABD ilişkilerinde ciddi bir gerilim yaşanmıştır. Dışişleri Bakanı Robert Gates, operasyonun en fazla iki hafta içinde tamamlanması gerektiğini söylemiştir. Aksi takdirde ABD, Türkiye ile gerçek zamanlı istihbarat paylaşmaya devam etmeyecektir.[175] Bu açıklamadan iki gün sonra Türkiye Genel Kurmay Başkanı, kara operasyonuna son vermiştir. Genel Kurmay Başkanına göre verdiği bu kadar, Bakan Gates'in yaptığı açıklamadan tamamen bağımsız verilmiş bir karardır.[176]

---

[174] Zeynep Gürcanlı, "İşte Irak'la Yapılan Savaş Protokolü", *Hürriyet*, 22.02.2008, http://www.hurriyet.com.tr/iste-irakla-yapilan-savas-protokolu-8290593, (06.07.2017).

[175] Zeynep Gürcanlı, "ABD Az Daha Köprüleri Atıyordu", *Hürriyet*, 28.02.2008, http://www.hurriyet.com.tr/abd-az-daha-kopruleri-atiyordu-8329931, (06.07.2017).

[176] Charles Crain, "Furor Over Turkey's Iraq Incursion", *Time*, 27.02.2008, http://content.time.com/time/world/article/0,8599,1717847,00.html, (06.07.2017).

3. BÖLÜM: TÜRKİYE'NİN IRAK KÜRT BÖLGESEL YÖNETİMİ'YLE İLİŞKİLERİNDE YENİ DIŞ POLİTİKA ANLAYIŞININ ETKİSİ

Türkiye'nin Kürt sorunu politikası ve Türkiye'nin IKBY'ye yönelik politikasında 2002-2009 yılları arasında Başbakan Başdanışmanlığı, 2009-2014 yılları arasında Dışişleri Bakanlığı ve 2014-2016 yılları arasında Başbakanlık görevini yürüten Ahmet Davutoğlu'nun temel Türk dış politika anlayışını kavramak gerekmektedir. Davutoğlu temelde Konstrüktivizmle uyumlu, etnik ve dini kimliklere ve eski Osmanlı topraklarına yönelik yeni-Osmanlıcılık olarak adlandırılan bir dış politika yürütmüştür. Elbette yürüttüğü dış politikanın Türkiye içinde etnik bir sorun olan Kürt sorununa ve Türkiye'nin IKBY'yle olan ilişkilerine etkisi vardır. Bunların başında Kürt sorununa yönelik Barış Süreci gelmektedir.

AK Parti'nin 2002 yılında iktidar olmasıyla birlikte iç ve dış politikada bir dizi değişiklik gözlenmektedir. Dış politika anlayışına bakıldığında, AK Parti'yi kendinden önceki hükümetlerden ayıran en önemli unsur kimlik anlayışıdır. Kimlik AK Parti dönemi dış politikasında artan bir öneme sahip olmuştur. Bir başka değişik dış politika özelliği AK Parti iktidarı süresince dış politikada kurumsaldan ziyade ikili ilişkilere önem verilmesi olmuştur. Özellikle 2007 seçimleri sonrasında Arap ülkeleri ve İran ile kurduğu ilişkilerde Türk modeli ve bölgesel liderlik unsurudur. Bu anlayış ekonomik çıkar ve jeopolitik önem ile yumuşak güç söylemi üzerinden yürütülmüş ancak bu iki unsur birbirini destekleyeceği yerde birbirine karşıt olarak gelişmiştir. Ekonomik çıkarlar Ortadoğu'nun otoriter rejimleri ile pragmatik bir ilişkiyi gerekli kılmış, yapılan popülist söylemler Ortadoğu'daki olaylara taraf olunmasına neden olmuştur. [1]

Bu dönem politikalarını ve Türkiye-Kuzey Irak ilişkilerine etkisini anlamlandırmak için Davutoğlu'nun dış politika anlayışına değinmek gerekmektedir.

AKP Dönemi Dış Politika Anlayışı

Ahmet Davutoğlu'nun Türk Dış Politika stratejisini Türkiye'nin 3 jeopolitik etki alanına bölmek gereklidir.

1. Yakın Kıta Havzası: Balkanlar, Ortadoğu, Kafkaslar
2. Yakın Deniz Havzası: Karadeniz- Adriyatik- Doğu Akdeniz- Kızıldeniz-Körfez-Hazar Denizi
3. Yakın Kıta Havzası: Avrupa, Kuzey Afrika, Güney Asya, Orta ve Doğu Asya

Davutoğlu'na göre Türkiye'nin jeopolitik önemi kara ve deniz güç merkezlerinin

---

[1] Abdullah Torun, "Türkiye'nin Ortadoğu'da 'Bölgesel Güç' ve 'Bölgesel Liderlik' İkilemi: Kimlik mi? Çıkar mı? Realist/Neo-Realist ve Konstrüktivist Karşılaştırma", *Sosyal ve Beşeri Bilimlere Küresel Yaklaşımlar*, Der. Cem Can, Abdurrahman Kilimci, Detay Yayıncılık, Ankara 2016, s. 552-553.

doğu-batı ve kuzey-güney doğrultusundaki hakimiyet alanı mücadelelerinin ve geçiş bölgelerinin merkezinde bulunmasından kaynaklanmaktadır. Türkiye Kuzey-Güney doğrultusunda Avrasya'yı Afrika'ya bağlayan kara geçiş bölgeleri Balkanlar ve Kafkaslar ile bir deniz geçiş bölgesi olan Boğazlar'ı içermekte ve bu bölgeleri ekonomik açıdan Avrasya için önemli olan Ortadoğu ve Hazar bölgesine bağlamaktadır. Doğu-Batı doğrultusunda ise Anadolu Yarımadası Avrasya için özel bir öneme sahiptir.[2] Davutoğlu'na göre Türkiye bu jeopolitik kuşakların yerini iyi anlamlandırmalıdır, bu alanlarla kendi iç siyasetindeki kültürel yapısını birleştirmelidir.[3]

Davutoğlu için Ortadoğu'nun ayrı bir önemi vardır. Bölge Türkiye yakın kıta havzasında bulunmaktadır ve bu nedenle Türkiye'nin bölgesel politikalarını etkilemektedir. Ayrıca bölgede Türkiye'nin ilişkide olduğu yakın deniz havzalarının kıyı hatlarının ve sahilin arkasındaki toprak parçaları yer almaktadır. Bu toprak parçalarını Davutoğlu *"hinterland"* olarak nitelendirmektedir. Bunun yanısıra Türkiye'nin bölge yakın kıta bağlantılarını oluşturmasında ve Asya ve Afrika'ya yönelik politikalarında önemli rol oynamaktadır. Davutoğlu'na göre Türkiye Soğuk Savaş'tan kalma bir anlayışla kendi bölgesiyle sınırlı bir dış politika yürütmektedir. Oysa Türkiye gibi ülkelerin tek yönlü bir uluslararası konum arayışında olan bir dış politika yürütmesi doğru değildir. Bunun yerine Türkiye, ekonomik kaynakların yoğunlaştığı ve küresel ekonomik dönüşümlerin hızlandığı merkezlere yönelerek güçlü bir ekonomik statü elde edebilir. [4]

Bölgedeki Osmanlı Devleti sonrası jeokültürel bölünmeye Davutoğlu iç ve dış olarak iki unsuru neden olarak göstermektedir. Dış unsur olarak, bölgeye yayılan sömürgeci Avrupa merkezli etkiler ve İsrail devletinin kuruluşu gösterilebilir. Böylece Hristiyan ve Yahudiler bölgede etki alanı kazanmıştır. İç unsur olarak Davutoğlu ulus-devlet oluşumlarına işaret etmiştir. Buna göre oluşan her yeni ulus-devlet meşruiyet zemini oluşturacak yeni bir kültürel kimlik ve tarih referansı arayışına girmiştir. Bu durum Arap milletlerini küçük ünitelere bölmüştür.[5]

Ortadoğu'da jeokültürel parçalanma ve bu parçalanma tarafından oluşturulan etnik, dini ve siyasi kutuplaşma potansiyeli yüksektir. Türk, Acem, Arap ve Kürt unsurların farklılaşmasının arttırılabildiği, bölgede küresel güçlerce oluşturulan İsrail devletinin bölge unsurlarıyla yaşadığı kültürel ve siyasi gerilimler, ulus-devletlerin ortaya çıkarmaya çalıştırdıkları değişik ulusal kimlikler, jeopolitik ve siyasi ayrım hatları ve jeokültürel ayrım hatları arasındaki değişim kültürel farklılaşmanın bir bunalım tehlikesi haline gelmesine neden olmaktadır. Bu durum da hem küresel hem de bölgesel güçlerce kullanılabilir bir ortam oluşturmaktadır. Davutoğlu ise bu süreçte Türkiye'nin Osmanlı Devleti'nden kalan mirasını stratejik bir dayanak olarak kullanabilmesinin hem Türkiye'nin bölgede etkinliği açısından hem de bölgede adil ve kalıcı bir kurulabilmesi açısından önem taşıdığını belirtmektedir.[6]

---

[2] Ahmet Davutoğlu, *Stratejik Derinlik...*, s.118.
[3] Ahmet Davutoğlu, *Stratejik Derinlik...*, s. 116.
[4] Ahmet Davutoğlu, *Stratejik Derinlik...*, s. 217-218.
[5] Ahmet Davutoğlu, *Stratejik Derinlik...*, s. 329-330.
[6] Ahmet Davutoğlu, *Stratejik Derinlik...*, s. 330-331.

Sömürge döneminin son bulmasıyla beraber ortaya çıkan devlet yapılarınca belirlenen siyasi coğrafya ile fiziki coğrafya tarafından belirlenen jeopolitik hatlar arasında ciddi bir uyumsuzluk olduğundan bahseder Davutoğlu. Dolayısıyla bu durum bölge içi bunalımların en temel sebebidir. Bölgenin sınır komşuları arasında genellikle anlaşmazlık söz konusudur, bu nedenle bölgesel güçlerin hareket alanı artmaktadır. Buna örnek olarak Irak'ın Kuveyt'e saldırmasını vermektedir.[7]

Ortadoğu Davutoğlu için jeoekonomik açıdan da önemlidir. Bölge günümüzde petrol ile eşdeğer olarak anılmaktadır. Ancak Davutoğlu'na göre, bu yanlış olmamakla birlikte, eksiktir. Bölgenin ılıman iklim kuşağının merkezinde bulunması, tarım potansiyeli, ticaet aktarım hattı olması açısından çok önemlidir. Bölge Afroavrasya ana kıtasının hemen hemen bütün ulaşım ve ticaret yollarını kapsamaktadır. Akdeniz Havzası ve Çin arasında, Karadeniz'nin kuzeyindeki steplerle Akdeniz ve Mısır arasındaki ticaret bölgeyi öenmli bir konuma taşımaktadır. Bölge doğal kaynakları açısından da önemlidir. Dolayısıyla doğal kaynaklardan mahrum olan Batı Avrupa ile doğal kaynaklara sahip olmasına rağmen bunu Avrupa kalitesinde işleyecek araçlara sahşp olmayan Doğu arasında bir tür doğal kaynak aktarım hattı rolünü üstlenmiştir. Petrol ise bölgeye hayati önem katmaktadır. Davutoğlu bu noktada yeniden Türkiye'nin Osmanlı mirasına vurgu yaparak, böyle bir devletin mirasçısı bir ülke olarak petrol konusunda Türkiye'nin etkin olması gerektiğini dile getirmektedir.[8]

Bölgede bölünmeden aynı ülkeden doğup denize dökülen nehir sayısı çok azdır. Bu nedenle bölgenin tarım ihtiyacını giderecek su kaynaklarıyla ilgili sorun yaşanmaktadır. Türkiye'de GAP bu doğrultuda değerlendirilmelidir ve bölge-dışı faktörlere bağımlı politikasından vazgeçmelidir. Bu açıdan Kuzey Kafkasya ve Körfez'e dek uzanan bölgedeki su ve petrol politikalarını yeniden gözden geçirmelidir.[9] Bu noktada Davutoğlu yeniden Türkiye'nin Osmanlı mirasına işaret etmekte ve bölgeyle Türkiye arasındaki ortak kültürel, tarihi ve dini miras dolayısıyla yeni Türk dış politikasının bölgeye yöenlmesi gerektiğinin altını çizmektedir.

Türkiye coğrafi olarak tıpkı Avrupa'nın, Akdeniz'in, Balkanlar'ın ve Kafkasya'nın parçası olduğu gibi, Ortadoğu'nun da bir parçasıdır. Ancak coğrafyanın ötesinde Türkiye'nin bölgeyle yaşadığı sorun kimlik, oryantasyon ve isteklerle alakalıdır.[10] Sander'e göre, Türkiye'nin laik yapısı, değişik ırksal özellikleri bölgedeki rolünün ve yerinin sorgulanmasına neden olmaktadır. Coğrafi olarak bir Ortadoğu devleti olsa da, Türkiye Arap değildir, bir İslam devleti de değildir. Aksine nüfusunun çoğunluğunun Müslüman olduğu laik bir devlettir ve dolayısıyla Ortadoğu'daki hiçbir birleştirici unsuru paylaşmamaktadır. Bu nedenle Türkiye zaman zaman Ortadoğu'dan uzaklaşmıştır.[11]

Türkiye AK Parti politikalarıyla beraber hiç olmadığı kadar Ortadoğu'ya yönelmiştir. Ancak çoğunluğu Arap olan bölge halkı açısından bunun ne kadar kabul

---

[7] Ahmet Davutoğlu, *Stratejik Derinlik...*, s. 140-141.
[8] Ahmet Davutoğlu, *Stratejik Derinlik...*, s. 332-335.
[9] Ahmet Davutoğlu, *Stratejik Derinlik...*, s. 336-338.
[10] Graham E. Fuller, *a.g.e.*, s. 28-29.
[11] Oral Sander, *Türkiye'nin Dış Politikası*, İmge Kitapevi Yayınları, Ankara 2006, s. 221-222.

gördüğü tartışmaya açıktır. Araplar Birinci Dünya Savaşı sonunda Batı'ya karşı düşmanlık beslerken, Türkiye beslememektedir. Buna bir de Yahudilerin Filistin'e yerleştirilip, İsrail devletinin kurulması eklenince düşmanlık ve güven eksikliği artmıştır.[12] Birinci Dünya Savaşı sonrası oluşan Arap milliyetçiliği, Selçuklu-Osmanlı dönemini Arapların siyaset sahnesinden uzaklaştıkları bir dönem olarak nitelendirmektedir. Bu görüşe göre Araplar bağımsızlıklarını korumuş ve kendi kurum ve iktidarlarını korumuş olsalardı Avrupa emperyalizmine karşı daha güçlü olabilecektir.[13] Osmanlı Devleti'nin son dönemlerinde Osmanlıcılık-İslamcılık akımının yerini Türkçülük akımına bırakması Arapların Osmanlı Devleti'ne yabancılaşmasına neden olmuştur.[14] Davutoğlu'na göre Arapların modernleşememe sebebi olarak Türkiye'yi görmesi, Arap milliyetçilerin kendini ispat etmek için Türk etkisinden çıkmaları gerektiği düşüncesini ortaya çıkarmaktadır. Arapların Türklere bakış açısını ise, Doğu Asya ülkelerinin Japonlara, Doğu Avrupa ülkelerinin Almanya'ya duyduğu türden hayranlıkla karışık bir reddediş duygusuna benzetmektedir. Bu tip psikolojik engeller Türk-Arap ilişkilerini olumsuz yönde etkilemektedir ancak, Türkiye'nin Osmanlı mirasına sahip çıkarak bölgedeki psikolojik engelleri aşması, bölgeyi anlayarak kuşatması ve yönlendirmesi gerekir.[15]

Türkiye Cumhuriyeti'nin değer yargılarının oluşması 1830 Tanzimat dönemine dek uzanmakta, modernleşme savaşı Osmanlı Devleti'nin son dönemlerinden başlayarak Mustafa Kemal Atatürk önderliğinde kurulan Türkiye Cumhuriyeti reformlarıyla da devam etmiştir. Robins'e göre buradaki mücadele ülkeyi hem aydınlanma sonrası modern düzeye getirmek, hem de Osmanlı Devleti'ni büyük bir imparatorluk olarak yaşatan İslami ve kültürel eski görüşleri canlı tutmaya çalışmaktadır.[16] Türkiye ile Arapların ilişkilerinde Türkiye'nin laikliği ilan etmesi de büyük etki yaratmıştır. Esasında bir Kurtuluş Savaşı yürüterek ardından Türkiye Cumhuriyeti'nin kurulması ve modernleşmeye yönelinmesi birçok Ortadoğu entellektüeli için ilham verici olmuştur.[17] Popüler İslamcılık 12 Eylül 1980'e kadar İslamcı düşünürlerin Anadolucu ve milli eksenli fikirleriyle ürettikleri siyasete dayanmaktadır. İran devrimi ve 12 Eylül olaylarıyla sağ siyasetin içine gömülmüş bir ideoloji olan din, sağ siyasetlerle yer yer örtüşmesine rağmen rekabet içine girmiştir. Böylece İslam dışlanan diğer kesimlerle etkileşime girebilmiştir. Dolayısıyla Kürtlerle İslamcıların uzlaşmasında devletin tavrının ve din ideolojisinin sağ siyasetinden kopuşunun etkisi vardır. Kürtler ve İslamcılar, AK Parti iktidarı ile daha ciddi bir kesişme içine girmiştir. Böylece Kürtler Kürt milliyetçiliğini savunan partilerden sonra AK Parti'ye destek vermeye başlamışlardır.[18]

Türk kimliğinin temel unsurları Türkiye Cumhuriyeti Devleti kurulurken yapılan

---

[12] Oral Sander, *Türkiye'nin...*, s. 227.

[13] Ahmet Davutoğlu, *Stratejik Derinlik...*, s. 406-408.

[14] Bülent Aras-Hasan Koni, "Turkish-Syrian Relations Revisited," *Arab Studies Quarterly*, cilt 24, sayı 4, 2002, s. 50.

[15] Ahmet Davutoğlu, *Stratejik Derinlik...*, s. 409-410.

[16] Philip Robins, "Turkish Foreign Policy Since 2002: Between Post-Islamist Government and a Kemalist State", *International Affairs*, cilt 83, sayı 1, 2007, s. 291.

[17] Meliha Benli Altunışık, "The Possibilities and Limits of Turkey's Soft Power in Middle East", *Insight Turkey*, cilt 10, sayı 2, 2002, s. 45.

[18] Halime Kökçe, *AK Parti ve Kürtler*, Kopernik Kitap, İstanbul 2017, s. 170-172.

reformlar çerçevesinde medeni ve modern bir devlet kurma fikriyle belirlenmiştir. Bu yeni kimlik oluşumu o dönemde popüler olan ve 19. Yüzyıl Osmanlı entelektüellerinin düşüncelerini yansıtan Batılılaşma düşüncesi etrafında gerçekleştirilmiştir. Kemalizmin temel unsurları eski Osmanlı geçmişini ve Müslüman olmayan toplumları dışlayan İslamcı görüşü terketmek üzerinedir. Bununla birlikte ilk dönemlerde ortaya çıkan Kürt ayaklanmaları Türkiye'nin kimliğinin özellikle Türklük üzerine kurulu milliyetçiliğe doğru kaymasına neden olmuştur.[19] AK Parti'nin sahip olduğu toplumsal taban devlet karşıtı bir topluluk değildir. AK Parti'nin Türklüğü her kitlenin kabul edebileceği şekilde yeniden tanımlanmasıdır. Bu durum, TRT 1'de yayınlanan Diriliş Ertuğrul dizisinde net bir şekilde görülmektedir. Bu dizinin izlenme payı yüksektir ve dizide Batıcı bir Türklüktense, alternatif bir Türklük tanımı yapılmaktadır. Kürt sosyolojisi üzerinde etkiye sahip olan PKK-HDP-AK Parti arasındaki Barış Süreci'nde Türklük konusunda yeni ve geniş bir tanımlama yapılarak, Kürtlere Türkiye vatandaşlığı fikri aşılamaya çalışılmıştır.[20]

Soğuk Savaş'ın iki kutuplu ortamında Türkiye SSCB'yi tehdit olarak görerek Mustafa Kemal Atatürk'ün tarafsızlık politikasından vazgeçerek Batı bloğuna dahil olmuştur.[21] Araplar ise İsrail'den tehdit algıladıkları için SSCB'ye yaklaşmışlardır. Bu şekilde farklı kamplarda bulunmak Arapların gözünde Türkiye'nin ötekileşmesine neden olmuştur.[22] Türkiye'nin NATO'ya dahil olmasıyla bu algı daha da şiddetlenmiş, Türkiye'deki seçkinlerse Ortadoğu'yu istikrarsız, çatışmaya açık bir bölge olarak gördükleri için bölge sorunlarına dahil olmak istememişlerdir.[23] Türkiye gerçekten AK Parti döneminde daha önce hiç olmadığı kadar bölgeye yönelmiştir. Atay Akdevelioğlu ve Nuri Yeşilyurt'a göre Davutoğlu politikaları Osmanlı Devleti'nin mirasçısı bir devletin dış politikasını benimseme isteğidir. AK Parti politikaları bu politikayı Ortadoğu çerçevesinde hayata geçirmeye çalışmaktadır. Bu şekliyle bu politikalar, Yeni Osmanlıcılık olarak adlandırılmalıdır.[24] AK Parti politikaları 11 Eylül saldırıları sonrası ABD'nin izlediği dış politikadan da etkilenmiştir. ABD'nin dış politikasının iki ayağı vardır. İlki askeri müdahaleler aracılığıyla Ortadoğu'da yeni bir güvenlik mimarisi yaratmak, ikincisi bölge ülkelerinde geç kalmış neo-liberal dönüşümü sağlayarak demokrasinin tesisi için uygun sosyal, ekonomik ve siyasal reformları oluşturmaktır. İlk ayak uzlaşmaz rejimleri ortadan kaldıracak ve petrol rezervlerini güvence altına alacak, ikinci ayak için uygun zemini yaratacaktır.[25] Bu çerçevede 2001'de Afganistan'a, 2003'te de Irak'a girilmiş, Suriye ve İran'ı çevreleme politikası güdülmüş ve tehditkar davranılmış, Arap Baharı olaylarına dahil olunmuş, İsrail'in Arap karşıtı politikalarına göz yumulmuştur. İkinci ayak çerçevesinde 2002'de Ortadoğu Ortaklık Girişimi, Haziran 2004'te G-8 zirvesinde ABD öncülüğünde

---

[19] Bülent Aras-Hasan Koni, *a.g.m.*, s. 52.
[20] Ali Aslan, "Yerli ve Milli Siyaset", der. İsmail Çağlar, Ali Aslan, *AK Parti'nin 15 Yılı*, SETA Kitapları, İstanbul 2017, s. 77-104.
[21] Graham E. Fuller, *a.g.e.*, s. 73-74.
[22] Oral Sander, *Türkiye'nin...*, s. 228.
[23] Altunışık, *The Possibilities and...*, s. 46.
[24] Nuri Yeşilyurt-Atay Akdevelioğlu, "AKP Dönemi Türkiye'nin Ortadoğu Politikası", *AKP Kitabı: Bir Dönemin Blançosu*, Derleyen İlhan Uzgel-Bülent Duru, Phoenix Yayınevi, Ankara 2009, s. 382.
[25] Nuri Yeşilyurt-Atay Akdevelioğlu, *a.g.e.*, s. 389.

başlatılan Ortadoğu ve Kuzey Afrika Girişimi (Türkiye'de bilinen adıyla Büyük Ortadoğu Projesi) ilan edilmiştir. Bu girişimler 2002-2005 yılları arasında seçkin Araplar tarafından BM Kalkınma Programı bünyesinde hazırlanmış, bölgedeki tüm çıkmazların merkezinde demokrasi eksikliği, eğitimsizlik, bilgi akışının yetersizliği, özel sektörün zayıflığı gibi kalkınma sorunlarını ortaya koyan Arap İnsani Kalkınma Raporları'ndan faydalanarak hazırlanmıştır. Bu raporlardan yola çıkarak yapılması planlanan girişimlerdeki ortak hedef Ortadoğu ülkelerinde eğitime, siyasete, ekonomiye ve kadının toplumsal statüsüne dair reformları teşvik etderk bölgeyi 1990'lar boyunca ertelenen devletin ekeonomisinin neo-liberal dönüşümünü ve küresel sistemle bütünleşmesini geniş kapsamlı, uzun vadeli ve yüksek bütçeli bir proje dahilinde sağlamaktır.[26]

Büyük Ortadoğu Projesi pilot uygulamasını Uzgel'e göre, Türkiye'de gerçekleştirmiş ve Milli Görüş hareketinin ılımlaştırılmasıyla AK Parti'nin Ortadoğu'da bir model oluşturacağı düşünülmüştür. Soğuk Savaş sonrası ortaya çıkan değişiklikler ve özellikle 11 Eylül 2001 olayları sonrası ılımlı İslamcı, laikliği yumuşak tanımlayan, neo-liberalizme bağlı, AB üyeliğini hedefleyen Türkiye hedeflenmiştir.[27] AK Parti Büyük Ortadoğu Projesi üstünden prim yaptığını farketmiş ve Ortadoğu politikasında aktif olarak yer almaya başlamıştır. [28]

AK Parti dönemi politikaları Turgut Özal dönemi politikalarıyla benzerlik göstermektedir. Özal dönemindeki gibi pragatizm ve işbitiriciliği anımsatan bürokratik mekanizmalar kurulmuş, bunun yanısıra bazı durumlarda bazı işadamlarından oluşan danışmanlara dayanma politikası benimsenmiştir. Bazı akademisyenler tarafından *"Yeni Osmanlıcılık"* ve *"Yumuşak Güç"* olarak tanımlanan yeni Türk dış politikası Ortadoğu bölgesinde yeni bir bölgesel güç olduğu tespiti yapmıştır.[29] Yine Uzgel'e göre, Yeni Osmanlıcılık anlayışı iç ve dış politikasında kapsamlı bir dönüşümü, Kemalizmin, siyasetin, toplumun ve kimliğin yeniden belirlenmesini içermektedir. Bu süreçte laiklik anlayışının yumuşaması ve Kürt Sorununun Kemalist politikalarla değil, din ortaklığı ile çözülmesi konuları öne çıkmaktadır.[30]

Bu noktada yumuşak güç kavramına da değinmekte fayda vardır. Yumuşak güç kavramı modern ve postmodern dönemde ikna ve cazibenin önemini işaret eder. Türkiye bu kavramı yeni politikası çerçevesinde merkez ülke konumuyla kullanmaktadır. Yumuşak güç kalpleri ve fikirleri fethetmekle ilgilidir. Beng'e göre, Türkiye'nin bu gücünü kullanması bölgeyi yeterince algılaması, güç dinamiklerini, tarihi gücünü ve kimlik konularını doğru değerlendirmesiyle ilgilidir. Kendi iç politikasında yapacağı reformlar Ortadoğu'daki ülkeler içinde ikna ve cazibesini arttırır. Bölge konularına ilgili davranması da bölgedeki Türk etkisini arttıracaktır.[31]

Ancak Türkiye'nin yumuşak gücünün önünde bazı engeller vardır. Altunışık'a

---

[26] Nuri Yeşilyurt-Atay Akdevelioğlu, *a.g.e.*, 289-290.

[27] İlhan Uzgel, "Dış Politikada AKP: Stratejik Konumdan Stratejik Modele", *AKP Kitabı: Bir Dönemin Blançosu*, Derleyen İlhan Uzgel-Bülent Duru, Phoenix Yayınevi, Ankara 2009, s. 368.

[28] İlhan Uzgel, *Dış Politikada AKP...*, s. 369.

[29] İlhan Uzgel, *Dış Politikada AKP...*, s. 357-358.

[30] İlhan Uzgel, *Dış Politikada AKP...*, s. 359.

[31] Phar Kim Beng, "Turkey's Potential as a Soft Power: A Call for Conceptual Clarity", *Insight Turkey*, cilt 10, sayı 2, 2008, ss. 21-40, s. 28.

göre, Türkiye içindeki Kürt Sorunu, Türkiye içindeki kutuplaşma, reformların devamlılığıyla ilgili konular Arap dünyasında şüphelere yol açmaktadır. Yapılan reformlar sonrasında AK Parti yönetimi ve laikler arasında kutuplaşma oluşmuştur. Bunun yanısıra Türkiye-AB ilişkilerindeki sorunlar da Arap dünyasındaki prestijini sarsmaktadır.[32] Yumuşak güç politikaları Türkiye'nin tüm bölge ülkeleri ile konuşabilen, pazarlık yapabilen ve sözünü dinletebilen bir ülke olması için önem taşımaktadır. Bunun için Orhan'a göre dış politika enstrümanı *"diyalog"* olmalıdır.[33]

Ahmet Davutoğlu'nun bir başka dış politika amacı komşularla sıfır sorun politikasını hayata geçirmektir. Türkiye'nin bölgesel anlamda daha etkin olabilmesi için yakın kara havzasındaki komşularıyla olan ilişkilerini yeniden değerlendirmelidir. Yakın komşularıyla sürekli sorunlar yaşayan bölgesel ve küresel anlamda etkin bir politika yürütemez. Türkiye'nin komşularıyla ilişkilerini iyileştirmesi için toplumlararası ilişkilerin yoğunlaştığı kültürel ve ekonomik unsurların önemli olduğu bir politika belirlemek gerektiği üzerinde durmuştur. Türkiye komşularıyla kültürel ilişkilerini arttrmalıdır. Karşılıklı bağımlılık düzeyini de arttırmak gerekmektedir. Ulaşım imkanları geliştirilmeli, sınır ticareti yaygınlaştırılmalı, karşılıklı kültürel alışveriş arttırılmalı, emek ve sermaye alışverişi kolaylaştırılmalıdır. Bu şekilde komşularla karşılıklı bağımlılık arttırılabilir.[34] Türkiye yıllarca İran ve Suriye'ye karşı İslam ve Kürt sorunu çerçevesinde bakmıştır. Ancak iç politikada yaşanan değişimler bu bakış açısını değiştirmiştir. Bu süreci *"güvenlikleştirmekten" "güvenlik dışılaştırmaya"* geçiş olarak nitelendirmişlerdir. Davutoğlu yönetimindeki Türk Dış politikası güvenlikleştirme politikaları altındaki sorunlar, artık normal algılanmış ve güvenlik dışılaştırılmıştır.[35] Güvenlik algılamalarında ki değişim sonunda Türkiye Ortadoğu politikasında Kuzey Irak ve kıta merkezli güvenlik bakışına son vermiştir. Bu nedenle Ortadoğu'ya yönelik bütüncül bir bakış açısı geliştirmiştir. Kuzey Irak konusu bütün bölgesel sorunlardan bağımsız ele alınamayacağı fikri ortaya çıkmış ve bölgedeki tüm istikrarsızlıkların iç istikrarsızlığı tetiklediği düşüncesi oluşmuştur.[36]

Türkiye'nin Mezheplere Yönelik Politikası

Türkiye'nin gerek Kuzey Irak'ta ve özellikle Kerkük'te yaşayan Türkmen halkla ilişkilerini anlamlandırmak, gerek genel olarak Ortadoğu'yla toplumsal düzeyde ilişkilerini netleştirmek, gerekse Kuzey Irak Kürtleriyle ilişkilerini değerlendirmek anlamında Türkiye'nin mezhepsel düzeyde bölgedeki algılamalarına yer vermek gerekmektedir. İslam dünyasında iki ana akım olarak karşımıza çıkan Sünnilik ve Şiilik, Ortadoğu Bölgesi'ndeki birçok çatışmanın itici gücü olarak karşımıza çıkmaktadır. Türkiye Cumhuriyeti laiklik anlayışını gelişmesine rağmen Osmanlı mirasını devralmış olduğu gerçeği yadsınamaz. Dolayısıyla dini alanı belli bir mezhepsel yaklaşıma uygun olarak organize etmiştir. Bu durum Arap Baharı olarak

---

[32] Meliha Benli Altunışık, *The Possibilities and...*, s. 49.

[33] Oytun Orhan, "Cumhurbaşkanı Abdullah Gül'ün Şam Ziyareti Işığında Türkiye-Suriye İlişkileri", *Ortadoğu Analiz*, cilt 1, sayı 6, 2009, s. 42.

[34] Davutoğlu, *Stratejik Derinlik...*, s.140-147.

[35] Bülent Aras-Rabia Karakaya Polat, "From Conflict to Cooperation: Desecuritization of Turkey's Relations with Syria and Iran", *Security Dialogue*, cilt 39, sayı 5, 2008, s.511.

[36] Oytun Orhan, *Cumhurbaşkanı Abdullah Gül...*, s. 42.

tanımlanan süreç sonrasında daha da hissedilir bir şekilde dış politikasına yansımıştır.

1453 İstanbul'un fethi sonrası Sünnilik olarak ifade edilen ortodks bir İslam anlayışı, Osmanlı devletinde kurumlaşmaya başlamıştır. Osmanlı padişahlarından Yavuz Sultan Selim'in Mısır'ı fethi sonrasında devraldığı hilafet kurumuyla bu kurumlaşma pekişmiş, Osmanlı-Safevi çatışması ile de Osmanlı Devleti içinde yaşayan Anadolulu unsurlar devlet aygıtı içinde dışlanmaya başlanmıştır. Osmanlı Devleti içinde dini-siyasi-eğitsel anlada Sünni-İslam özellikleriyle dikkat çeken kurumların kurumsallaşarak hayatlarını sürdürmüşlerdir. Aslında bu kurumlaşma Osmanlı-Safevi çatışmalarına kadar ciddi anlamda Osmanlı iç yapısını etkilememiştir.[37] Safevi Hanlığı'nın kurulmasından sonra İran'ın tek resmi dini Şiilik olmuş, Birinci Şah İsmail döneminde İran içinde ve dışındaki tüm İslami gruplara karşı sert olitika izlenmeye başlanmıştır. Bu durum Sünni temelli Osmanlı Devleti tarafından tehdit olarak algılanmış ve Yavuz Sultan Selim padişahlığındaki Osmanlı Devleti ve Şah İsmail yönetimindeki Safevi Hanlığı 1514'te Çaldıran Savaşı'nı yapmıştır.[38] Osmanlı-Safevi çatışmaları sonrasında Safevilerin de bir Türk Hanedanı olduğu gerçeği görmezden gelinmiş ve Safevilerin Şii politikası yürütmesine karşılık olarak Osmanlı Devleti Şeyhbaniler, Babürler, diğer Orta Asya Hanlıklarıyla mezhep temelli bir ilişki oluşturmaya başlamıştır. Safevilere karşı Osmanlı, Safevi destekli Şii mezhebi, Sünniliğin temel rakibi olarak algılamış ve Sünniliği bir din politikası olarak görmeye başlamıştır. Sünni siyaseti ise Yavuz Sultan Selim döneminde gözle görülür bir öneme sahiptir. Ancak tüm bunlara karşılık Yavuz Sultan Selim'in halifeliği Memluklardan almasından II. Abdülhamit'e kadar olan süreçte Osmanlı Devleti padişahlarının halifelik unvan ve nüfuzundan yararlanmadıkları görülür. Öyle ki hiçbiri Sünni bakış açısına göre İslam'ın beş şartından biri olarak görülen Hac görevini yerine getirmemiştir. II. Abdülhamit'le beraber Pan-İslamizm denilen din temelli politika anlayışı gelişmiştir. Ancak değil Şiilerin, Arap Sünnilerin bile Osmanlı halifetine duygusal bir bağlılığı kalmamıştır. Dolayısıyla Pan-İslamizm yürümemiş ve başarısız olmuştur.[39]

Türkiye Cumhuriyeti'nin kurulmasıyla beraber her ne kadar laiklik anlayışı Türk kurumsal yapılanmasında kendisini hissettirse de, Osmanlı Devleti'nin mirasçısı olarak Sünni mezhepsel yaklaşım laik devletçi bir algılama şekliyle hayatın bütün alanlarında etkili olmaya devam etmiştir. Laik politikalara rağmen dini alanda Sünni İslamı görmek mümkündür. Devletin dinle ilgili kurumları tamamen Sünni Hanefi görüşe göre düzenlenmiştir. Sünni Hanefi mezhebin etkisi 12 Eylül darbesi sonucunda ortaya konmaya başlanan Türk-İslam Sentezinin kolaylaştırıcılığıyla daha da artmaya başlamıştır. Dolayısıyla Türkiye Cumhuriyeti'nin kuruluşundan itibaren devlet yönetiminde Sünni İslam anlayışında olan kişiler yer almıştır.[40]

---

[37] Ali Yaman, "AKP Dönemi Dış Politika Ekseninde Mezhep Meselesi", *Türkiye'de Politik Değişim ve Türk Dış Politikası: Neo Osmanlıcılığın Sosyo Politiği*, Derleyen Rasim Özgür Dönmez, Dora Yayınları, Bursa 2014, s. 163-164.

[38] Muhammed Kerim Yusufcemali, "Çaldıran Savaşı'nın Sebep ve Sonuçları", *Safeviler ve Şah İsmail*, Derleyen Ahmet Taşğın, Ali Yaman, Namıq Msah, Önsöz Yayıncılık, İstanbul Aralık 2004, s. 45-61.

[39] Ali Yaman, *a.g.e.*, s. 164-171.

[40] Ali Yaman, *a.g.e.*, s. 171-177.

Jeopolitik açıdan önemli olan Türkiye Cumhriyeti dış politikasında AK Parti öncesi dönemde Batı bloğu tarafında durmuş, Ortadoğu başta olmak üzere diğer bölgelerde de tek başına insiyatif almama, risklere girmeme şeklinde bir dış politika anlayışı yürütmüştür. Soğuk Savaş'ın Yumuşama dönemine girmesine kadar Türkiye din ve etnisite konularını, güvenlik ve askeri konulara öncelik vererek geri planda tutmuştur. Ancak iki kutuplu dönemin son bulmasıyla yavaş yavaş siyaset meydanına çıkan dini konular, 11 Eylül 2001 saldırılarından sonra önemli bir aktör halini almıştır. Ancak Araplarla ilişkiler o döneme kadar ihmal edildiği, Araplar içindeki genel kanı Türkiye Cumhuriyeti'nin hilafeti reddeden bir ülke olması ve 2000'lere kadar Araplar tarafından emperyalist görülen Osmanlı Devleti'nin mirasçısı olduğu için Ortadoğu'yla ilişkiler hızlıca düzelme göstermemiştir. 1983'te Türkiye Cumhuriyeti Başbakanlığı, 1989-1993 yılları arası Cumhurbaşkanlığı yapan Turgut Özal nispeten çok yönlü olan bir dış politika şekliyle Ortadoğu'yla ilişki kurmaya başlamış, 1997-2003 yılları arası Dış İşleri Bakanlığı görevini yürüten İsmail Cem tarafından da bu politika sürdürülmeye devam edilmiştir. Öte yandan Türkiye'nin iç politik yapılanmasında görülen dinin kamusal alandaki rolünün sınırlandırılması şeklindeki yaklaşım dış politik alanda da kendini göstermiştir. Yine de, AK Parti dönemine kadar mezhepsel dış politika yaklaşımı belirgin olarak görülmemiştir. Ali Yaman'ın iddiasına göre, Türk dış politikasında yurtdışındaki vatandaşlara yönelik yardımlarda Sünni Hanefi İslam üzerinden yardım sağlanmıştır. Türkiye Cumhuriyeti laik yapısına rağmen Diyanet gibi mezhepsel temelli bir kurumu da oluşturmuş ve resmiyette de devletçi Sünnilik üzerinden örgütlenmiştir. Bir dış politika geleneği olarak başta Suriye ve İran olmak üzere Şii İslam'a karşı mesafeli bir duruş sergilemiştir. Yine de bu duruş Arap Baharı olaylarına dek görülür bir nitelik göstermemiştir.[41]

Arap Baharı bölge devletlerinin birbirleriyle olan ilişkilerini etkilemiş, mezhep farklılıklarını daha görünür kılarak mezhep temelli çatışmalara neden olmuştur. Türkiye ise Suriye'deki iç savaş sonrası daha belirgin bir şekilde Sünni temelli dış politika izlemeye başlamıştır. Ancak Mısır'daki Mursi yönetiminin düşmesiyle Ortadoğu'da Sünni temelli bir dış politika izlemek imkan dışı olmuş, Sünni blok ortadan kalkmıştır. Arap baharına kadar olan sürece bakıldığında AK Parti hükümetiyle beraber gerçekleşen Kürt sorununa dair Barış Süreci poltikaları, AB'ye uyum sürecinde atılan adımlar, Ortadoğu başta olmak üzere eski Osmanlı topraklarına yönelik ekonomik ve siyasi ilişkileri, Alevilere karşı izlenen daha uyumlu politikalar Türkiye'nin dış politikadaki imajını değiştirmiştir. Ancak Yaman'a göre, iç politikadaki tüm toplumu kucaklamayan söyem ve eylemler, her alanda İslamcı bir yaklaşımın uygulanmaya başlaması, İmam Hatiplerin katsayı sorunu, başörtüsüne yönelik politikalar, Sünniliğin esas alındığı Diyanet İşleri Başkanlığının güçlenmesi, laik kısımın yaşam şekline yönelik tehdit algıları, Alevilerin inanç sistemlerine yönelik bir adım atılmaması, Gezi Parkı olayları ve devamında gelen Darbe Girişimi gibi olaylar Ortadoğu'daki Türkiye'nin imajını yaralamaya yetmiştir. Aslında karar alıcıların dini düşünce ve inançlarının dış politika üzerinde etkisi olması kaçınılmazdır, çünkü AK Parti taban olarak İslamcı referanstan beslenmektedir. Yine de AK Parti yönetimi altındaki dış politikada Arap

---

[41] Ali Yaman, *a.g.e.*, s. 177-185.

Baharı öncesi bölgede Batı ile ilişki kurabilen, hem Batılı demokratik hem de Müslüman değerlere sahip bir ülke olarak rol model olduğunu ve Arapların gözünde İslam ve demokrasinin bir arada gidebileceğini kanıtlayan bir ülke konumunda olduğu söylenebilir. Bu çerçevede komşularla sıfır sorun politikası çerçevesinde tarihsel sorunları olan İran, Irak ve Suriye ile ilişkiler yeniden değerlendirmeye tabi tutulmuş ve ekonomik ve siyasi ilişkiler arttırılmıştır. Tüm bunlara rağmen Yaman'a göre, CHP Lideri Kemal Kılıçdaroğlu'nun kendi Aleviliğini sürekli ortaya koyması, Cumhurbaşkanı Recep Tayyip Erdoğan'ın *"Alevilik Ali'yi sevmekse, ben Aleviyim"* türünden Sünni bakış açısına sahip söylemleri, Sünni kesimin din özgürlüğünü sağlarken, Alevi kesimin sorunlarında ilerleme kaydedilemeyişi, Alevi kitlenin devlet yönetimine karşı güvensizliğini arttırmıştır. [42]

Arap Baharı döneminde Türkiye'nin daha mezhepçi bir dış politikaya yöneldiği söylenebilir. Mezhep temelli yaklaşım Suriye'yle daha netleşmişse de, Irak'taki Saddam sonrası yönetimlerle ve Irak içindeki toplumlarla ilişkilerde de mezhep temelli yaklaşımı görmek mümkündür. Saddam sonrası Irak Arap Sünni, Arap Şii ve Kürt bölgelerine ayrılmıştır. Bu durumda bölge ülkeleri bu yeni duruma göre taraf almaya başlamışlardır. Yaman bu duruma örnek olarak, dönemin İran Cumhurbaşkanı M. Ahmedinejad'ın 2010 yılında Lübnan'ın Şii bölgesine bir seyahat düzenlemesini, buna karşılık Erdoğan'ın Sünni ağırlıklı Kuzey bölgesine gitmesini vermektedir. Suriye iç savaşı, Mısır'da Mürsi yönetiminin sona ermesi, Ortadoğu'da Şii eksenli İran etkisinin arttığı düşünceleriyle Türkiye Sünni blokla hareket etmeye başlamıştır. Türkiye'nin dış politikasında gerçekleşen bu değişim üç etaplıdır. Öncelikle Türkiye ve Irak'taki Şii Maliki yönetimiyle ilişkiler gerginleşmiş, Suriye Devlet Başkanı Beşar Esad'ın karşısında yer alan muhaliflere Türkiye tarafından açık destek verilmiş, Mısır'da Mursi yönetimi altındaki Müslüman Kardeşler yönetiminin son bulmasıyla gelişnen olaylarla AK Parti yönetiminin Sünni temelli dış politika geliştirdiği yönündeki görüşleri pekiştirmiştir. Bunun yanısıra 2012'de Sünni kökenli Irak eski Cumhurbaşkanı Yardımcısı Tarık El Haşimi'ye Türkiye'de sığınma imkanı tanınmıştır. Irak'ta Nuri El Maliki yönetimi mezhep temelli dış politika izlemekle suçlanmış, Mısır eski Cumhurbaşkanı Mursi'nin Kıpti Hristiyanlara yönelik sert politikaları görmezden gelinmiş, mezhepsel olarak Nusayri ve Alevi sözcükleri sık telaffuz edilmeye başlanmıştır.[43]

Bu şekilde bakıldığında Türkiye'nin Kuzey Irak'ta Sunni Kürtlerle Sünnilik üzerinden bir iletişim kurmaya çalıştığı söylenebilir. İslami kesime dayanan AK Parti yönetiminin Sünni seçimi bir tesadüf değildir, kendi iç politikasının bir sonucudur. Bunun yanısıra Şii İran'ın Irak'taki Maliki yönetimiyle olan iyi ilişkileri, Türkiye'nin bu anlamdaki seçiminin bir nedeni olarak gösterilebilir.

Türkiye'nin Irak'taki Kürtlerle ilişkileri, Türkiye-Irak Türkmenleri ilişkilerini de doğrudan etkilemiştir. 2003 İkinci Körfez Savaşı'yla Türkiye bölgede daha aktif rol oynamaya başlamış ancak Türkmenlerle Türkiye arasındaki ilişkiler derinleştirilemeyince bu politika etkili olamamıştır. Sonuçta Türkmenler Irak'taki diğer güçlü partilerce yönlendirilmiştir. Bununla birlikte 2009'da Türkiye'nin

---

[42] Ali Yaman, *a.g.e.*, s. 186-193.
[43] Ali Yaman, *a.g.e.*, s. 194-202.

IKBY'yle ile ilişkilerini geliştirmesi sonucunda bu bölgedeki Türkmenlerin yaşam tarzlarında belli bir düzelme gözlenmiştir. Örneğin Kürtlerin bu bölgede yaşayan Türkmenlere baskıları azalmış, Türkiye de bunun doğrudan takipçisi olmuştur. Bu Irak'ın toprak bütünlüğünün korunması ve statükonun sağlanmasına yönelik bir politika olarak değerlendirilebilir. Türkiye'nin Irak politikası bu anlayış üzerinden yürütülmektedir. Ancak, Irak'ın Kürt, Türkmen, Şii, Sünni gibi birçok unsuru barındırdığı gözardı edilmemeli, Irak'a yönelik politikada bu gerçek de düşünülmelidir. Türkiye özellikle 2010 yılı sonrası bu farklılıkları göz önünde bulundurmaya başlamış ve Türkmenler haricindeki diğer gruplarla da iletişime geçmeye başlamıştır. Ne var ki bu durum Türkmenler tarafından iyi karşılanmamıştır. Yine de Türkiye'nin bu politikası Türkmenlerin yaşam standartlarını iyileştirmiştir. Çünkü Türkmenlerin Türkiye ile doğrudan ilişkileri vardır ve bu da diğer gruplar nezdinde değerlerini arttırmıştır. Türkmenler ve Türkler arasındaki ilişkileri sınırlandıran birtakım etkenler bulunduğu da eklenmelidir. Öncelikle Türkmenler dağınık bir alanda yaşamaktadır. Bu dağınıklık Türkiye'nin politikaların Kerkük'le sınırlı kalması sonucu daha da ortaya çıkmıştır. Ayrıca Türkmenler Şii ve Sünni olarak kendi içlerinde mezhepsel farklılıklara sahiptir. Bazı Şii Türkmenler Şii Araplarla birlikte Sünnilere karşı bir gruplaşma içine girmiştir. Bu nedenle Türkmenler arasında siyasi bir bütünlük kurulması zorlaşmıştır. Dolayısıyla, Türkiye Türkmenlerle ilişkilerinde bu Şii-Sünni farkını ve bu nedenle oluşamayan bütünleşmeyi de göz önünde bulundurmalı, bu birliği kurmak için çaba harcamalıdır. Türkiye üst düzey yöneticiler nezdinde bunun için yapılabilecek tüm yardımları yapacaklarını sık sık dile getirmektedir.[44]

Kuzey Irak'taki sosyal, kültürel, ekonomik, dini ve siyasi yapısı Birinci Dünya Savaşı sonrasında çizilen haritalarla belirlenmiştir. Bölgede Araplar, Kürtler, Türkmenler ve diğer azınlık gruplardan oluşan dini ve etnik görünüm vardır. Kürt nüfusu bölgede diğer etnik grup nüfuslarından daha fazladır. Bölgede 2013'te yapılan seçimlerde 100 milletvekili Kürt, 11 milletvekili diğer etnik grup mensuplarından seçilmiştir.[45] Bu seçim sonuçları Kürtlerin yoğunluğunu göstermesi açısından önemlidir. Irak'ta yaşayan Kürtler çoğunlukla Şafiidir ancak Hanefiler de vardır. Ayrıca azınlık olmakla birlikte Irak'ın orta bölgelerinde Fili Kürtleri gibi Caferi olan aşiretler de yer almaktadır. Nakşibendiliğin Kuzey Irak'ta ilgi gördüğünü de söylemek mümkündür. [46] Kuzey Irak'ta yaşayan halkın çoğu Müslümandır ancak bir dinler ve mezhepler ülkesidir. Kuzey Irak'ta Hristiyanlar, Yezidiler, Mendai ve Sabiiler de yaşar ve bu kesimlerin dini özgürlükleri garanti altına alınmıştır. Arapça ve Kürtçe IKBY'nin resmi dili olmakla beraber nüfuslarının yoğun olduğu bölgelerde Türkmence ve Süryanice de resmi dil olarak kullanılır.[47] Kürtler arasında din ve mezhep konusu yüzyıllardır diğer ülkelerle ilişkilerini belirleyen bir etken olmuştur. Türkiye de daha önce bahsedildiği gibi, her

[44] Halil Afşar, "Ortadoğu'da Hamisiz Kalan Uygarlık: Türkmenler", *Ortadoğu'da Devlet Altı Gruplar: Örgüt, Mezhep, Etnisite*, Derleyen Erkan Ertosun, Mahmut Akpınar, Nurettin Altundeğer, İldem Yayınları, Ankara 2015, s. 473-475.

[45] Allattin Dikmen, İkram Filiz, "Siyasal İslamın Yeni bir Deneyim Alanı: Kuzey Irak'ta İslamcı Hareketler", *Akademik Sosyal Araştırmalar Dergisi*, sayı 17, Eylül 2015, s. 258.

[46] Martin Van Bruinessen, *Ağa, Şeyh, Devlet*, Çeviren Banu Yalkut, İletişim Yayınları, İstanbul 2011, s. 43.

[47] Allattin Dikmen, İkram Filiz, *a.g.m.*, s. 259.

ne kadar Hilafeti kaldırarak Kürtlerle ilişkilerinde dini konularda güvensizlik yaratmıştır ancak son dönemde AK Parti yönetimi, dini dışlayıcı değil, tersine dine vurguda bulunarak ve çoğunlukla Türkiye'nin Sünni kimliğini ortaya çıkararak bir dış politika izlemiştir. Dolayısıyla Kuzey Irak Kürtleri ile Türkiye arasında mezhepsel yakınlık bir avantaj olmuş, iki ülke Sünnilik üzerinden ilişki geliştirebilmiştir.

CHP'nin Kürt Sorununa Bakışı

Türkiye'deki taraflardan biri olarak düşünülen Ana Muhalefet partisi CHP'nin Kürt sorununa bakış açısına, AK Parti politikaları ve Barış Süreci'nin daha iyi anlaşılması için değinilmesi gerekmektedir. CHP, SHP ile birleşmesinden sonra Kürt sorununa çözümde SHP Genel Başkanlık ve Başbakan yardımcılığı yapan Erdal İnönü'nün Kürt sorununa dair düşüncelerinden kaynağını almaktadır. CHP Yönetimine göre, Doğu ve Güneydoğu Anadolu'da yaşayan halk genel olarak etnik açıdan Kürt kökenlidir. Bu bölgeden ekonomik ve siyasal nedenlerle Orta ve Güney Anadolu'ya doğru bir göç hareketi vardır. Göç eden Kürt vatandaşlar etnik açıdan herhangi bir farklı uygulamaya maruz kalmadan bulundukları yere uyum sağlamaktadır. Buna karşılık Güneydoğu ve Doğu Anadolu'da önemli sorunlar yaşanmaktadır. CHP'ye göre Cumhuriyetle kurulan Türkiye'de etnik köken açısından çoğulcu bir yapı vardır. Cumhuriyet Kurtuluş Savaşı'na tüm etnik grupların ortak katılımı ve katkısıyla kurulmuştur. Bu mozaikten birini veya birkaçını yok sayan anlayış ve politikalar doğru değildir. Tek bir ırkı ön plana çıkaran anlayış çözüm getiremez. Ülkedeki farklı anadillerin varlığı ülke bütünlüğü önünde bir engel kabul edilmemelidir. Rapora göre, bölge sorunlarına demokrasi içinde çözüm aramaktansa siyasal baskılar arttırılmış, olağanüstü kurallar genişletilmiş, konunun sosyolojik, kültürel, toplumsal ve ekonomik boyutları ihmal edilmiştir. Ana dil yasağı, sıkıyönetim ve olağanüstü yönetimler, insan hakları sorunları ve işsizlik sorunu toplumsal olarak derinleştirmiştir. Bölgedeki silahlı çatışmalar bölge halkının güvenlik sorunlarını ön plana çıkarmaktadır. Silahlı eylemlere karşı hukuk devleti ilkelerine uygun olarak alınan önlemlere bölge halkının desteği sağlanmalıdır. CHP'ye göre, Doğu ve Güneydoğu olaylarına karşı iki temel yanılgı vardır. Birincisi, demokrasinin, insan haklarına saygının, hukuk devleti ilkelerine uymak, sorunların çözümünde sağlam bir dayanaktır. Demokrasi içinde hak arama özgürlüklerinin tanınması halk desteğini sağlar. İkincisi ise, yanlış politikalara karşı gelişen umutsuzluk ortamıdır. Bu umutsuzluk sorunların giderileceğine dair güvensizlikten ortaya çıkmaktadır. Bu umutsuzluk, silahlı eylem yürüten terör örgütlerince kullanılmaktadır. Rapora göre, CHP ulusal bütünlükten yanadır ve tüm sorunlara üniter devlet yapısı içinde çözüm getirilmelidir. Bunun için öncelikle farklılıkları kabul etmek gerekmektedir. Ulusal bütünlük CHP açısından demokrasi kalkınma yurtiçi barış ve bölge barışı için gereklidir. Bu farklılıklar kaldırılmaya çalışılarak bir çözüm üretilemez. Toplumdaki farklılıkların herhangi birinin üzerinden devlet politikası yürütülemez. Rapora göre, CHP için laiklik, değişik din ve mezhep mensuplarının birarada yaşama güvencesi, yurttaşlık da, etnik köken, dil, kültür farklılıklarını kabul eden siyasal/toplumsal bir yorumdur. Bu topraklardaki sorunlar bir etnik grubun bir diğerine duyduğu düşmanlıktan değil, yanlış devlet politikalarından kaynaklanmaktadır. CHP mezhepsel farklılıklarda taraf tutmamayı, tüm vatandaşları Cumhuriyetin eşit bir üyesi olarak görmeyi savunmaktadır. Doğu ve Güneydoğu Anadolu sorunu Türkiye'nin demokratik haklar sorunuyla iç içedir. Tüm sorunların çözümü için demokrasiye başvurulmalıdır. Rapora göre diğer bir tercih de Yurttaşlık kavramıdır. Yurttaş kavramı, vatan olarak nitelendirilen siyasal sınırlar içindeki toprakları eşit ağırlıkta sahiplenmeyi içermektedir. Sosyal devlet yapısını gerçekleştirirken CHP insan unsurunu önde tutan, insanların etnik kyine Rapora göre, imlik ve mezhep farklılıklarından dolayı dışlanmadığı bir toplum düzenine ulaşmayı hedefler. [48]

Doğu ve Güneydoğu Anadolu sorunlarına bu şekilde dikkati çeken Rapor çözüm önerilerinde de bulunmaktadır. Bunu birkaç başlık altında toplamaktadırlar. **A. Ekonomik politikalar;** Doğu ve Güneydoğu için bir Bölgesel Kalkınma Planı hazırlanmalıdır. Bu planda kısa, orta ve uzun vadede hedefler ortays konmalıdır. Bu planlar sadece özel sektöre yönelik olmamalı, devletin de girişimlerini kapsamalıdır. Bölgesel Kakınma Planıyla bölgenin ekonomik ve sosyal yapısı hızla cdeğişecek, bölgeler arası gelişmişlik farkı en aza indirgenecektir. Stratejik plan hedefleri gelir farklılıklarını en aza indirme amaçlı olmalıdır. Ekonomik çekim merkezi olarak düşünülen başlıca sanayi dalları, çimento fabrikaları, dokuma sanayi, ayakkabı ve deri işleme sanayi, tütün işleme ve sigara sanayi, tarım ürünleri işleme tesisleri, tarım aletleri ve makinaları sanayi, ham ve yemeklik yağ sanayi, entegre hayvan ürünleri sanayi, genel hayvan ürünleri sanayi, genel makine sanayi, elektromekanik sanayi, madeni eşya sanayi, gübre sanayi, inşaat malzemeleri sanayi. Bölge çok küçük ve dağınık yerleşim birimlerinden oluşur. Bu nedenle huzlı gelişim zorlaşmaktadır. Uzun dönemli planlarla bölgede küçük çaplı ekonomik alt merkezler oluşturularak bölge sanayileşme ve kalkınmaya uygun hale getirilmelidir. İşsizlik sorunu için sanayileşme ve ekonomik kalkınmaya hız verilmeli, böylece halkın bölge dışına göçü engellenmeli, insanların üreterek kalkınmaya destek vermeleri sağlanmalıdır. Güvenlik boyutu tekrar incelenerek sınır ticareti yeni bir anlayışla ele alınmalıdır. Feodal yapı sanayileşmeyle kaldırılmalıdır. Aşiret ve feodal yapının güçlenmesini önlemek için GAP'a önem verilmeli, bu bölgeye toprak reformu uygulanmalıdır. Kooperatifleşme bu anlamda uygulanmalıdır.

B.Sosyal ve Kültürel Politikalar; Sağlık hizmetleri yaygınlaştırılmalıdır. Eğitim kuruluşları ihtayaca uygun kapasiteye getirilmeli ve fırsat eşitliği sağlanmalıdır. GAP'a dönük iş gücü, bölge eğitim kuruluşlarında yetiştirilmelidir. Hayvancılık sektörünün gelişmesi için gerekli düzenlemeler yapılmalıdır. Çok dağınık olan bölge koşullarında barınma koşulları çağdışıdır. Bu nedenle bu dağınık bölgelerin biraraya gelmesi sağlanmalıdır. Farklı kültürlere saygı çerçevesinde her topluluğun değişik folklörüne, geleneklerine ve özel günlerin kutlanmasına yönelik yasaklamalar kaldırılmalıdır. Bölgenin zengin kültürel mirası, iç ve dış turizme açılmalı, bu nedenle değişik merkezler oluşturulmalıdır.

C. Siyasal Yaklaşımlar; Bölgedeki terör örgütünün amacı baskıdan bıkarak insanların devlete ve cumhuriyete yabancılaşmasıdır. Bu süreç bir ölçüde başlamıştır. Bu silahlı eylemleri bitirmek adına bölge halkını bu eylemlere sempati duymaya itecek her türlü zorunlu uygulama hatalıdır. Bölgedeki terör eylemlerini etkisiz kılmak için en büyük güvence bölge halkının tutumudur. Halk bu

---

[48] CHP, *CHP'nin (SHP) Doğu ve Güneydoğu Sorunlarına Bakış ve Çözüm Önerileri Raporu*, 1989, s. 9-32.

mücadelenin içinde yer almamalıdır. Bu nedenle halka sahip çıkılmalıdır.

D. Demokratikleşme Paketi; bunun için anayasadan başlayarak bütün ilgili düğzenlemeler demokratik hukuk devletlerine uygun hale getirilmelidir. Her türlü sorgulama, yargılama ve ilgili diğer yöntemler gözden geçirilmelidir. Ülke bütünlüğünün ayrı bir yönetim anlayışına gerek duyulduğu izlenimini veren Bölge Valiliği uygulamasına son verilmelidir. OHAL Kanunu'ndaki temel hak ve özgürlükleri kısıtlayan, evrensel hukuk ilkelerine ve demokratikleşmeye aykırı olan tüm idarenin yargıya müdahalesi, sansür, sürgün, zorla yerleşim yerlerinin boşaltılması, vb. uygulamalar kaldırılmalıdır. Yurttaşların istekleri dışında bilgi vermeye zorlama uygulamalarına son verilmelidir. Yurttaşlar istediği alana yatırım yapma hakkı verilmelidir. Anadil yasağı kalkmalı, Kürt vatandaşı olduğunu ifade eden her kişi bunu özgürce belirtme hakkına sahip olmalıdır. Türkçe Türkiye Cumhuriyeti'nin resmi dilidir, eğitim dili de Türkçe olacaktır ve Türkçe öğretimi teşvik edilecektir. Ancak yurttaşlar anadilinde yazabilmeli, konuşabilmeli ve öğrenebilmelidir. Farklı kimliklerle daha üst düzeyde ortak bir kültür, siyasal ve sosyal bilinç oluşturulmalıdır.

E. Güvenlik Önlemleri; Bölgedeki iç güvenlik değişik yerleşim yerlerindeki eşgüdüm sağlayacak bir otoriteeyle sağlanmalıdır. Bölge Valiliği kaldırılmalı, bu yeni kurulacak yapı bölge sorunlarına eğilmelidir. Bu güvenlik örgütlerine profesyonel elemanlar yerleştirilmelidir. Köy koruculuğu sistemi sona ermelidir. Sınır güvenliği koruması tekrar ele alınarak gelişen teknolojilerden yararlanılmalıdır. Özellikle sınıra yakın küçük ve güvenliğin yetersiz olduğu bölgelerde yeni bir yerleşim düzenine geçilmeli, bu durum ekonomik reformlarla birlikte yürütülerek bölge halkının onayıyla yapılmalıdır. Terörle mücadelede halk desteği en önemlisidir. Buradaki yurttaşların suçsuzluğu esas alınmalı, bu kişilerin temel hak ve özgürlüklerine saygı gösterilmelidir. Uluslararası olarak terör örgütüne destek engellenmeli, bu çerçevede komşu ülkeler bu soruna yardımcı olacak noktaya getirilmelidir.[49]

Dönemin CHP Antalya Milletvekili Deniz Baykal ve 38 arkadaşı, Kürt sorunu konusunda 1991 yılında TBMM'ye bir Kanun Teklifinde bulunmuştur. Bu kanun teklifi Türkçe dışındaki dillerin konuşulması, yazılması, öğretilmesi, bu dillerde yayın yapılması, basılı eserler çıkarılması, değişik etnik kültürlerin araştırılması, geliştirilmesi, bilimsel incelem ve araştırma yapılması konusundadır. Buna göre Türkiye Cumhuriyeti'nin resmi dili Türkçedir ve kamu kuruluşları ve yerel yönetimlerde Türkçe kullanılacaktır. Ayrıca devlete ait sözlü ve görsel yayınlarda da Türkçe kullanılacaktır. Ancak özel kurum ve kuruluşlarda sözlü ve görsel herhangi bir dilin kullanılması serbesttir. Resmi eğitim ve öğretim kurumlarında da Türkçe kullanılacaktır. Türkçe dışında eğitim ve öğretim yapılacak yabancı diller Bakanlar Kurulu kararıyla Milletlerarası Antlaşmalara uygun olarak belirlenir. Türkçe dışındaki dillerin öğretilmesi için özel kurumlar kurulabilir. Üniversitelerde de dünya dillerinin ve kültürlerinin aaraştırılması serbest olacaktır, bilimsel çalışmalarda bulunulması için üniversite yönetim kurulunca kakar alınmalıdır. Bu enstitülerin çalışma esasları Yüksek Öğretim Kurumunca tesbit edilir. Bu maddelere

---

[49] CHP, *a.g.e.*, s. 33-49.

aykırı olmamak şartıyla Türkiye vatandaşları istedikleri dil ve lehçeyi konuşabilir, yazabilir, öğretebilir ve öğrenebilir, sosyal yaşantılarında da kullanılabilir. Bu Kanun teklifine gerekçe olarak; Türkiye'de yaşayan değişik etnik unsurların sayısının fazlalığı nedeniyle sosyolojik olarak etnik çoğulcu bir yapıya sahip olması ve Türkiye Cumhuriyeti'nin içindeki bu etnik kimliklerin kendi dillerinin kullanmasının Türkiye bütünlüğü açısından bir engel yaratmadığı gösterilmiştir.[50]

CHP ve Kürt sorununa bakış açısına bakıldığında aslında Barış Sürecinin temel noktalarıyla uyum halinde olduğu söylenebilir. Anadilde eğitim, anadilde yayın, bölgenin ekonomik olarak kalkındırılması isteği, etnik kimliklerin varlıklarını kabul etme gibi söylemlerden bunu anlamak mümkündür. Ancak Barış Süreci'nin içinde tam anlamıyla bulunmamıştır. Bunun da Barış Süreci'nin zayıf nokralarından biri olduğu söylenebilir. Barış Süreci'nin zayıf noktaları diğer bölümde ayrıntılarıyla incelenecektir.

Barış Süreci

Sosyal bir ortamda *"ben"* ve *"biz"*den farklı olarak *"öteki"*ler vardır. Bunların bazıları *"uzak öteki"*ler, bazıları da *"yakın öteki"*ler, dolayısıyla *"diğerleri"*dir. Bunların öteki olmasının nedeni *"ben"*den veya *"biz"*den farklı olmalarıdır. Bu farklılıklar birlikte yaşamak konusunda sorun oluşturmuyorsa *"öteki"*, *"diğerleri"*ne dönüşebilir. Eğer mümkün değilse, *"öteki"* bir tehdit unsurudur. Başka gruplardan gelen tehdit iki şekilde önlenebilir. Birincisi, tehdit eden veya tehdit ettiği varsayılan grubu yok etmektir, ikincisi bu grubu özümseyerek *"biz"* içinde eritmektir. *"Biz"* özde ve tözde benzer olan *"ben"*lerle olumlu özellikler üzerine kurulan kollektif kimlik, etkinlik ve egemenlikle donatılan çoğul öznedir. *"Öteki"*, *"biz"*in karşıtı olarak bize göre oluşturulan yabancı kimliktir. Özne değil, çoğunlukla nesne olarak inşa edilir. Özelliklerinin hepsi bilinmediğinden dolayı öteki kimliği, şüphelenilen, *"biz"*in hayatına müdahale edebilecek olan potansiyel düşmandır. Bu nedenle denetim altında tutulmalıdır. *"Uzak öteki"*, özellikleri ve amacı tümüyle bilinmeyen, sosyal-kültürel veya coğrafi olarak uzak olan birey veya kollektif kimliktir. *"Yakın öteki"* veya *"diğeri"*, sosyal ve kültürel olarak *"biz"*den olmayan ama coğrafi veya sosyal olarak birçok özelliği bilinen, bu nedenle kendilerine duyulan şüphelerin korkuya dönüşmediği birey ve kollektif kimliktir. Ergil Türkiye'de yaşayan Alevileri, Kürtleri ve Rumları örnek göstermektedir. Kimlik konusundaki tehdit algısı *"öteki"*ni kendisini tanımladığından farklı tanımlamasından ortaya çıkmaktadır. Ardından da *"öteki"*nin olanaklarını, kapasitesini, sınırlandırmayı hedeflemektedir. Daha sonra onu *"biz"* haline getirmek için özendirmek amacıyla *"biz"* içinde *"öteki"*ne yer açmaya çalışmaktadır. Bu *"öteki"*ni *"diğeri"*leştirmek ve *"diğeri"*ne yöneltilen önyargıları ortadan kaldırmakla mümkün hale gelebilmektedir. Ancak Ergil, bir üçüncü yol önerisinde bulunmaktadır. Bu da *"diğeri"*leştirilmiş *"öteki"*ler arasında önyargılarla ortaya çıkmış sınırları kaldırarark, onları ortak yaşamın eşit özneleri olarak *"hepimiz"*leştirmektir. Dolayısıyla, *"Biz"* ne kadar güçsüzse, kültürel, siyasi ve ekonomik açıdan ne kadar kırılgan hissediyorsa varlığını *"ötekiler"*e karşı ve hatta düşman olarak kurmaktadır.

---

[50] CHP Antalya Milletvekili Deniz Baykal ve 38 Arkadaşının Kanun Teklifi, *Türkçeden Farklı Dillerin Kullanılması Hakkında Kanun Teklifi*, 1991.

Şenbaş

Düşmanlarla çevrili olduğu düşüncesi dolayısıyla duygusal alarm durumundadır ve sürekli oluşturulan tehdit olgusuyla derinleşir. Bu mekanizma şu şekilde işler. Ergil'e göre, konu Türkiye tarafından değerlendirildiğinde, özne *"biz"* olursa, *"biz"*in de heterojen olduğu, *"biz"* gibi olmayan farklı Türklerin olduğunu, Türkiye'de Türklerden başka Türkiyeli *"diğeri"*nin olduğunu benimsemek durumunda kalınır. Bu nedenle bütün *"biz"* leri içine alan bir *"üst kimlik"*e ihtiyaç vardır. Siyasal alanda *"bizler"*den ve *"diğerleri"*nden *"hepimiz"* üretmek gerekmektedir. Ulus-devletin doğasında varolan birleştirme-bütünleştirme özelliği bu süreci etkilemektedir. Ulus-devletin merkezi yapısı çeşitlilikle açıklanamamaktadır. Ulus-devlet farklılıkları biraraya getirmek yerine tek tip haline getirmeye çalışmaktadır. Bu durum toplumsal bütünlüğü tehlikeye sokmaktadır. *"Öteki"*ni *"diğeri"*leştirmek ve *"biz"*le birlikte yaşayabilmesini sağlamanın tek yolu *"öteki"*nin kimliğini müdahale etmeden ve değiştirerek yeniden tanımlamaya çalışmadan nasıl kurulduğunu anlamlandırmaktır. Bunun için *"öteki"*nin anlamlı hale gelebilmesi için onun hakkında nesnel bilgi sahibi olmak gerekmektedir. Çünkü *"öteki"* bilindikçe yabancı ya da potansiyel düşman olmamaktadır. *"Öteki"*nin kendine özel bir tarihi olduğu ve bu tarihsel süreçte kendine ait bir kültür geliştirilebileceği gerçeği göz önünde bulundurulmalıdır. Dolayısıyla *"öteki"* sadece fiziksel yani tözel değil kültürel yani özsel olarak da kabul edilmelidir. *"Öteki"*, *"biz"*in kendini tanımlamasında en önemli unsur olmamalıdır. Çünkü eğer bu yapılmazsa, *"biz"* hep olumsuz olarak ve *"öteki"*ne göre tanımlanır. Dolayısıyla *"biz"* kendi farklılıklarının içinde yaşar gider. *"Biz"*in ve *"öteki"*nin tanımı ideolojik olarak değil, kültürel ve antropolijik veriler dikkate alınarak yapılırsa, *"öteki"*ler *"biz"* için siyasi bir rakip olmaktan çıkar ve farklılıklar normalleşir.[51]

*"Biz"*lerin ve *"diğerleri"*nin *"hepimiz"*leşmesinin ancak kurucu unsurları eşitlemeye çalışan demokrasi ile mümkün olabilir. Demokrasi önce *"biz"*ler arası hukuki eşitliğin sağlanması, sonra onların siyasi etkenlerinin nispeten eşitlenmesiyle harekete geçebilir. Bu, *"biz"*lerin korunmasını beklediği farklılıklarının birada ve hiyerarşi olmadan korunması anlamına gelir. Dolayısıyla demokrasi salt farklılıkları kabullenmekle olmaz. *"Ötekiler"*in *"biz"*in farklılıklarını diğer grupların zararına olmayan ve kamu düzenini bozmayan şekilde düzenlenmesini teşvik eder. Demokratik kültürün birkaç esası vardır. Öncelikle *"uzak öteki"* için daha iyi bilgilenme gereğini vurgular. *"Yakın öteki"*nin yaşam tanımını onun hakkında somut bir bilgilendirmeyle yeniden tanımlanıp olumlanmasına olanak sağlar. *"Biz"*i *"öteki"*nin yerine koymak ve empati ile *"biz"* ve *"diğeri"* arasındaki önyargıları kaldırmayı sağlar. *"Öteki"*ni yakından tanımak amacıyla yaklaşılınca *"onunla"* *"biz"* arasındaki benzerliklerin ve sürtüşme yaratacak farklılıklardan çok daha fazla olduğu görülür. İçeriden tanınan ve artık kuşku kaynağı olmayan bireyin veya grubun *"biz"*le yaşaması kolaylaşır. Böylece *"biz"*lerin *"hepimiz"*leşmesi mümkün olur. Her *"biz"* kültürel yaşam ve kimlik alanıdır. Kimliklerin dışarıda *"öteki"*lerin dışlayıcı, içeride üyelerini grup içine hapseder nitelikte olması *"bizler-arası"* diyaloğu da zorlaştırır. Sonuç olarak, toplumsal dayanışmanın söz konusu olması için, *"biz"*lerin siyasal krılma hatları olmaktan çıkıp kültürel olarak özgürlük alanları haline gelmesi, *"bizler"* arasında iletişimi ve ortaklık duygusunu geliştiren siyasal

[51] Doğu Ergil, *a.g.e.*, s. 103-107.

128

kültürün geliştirilmesi gereklidir.[52]

Türkiye içindeki Kürtler 10-12 milyon nüfusa sahiptir. Yoğunlukla Güneydoğu Anadolu'da yaşamaktadırlar. Bu bölge yüzyıllardır Kürtlerin yaşadığı bir bölge olmuş, kendi dillerini kullanmaları onlara komünal bir kimlik kazandırmıştır. 1984'ten itibaren PKK ile başlayan Kürt milliyetçi hareketinin temel hedefi Türk devletinin çerçevesi içinde Kürt siyasal ve kültürel özelliğinin tanınmasıdır. Bu federalizmde türünde okullar, mahkemeler ve medyada Kürtçe kullanılacaktır. Bunu sağlamak için de PKK öğretmenleri, memurları, devlet binaları gibi Devleti temsil eden simgeleri hedef almış, Kürtlerin yaşadıkları yerlerde normal hayatı imkansız kılmaya çalışmış, böylece Kürtlerin Devlete karşı birleşmesini sağlamayı amaçlamıştır. [53]

Soğuk Savaş'ın bitimiyle Ortadoğu'da Kürtlerin aleyhine olan ortam son bulmuştur. 2005 yılında Irak'ta yaşayan Kürt halkının bölgesel bir statüye kavuşması Türkiye'yi de Kürt sorunu konusunda bir dönüm noktasına getirmiştir. AB'ye uyum süreci Türkiye'nin bu noktaya gelişinde önemli bir yere sahiptir. Bu süreç AK Parti ile başlamamıştır. DSP, ANAP, MHP Koalisyonu döneminde 2002'de bu konuda bir reform ihtiyacı ortaya çıkmış, idamın kaldırılması, TRT'de sınırlı Kürtçe yayının başlaması, DSP Genel Başkanı Bülent Ecevit zamanında yapılan reformlardır. AK Parti sürece katkıda bulunmuştur. 28 Şubat Post-Modern Darbesi ile dönemin Başbakanı Necmettin Erbakan'ın hükümetten uzaklaştırılması ve AK Parti'nin kapatılmaktan dönmesi, AK Parti yönetimine karşı birçok darbe girişiminin olduğu gerçeği, AK Parti'yi statükoyu değiştirmeye ve demokrasi güçlerine doğru itmekte, militarizme karşı gelmeye ve muhalif güçlere yaklaştırmaktadır. Bunun yanısıra Ergenekon yapılanması da AK Parti'nin elini güçlendirmiştir. Kürt milliyetçiliğinin varlığı, Devlet politikalarının Kürt sorununu ortadan kaldırmaktaki başarısızlığı, geleneksel baskı politikalarının artık geçerliliğini yitirmesi, AK Parti'nin Necmettin Erbakan'dan devraldığı *"Milli Görüş"* anlayışını değiştirmesi, AK Parti'nin yeni kadrosunun manevra kabiliyetine sahip bir kadro oluşu, Barış Süreci'nde AK Parti'nin elini kuvvetlendirmiştir.[54]

Kürt sorunu özellikle 12 Eylül 1980 darbesiyle derinleşmiştir. Kürt sorunu Ercan Karakaş'a göre bir demokratikleşme sorunudur. Sorunun barışçıl yollarla çözümü Türkiye'de yaşayan tüm vatandaşların demokratik hak ve özgürlüklerinin üzerindeki baskıların kaldırılmasına bağlıdır. Farklı etnik kimliklere dil ve kültürlere sahip kişilerin kendi kimliklerini kültürlerini ve dillerini kullanmalarına ve yaşamalarına imkan sağlanmalıdır. Birçok demokratik ülkede etnik sorunlar demokratik yollarla çözüme ulaştırılmıştır. Onyıllardır sürdürülen resmi politika bugün uygulanamamaktadır. Bu politika kültürel ve etnik farklılıkların çoğunluk içinde eritilmesini öngörmektedir. Osmanlı Devleti'nin çok uluslu mirasının arasından bir ulus-devlet kurma aşamasında bu durum anlaşılabilirdir ancak günümüzde geçerliliğini yitirmiştir. Sorun artık demokrasi sorunudur. Dolayısıyla, Kürt halkının kimliğinin tanınması, ifade, örgütlenme ve siyasete katılma özgürlüğünün tanınması, olağanüstü halin kaldırılması, koruculuk sistemine son

---

[52] Doğu Ergil, *a.g.e.*, s. 108-111.
[53] William L. Cleveland, *a.g.e.*, s. 573.
[54] Bayram Bozyel, *Türbülans Değişim Sınavında Kürtler ve Türkler*, İletişim Yayınları, İstanbul 2015, s. 132-135.

verilmesi, Kürt dilinde eğitim ve yayına izin verilmesi, göç edenlerin topraklarına geri dönmelerinin sağlanması ve zararlarının karşılanması, yerel yönetimin güçlendirilmesi, Güneydoğu Anadolu Bölgesi'nin ekonomik, kültürel ve sosyal kalkınmasına hız verilmesi ve genel bir af çıkarılması gerekmektedir.[55]

Barış Sürecinin ortaya çıktığı dönemde devlet merkezli dünya görüşünün zayıflamış oluşu, uluslararası örgüt ve STK'ların kimlik sorunlarına karşı duyarlı hale gelmesi, kimliklere karşı uluslararası ilginin artması, küresel sermayenin sorunsuz coğrafya istemesi, Türkiye'nin AB'ye girme isteği nedeniyle dayatılan şartlara uyma zorunluluğu söz konusudur. Dolayısıyla Kürt sorununun çözümü Türkiye'nin uluslararası imajı için önem taşımaktadır. Bunun yanısıra CHP ve MHP muhalefeti Barış Sürecini bir ABD projesi olarak görmekte ve bu yönde eleştriler yapmaktadır. Kürt sorunu iktidar ve muhalefet partilerince farklı şekilde adlandırılmaktadır. AK Parti'nin programında Kürt sorunu *"Doğu ve Güneydoğu"* başlığı altında yer alırken, CHP *"Etnik Farklılık"*, DTP *"Kürt Sorunu"* ve MHP *"Terör Sorunu"* tanımını kullanmaktadır. AK Parti'nin Programının ilgili bölümünde AK Parti'nin sorununun toplum hayatında neden olduğu sorunların bilincinde olduğunu, Türkiye'nin üniter yapısını bozmayacak ve terörle mücadeleyi zaafa uğratmayacak şekilde kalıcı, tüm toplumun duygu ve düşüncelerine saygılı, sorunu kökünden çözmeye yönelik bir politika izleyeceklerini belirtmektedirler. Kültürel farlılıkları zenginlik olarak ifade etmekte, resmi dilin Türkçe olması şartıyla, Türkçe dışındaki dillerde yayın dahil kültürel etkinliklerin ülke bütünlüğünü zedeleyen değil, pekiştiren bir özellik taşıdığının altını çizmektedirler. Bölgenin geri kalmışlığına neden olan olumsuzlukların giderileceğini, bölgeye özel uygulamalarla değil, genel demokratikleşme yoluyla konunun çözüleceğini ifade etmektedirler. OHAL'in kaldırılması ve bölgede sorun yaratan uygulamalara son verilmesi gerektiği Programda açıkça belirtilmektedir. Parti programında terör bir sonuç olarak görülmektedir. Sorun sadece bir güvenlik sorunu olarak görülmemekte, derinden çözüm üretileceğini ifade edilmektedir. Kürt sorununa dair Menderes ve Özal *"Kürt vardır"* düşüncesini ortaya koymuş, Demirel tarafından *"Kürt Realitesi"* şeklinde adlandırılmıştır. Demirel sonrası DYP Genel başkanı olan Tansu Çiller dönemindeyse Kürtçe ve Kürt sembollerine karşı sert önlemler alınmıştır.[56]

AK Parti kurucusu Recep Tayyip Erdoğan, 2002 yılındaki seçim başarılarından sonra Kürtlere pek çok görüşme teklifinde bulunmuştur. Yeni hükümet, Kürt toplumu için daha dahil edici bir ortam yaratmak istediklerini beyan etmiştir. Yaklaşık 20 yıldır ülkede olan OHAL'i kaldırmış ve Kürtçe televizyon kanalı ile bazı üniversitelerde Kürtçe bölümlerin açılmasına izin vermiştir.[57] Bu noktada dönemin dışişleri bakanı Ahmet Davutoğlu'nun Irak ile olan dış politika anlayışına değinmekte fayda vardır.

Türkiye, Irak'ın işgali esnasında ve sonrasında Irak'ın geleceği ile ilgili sorunların

---

[55] Ercan Karakaş, *Kürt Sorunu: Sosyal Demokratik Yaklaşımlar*, Kalkedon Yayıncılık, İstanbul 2010, s. 59-63.

[56] Halime Kökçe, *a.g.e.*, s. 180-191.

[57] Dilek Kurban, "To Europe and Back: The Three Decades of Kurdish Struggle in Turkey", *Global Turkey in Europe; Political, Economic, and Foreign Policy Dimensions of Turkey's Evolving Relationship with the EU*, Derleyen Senem Aydın Düzgit, *IAI Research Papers*, sayı 9, Nuova Cultura, Roma Mayıs 2013, http://www.iai.it/sites/default/files/iairp_09.pdf, (12.12.2017), s.176-177.

çözülmesi konusunda en etkili aktörlerden biri olmuştur. Irak'a Komşu Ülkeler Toplantıları da uluslararası arenada Irak sorununun çözülmesine önemli ölçüde katkıda bulunmuştur. Türkiye'nin çabaları da sadece Irak hükümetinin meşruiyetinin ilanı konusunda değil aynı zamanda Irak'ın sadece ABD'nin sorunu olmaktan ziyade BM tarafından ilgilenilmesi gereken uluslararası bir sorun olarak görülmesini sağlamıştır. Bu komşu ülkeler süreci Türkiye tarafından başlatılmıştır. Türkiye'nin hedeflerindeki Irak'ın komşu ülkelerini bir araya getiren ilk toplantı Mayıs 2007'nin başında Şarm El-Şeyh'de gerçekleştirilmiştir. İkinci toplantı aynı yılın Kasım ayında İstanbul'da yapılmıştır. Bu iki toplantı ile Irak'a karşı ortak bir uluslararası tavır belirlenmiştir. Irak'ın bölünmesi hakkındaki spekülatif senaryoların yerine bu toplantılar sayesinde uluslararası topluluk kendisini Irak'ın toprak bütünlüğüne ve birliğine odaklayabilmiştir. Bugün, Orta Doğu'daki konumunu iyice güçlendirmek Türkiye için çok önemlidir. Bu pozisyon, dört temel prensip üzerine dayandırılmalıdır. Öncelikle, sadece bu grup veya şu grup, bu ülke veya şu ülke değil bütün bölgeyi kapsayacak şekilde herkes için güvenliktir. İkincisi, krizlerin çözülmesi için başvurulan ilk yol her zaman diyalog olmalıdır. Bu konuda Türkiye'nin başlatıcı olarak rolü herkes tarafından kabul edilmiş durumdadır. Türkiye son yıllarda Orta Doğu ülkeleri arasında pek çok teşvik edici rol üstlenmiştir. Bu rollerden bazıları herkes tarafından görülebilir olmasına rağmen bazıları hemen görülememektedir. Bu ülkeler Türkiye'ye her yönden güvenmişlerdir. Bugün Türkiye ve diplomatik çözümleri sadece ülkeler arasında değil aynı zamanda toplumlar ve ülke olmayan aktörler arasında da en güçlü ve güvenilir kanallar olarak kendilerini kanıtlamışlardır. Tüm taraflar bunu kabul etmektedir. Üçüncü prensip ekonomik bağımlılıktır. Orta Doğu'da düzen, izole ekonomilerin olduğu bir ortamda elde edilememektedir. Bu durum Irak, Suriye ve diğerleri için de geçerlidir. Dördüncü prensip ise farklı kültürlerin bir arada yaşaması ve *"çoğunlukçuluk"*tur. Tarihsel olarak hiçbir Orta Doğu şehri homojen bir etnik veya mezhep karışımlarından oluşmamıştır. Ne Basra ne Şam, ne İstanbul ne de Kerkük homojen şehirlerdir. Bu nedenle Orta Doğu'da düzen elde etmek için bir şekilde bu bileşimi korumak önemlidir. Kültürlerin beraber yaşaması ve çoğunluk prensibi özellikle de Irak'ın geleceği için çok önemlidir. Bölgede etnik çatışmalar devam ederken uluslararası toplum çok kültürlü ve uygulanabilir bir Irak hükümeti kurulması konusunda danışmanlık yapabilir. [58]

Türkiye'nin Irak toplumundaki parçalanmış toplumların üzerindeki etkisi, Irak'ın komşularını ortak bir platform üzerinde bir araya getirme çabaları, ABD üzerindeki ikna edici diplomasisi ve Irak hükümeti ile olan prensipli ilişkilerinin hepsi, bu çabalarda önemli bir rol oynamıştır. Soğuk Savaş döneminde ABD-Türkiye ilişkileri farklı bir yapıya sahiptir çünkü ortak düşman algıları vardır. Soğuk Savaş bittiğindeyse artık ABD-Türkiye ilişkilerinde ortak düşman tanımı yapılamamaktadır. ABD için Türkiye'nin jeostratejik önemi her ne kadar devam etse de ortak düşmanın yokluğu tam bir müttefikliğe engel olmaktadır. Dolayısıyla PKK Türkiye'nin ABD'ye bakışının temel unsuru haline gelmiştir. Türkiye'nin en ciddi sorunu İslam kimliği ve Kürt sorunudur. Türkiye'de çoğu laik kesimde ABD tarafından Türkiye'nin ılıman İslam kimliğinin ortaya çıkartıldığı düşünülmekte,

---

[58] Dilek Kurban, *a.g.m.*, s. 175-177.

dolayısıyla ABD ile ilişkilere kuşkuyla bakılmaktadır. Diğer ayak olan Kürt sorunu konusunda da Türkiye'de geniş bir kitle, ABD'yi Irak'ın bölünmesine neden olacak, Barzani ve Talabani taraftarı, PKK'ya karşı tarafsız duran bir ülke olarak görmektedir. [59]

2007 yılında Türkiye'nin Irak üzerindeki temel endişeleri, iki konu üzerinde yoğunlaşmıştır; öncelikle bölgede artan PKK terörü ve Kuzey Irak'ın muhtemelen yetiştirme alanı olacağı ve ikinci olarak Irak anayasasının 140. Maddesinin Kerkük'te yapılacak referandum için son tarih olarak Aralık 2007'yi belirlemiş olması. Türkiye için 2007 yılındaki riskler Kerkük'teki referandumu ve buna cevap olarak gelecek ve muhtemelen bir güvenlik riski oluşturacak uluslararası çatışmayı içermektedir. Bu kapsamda, Türkiye'nin bu durumu daha yapım aşamasındayken bozması kritik önem taşımaktadır. PKK konulu siyasi sorun düşünülecek olduğunda Türkiye'nin oldukça net bir eylem planı vardır; uluslararası ve Irak'ı da içeren bir koalisyon kurmak ve PKK'ya karşı ortak bir duruş sergilemek ve Kerkük'teki farklı etnik ve mezhep grupları için kabul edilebilir olacak bir çözüm bulmaya çalışmak. Bunun yanısıra yumuşak gücün ve askeri gücün birbirlerine uyum içinde uygulanması gerektiği açıkça görülebilir olmuştur. Bir taraftan Türkiye bir Meclis kararı ile sert güç kullanımını yasallaştırmıştır. Diğer taraftan ise Türkiye, seçimlerin ardından Eylül ve Aralık ayları arasında neredeyse tüm bölgesel liderlere ev sahipliği yapmıştır. Meclis kararı onaylandığı zaman dönemin Suriye Başbakanı Türkiye'yi ziyaret etmiş ve Türkiye'nin PKK'ya karşı yapacağı tüm operasyonlara tam destek verdiğini iletmiştir. Onayın arkasından Türkiye Filistin, İsrail, Ürdün ve Suudi Arabistan devlet başkanlarıyla yoğun iletişimlerde bulunmuş ve her birinin desteğini almıştır. Türkiye ve Irak arasındaki diplomatik ilişkiler de derinleşmiştir. Irak başbakanı Maliki Türkiye'yi iki defa ziyaret etmiş ve Türkiye Başbakanı ile defalarca telefon görüşmesi yapmıştır. 2007 yılının başında ikili normal seviyelerde bir güven paylaşmaktadırlar ancak 2007'nin sonunda ikilinin arasındaki güven tam teşekküllü bir inanca dönüşmüştür. Dönemin Dışişleri Bakanı Ali Babacan tüm bölgeye ziyaretlerde bulunmuş; hatta Bağdat'ı ziyaret eden ilk Türk Dışişleri Bakanı olmuştur. Başbakanın yaptığı görüşmelerin de bu çabaların tam merkezine yerleştirilmesi gerekmektedir. PKK ve arkalarındaki diğer güçler tarafından kullanılan taktiklere karşı Türkiye kademe kademe Irak hükümetini, bölgesel aktörleri, ABD'yi, AB'yi ve Irak'taki Sünni-Şii ve Suriyeli toplumları kendi yanına çekmiştir. Türkiye tüm bu gruplarla yakın ilişkiler kurmuştur. Türkiye'yi yalnız bırakmak yönündeki planlarının tam tersine, yalnız kalan taraf PKK olmuştur. Bu değişiklik ise diplomasinin, yumuşak gücün ve sert gücün nasıl en iyi ve en tutarlı şekilde yönetilebileceğini göstermiştir. Bununla birlikte, hiçbir devlet veya uluslararası organizasyon Türkiye'ye açık bir şekilde karşı çıkmamıştır. Davutoğlu'na göre, Türkiye'nin 1990'larda yaşadığı ve askeri eylemlerinin ağır uluslararası eleştirilere maruz kaldığı deneyimleriyle karşılaştırıldığında son gelişmeler Türkiye açısından önemli bir başarı göstermektedir. [60]

Anadolu halkının tutucu üyelerinin Türklerden ve Kürtlerden oluşan çoğunluğu

[59] Nuh Yılmaz, "Ömer Taşpınar: Türkiye Kürtleri'nin Talebi Demokratikleşme", *Türkiye Söyleşileri 4: Derin Devlet, AK Parti ve Kürtler*, Küre Yayınları, İstanbul 2011, s. 173-189.

[60] Ahmet Davutoğlu, *Turkey's Foreign Policy...*, s.84-88.

Mustafa Kemal Atatürk'ün ortaya koyduğu laikleşme sürecini anlayamamıştır.[61] Bu nedenle AK Parti'nin ortak İslam dinine dayanan politikalarına sıcak bakmaktadırlar. Böylece ortak İslam dinine odaklanarak AK Parti sadece Türk toplumu içindeki değil, Anadolu Kürtleri içindeki tutucu oy verenleri de kendi yanına çekmeyi başarmıştır.

Önceki hükümetler genellikle Osmanlı tarihini ve Arap Dünyasına olan bağlarını reddederken ve ülkeyi Batı'ya doğru yönlendirmeye çalışırken, AK Parti'nin Osmanlı tarihine karşı duyduğu yakınlık Barış Süreci'ne geçişi kolaylaştırıcı nitelik taşır. Çünkü, ulusal bölümler Osmanlı İmparatorluğu altında Cumhuriyet altında olduklarından çok daha az önemlidir, Osmanlı mirasına atıfta bulunulduğu düşünüldüğünde, bu politika Kürtler için olumlu bir mesaj içermektedir. Bölgesel bağlamdaysa, AK Parti'nin 2007 yılında IKBY Başkanı Mesud Barzani ile uzlaşma süreci, Türkiye'nin Kürtlerin siyasi hareketleri ve ülke dışında yer alan temsilcileriyle olan ilişkilerinde yeni bir başlangıcı işare etmiştir. Irak'taki Kürt toplumuyla diplomatik ilişkilerin iyileştirilmesinin içinde Türkiye'nin enerji tedarikini Rusya'dan uzaklaştırmak ve ülkeyi Avrupa için muhtemel bir enerji tedarikçisi haline getirmek gibi ekonomik hedefler de barındırmaktadır. Türkiye için Iraklı Kürtlerle iyi ilişkilere sahip olmak aynı zamanda onların PKK ile iş birliği yapmasını önlemek adına da ciddi bir önem taşımaktadır. Barış Sürecinin bir diğer önemli faktörü ise Kürt toplumu liderliği olmuştur. Daha önceki Kürt liderler sadece Kürt oy verenlere hitap etmişlerken, HDP eş başkanları Selahattin Demirtaş ve Figen Yüksekdağ sadece Kürt topluluğunun değil ülkedeki kadınlar haklarına da değinerek pek çok Türkün de desteğini kazanmıştır.[62] 60. Hükümet İçişleri Bakanı ve Barış Sürecinin yürütücüsü Beşir Atalay, 29 Temmuz 2009'da Barış Süreci'ni resmen başlatmış ve bu süreç sırasında Başbakanlık görevini yürüten Recep Tayyip Erdoğan'ın 2005 tarihli Diyarbakır konuşmasıyla zaten başladığını ifade etmiştir. Beşir Atalay Kürt sorununun vatandaşların demokratik haklarını genişleterek ve pekiştirerek, devlet önünde nerede yaşarsa yaşasın her vatandaşın eşit ve özgür hissetmesini sağlayarak çözüleceğine inandığını belirtmiş, bu şekilde sürecin sınırlarını çizmiştir. Çözüm bir devlet politikası haline getirilip, PKK ve DTP'nin süreç dışında tutulup, muhalif kanattan gelecek PKK ve Öcalan'ın muhatap alındığına dair eleştiriler bertaraf edilmeye çalışılmıştır.[63] Beşir Atalay yaptığı basın toplantısında sürece bütün toplumsal kesimlerin katılımını istemiştir. Bunun için tüm taraflarla görüşüp önerilerini alacaklarını belirtmiştir. Bakan Barış Süreci için tüm siyasi partilere, aydınlara, yazarlara, sivil toplum örgütlerine, sendikalara, medyaya çağrıda bulunmuştur. Ayrıca sorunun uluslararası boyutuna da değinmiştir. İspanya ve İngiltere modelleri üzerinde çalıştıklarının da altını çizmiştir. 2009 yılında TRT 6'nın gün boyu Kürtçe yayın yapması Devletin Kürt sorununa yönelik politikası bakımından farklılık yaratan bir gelişmedir.[64]

AK Parti Hükümeti Aralık 2012'de, MİT'in PKK terör örgütü elebaşı Abdullah

[61] Ömer Taşpınar, "Turkey: The New Model?", *The Islamists are Coming: Who They Really Are?*, Derleyen Robin Wright, Woodrow Wilson Center Press-United States Institute of Peace Press, Washington 2012, s. 126-136.

[62] Eva Maria Resch, "Syria's Impact on the Kurdish Peace Process in Turkey", *Istituto Affari Internazionali (IAI)*, cilt 17, sayı 24, Haziran 2017, http://www.iai.it/sites/default/files/iaiwp1724.pdf, (14.12.2017), s.6.

[63] Halime Kökçe, *a.g.e.*, s. 191-192.

[64] Bayram Bozyel, *a.g.e.*, s. 15-17.

Öcalan ile müzakerelere başladığını açıklamıştır.[65] Bu müzakerelerin bir ateşkes ile başlayan ve PKK terör örgütünün silah bırakıp siyasi bir parti haline gelmesi ile sonuçlanan çok evreli bir dönemin başlangıcı olması gerekmektedir. Türk hükümeti, PKK ve siyasi ayağı HDP de bu sürece dahildir. Diğer taraftan, PKK'nın ulusal ve uluslararası aktörlerin etkisiyle safdışı bırakılmak istendiği düşüncesi Kürt siyasal çevrede yaygındır. Bu nedenle HDP Öcalan'ı sürekli olarak muhatap göstermiştir. Ancak Öcalan'ın adının sürekli zikredilmesi HDP'nin siyasal alanın dışına savrulmasına sebep olmuştur. PKK kendisinin ve Abdullah Öcalan'ın muhatap gösterilmesi konusunda ısrar ettikçe, HDP dışarıda kalmış ancak Kürt toplumundaki aşırı milliyetçi kesimde HDP'nin popülaritesini arttırmıştır. Varlık nedeni Kürt sorununu siyasileştirmek olan HDP'nin oyları da böylece artmıştır.[66]

1999 yılından beri Türkiye'de hapiste olan Öcalan'ın yaptığı ve HDP yetkilileri tarafından 2013 Nevruz kutlamaları esnasında okunan bir açıklamada PKK'nın da bu müzakerelerde yer almak istediği belirtilmiştir.[67] Hapisten yazılan bu mektupta silahsızlanma çağrısı yapılmış ve *"Günümüz Türkiye'sinde İslam bayrağı altında yaşayan Türklerin, Kürtlerle ortak hayatlarının dostluk ve dayanışma prensiplerine bağlı olduğunu fark etmeleri gerekmektedir"* denmiştir. Bu beyan, PKK temelde Marksist olduğu için dini değerleri öne çıkarmamalarına rağmen Kürtlerle Türk toplumunun geneli için geçerli olan karakteristiklere odaklandığı için önemlidir. Daha önce değinildiği gibi, Mayıs 2009'da Barış Süreci olarak isimlendirilen süreç başlatılmış ve Kürtlere yönelik reformlar başlamış, sürekli olarak Kürtçe yayın yapan bir televizyon kanalı açılmasına ve bazı üniversitelerde Kürt dili ve kültürü dersleri verilmesi için izin verilmiştir.[68] Eylül 2011'de Türk istihbaratının önde gelen isimleri arasında 2008 yılında gerçekleşmiş konuşmaların kayıtları sızdırılmış, bu kayıtlara göre PKK, elemanlarını, Oslo Süreci olarak bilinen ve Norveç ve İngiltere tarafından yönetilen sürecin içinde yüksek makamlara yerleştirmiştir. Tapelerin sızdırılmasıyla ilgili Erdoğan, PKK'yı suçlamıştır. Tüm bu olumsuz gelişmelere rağmen, İmralı süreci istenen sonuçları elde etmiştir. Mart 2013'de PKK, tek taraflı bir ateşkes ilan etmiş ve yaklaşık 2 ay sonra grup, birliklerini Türkiye'den Kuzey Irak'a geri çekmeye başlamıştır. Ancak, Hükümetin gerekli reformlarla ilgili yeterli gelişmeleri gösterememesi olarak belirtilen bir gerekçe ile PKK, Eylül 2013'de birliklerini çekmeyi durdurmuştur. Temmuz 2015'de IŞİD'in Suriye'deki Kürtlere yardım etmek için Türkiye'nin sınır şehri olan Suruç'ta toplanan yardım delegasyonuna saldırmasının ardından, PKK ve HDP'nin hükümetin kendilerine karşı IŞİD ile iş birliği yaptığını düşünmeleri üzerine ateşkes sona ermiştir.[69]

---

[65] Kevin Matthees-Günter Seufert, "Erdoğan and Öcalan Begin Talks. A Paradigm Shift in Turkey's Kurdish Policy and a New Strategy of the PKK", *German Institute for International and Security Affairs*, sayı 13, Nisan 2013, https://www.swp-berlin.org/fileadmin/contents/products/comments/2013C13_matthees_srt.pdf, (14.12.2017), s. 4-5.

[66] Halime Kökçe, *a.g.e.*, s.202.

[67] Cengiz Çandar, "Öcalan's Message Is Much More Than a Cease-Fire", *Al-Monitor*, 24.03.2013, https://www.al-monitor.com/pulse/originals/2013/03/ocalan-ceasefire-newroz-speech-farewell-to-arms.html, (14.12.2017).

[68] Duygu Atlas, "Language and Kurdish National Identity in Turkey," *Kurdish Awakening: Nation Building in a Fragmented Homeland*, Derleyen Ofra Bengio, University of Texas, Austin 2014, s. 165.

[69] David L. Philips, *The Kurdish Spring: A New Map of the Middle East*, Routledge, New York 2017, s. 160-167.

Sürece çatışma çözümlemesi açısından bakmak doğru olacaktır. Çatışmaların çözümlemesi teorisyenleri barış süreçlerini farklı şekillerde tanımlamaktadır. Timothy Sisk barış süreçlerini *"güven oluşturmak, silahsızlandırma gibi köklü sorunları çözmek ve yeni siyasi kurumların tasarlanması ile geleceği dikkatli bir şekilde tasarlamak için adım adım ilerleyen karşılıklı hareketler"* olarak ve belki daha da bilinir bir haliyle *"barış için mücadele edilmesi"*[70] olarak tanımlar. Benzer ancak daha kapsamlı bir tanım ise akademisyen Nicole Ball tarafından verilmiştir. Ball'a göre barış süreçlerinin dört evresi müzakereler, düşmanlığın durdurulması, geçiş ve güçlendirmedir. İlk iki evre daha çok düşmanlığın durdurulması evresine dahilken ikinci ikisi barış oluşturulmasına dahildir.[71] Türkiye'deki yeni gelişmeler, barış oluşturma hedefi ile ortak bir anlaşmaya varabilmek yolunda iki taraflı çabalar olarak (bir tarafta Türk hükümeti, diğer tarafta PKK terör örgütü elebaşı Öcalan ve Kürt siyasi partisi ile) nitelendirilebilir. Ball'ın düşünce şeklini takip edersek Türkiye'deki Barış Süreci birinci veya ikinci evresinde durmuştur.

Akademisyenler, çatışmaların çözümü evrelerini farklı şekillerde sınıflandırmışlardır ve Ball'ın sınıflandırması bunlardan sadece bir tanesidir. Her ne kadar teorisyenler çatışmaların çözümü nedenlerini, evrelerini ve stratejilerini farklı şekillerde kavramlaştırmış ve etiketlemiş olsalar da ortak payda her zaman bağlam odaklı ilişkiler ve süreçler ile genelleştirmenin imkânsız olduğunu anlamaları olmuştur. Ancak Ball'ın tanımı barış sürecinin tanımlanmış evrelerinden biri altına girmesini sağlamaktadır. Farklı yaklaşımlarına rağmen çatışma çözümü teorileri genellikle askeriyenin bir gerilla grubunu sakinleştirme konusundaki hayati ancak değişken rolü üzerinde anlaşırlar. Askeriyenin çatışma çözümünde hayati bir aktör olduğu düşünülmektedir. Yine de çatışmanın ilk evresinde devleti zorlayan silahlı gruplara karşı bir askeri cevap gerektiği için askeriye bir başlangıç aktörü olarak kullanılabilir. Bu nedenle kısa dönemde etkilidir. Ancak uzun dönemli bir bakış açısından bakıldığında askeriye tek başına bir politika olarak kullanılırsa etkili bir çözüm değildir.[72] Çatışmaların çözümü teorisyenleri genellikle uzun dönemli bir barış elde edilmek isteniyorsa askeriyenin, gerilla grubunun taleplerinin en azından bazılarının karşılandığı siyasi reformların yanında kullanılması gerektiği konusunda anlaşırlar.[73] Bu bağlamda askeri eylemin yoğunluğu ve süresi, Barış Sürecinin başarısı için önemli birer kriterdir. Her ne kadar toprak bütünlüğüyle Barış Süreci arasında direkt bir bağlantı olmasa da bu ilişki, Türklerin algısındaki toprak bütünlüğünün önemi ile askeriyenin bu prensibi korumak hedefiyle hareket etmesinden kaynaklanmaktadır.

Bölge, Ortak Kimlik ve Milliyetçilik

Çatışma çözümü çalışmaları, bölgenin çatışmalardaki merkezi rolünü açıklar. Öncelikle, bölge fiziksel olarak ülkeleri kısıtlar ve tanımlar ve ikinci olarak ulusun kendisiyle ayrılmaz bir biçimde bağlı olarak kolektif fikir için sembolik bir değer

---

[70] Timothy D. Sisk, "Democratization and Peacebuilding", *Turbulent Peace*, Derleyen Chester A. Crocker-Fen Osler Hampson-Pamela Aall, Institute of Peace, Washington D.C. 2001. s. 787.

[71] Nicole Ball, "The Challenge of Rebuilding War-Torn Societies", *Turbulent Peace*, Derleyen Chester A. Crocker-Fen Osler Hampson-Pamela Aall, Institute of Peace, Washington D.C. 2001, s. 721-722.

[72] Paul Stanilad, "States, Insurgents and Wartime Political Orders", *Perspectives on Politics*, cilt 10, sayı 2, Haziran 2012, s. 245.

[73] Leonard Weinberg-Ami Pedahzur, Political Parties and Terrorist Groups, *Routledge*, New York 2009, s. 104.

oluşturur. Sonuç olarak, bölge üzerinde kontrol elde etmek bir saldırı girişimi olabilir; *"gruplar bir bölgenin belirli bir kısmına yerleştikçe o grupta devlete karşı bir isyan olma olasılığı daha fazladır"*[74]. Dolayısıyla Kürtlerin Türkiye'nin Güneydoğusunda yerleşmesi ile bölge, etnik kökenlerin sınırlayıcısı ve bir tanımlayıcı ile baskın materyal bir alan ve sembolik olarak anlam taşıyan bir terim haline gelmiştir.

Her ne kadar azınlıkların bağımsızlık talepleri nedeniyle bölgesel çatışmalar ortaya çıksa da özellikle de merkezi gücün anlaşmaya varma konusunda çekimser olduğunun altını çizmek önemlidir. Toprak bütünlüğü konsepti de görünüşte direkt olarak bölge kavramından gelmektedir. Bölge kavramında, bir ulusun veya etnik grubun ortak fikrinde vazgeçilmez bir element olarak önem kazandıkça ülke içi çatışmalar, ulus ve ulusal kimlik için bir sorun yaratmaya başlamaktadır. Toprak bütünlüğünün korunması ise bu nedenle ulusal kimliğin değişmemesi için mecburidir. Resmi derecede yapılacak herhangi bir değişiklik de bölünme korkularını ateşleyecektir; bunun bir örneği de azınlık haklarının verilmesi olabilir.[75]

Ortak kimlik konsepti, Türk ve Kürt olmak üzere iki toplumu da tanımladığı için Barış Süreci kapsamında da oldukça önemlidir. Della Porta, kimliğin *"sosyal aktörlerin malından ziyade bir sosyal süreç"*[76] olduğunun altını çizmektedir; bu nedenle sabittir ancak akıcıdır ve değişebilir veya güçlendirilebilir. Kimliği, yukarıda bahsedilen iki toplumun kimliklerini anlamaya yarayan bir süreç olarak düşünebiliriz. 1920'lerde yeni kurulmuş olan Türkiye Cumhuriyeti'nin destekleri ile yeni devleti eski ve çok kültürlü imparatorluktan ayırabilmek için yeni bir Türk ulusal kimliği oluşmuştur. Ortak kimlik ise iki element temelinde üretilmiştir: Türk dili ve devlete aidiyetlik: *"Bir Türk, (a) Türk dilini konuşan ve (b) kendisini Türkiye Cumhuriyeti'nin bir vatandaşı olarak gören kimsedir"* İkinci tanım, devlete aidiyetlik hükmü altındadır ve bu nedenle daha kapsamlıdır böylece diğer etnik kökenliler de kendilerini yaşadıkları ülkenin hak sahibi vatandaşları olarak görebilirler.[77]

Ortak kimlik toplumu kutuplaştırma konusunda da kullanılabilir: *"onlara"* karşı *"biz"* yaklaşımı, aitlik hissiyatının nasıl sınırlandırma uygulayabileceğini ortaya koymaktadır. Daha resmi bir sınırlandırma şekli ise vatandaşlıktır; kimin *"biz"* ve kimin *"diğer"* olduğunu tanımlamaktan ziyade kimlerin sosyal ve sivil faydalara erişim hakkı olduğunu ve bu haklar altında kimin korunduğunu tanımlamaktadır.[78] Bir ülkeye ait olma hissiyatı Kürtler için, Türkler için olduğu gibi değildir bu nedenle bir birleşim oluşturmak daha zordur.

Bölge ile ortak kimlik arasında şüphesiz ki oldukça güçlü bir bağ vardır. Yukarıda belirtildiği gibi bölgenin bir ulus veya etnik grup için sembolik anlamı vardır.

---

[74] David D. Laitlin, *Nations, States and Violence, Oxford University Press*, Oxford 2007, s. 20

[75] Ömer Taşpınar, *Kurdish Nationalism and Political Islam in Turkey: Kemalist Identity in Transition*, Routledge, New York 2005, s.59.

[76] Donatella della Porta-Mario Diani, *Social Movements: An Introduction*, Blackwell Publishing, Malden USA 2006, s. 105.

[77] Bozkurt Güvenç, "Secular Trends and Turkish Identity", *Perceptions Journal of International Affairs*, cilt 2, sayı 4, Aralık 1997- Şubat 1998, s.1.

[78] Seyla Benhabib, *The Rights of Others: Aliens, Residents and Citizens*, Cambridge University Press, Cambridge, 2004, s.150-154.

Türkler için Anadolu sadece yüzyıllardır yaşadıkları topraklar değil aynı zamanda hatırı sayılır çabalarla elde ettikleri bir kazançtır. Güncel Türk bölgesi bu nedenle gururla elde ettikleri bir ödül haline gelmiştir. Ancak David D. Laitin'e göre, bu gururun yan etkileri de olabilir: taviz vermeyen ve asla doymayan bir çift gibi tutkulu bir sahip olma isteği. Bu hassasiyet, ulus bölgeye bağlı oldukları için Kemalistlerin ikinci dayanağı olan milliyetçiliğin bir uzantısı olabilir. Laitin Kemalizmin, milliyetçiliği Batılaşmaya ve modernleşmeye ulaşma aracı veya dine rakip bir inanç sistemi olarak görüldüğünü eklemektedir.[79] Milliyetçilik bu nedenle ölmekte olan Osmanlı Devleti'nin İslamcılığından geriye kalan yeri doldurmakta ve sosyal bir arabulucu olarak görev almaktadır. Laitin, *"Nations, States and Violence"* kitabında milliyetçilik ve etnik farklılıkların tehlikeli olmadığını savunmakta ancak birşeyi istisna kabul etmektedir; ülke *"ne zaman bir 'ulus oluşturma' politikası içinde olursa ve bunu çevredeki bölgelerin kültürel bileşenlerini etkileyerek yapmaya çalışırsa"*.[80]

2002'den 2007'ye kadar AK Parti'nin izlediği Kürt politikası barışa yönelik pekiştirici bir politikadır. Başbakan Recep Tayyip Erdoğan 2005'te Diyarbakır'da yaptığı ünlü konuşmasında büyük devletlerin hatalarıyla yüzleşebilen devletler olduğunu, geçmişte idari ve siyasi hatalar yapıldığını, Kürt sorununun bütün Türkiye'nin dolayısıyla kendisinin de sorunu olduğunu belirtmiştir. Bu konuşması tüm ülkede yankı uyandırmış, 2007 seçimlerinde AK Parti'nin Doğu ve Güneydoğu illerinden %54 oy almasını sağlamıştır. Bu durum DTP'nin etkinliğinin kırıldığı anlamına gelmektedir. Türkiye'de geçmiş iktidarlar zaman zaman sorunun çözümü için çalışmalar yapmışlardır. Necmettin Erbakan genel başkanlığındaki RP'nin, 1995 genel seçimleri sonrasında Kürt sorunuyla ilgili yaklaşımı etnik çatışmalarının nedenini İslam'dan uzaklaşmaya bağlamak şeklindedir. Yerleşik sistemin sorgulanması gerektiği ve sorunun kaynağında ülkenin doğusu ve batısı arasındaki farklı yaşam şekillerinin yattığı düşüncesindedirler. İslamcıların Kürt sorununa ilgi duyması 1990'larda başlamıştır. İslamcılara göre Kürt milliyetçiliği laik PKK yönetiminden çıkarılmalıdır. Onlara göre, Türk milliyetçiliği Kürt milliyetçiliğini doğurmuştur. Dolayısıyla Kürt milliyetçiliği modern laik devlet yapısının bir sonucudur. Kürt halkı İslami duyarlılığı yüksek olan bir halktır. Kürt sorununun çözümünde self-determinasyon, ulus-devlet gibi kavramlar esasen Müslüman bir halk için gayri meşrudur.[81] Kürtlerin kutladığı Nevruz tarihi 21 Mart 2013'de Öcalan, ateşkes çağrısı yapmış ve *"Ön cephede silahlar değil politika olacak. Silahlı gruplarımızı sınırın gerisine çekme aşamasındayız"* diye belirtmiştir.[82] Bu konuşma, Kürt hareketinde bir dönüm noktası olmuş ve hareket, ateşkesin tek taraflı olmaması şartıyla saldırgan olmayan politik bir yöne doğrultulmuştur. Barış Planı, silahlı PKK teröristlerinin Türkiye'den Suriye ve Kuzey Irak'taki diğer kamplara çekileceğini öngörmektedir. Bu süreç Meclis ve sivil toplum örgütleri tarafından denetlenecektir.

---

[79] Ömer Taşpınar, *Kurdish Nationalism…*, s.55.

[80] David D. Laitlin, *a.g.e.*, s. 21.

[81] Halime Kökçe, *a.g.e.*, s. 172-177.

[82] Cengiz Çandar, "Öcalan's Message is Much More Than a Cease-Fire", *Al-Monitor*, 24.03.2013, https://www.al-monitor.com/pulse/originals/2013/03/ocalan-ceasefire-newroz-speech-farewell-to-arms.html, (14.12.2017).

Türkiye'nin bağlılıkları ise Kürt bölgelerinde yaşanan geçmişteki olaylar için bir komisyon kurmak, Kürtlerin Kürtçe eğitim alabilmelerini sağlamak, ceza yasasında ve terörle mücadele yasasında terörizmin tanımını daraltmak ve siyasi tutukluları serbest bırakmak gibi demokratik reformlar uygulamaktır.[83] Haşim Haşimi'ye göre, yıllardır hükümetler PKK ile mücadele etmektedir ancak hiçbir hükümet AK Parti Hükümeti kadar yoksul kesim ve Kürt gençlerinin sorunlarıyla ilgili bir yaklaşım sergileyememiştir. AK Parti eğitim, sağlık, kırsal kesime su ve elektriğin sağlanması gibi konularda olumlu adımlar atmıştır. Cumhuriyet tarihinin başından beri belki de ilk defa Doğu-Güneydoğu halkı bölgenin yerel dinamiklerindense AK Parti merkezine destek vermiştir. Kürt sorunu aslında AK Parti için bir şanstır. Çünkü yerel yapılanmalar hem Ortadoğu hem de bölge bağlamında küçümsenmektedir. Ayrıca AB ya da başka ülkelerin sorunu çözmesi, AB tarafından Kürt sorununun AB tarafından çözüldüğü şeklinde değerlendirilecek, bu da Türkiye'nin imajına zarar verecektir. Dolayısıyla AK Parti yönetiminde insiyatifin Türkiye'de olması konusunda bir inanç vardır. Ancak bu şekilde ABD, AB, İran gibi ülkelerin konuya müdahil olmasının önüne geçilebilir. [84]

Varılan anlaşmaya göre, PKK en geç Kasım 2013'e kadar tamamen geri çekilmiş olmalıdır. Ancak, bu son tarih bir anlaşmazlıkla birlikte gelmiştir; bir tarafta BDP partisi eş başkanı Demirtaş PKK teröristlerinin %70 – %80'inin geri çekildiğini öne sürerken Erdoğan bu yüzdenin sadece %15 civarında olduğunu ve bunların da çoğunlukla kadınlardan ve çocuklardan oluştuğunu belirtmektedir.[85] Yine de 30 Eylül 2013'de Hükümet, bir demokratikleşme paketi sunmuştur. Paket, Meclis seçim barajını %10'dan %5'e çekme, siyasi partilerin finansman kurallarını hafifletme, özel okullarda ana dili eğitime izin verilmesi ve Kürtçede de kullanılan *"q", "w", "x"* harflerinin kullanılması yasağının kaldırılması ve böylece Kürt isimlerin kullanılmasının sağlanması gibi reformların birkaçını sağlamaktadır. Ancak BDP'nin yanı sıra Öcalan da bu paketin anti-terör yasası gibi konularda yetersiz olduğunu ve beklentileri karşılamadığını belirtmiştir.[86] Türkiye Cumhuriyeti Anayasında Kanun şu şekilde beyan etmektedir: *"Terör; cebir ve şiddet kullanarak; baskı, korkutma, yıldırma, sindirme veya tehdit yöntemlerinden biriyle, Anayasada belirtilen Cumhuriyetin niteliklerini, siyasî, hukukî, sosyal, laik, ekonomik düzeni değiştirmek, Devletin ülkesi ve milletiyle bölünmez bütünlüğünü bozmak, Türk Devletinin ve Cumhuriyetin varlığını tehlikeye düşürmek, Devlet otoritesini zaafa uğratmak veya yıkmak veya ele geçirmek, temel hak ve hürriyetleri yok etmek, Devletin iç ve dış güvenliğini, kamu düzenini veya genel sağlığı bozmak amacıyla bir örgüte mensup kişi veya kişiler tarafından girişilecek her türlü suç teşkil eden eylemlerdir. Birinci maddede belirlenen amaçlara ulaşmak için meydana getirilmiş örgütlerin mensubu olup da, bu amaçlar doğrultusunda diğerleri ile*

---

[83] The Associated Press, "Turkey Unveils Democratic Reforms, Including Kurdish Rights Improvements", *Haaretz*, 30.09.2013, https://www.haaretz.com/middle-east-news/1.549736, (12.12.2017).

[84] Hilal Turan, "Haşim Haşimi: Kürt Meselesinde İnsiyatif Türkiye'de Kalmalı", *Türkiye Söyleşileri 4: Derin Devlet, AK Parti ve Kürtler*, Küre Yayınları, İstanbul 2011, s. 55-71.

[85] Cengiz Çandar, "Öcalan's Message is Much More Than a Cease-Fire", *Al-Monitor*, 24.03.2013, https://www.al-monitor.com/pulse/originals/2013/03/ocalan-ceasefire-newroz-speech-farewell-to-arms.html, (14.12.2017).

[86] Dorian Jones, "Turkey's Anti-Terror law Casts Increasingly Wide Net", *Voice of America*, 18.11.2013, https://www.voanews.com/a/turkey-anti-terror-law-casts-increasingly-wide-net/1772399.html, (12.12.2017).

beraber veya tek başına suç işleyen veya amaçlanan suçu işlemese dahi örgütlerin mensubu olan kişi terör suçlusudur. Terör örgütüne mensup olmasa dahi örgüt adına suç işleyenler de terör suçlusu sayılır.".[87] Barış Süreci Öcalan ve HDP'nin bu kanunun değiştirilmesi ile ilgili diretmesi nedeniyle, PKK birliklerinin geri çekilmesine ve demokratikleşme çabalarına rağmen çıkmaza girmiştir. Dahası, süreç sırasında gelişen bazı olaylar hali hazırda kırılgan olan Barış Sürecini iyice baskı altına almıştır; iki Kürt protestocu, PKK teröristlerinin mezarlarının talan edildiği iddiasından çıkan çatışmalarda polis tarafından etkisiz hale getirilmiştir. Ardından, Kürt protestocular yanan lastiklerden barikat kurmuş ve güvenlik güçlerine ve Diyarbakır AK Parti ofisine molotof atmışlardır. Gelişen zincir olaylar İstanbul'da da protestoların başlamasına ve Kürt protestocularla polisin çatışmasına ve sonunda dört Türk askerinin PKK tarafından kaçırılmasına kadar gitmiştir. BDP'nin müdahalesi ve Öcalan'ın sakinlik çağrısı üzerine tutuklular salıverilmiştir.[88]

Toprak bütünlüğü konsepti, Vestfalya eyalet sistemi ile özdeşleşmiştir ve BM Antlaşması'nda ve Uluslararası Teamül Hukukunda bir prensip olarak şekillendirilmiştir. Temel kullanımı jus ad bellum (haklı savaş doktrini) kapsamındadır. Toprak bütünlüğü geleneksel olarak mevcut sınırların korunması olarak anlaşılmaktadır. [89] Ancak self-determination gibi yeni ortaya çıkan insan hakları odaklı konseptler tarafından sınırları zorlanmaktadır. Bu potansiyel gerilim kendisini ya bir taraftaki ya da diğer taraftaki dengeyi arttırarak – özellikle de Türkiye gibi etnik açıdan heterojen toplumlarda – ortaya koymaktadır.

Türkiye'nin ulus-devlet inşası dönemi özel bir ulusal kimliğin oluşturulmasını veya inşasını gerektirmiştir. Dolayısıyla, Türk milliyetçiliği bir hayatta kalma içgüdüsünden [90] ortaya çıkmış ve Kurtuluş Savaşı milliyetçi yaklaşımları güçlendirmiştir. Cumhuriyet'in kurulması ile Türklük, sadece sivil uyumluluk için değil aynı zamanda toplumun geniş kapsamlı olarak radikal bir şekilde modernleşmesi için gereken ulusal kimlik için bir *"modus operandi"* (icra yöntemi), bir gerekçe ve kavramsal temel haline gelmiştir.[91] Bu nedenle Türklük, *"all-inclusive"* (her şey dahil) bir kavram olarak tasarlanmıştır ve ortak bir ulusal bölge ve dil üzerine kurulmuştur. [92] Türklük böylece bir kişinin kendi kökleri fark etmeksizin içselleştirebileceği bir dizi kurallar kodu haline gelmiştir.

Bu kodun bir parçası olarak ulusal bölge, ulusal kimliğin oluşturulması için temel bir şart olarak ortaya çıkmıştır. Ulus oluşturma projesi kesin olarak yeni elde edilen

---

[87] *"Örgüt mensupları gibi cezalandırılırlar"* ibaresi 2/7/2012 tarihli ve 6352 sayılı Kanunun 74 üncü maddesi ile metinden çıkarılmıştır. Bknz. Terörle Mücadele Kanunu, *Kanun no.3713*, 12.24.1991, http://www.uhdigm.adalet. gov.tr/suggam/ulusal_mevzuat/3713%20Terörle%20Mücadele%20Kanunu.pdf, (22.02.2018).

[88] *Fondation Institute Kurde De Paris*, "Clashes in Turkey after the Deaths of Two Kurdish Protesters", 07.12.2013, http://www.institutkurde.org/en/info/latest/clashes-in-turkey-after-deaths-of-two-kurdish-protesters-4046.html, (16.12.2017).

[89] Jamie Scudder, "Territorial Integrity: Modern States and the International System" *Exploring Geopolitics*, King's College, London Aralık 2010, http://www.exploringgeopolitics.org/publication_scudder_jamie _territorial_integrity_modern_states_international_political_system_jurisdiction_peace_westphalia_lebanon_so malia/, (14.12.2017).

[90] Ömer Taşpınar, *Kurdish Nationalism…*, s.15.

[91] Åke Lundgren, *The Unwelcome Neighbour: Turkey's Kurdish Policy*, I.B. Tauris, London 2007, s.32.

[92] Ömer Taşpınar, *Kurdish Nationalism…*, s.40.

sınırlar içinde gerçekleştirilmiştir. Türk Tarih Tezi, *"ilgili bölge sınırları içinde Türklerin kökenlerini genişleten"* Hititlerden başlayarak bu projenin belirleyici bir elementi olmuştur. [93] Daha net olmak gerekirse bu tez, Türkleri, Avrupa medeniyetlerinin kurucusu olan Hititlerin ataları olarak sunmuştur. Aynı hatlar üzerinde Güneş Dil Teorisi, diğer tüm dillerin türediği sadece bir adet ilkel dil olduğunu ve Arapça ve Farsça'yla karışmadan önce Türkçe'nin bu ilkel dile en yakın dil olduğunu iddia ederek kültürel üstünlüğü uygulamıştır. Türk Dil Kurumu da Türkçe'yi sadeleştirmeyi ve kökenlerine döndürmeyi kendisine görev edinmiştir.[94] Bu iki teori, Türk Tarih Tezi ve Güneş Dil Teorisi, Türk ulusunu Batı medeniyetleriyle içselleştiren bir ulusal kimlik yaratma denemeleri olmuştur. Bu tezler tamamen Mustafa Kemal Atatürk'ün kendi talimatlarıyla yürütülen çalışmalardır.[95] Ayrıca, özellikle de Türk Tarihi Tezi Anadolu'nun çok eski zamanlardan beri Türk toprakları olduğunu kanıtlamaya çalışmaktadır[96].

Toprak bütünlüğü Türk ulusu, Türk milliyetçiliği, Türklük ve ulusal kimlik ile neredeyse bölünemez bir bağ kurmaktadır. Kurulan ilişkiler ya birinin diğerini bünyesine aldığı dahil edici ve destekleyici formdadır ya da hepsi ülkenin birer parçasıymış gibi eşitleyicidir. Bu nedenle bölge, hem ulusal kimlik için bir ön koşul hem de kendi içinde bir hedef olmuştur. Bununla birlikte, Kürt milliyetçiliği Türk milliyetçiliğine paralel olarak gelişmiştir. Homojen bir toplum görünümü oluşturma denemeleri, toprak bütünlüğü ile self-determination arasında muhtemel bir çatışmayı önlemek için tasarlanmıştır, ancak grup kimliğinin gelişmesi engellenememiştir. Kürt milliyetçiliği sadece bir hoşnutsuzluk belirtisi değildir, *"Türk ulus devletinin kurulduğu alana karşı bir tepkidir."* [97]

Toprak bölünmesi korkusu, Hovsepyan'a göre, Anadolu'yu bölen ve İtilaf Devletleri tarafından uluslararası şekilde paylaşılmasını meşru kılan Sevr Anlaşmasının ardından isimlendirilmiş *"Sevr Sendromu"* olarak ortaya çıkmıştır. Anlaşma, Türkler için felaket niteliğindedir ve Türk bölgesinin bölünemezliği üzerine yapılan açıklamaların arkasında bu ulusal travma yer almaktadır.[98] Bunun yanısıra, Sevr Antlaşması sonrasında da Ankara'da milli mücadele için teşkilatlanma sürerken Kürt ve Ermeni ayaklanması söz konusudur.[99] Bu da Kürtlere karşı oluşan önyargının temellerini oluşturan olaylardandır. Sevr Antlaşması bağımsız bir devletle bağdaşmayan bir antlaşmadır, Osmanlının azınlıklar üzerindeki bütün haklarından vazgeçmesi koşulunu getirmekte ve ordusunu sıfıra indirmektedir.[100] Kaybedilen bölgeleri geri aldıktan sonra çizilen sınırlar, sürekli bir potansiyel tehlike olarak algılanan dış dünyadan özgürleştirilmiş ve kurtarılmış bir Türk mekânsal boyutu belirlemiş olmuştur. [101]

---

[93] Ömer Taşpınar, *Kurdish Nationalism...*, s.58.

[94] Ömer Taşpınar, *Kurdish Nationalism...*, s. 50-57.

[95] Ayşe Gül Altınay, *The Myth of the Military-Nation: Militarism, Gender and Education in Turkey*, Palgrave Macmillan, New York 2004, s. 21.

[96] Ömer Taşpınar, *Kurdish Nationalism...*, s. 58

[97] Ömer Taşpınar, *Kurdish Nationalism...*, s. 40.

[98] Levon Hovsepyan, *The Fears of Turkey: the Sèvres Syndrome*, Information and Public Relation Center, Yerevan 2012, s. 4.

[99] Toktamış Ateş, *Türk Devrim Tarihi*, Der Yayınları, İstanbul 1998, s.144.

[100] Toktamış Ateş, *Türk Devrim Tarihi*, İstanbul Bilgi Üniversitesi Yayınları, İstanbul 2004, s. 128.

[101] Levon Hovsepyan, *a.g.e.*, s. 4-5.

Sevr Anlaşması, her ikisi de Anadolu bölgesinde olacak şekilde bir Ermeni bölgesi ve Kürt otonom bölgesi belirlemiştir.[102] 20. yüzyılda gerçekleşen ve Türkiye tarafında toprak bütünlüğünü tehdit ettiği düşüncesi yaratan birkaç olay daha gerçekleşmiştir. 1945 yılında SSCB tek taraflı olarak 1925 yılında imzalanmış olan SSCB-Türkiye Dostluk Anlaşmasını feshettiğinde ve Ermeni Sovyet Sosyalist Cumhuriyetine katmak için Türkiye'nin Kuzey Doğu bölgesini (Kars-Ardahan) istediğinde yeni doğmuş Türkiye Cumhuriyeti önemli bir tehlike atlatmıştır.[103] Dolayısıyla yabancı güçlerin bölgesel çıkarları ve böylesine zarar verebilecek planları olduğu görüşü, 20. yüzyılın ikinci yarısında da devam etmiştir.

Kuzey Irak'ta tam bağımsız bir Bölgesel Yönetim'in kurulması da bir başka önemli tehdit algısıdır çünkü Irak sınırının hemen Kuzeyindeki Türkiye Kürtleri arasında da milliyetçi hassasiyetleri tetiklenebilir düşüncesi mevcuttur. Birinci Körfez Savaşı'nın sonuçlarından biri Kuzey Irak üzerinde uluslararası koruma kapsamında olan uçuş yasağı olan bir bölge oluşturulmasıdır ve Kürtlerin kendi kendilerini yönetmelerine izin veren asıl olay bu olmuştur. [104] Her ne kadar PKK terör örgütü başı Abdullah Öcalan ile Irak'taki Kürtlerin başı Barzani arasında gerilimler olsa da Kuzey Irak, PKK'lılar için güvenli bir sığınaktır ve bu da Türk askerlerinin Kuzey Irak'taki PKK kamplarına birkaç saldırıda bulunmasına neden olmuştur. Terörist karşıtı önlemler bu nedenle tamamen askeri olarak alınmaktadır ve sadece Türkiye sınırlarıyla kısıtlı değildir.[105]

PKK'nın terör saldırıları, Türkiye toprak bütünlüğüne karşı geçirilen en ciddi tehdittir ve belki de birbiriyle çatışan pek çok algı şeklini kendisi belirlemiştir; Türkiye bu tehdidi, askeri eylem gerektiren bir iç sorun olarak görürken Batı dünyası Türkiye'nin karşılığını insan haklarının baskılanması olarak algılamıştır. Türkiye'nin AB'ye katılma süreci kapsamında daha esnek bir azınlık hakları çerçevesi sağlanmıştır ancak bu esneklik Avrupa standartlarını ve Kürtlerin beklentilerini karşılamamıştır. Türk siyasetçiler bu nedenle Türkiye'nin Batı medeniyetleri seviyesine yükselmesini riske etmiş, uluslararası pozisyonlarının önceliğini düşürmüş ve iç tehdit olarak algıladıkları bu duruma öncelik vermişlerdir. Konu, oldukça hassas bir hale gelmiştir: *"Türkiye'nin hem Kürt sorununa olan hem de bu sorunu nasıl ele aldıklarıyla ilgili eleştirilere karşı olan tepkileri özellikle duygusaldır çünkü tehdit, anayasalarında özellikle vurgulanan devletin bölünemezliğine karşı gelen bir tehdittir".*[106]

"Sevr Sendromu" bu kapsamda tüm dış güçlere ve Kürt sorununa karşı gelişmiştir. Sevr Antlaşması Lozan Antlaşması'yla değiştirilmiştir. Kizner'a göre, Türkler, Kürt milliyetçileri tarafından iddia edilenler de dahil ortaya atılan tüm bölgesel veya

---

[102] A. E. Montgomery, "The Making of the Treaty of Sèvres of 10 August 1920" *Historical Journal*, University of Birmingham, cilt 15, sayı 4, Aralık 1972, s. 777.

[103] Levon Hovsepyan, *a.g.e.*, s. 9.

[104] *Washington Post*, "Who Are the Kurds?", 1999, https://www.washingtonpost.com/wp-srv/inatl/daily/feb99/kurdprofile.htm, (14.12.2017).

[105] Reuters Staff, "Turkey Passes Anti-Terrorism Law Reform", *Reuters*, 12.04.2013, https://www.reuters.com/article/us-turkey-terrorism/turkey-passes-anti-terrorism-law-reform-idUSBRE93B06V20130412, (14.12.2017).

[106] Malcolm Cooper, "The Legacy of Atatürk: Turkish Political Structures and Policy-Making", *International Affairs*, cilt 78, sayı 1, 2002, s. 127.

kültürel özerklik taleplerini bu şekilde ele almaktadırlar.[107] Bu görüşe göre, birçok ülke Türkiye'nin toprak bütünlüğünü bozmak için PKK terör örgütü mensuplarını finanse edip desteklemiştir. Taşpınar, bu düşünceyi kuvvetlendiren bir örneğe yer vermektedir. Buna göre, Nisan 1979'da askeri birlikler, Van'da İran'a ve İranlı Kürtlere gönderilmek üzere hazırlanan 370 ateşli silaha el koymuştur.[108]

Toprak Bütünlüğü İfadesi Olarak Ordu

Toprak bütünlüğü prensibi, devletlerin orduları tarafından korunmakta ve uygulanmaktadır. Uygulamanın aslında bölge bütünlüğünün bir ürünü veya ifade şekli olduğu söylenebilir çünkü uygulama, toprak bütünlüğünün sağlamlaştırılmasını içermektedir. PKK, Türkiye, ABD ve AB tarafından terörist organizasyon olarak listelenmiştir.[109] Bölgenin çatışmalardaki rolü, özellikle de etnik çatışmalardaki rolü merkezidir. Devletin hayati organlarından biri olarak ordunun sorumluluğu, Türkiye'nin toprak bütünlüğünü korumaktır. Çatışmalarda ordunun rolü aşikardır, ancak çatışma çözümündeki rolü o kadar aşikâr değildir. Ordunun iç çatışmalardaki rolü tartışılırken farklı faktörlerin düşünülmesi gerekir. Birinci olarak, devlete askeri olarak meydan okuyan, *"siyasi arenanın dışında işleyen ve hatta sivil toplumun sınırları dışında çalışan"* ve agresif kontra-terörist önlemlerin alınmasını gerektiren gruplar vardır. Şiddet bir çeşit *"anti-politika"*[110] şekli olduğu için devlet de bu tehdidi ortadan kaldırmak için politika dışı mekanizmaları kullanmak durumunda kalmaktadır. Başka bir deyişle, saldırgan bir çatışma için orduyu dahil ederek sisteminin dengesini bozan anti-politik organizmayı ortadan kaldırmayı hedeflemektedir. Bu dengeyi bozarak grup, vatandaşların güvenliği ve devletin meşruluğu ile ilgili soruların ortaya çıkmasına neden olmaktadır. [111]

Bununla birlikte, çatışmanın doğası asimetriktir. Meydan okuyanların kaynakları ile meydan okudukları hükümetin kaynakları arasında ciddi bir uyuşmazlık vardır. Böylesine bir uyuşmazlık olmadığı zaman barışçıl anlaşmalar yapılması daha olasıdır. Aynı şekilde, asimetrik bir ilişki olduğu zaman çatışma şiddetli ve kendi kendini yenelr düzeyde kalma eğilimlidir. [112] Gerilla grup saldırılarına devam edip ve genel halk üzerinde etki bırakmaya devam ederken ordu da genellikle halkın silahlı grupla ilişkilendirdikleri kısmı üzerinde rastgele saldırılar gerçekleştirmekle suçlanmaktadır. Diğer bir deyişle, Goswami'ye göre, güvenliği korumak için ordu, hedeflerinin dışındaki grupları ve bireyleri rahatsız eden bir şiddetin artmasına neden olmaktadır. Şiddet sadece yatay seviyede değil dikey seviyede de artmakta ve aşırı bir güce dönüşmektedir. Bir diğer önemli faktör, hoşnutsuzluklarla temsil edilen çatışma sebebine devletin cevabının kendisidir. Bu hoşnutsuzlukların uzun bir süre boyunca göz ardı edilmesi, grubun dava konusuna duygusal bir bağlılık

---

[107] Stephen Kizner, "Turks See Throwback to Partition in Europe's Focus on Kurds", *New York Times*, 07.12.1998, http://www.nytimes.com/1998/12/07/world/turks-see-throwback-to-partition-in-europe-s-focus-on-kurds.html, (14.12.2017).

[108] Ömer Taşpınar, *Kurdish Nationalism...*, s. 95

[109] "PKK Halts Withdrawal from Turkey", *Aljazeera*, 09.09.2013, http://www.aljazeera.com/news/europe/2013/09/201399724433841.html, (16.12.2017).

[110] Leonard Weinberg-Ami Pedahzur, *a.g.e.*, s.141.

[111] Paul Stanilad, "States, Insurgents and Wartime Political Orders", *Perspectives on Politics*, cilt 10, sayı 2, Haziran 2012, s.245.

[112] Leonard Weinberg-Ami Pedahzur, *a.g.e.*, s. 142.

oluşturmaktadır. Dahası, bu duygusal bağlılık *"çatışmanın çetinleşmesine, yani karşı tarafa zarar vermenin, grubun görünürdeki hedeflerine ulaşmasındaki etkisini göz ardı ederek başlı başına bir hedef haline geldiği bir durum olmasına"* neden olabilmektedir. Bu hususlar, devletin şiddet tekeline meydan okuyan grubu ortadan kaldırmak için askeri organlarını işe dahil etmeye itmektedir. Ordu bu nedenle her ne kadar gösterdiği şiddetle doğru orantılı olarak terörist grubun saldırıları da şiddetlenecek olsa da ve çatışma da o kadar ciddileşecek olsa da tehdidi ortadan kaldırmak için hayati bir fonksiyondur. Her ne kadar çatışma çözümü teorisyenleri çatışmayı ortaya çıkaran grupların kontrol edilmesi ve pasifleştirilmesi için üniversal bir cevabın olmadığını kabul etse de genel görüş, askeri müdahalenin gerekli olduğu ancak tek başına görevin tamamlanması için yeterli bir çözüm olmadığı yönündedir. Pratikte bu, askeri müdahalenin yanı sıra grubun taleplerinin en azından bazılarını karşılamak için yapılacak siyasi reformlarla veya grubun siyasi kanadının oluşturulması ile desteklenmesi gerektiği anlamına gelmektedir.[113]

Bunun sonucunda, ordunun değişken bir fonksiyonu olur: bir yandan gerilla grubun pasifleştirilmesini sağlarken diğer taraftan bunu engellemektedir, bu nedenle de çatışma çözümü çalışmaları tek bir başarı formülü ortaya koyamamaktadır. Genel olarak ordu, mevcut tehlikeyi sadece geçici olarak ortadan kaldırabilmekte ve saldırıların yoğunluğunu arttırıp daha sert bir terörist tepki almayı riske etmektedir. Ancak ikincil, siyasi bir dayanak ile desteklenirse ordu, etkili bir enstrümandır. Bölgenin Türk devletinin kimliği için kritik kavramsal bir boyut kazandığı süreçlere benzer olarak ordu da sembolik bir anlam taşımaktadır. Cumhuriyet'in milliyetçilik ve laiklik gibi kavramsallar temellerinin yanı sıra bu prensipleri korumak ve Cumhuriyet'in Kemalist yönlerde iyi işlediğinden emin olmak için sağlam ve özel mekanizmalardan oluşmaktadır. Her ne kadar ordu tek bir birim olarak oluşturulmuş olsa da siyasete olan katılımı göz ardı edilememektedir.[114] Ordu, Kemalist prensipleri tehlikeye attığını düşündüğü hükümetleri devirmiş ve siyasi renkleri yüzeysel olarak değiştirmiştir.[115] 1980 askeri darbesinden sonra sıkıyönetim getirilmiş ve bu süreçte Kürt milliyetçiliği ateşlenmiş ve 1980'lerde ve 1990'larda PKK'nın Kürt milliyetçileri içinde popülerliğinin artmasına çanak tutulmuştur.[116]

Kürt sorununda arttırılmış güvenlik sağlanmasında önemli derecede kozu olan mekanizma ise MGK olmuştur. 1960 yılındaki ilk askeri darbenin miraslarından biri olarak MGK, bakanlardan, Genelkurmayın askeri kumandanlarından ve Cumhuriyet'in başbakanından oluşan bir birimdir.[117] Fonksiyonu, güvenlikle ilgili konularda hükümete desteklerini sunmaktır. Ancak 2003 yılındaki bir reformla imtiyazları sınırlanana ve sivil kontrole geçene kadar[118] siyasi kuruluş üzerinde ciddi bir kapsamla kendisine verilen geniş haklardan faydalanmıştır: *"MGK, önemli bir*

---

[113] Namrata Goswami, "Escalation and De-escalation of Violence in Insurgencies: Insights from Northeast India", *Small Wars&Insurgence*, cilt 24, sayı 1, 2013, s. 32.

[114] Özgür Mutlu Ulus, *The Army and the Radical Left in Turkey: Military Coups, Socialist Revolution and Kemalism*, I.B. Tauris, New York 2011, s.10.

[115] Ömer Taşpınar, *Kurdish Nationalism...*, s. 86.

[116] Kemal H. Karpat, *Studies on Turkish Politics and Society: Secelcted Articles and Essays*, Koninklijke Brill NV, Leiden Netherlands 2004, s. 150.

[117] Feroz Ahmad, *Turkey: The Quest for Identity*, Oneoworld Publications, Oxford 2003, s. 123

[118] *Ministry of Foreign Affairs, Republic of Turkey, Secretariat General for EU Affairs*, "Political Reforms in Turkey", Ankara, 2007, http://www.abgs.gov.tr/files/pub/prt.pdf, (14.09.2017).

siyasi güce sahip olan ve hiçbir demokratik hesap verme zorunluluğu olmayan bir gölge hükümete dönüşmüştür".[119] Dahası, MGK'nın "*ulusal güvenlik*" anlayışı, "*generallerin neredeyse her konuya kabineden önce müdahale edebilmesi*" anlamına gelmektedir. [120] Böylece konseyin, toplum üzerinde kapsamlı bir söz hakkı olmaktadır.

Askeri darbelerin bir diğer sonucu ise askeri hakimlerin görev aldığı Devlet Güvenlik Mahkemelerinin oluşturulması ile sivil adalet mahkemelerinin kaldırılması olmuştur.[121] Askerler, ticarette de giderek daha fazla rol almaya ve ülkenin sosyo-ekonomik hayatı üzerinde de koz sahibi olmaya başlamışlardır. Maaşları artıp yatırım yapmaya başladıkça sisteme daha çok dahil olmuşlardır. 1961 yılında askerlerin maaşlarından %10'unu alıp en getirili işlere yatırım yapan ve üyelerine kredi ve diğer getiriler sağlayan OYAK açılmıştır.[122]

AK Parti'nin Siyasi Görüşleri

Erdoğan ve AK Parti'nin milliyetçi demeçlerinde özellikle de seçimlerden önce MHP seçmenlerinden de oy alabilmek için bir artış meydana gelmiştir. Seçimleri kazanma isteğinden de öte, Erdoğan'ın Türkiye'nin yönetim biçimini parlamenter rejimden başkanlık rejimine geçirme isteğini gerçekleştirebilmesi için Meclisin, Türkiye Anayasasında yapılacak gerekli değişiklikleri onaylaması ve bunun için de Mecliste gerekli çoğunluğun elde edilmesi gerekmektedir.[123] Erdoğan bir taraftan dindar Kürtleri diğer taraftan da milliyetçi seçmenleri AK Parti'ye oy vermeye ikna etmeye çabalamıştır. Mart 2015'de HDP eş başkanı Selahattin Demirtaş "*seni (Erdoğan'ı kastaderek) her şeye gücü yeten Başkan yapmayacağız*" açıklamasını yaptıktan sonra Erdoğan'ın Barış Sürecine olan yaklaşımında keskin bir dönüş gerçekleşmiştir. [124] Aynı ay Erdoğan, Ağustos 2005'de Kürtlerin yoğun olduğu bir bölge olan Diyarbakır'da verdiği konuşmada söylediklerinin ("*Kürt sorunu benim sorunumdur... Tüm sorunları demokrasi ile çözeceğiz*"[125]) aksine Türkiye'nin bir Kürt sorunu olmadığını söylemiştir.

Türkiye'de Yaşayan Kürtler Arasındaki Bölünmeler

Barış Sürecinin bir parçası olarak Türk Hükümeti PKK terörö örgütü elebaşı Öcalan ile direkt müzakerelerde bulunmuştur. PKK'nın savaş yanlısı kısımlarının destekçileri arasında popülerleşmek ve terör örgütünün Kuzey Irak'taki Kandil Dağlarında saklanan yüksek rütbeli terör örgütü mensuplarıyla rekabet edebilmek için Öcalan zaman zaman tartışmalı açıklamalarda bulunmuştur.[126]

Batı'nın Suriye'deki Kürtlere olan desteği, Batı güçlerinin Türkiye'yi zayıflatmak

---

[119] Ömer Taşpınar, *Kurdish Nationalism*..., s. 96

[120] Feroz Ahmad, *a.g.e.*, s. 123.

[121] Ömer Taşpınar, *Kurdish Nationalism*..., s. 94

[122] Feroz Ahmad, *a.g.e.*, s. 123.

[123] Meclisin direkt olarak anayasayı değiştirebilmesi için üçte ikilik – 367/550 –; ilgili bölümü Referandum ile geçirebilmek için ise beşte üçlük– 330/550 – bir çoğunluk gerekmektedir.

[124]"We Will Not Make You the President, HDP Co-Chair Tells Erdogan,", *Hürriyet Daily News*, 17.03.2015, http://www.hurriyetdailynews.com/we-will-not-make-you-the-president-hdp-co-chair-tells-erdogan-79792, (21.12.2017).

[125] M. Hakan Yavuz, *Secularism and Muslim Democracy in Turkey*, Cambridge University Press, New York 2009, s. 189.

[126] Cengiz Çandar, *Leaving the Mountain: How May the PKK Lay Down Arms? Freeing the Kurdish Question from Violence*, Turkish Economic and Social Studies Foundation, İstanbul 2012, s. 38-39.

ve parçalamak doğrultusunda olan eski emperyalist hedefleri kapsamında algılanmaktadır. Türk yetkililerin ve Türk halkının çoğunluğunun bakış açısına göre PKK ile HDP arasında kuvvetli bir bağ vardır hatta HDP'nin örgütün siyasi kanadı olduğu bile söylenmektedir. International Crisis Group'un hazırladığı Rapora göre, işin aslı ise parti ile PKK arasında anlaşmazlıklar olduğudur. HDP'nin giderek artan popülerliği, PKK içinde örgütün gücünü yitirdiği yönünde endişelere neden olmuştur. [127] Özellikle de 2015 seçimlerinde Türkiye'nin yüksek seçim barajı ile ilgili reformları gerçekleşmeden önce HDP'nin seçim barajını geçmesinin ardından bu ters düşme açığa çıkmıştır. PKK'yı asıl endişelendiren ise Demirtaş'ın popülerliğinin gittikçe artmasıdır.[128] Gunter'e göre, bu güç artışı, Kandil Dağları'ndaki yüksek rütbeli PKK teröristlerinin etkinliklerini yitireceklerinden endişe etmelerine neden olmuştur. Herhangi bir sebep olmaksızın Kandil Dağları'ndaki PKK'lılar, kendilerinin hala Türkiye'deki Kürtleri temsil eden asıl yetkili ve güç sahibi merci olduklarını kanıtlamak istercesine şiddetin yeniden başlatılmasını emretmiştir. Yine Gunter'e göre, zaman zaman Türk hükümeti de IKBY ile geliştirdikleri iyi ilişkileri ve IKBY'nin enerji ihracatı için Türkiye'ye olan bağlılığını, Türkiye içindeki PKK'ya karşı çıkacak elementleri güçlendirmek için kullanmayı düşündüğü olmuştur. IKBY Başkanı Mesud Barzani'nin Türkiye'de PKK'nın seküler ve milliyetçi doğasına zıt olarak ılımlı ve dindar kimlikli yeni bir Kürt partisi kurmayı başarabileceği umutları bile olmuştur. Türk hükümeti bu nedenle PKK ile Barzani liderliğindeki KDP arasında pan-Kürt dünyasında kimin liderlik koltuğuna oturacağı konusundaki rekabeti kullanmaya çalışmıştır.[129]

Bölgesel Gelişmeler

Kürtlerin bölgesel seviyede büyüyen güçleri ile Suriye'deki Kürtlerin giderek güçlenmesi, Türkiye'nin Türkiye'deki Kürtlerle sürdürdüğü politikalar için bir tehdit olarak algılanmıştır. Henri J. Barkey'e göre, Türkiye, Kuzey Suriye ile IKBY'nin birleşeceğinden ve böylesi bir durumda Türkiye'deki Kürtlerin bölücü hedeflerinin destekleneceğinden endişelenmiştir. Batı'nın Suriye'deki Kürtleri desteklemesi de ayrıca Batı güçlerinin Türkiye'yi zayıflatmak yönündeki eski emperyalist hedeflerinin bir parçası olarak algılanmıştır. Hükümet yanlısı bir röportajda Batı'nın hedefinin Suriye'deki petrol yataklarını kontrol etmek ve Kuzey Suriye'deki Kürt bölgelerinin coğrafi komşuluğundan faydalanarak kendilerine Akdeniz'in yolunu açmak olduğu söylenmiştir.[130] Dahası, Kobani ve Tel Abyad'daki Kürt başarıları farklı ülkelere dağılmış olan Kürtler arasında bir çeşit birlik duygusu uyandırmış [131] ve özellikle de Türkiye'deki Kürtler ve Suriye'deki

---

[127] "A Sisyphean Task? Resuming Turkey-PKK Peace Talks," *International Crisis Group Europe Briefing* sayı 77, 17.12.2015, https://www.crisisgroup.org/europe-central-asia/western-europemediterranean/turkey/sisyphean-task-resuming-turkey-pkk-peace-talks, (16.12.2017), s. 9-10.

[128] Lucy Kafanov, "End of Turkey-PKK Ceasefire Puts HDP in a Tough Spot," al-Jazeera, 10.08.2015, http://www.aljazeera.com/news/2015/08/turkey-pkk-ceasefire-puts-hdp-tough-spot-150806110231827.html, (13.12.2017).

[129] Michael M. Gunter, "The Turkish-Kurdish Peace Process Stalled in Neutral," *Insight Turkey*, cilt 16, sayı 1, Kış 2014, s. 23-24.

[130] Henri J. Barkey, "On the KRG, the Turkish-Kurdish Peace Process and the Future of the Kurds," *Global Turkey in Europe Working Paper*, sayı 12, Temuz 2015, s. 2.

[131] "The War Against Islamic State: Kurdish Stalingrad," *The Economist*, 01.11.2014, https://www.economist.com/news/middle-east-and-africa/21629475-kobane-has-acquired-huge-symbolic-significance-all-those-fighting-it, (14.12.2017).

Kürtlerin arasında bir kimlik sorunsalı oluşturmuştur. Dahası, PYD'nin askeri kanadı olan ve Suriye'deki güçlü ve dominant Kürt güçlerin oluşturduğu YPG'nin PKK'nın bir uzantısı olduğu kanıtlanmıştır. Türkiye'nin ilk düşüncesi olan Barzani'yi ve IKBY'yi kullanarak PKK'nın Suriye'deki Kürtler üzerindeki etkisinin azaltılması fikri fayda etmemiş ve hatta bu işin sonunda Türklere, Suriye'deki Kürtlerin özerk statülerine boyun eğmeleri için bir uyarı verilmiştir. Türkiye'nin Suriyeli Kürtlere Kobani'deki savaşa yardım etmek konusundaki ilk isteksizliği Kürtler tarafından hükümetin barış konuşmalarında samimi olmadığı şeklinde yorumlanmıştır. Bu düşünce ışığında Kobani'nin düşmesi durumunda tüm müzakerelerin de sona ereceği konusunda tehditler savurmuşlardır.[132] Diğer taraftan Türkiye'nin Kuzey Irak'tan gelen yardımların, insan desteği dahil, Türk topraklarından geçerek Suriye'deki Kürtlere ulaştırılmasını kabul etmesi üzerine gelen yardımlar kalabalık tarafından sevinçle karşılanmıştır. [133]

Müzakereler Esnasında Atılan Yanlış Adımlar

Hükümet, görüşmeleri yürütürken net bir yol haritası veya açık bir zaman çizelgesi olmadan ilerlemeyi tercih etmiştir. Süreç istikrarsızdır ve odak noktası, bir anlaşmaya varmak ve mevcut çatışmaya uzun soluklu bir çözüm bulmaktan ziyade müzakerelerin başlı başına yeni bir şiddet furyası patlamasını engellemek için olduğu gerçeği üzerinedir. Kürtler talepleriyle ilgili net bir görüş ortaya koymamışlardır. Özellikle de Kürtlerin ortaya koyduğu demokratik özerklik gibi bazı belirsiz kavramlar kafaları karıştırmıştır.[134] Hükümet, Kürtlerin toplantılar esnasında önemli bir üçüncü tarafın da bulunması veya görüşmelerin kaydedilmesi taleplerine de razı gelmemiştir ve bu da Kürt tarafında, hükümetin süreçle ilgili ciddi olmadığı yönünde bir söylem geliştirmesine yol açmıştır. Görüşmelerde kaydedilen gelişmelere rağmen Türk tarafında, PKK'nın duruşunu değiştirmeyeceği algısı ve Kürt tarafında da Türk tarafına karşı güvensizlikleri aynı kalmıştır. Böylece, örneğin Ekim 2009'da PKK terör örgütü mensuplarının Irak'tan dönmesi sırasındaki şovenist kutlamalar nedeniyle bu dönüş, Barış Sürecini sonlandıran anahtar olaylardan biri haline gelmiştir. Hükümetin Mecliste Kürtleri tutuklamaya devam etmesi ile birlikte hedeflerinde samimi olmadığı görüşü yayılmaya başlamıştır. Dahası, PKK'nın kışkırttığı şiddet içeren eylemler, süreci sonlandırmak için gerçekleştirilen ortalık kızıştırıcı olaylar olarak görülmüştür.[135] Son yıllarda her yıl bu çatışmalar nedeniyle yüzlerce insan hayatını kaybetse de şiddet seviyesi 1990'lara oranla gözle görülür biçimde azalmıştır. [136]

Görüşmelerdeki zorluklara ve pozitif sonuçlar alınamadan sonlanmalarına rağmen bu görüşmeler esnasında pek çok tabu yıkılabilmiştir. Kürt sorununun hali hazırda

---

[132] "Turkey and the PKK: Saving the Peace Process," *International Crisis Group Europe Report*, sayı 234, 06.11.2014, https://www.crisisgroup.org/europe-central-asia/western-europemediterranean/turkey/turkey-and-pkk-saving-peace-process, (14.12.2017), s.35.

[133] Constanze Letsch-Fazel Hawramy-Emma Graham-Harrison, "Besieged Town of Kobani Gets Reinforcements in Fight against ISIS," *The Guardian*, 29.11.2014, https://www.theguardian.com/world/2014/oct/29/kobani-reinforcements-isis-iraq-peshmerga-free-syrian-army, (12.12.2017).

[134] Cengiz Çandar, "On Turkey's Kurdish Question: Its Roots, Present State, Prospects," *Understanding Turkey's Kurdish Question*, Derleyen Fevzi Bildin-Ali Sarihan, Lexington Books, Lanham 2013, s. 69.

[135] International Crisis Group, *a.g.m.* s. 30-38.

[136] Güneş Murat Tezcur, "Prospects for Resolution of the Kurdish Question: A Realist Perspective," *Insight Turkey*, cilt 15, sayı 2, 2013, s.69-71.

sınırları aştığı düşünülecek olursa PKK'nın Kandil Dağları'ndaki artan nüfusu, bu sorunu çözmekten ziyade sorunun kötüleşmesine neden olmuştur. Onlara göre, AK Parti'yi birleştiren dini öğeler aynı zamanda Kürt sorunu ile ilgili bazı tabuların yıkılmasına yardımcı olsa da parti, dini elementleri Kürtlerin milliyetçi taleplerini çürütmek için kullanamamıştır. Parti liderleri, laik Kemalist geleneklerden ne kadar uzaklaşırsa çoğunluğu Sünni olan Kürtlerin kendilerini o kadar rahat hissedeceklerini düşünmektedir.[137] Her ne kadar AK Parti seçimlerde Kürtlerden azımsanamayacak miktarda destek almış olsa da Kürtlerin, milli azınlık olarak tanınma istekleri değişmemiştir. Özlem Kayhan Pusane'ye göre, hükümetin en önemli hatalarından biri, 1990'larda AK Parti'nin 2000'lerde öne sürdüklerine benzer fikirler öne süren başta CHP olmak üzere muhalefet partilerini Barış Sürecine dahil etmek konusundaki deneyimsizliği olmuştur. AK Parti, Muhalefet Partilerinin her şekilde yola geleceklerini ve Kürtlerle olan müzakereleri destekleyeceklerini düşünmüşlerdir. Ancak pratikte muhalefet tarafından gelen eleştiriler Erdoğan'ı daha da milliyetçi bir yöne çekmiştir. Yine Pusane'ye göre, Süreç kişisel olarak Erdoğan'la bütünleşmiş ve bu da Türkiye'nin liderine muhalefet olanların her ne kadar hükümetin bazı tekliflerini destekliyor olsalar da prensipte Erdoğan'ı desteklememelerine neden olmuştur.[138]

Barış Sürecinin çöküşüne neden olarak iki faktör öne çıkmaktadır. Birincisi, Türkiye rejiminin yeniden yapılandırılması ve parlamenter rejimden başkanlık rejimine geçiş konusunda Kürtlerin desteğinin alınamaması nedeniyle Erdoğan'ın yaşadığı hayal kırıklığı olmuştur. Erdoğan, Kürtler özellikle Türkiye Anayasasında değişiklikler talep ettiği için siyasi sistemi değiştirme planında onların desteğini alabileceğine çok inanmaktadır. İkinci faktör ise Suriyeli Kürtlerin güçlenmesine ve Türk hükümetinin kendi içindeki Kürt azınlığa karşı şüphelerinin artmasına neden olan Suriye'deki gelişmelerle ilgilidir. Görüşmelerdeki zorluklar ve herhangi bir pozitif sonuç elde edilemeden bitmelerinin yanı sıra bu görüşmeler esnasında pek çok tabunun yıkıldığını belirtmek oldukça önemlidir. Gunter, Kürt sorununu çözme yolunda Erdoğan'ın kendisinden önce gelenlerin toplamından daha çok ilerleme kaydettiğini belirtmektedir.[139] Barış Süreci bitmiş olsa da, tarafların, bu görüşmelerde kaydedilen gelişmeleri ilerde yapılacak müzakereler için bir başlangıç noktası olarak değerlendirebilecekleri umulmaktadır.

Barış Süreci'nin Sonlanması

Barış Süreci halihazırda sona ermiştir. Barış Sürecini kimin neden bitirdiği konusunda farklı açıklamalar yapılmıştır. Bu açıklamalar genellikle üç farklı grubun üzerinde yoğunlaşmaktadır: müzakere yapan partilerin liderleri ve barışa karşı olan yarı alaycı, yarı yardımcı bakış açıları; Kuzey Suriye'deki silahlı Kürt kuvvetleri ve PKK'nın karar verme sürecindeki dolaylı etkileri; Fethullah Gülen tarafından yönetilen FETÖ terör örgütünün Türk devletinin organlarına sızması. Bu aktörlerin rollerinin müzakere süreci üzerindeki önemlerinin önceliklendirilmesinde verilen

---

[137] M. Hakan Yavuz-Nihat Ali Özcan, "Turkish Democracy and the Kurdish Question," *Middle East Policy*, cilt 22, sayı 4, Kış 2015, s.78.
[138] Özlem Kayhan Pusane, "Turkish Kurdish Opening: Long Awaited Achievements and Failed Expectations," *Turkish Studies*, cilt 15, sayı 1, 2014, s. 88.
[139] Michael M. Gunter, *The Turkish-Kurdish Peace...*, s. 20.

açıklamalar, Barış Sürecinde oyuna dahil oldukları karmaşık ve birbirleriyle çatışan çıkarları konusunda çeşitli portreler çizmektedir.[140]

Müzakerelerin sonlanma nedenlerinden biri olarak verilen açıklamalardan biri, tarafların Barış Sürecine barıştan başka nedenlerle başladıkları olmuştur. Bozyel, Erdoğan'ın Türkiye'nin yönetiliş biçimini Parlamenter Sistemden Başkanlık Sistemine geçirmeyi planladığını ve Barış Sürecini bunu gerçekleştirmek yolunda kullanmayı hedeflediğini öne sürmüştür. Bu yoruma göre Erdoğan'ın hedefi, Türkiye'de tüm yönetim gücünü elinde tutarak Başkan olma yolunda barış söylemleriyle Kürt seçmen tabanını da kendi seçmenleri arasına katmaktır. Öcalan'ın Barış Süreci'nin içinde yer alma nedeninin ise tamamen kişisel olduğu söylenmiştir; eninde sonunda hapisten salıverilmesini garantileyecek bir anlaşma koparmak. Bu nedenle bu şekilde yaklaşımı benimseyen eleştirmenler tarafların, daha sonra kendi çıkarları için kullanacakları bir Barış Sürecine olan isteği arttırmak için popülist bir yol izlediklerini savunmuşlardır. 15 Temmuz 2016 Darbe Girişiminin ardından bazıları, Barış Sürecinin çöküşünü FETÖ terör örgütü hareketine dayandırmıştır. Buna göre, FETÖ Türk ordusuna sızmasaydı ve orduyu muhtemelen Erdoğan'ı devirmek veya en azından Kürtler arasındaki barış elçisi itibarını zedelemek amacıyla kullanacaktı. Barış Süreci esnasında Kürtlerin ağırlıkla yaşadığı bölgelerde görev yapmış Ordu mensuplarının darbe girişimi sonrasında FETÖ üyeliğinden yargılanmaları ise FETÖ'nün Barış Sürecini sabote ettiğine kanıt olarak gösterilmiştir. Barış Sürecinin neden çöktüğüne dair bir diğer açıklama, Suriye'deki Kürt azınlıklarla ilgili gelişmelerle ilgilidir. Suriye'de 2.5-3 milyon Kürt nüfus vardır ve bu Kürtlerin Türkiye'deki Kürtlerle ilişkileri yoğundur. Bu Kürtlerin Kuzey Irak ve Türkiye Kürtleriyle akrabalık ve aile bağları mevcuttur. Türkiye Suriye'deki muhalif harekete destek verirken Suriye Kürtlerine karşı daima mesafeli durmuştur.[141] Kuzey Suriye'de YPG güçlerinin yükselmesi ve PKK'nın Türkiye'deki Barış Sürecine olan bağlılığı üzerinde etki sahibi olarak gösterilmiştir. PKK ile siyasi ideolojiyi paylaşan YPG, sadece birkaç yılda sınırın diğer tarafındaki şerit üzerindeki bölgelerin tam kontrolünü eline geçirmiştir ve ABD'nin IŞİD ile olan savaşındaki en büyük müttefiki haline gelmiştir.[142]

Barış sürecinin sonlanmasında Oran'a göre, Haziran 2013 Gezi Parkı olaylarının da etkisi vardır. Bu süreçte Başbakanlık görevini yürüten Recep Tayyip Erdoğan Gezi Parkı olaylarını *"dış mihraklar"*, *"faiz lobisi"*, *"vaiz lobisi"*, *"medya lobisi"*, *"paralel devlet"* gibi söylemlerle eleştirmiş, 17 Aralık 2013'te rüşvet ve yolsuzlukla ilgili iddiaların olduğu skandallar gerçekleşmiş, Başbakan Erdoğan da karşılık olarak 2005 yılında çıkardıkları yönetmeliği 21 Aralık'ta değiştirerek Adli Kolluk'un valilerin haberi olmadan çalışmasını yasaklamıştır. HSYK konuyla ilgili Danıştay'a başvurunca Hükümet HSYK'yı yargıya etki etmekle suçlamış ve yönetmeliğin yürütmesini durduran Danıştay'ın yetkilerini sınırlamaya gitmiştir. Hükümetin bu kararları ve Uludere olaylarında Diyarbakır Ağır Ceza Mahkemesi'ne verdiği görevsizlik kararı ardından dosyanın gittiği savcılık da

---

[140] Serra Hakyemez, "Turkey's Failed Peace Process with the Kurds: A Different Explanation", *Middle East Brief*, sayı 111, Haziran 2017, s. 2.

[141] Bayram Bozyel, *a.g.e.*, s. 263.

[142] Serra Hakyemez, *a.g.m.*, s.2-3.

takipsizlik kararı vermiştir. Diğer taraftan Erdoğan Barzani'yi Diyarbakır'a çağırarak Öcalan'ın önüne Barzani'yi çıkarmaya niyetlenmiştir. Oran'ın iddiasına göre, tüm bu gelişmelerle Erdoğan prestij yitirmiş, Bakanlar ve Bakan oğullarıyla ilgili iddialar Hükümeti ve süreci yıpratmıştır. Tam bu sırada Erdoğan'ın o dönem başdanışmanı olan Yalçın Akdoğan Ergenekon sanıkları konusunda hata yaptıklarını dillendirmiştir, ki bu da bir prestij kaybına neden olmuştur. Bu süreçte Erdoğan bir yandan büyük burjuvazi yani TÜSİAD, bir yandan FETÖ, bir yandan bürokrasi, bir yandan demokratlarla başlattığı savaşta, Kürt sorununa yeterince eğilememiş ve askeri kanada yaklaşmıştır.[143]

Kürt sorununun çözümü için atılan adımlar sonucunda halk Kürt sorununun çözülmesi için verdiği desteği oylara yansıtmış ve HDP barajı geçmiştir. Ancak 2015 yılında buna karşılık olarak PKK hendek savaşlarını başlatmış, kendine olan destek %80-%90'larda olduğu il ve ilçelerde yeni bir savaş stratejisi başlatmıştır. Bu yeni gelişme hem Kürt sorunu için çözüme gidildiğini düşünen halk üzerinde hem de siyasi ve aydınlar üzerinde hayal kırıklığı yaşatmıştır. AK Parti içinden seçime girenler bu bölgelere girememişler, seçim çalışması yapamamışlardır. Bu nedenle AK Parti'nin bölgedeki oyları düşmüş, girilemez ilçelerin sayısı artmaya başlamış, Devletin bekası tehlikeye girmiştir. Seçim sonuçlarından, Kürtlere oy veren seçmenlerin AK Parti'nin de hükümeti kuran parti olmasını istediğini ama aynı zamanda HDP'nin de barajı aşmasını istediğini okumak mümkündür.[144]

Barış Sürecinin Önündeki Engeller

Barış Süreci özünde ekonomik kalkınma, demokratikleşme ve güvenliği barındırmaktadır. Bu açıdan bakıldığında Süreç, sadece kimlik konularını değil, bunları da içinde barındıran bir yolu ifade etmektedir. Süreç içinde, akademisyenler ve halk tarafından saygı ve değer gören kimi kişilerle beraber, terörü önlemek için hak ve hürriyetlere saygılı devlet yaklaşımı, Türkiye Cumhuriyeti vatandaşlığı, Türkçe'nin resmi dil olduğu ancak diğer dillere imkân tanınması, farklılıkların kültürel zenginlik olarak tanınması, "*öteki*" hissetmeyi önleme, teröre meşruiyet kazandıran ortamın bitirilmesi, Türkiye'nin bütünlüğü ve üniter yapının korunması, uluslararası camiada daha güçlü ülke olmak gibi konularla beraber sorunun çözümü için izlenecek yol ve amaçlar ortaya konulmuştur. Bu çerçevede halk aydınlatılmaya çalışılmıştır.[145]

Barış Süreci esasında sosyal, siyasal, ekonomik ve psikolojik birçok sorunu barındırmaktadır. Süreç ilk olarak demokratikleşme ve terörün son bulması hedefine sahiptir. Barış Süreci temel hak ve özgürlükleri geliştirerek, kimliklikle ilgili düşünceleri değiştirerek, eşit siyasi katılımı sağlayarak ulusal bütünleşmeyi tesis etmeyi amaçlamıştır.[146] Barış Süreci işleyişinde AB uyum sürecini de içermektedir. Barış Süreci çerçevesinde, olağanüstü hal uygulaması kaldırılmış, Terörle Mücadele Kanunu'nda değişiklikler yapılmış, 5253 sayılı Dernekler Kanunu yürürlüğe

[143] Baskın Oran, *Kürt Barışında Batı Cephesi "Ben Ege'de Akilken..."*, İletişim Yayınları, İstanbul 2014, s. 435-446.

[144] Orhan Miroğlu, *a.g.e.*, s. 507-533.

[145] Hüseyin Yayman, *Şark Meselesinden Kürt Açılımına Türkiye'nin Kürt Sorunu Hafızası*, SETA Yayınları, Ankara 2011, s. 375-377

[146] Yalçın Akdoğan, "Kürt Meselesinde Paradigma Değişimi: Demokratik Açılım", *Türkiye'nin Açılım Politikaları*, Derleyen Hüseyin Yayman, Meydan Yayıncılık, İstanbul 2011, s. 19-21.

konulmuş, Siyasi Partiler Kanunu değiştirilmiş ve Anayasa Mahkemesinin parti kapatması için 3/5 çoğunluk şartı getirilmiş, 18 yaşından küçüklerin Çocuk Mahkemelerinde yargılanmasına dair yasal düzenleme çıkarılmış, farklı dil ve lehçelerde yayın yapılmasının önündeki engeller kaldırılmış, doğu ve güneydoğu bölgelerinde yatırım yapılması için teşvik uygulamaları yürürlüğe sokulmuş, Devlet Güvenlik Mahkemeleri kaldırılmış, isimleri değiştirilen yerleşim yerlerinde yerel talep olması doğrultusunda eski isimlerin verilmesine yönelik çalışmalar yapılmıştır.[147]

Ancak Barış Süreci devam ederken oluşan gelişmeler, sürecin devamlılığını ve uygulanışını sekteye uğratmıştır. İlk olarak, 2009 Nisan ayından itibaren başlayan KCK operasyonları ile birçok belediye başkanı ve DTP yöneticisi tutuklanmıştır.[148] İkincisi, Ekim 2009'da Habur Sınır Kapısından giren PKK'lıların karşılanış şekliyle ilgili tepkiler ortaya çıkmış, bu durum halk üzerinde olumsuz etki yaratmış ve halk desteğinin azalmasına yol açmıştır. Süreç başladığında kamuoyu desteği %45.6 iken, Habur sonrası % 32.1'e gerilemiş, ardından %27.1'e düşmüştür.[149] DTP'nin Habur'dan gelen PKK'lıları parti otobüsleriyle karşılarken işi şova dökmesi dönemin CHP Genel Başkanı Deniz Baykal başta olmak üzere Türkiye içindeki muhalifleri kızdırmıştır. Habur dönüşü Barış Sürecinde bir dönüm noktası olmuş, Sürecin tıkanmasına yol açmıştır. Ardından Hükümet, dönmesi planlanan diğer grubun ülkeye girişine izin vermemiştir.[150] Üçüncüsü, Aralık 2009'da Tokat-Reşadiye'de 7 askerin PKK pususu sonucu hayatını kaybetmesidir. Bu durum da Barış Sürecinin şiddeti durduramadığına dair olan inancın ortaya çıkmasına neden olmuştur. Dördüncüsü, Aralık 2009'da DTP'nin Anayasa Mahkemesi tarafından kapatılması, partili 37 kişiye 5 yıl siyaset yasağı getirilmesi ve parti eş başkanları Ahmet Türk ile Aysel Tuğluk'un milletvekilliklerinin düşürülmesidir.[151] Tüm bu sebeplerle, sürece olan güven ve destek azalmıştır.

Suriye İç Savaşının Barış Sürecine Etkisi

Mart 2011'de Orta Doğu'da Arap Baharı olarak bilinen otoriterlik karşıtı ayaklanmalar Suriye'ye ulaşmıştır. Suriye'deki ilk reform taleplerine hükümetin verdiği sert tepki hızlı bir şekilde Suriye Başbakanı Beşar Esad'a muhalefet olarak ortaya çıkan çatışmanın askeriyeye sıçramasıyla ülkeye yayılmıştır. Suriye'de Kürtlerin Esad rejimi altında etkili biçimde organize olamaması toplumu, 1990 yılında Türkiye'den sürüldükten sonra Suriye'nin siyasi sığınma sağladığı Öcalan'ın ideolojisine açık hale getirmiştir. Öcalan'ın 1998 yılında Türkiye-Suriye arasındaki uzlaşma sonucunda Suriye'den de sürülmesine rağmen eski PKK teröristleri 2003 yılında Suriye'de PYD adı altında yeni bir parti kurmuşlardır.[152]

Rejim muhalifleri tek bir çatı altında birleşmişlerdir ancak bu koalisyonda Kürtler

---

[147] Hüseyin Yayman, *a.g.e.*, s. 384-386.
[148] Halil M. Karaveli, *Reconciling Statism with Freedom: Turkish Kurdish Opening*, Silk Road Paper, Central Asia-Caucasus Institute & Silk Road Studies Program, Washington D.C., Ekim 2010, s. 19-20.
[149] Halil M. Karaveli, *a.g.e.*, s. 19-20.
[150] Bayram Bozyel, *a.g.e.*, 138-141.
[151] Cuma Çiçek, "Kürt Açılımından Milli Birlik ve Kardeşlik Projesine: Ovada Kürdi Siyaset Yapmanın Sınırları", *Birikim Dergisi*, sayı 250, 2010, s. 104.
[152] Rodi Hevian, "The Main Kurdish Political Parties in Iran, Iraq, Syria, and Turkey: A Research Guide", *Middle East Review of International Affairs*, cilt 17, sayı 2, Yaz 2013, s. 94-104.

yer almamıştır. Suriye Kürtleri arasında etkin güç olan PKK'nın etkisindeki PYD, amaçlarının çatışmaları Kürt bölgesinden uzak tutmak olarak belirtmişlerdir. Suriyelileri Şam'daki hükümete karşı ayaklanmaya başlamasıyla birlikte merkezi yetkililerin hem isyancılarla hem de Kürt toplumuyla savaşmaya yetecek kaynakları bulamaması sonucunda PYD'nin askeri kanadı olan YPG ortaya çıkmış ve 2012'den itibaren Kuzey Suriye'de geniş bir bölgeyi kendi kontrolü altına almıştır. Sınıra yakın yerlerde PKK bayrakları açarak Suriye ve Türkiye arasında ciddi bir krize neden olmuşlardır. Suriye iç savaşında Türkiye ile birlikte IKBY, Katar, Suudi Arabistan, ABD ve bazı Batı devletleri bir saf olmuşlar, Suriye rejimi yanındaki PKK, İran, Irak, Rusya ve Çin yer almıştır. Daha önce belirtildiği gibi Türkiye PKK'ya karşılık Barzani'nin KDP'sini devreye sokmuş, Barzani Erbil'de dengeyi sağlama amaçlı PYD dahil tüm Kürt grupları biraraya getirmeye çalışmıştır. Barzani PYD lehine olan dengeyi değiştirmek için Kamışlı Peşmerge Gücü'nü Suriye'ye sokmuştur. Bu güç Suriye ordusundan ve PKK'dan kaçarak KDP'ye sığınan Suriyeli Kürtleri eğiterek oluşturduğu bir güçtür. Ancak bu strateji işe yaramayınca Barzani Kuzey Irak ile Suriye arasındaki sınırı kapatmıştır. Türkiye ise Suriye rejiminin bölgeyi terkederek denetimi PYD'ye bırakmasını Türkiye'ye karşı yapılan bir hareket olarak nitelendirmiştir. Amacının Türkiye'yi tahrik ederek Suriye'ye sokmak olduğunun altını çizmektedir. Ayrıca Türkiye'ye göre, Arapların bu şekilde Suriye rejimi tarafına geçmesini sağlamak amaçlanmıştır.[153] 2014 yılına gelindiğinde PKK ile yakın ilişkilerde olan PYD ve sihalı kanadı YPG tarafından yönetilen Özerk Kürt bölgesi Rojava kurulmuştur.

Türk Hükümeti, Mart 2011'de Suriye'deki sivil çatışmaları durdurmak ve demokratik reformların yapılmasına fırsat vermek için Esad'ın başkanlığı bırakması gerektiğini söyleyen ilk yabancı güçlerden biri olmuştur. Erdoğan Batılı müttefiklerinin, özellikle de ABD'nin müdahale edip Türkiye'nin uzun süredir öncelikle doğal kaynaklar ve sonrasında da Hatay bölgesi konusunda anlaşmazlıklar yaşadığı Esad rejimini devireceğini ummaktadır.[154] Ancak dönemin ABD Başkanı Barack Obama, ABD'nin Suriye'deki müdahalelerini 2014'ün ortalarına gelindiğinde Suriye iç savaşında önemli bir aktör haline gelen IŞİD'e karşı operasyonlarla sınırlamıştır. Diğer taraftan Rusya ve İran'ın Suriye rejimine karşı gerçekleştirdiği müdahaleler, bu çatışmanın ilk başta umulduğu kadar çabuk çözülemeyeceğini göstermiştir. Bu kapsamda Suriye'deki Kürt toplumu üzerinde herhangi bir kontrol mekanizması olmaması, Ankara için giderek büyüyen bir problem haline gelmiştir. ABD'nin IŞİD'e karşı olan savaşta giderek daha çok Kürt güçlerine güvenmesi ile Ankara'nın endişeleri de artmaya devam etmiştir. PYD'nin kazanımlarının ilk başlarda Türk hükümetinin Türkiye'deki Kürt sorununa daha etkin bir biçimde çözüm aramasına neden olmuş gibi görünmesine rağmen Türkiye sınırının hemen güneyinde çoğunlukla Kürtlerin yaşadığı Kobani[155]'deki savaş, durumu tamamen değiştirmiştir. IŞİD, Kobani'ye Eylül 2014'te saldırmıştır.

---

[153] Nevzat Bingöl, *Suriye'nin Kimliksizleri Kürtler*, Do Yayınları, İstanbul 2013, s. 140-144.

[154] Christopher Phillips, "Turkey and Syria", *Turkey's Global Strategy*, Derleyen Nicholas Kitchen, LSE IDEAS Special Report, Mayıs 2011, s. 35.

[155] Kobani'nin Arapça adı Eyn ül-Arap'tır ve Suriye'de bir kenttir. Türkiye'nin Şanlıurfa, Suruç ilçesinin güneyinde yer alır. Nüfusunun büyük çounluğunu Kürtler oluşturmaktadır. 2012'de Kürt askeri gücü YPG'nin kontrolüne geçinceye kadar Suriye'nin yönetimindedir.

Kobani'nin sınıra yakınlığından dolayı orada yaşayanların pek çoğunun Türkiye'deki Kürtlerle yakın aile bağları vardı ve bu nedenle yardım çağrıları Türkiye çapında ses getirmiştir. IŞİD'ın hızla yayılması, Kürt savaşçılar ve PYD'nin askeri kanadı YPG tarafından ABD önderliğinde uluslararası müdahale yapılmasını gerektirmiştir.[156]

PKK'nın tekrar tekrar Türkiye'den ayrılmayı istemediklerini, ülke içinde özerk bir bölge kurmak istediklerini belirtmelerine rağmen Suriyeli Kürtlerin giderek önem kazanmaları Ankara'da bu eski korkuları yeniden canlandırmıştır. Kobani olayı ise devam eden Barış Sürecinin Türk hükümeti ile ülkedeki Kürt toplumunun liderleri arasında gerekli olan güvenin tam sağlanamadığını göstermiştir. Kobani'nin stratejik önemi ve o dönem hala Kuzey-Orta Irak ile Doğu Suriye'deki başarılarından dolayı zafer sarhoşu olan IŞİD'in bir zafer daha kazanması korkusuyla hem Suriyeli direnişçilerin hem de Kürt toplumunun yanı başındaki uluslararası güçlerin duruma müdahale etmesi gerekmiştir. ABD önderliğindeki koalisyonun yürüttüğü hava saldırıları ve şehrin savunulması için yapılan silah ve yardım tedariki, YPG'nin askeri gücünü arttırmıştır.[157] Ek olarak liderlik tartışmalarından dolayı PKK'nın geleneksel rakibi IKBY'nin peşmerge kara kuvvetleri de YPG'nin yanında yer alarak savaşa dahil olmuştur.[158] Saldırılara gösterilen direniş ve binlerce insanın Kobani'den kaçtığını gösteren fotoğraflar, uluslararası bir boyutta Kürt toplumu arasında bir birlik dalgasına neden olmuştur.

Türkiye hükümeti, PKK'nın Suriye'de elde ettiği bu yeni etkiyi nasıl kullanacağından emin olamazken Kobani'deki olaylara müdahale edilmemesi, pek çok Kürdün Türkiye'nin Kürt politikalarının değişmediğini düşünmelerine neden olmuştur.[159] Yavaş ilerleyen görüşmeler ve Barış Sürecindeki Kürtler tarafından yetersiz kabul edilen siyasi haklar nedeniyle Kürt toplumu Hükümetin bu çatışmalara son verme ve Kürt haklarını tanıma konusundaki açıklamalarına şüpheci bir gözle bakmaya başlamıştır. Türk hükümetinin IŞİD'e yardım etmekle suçlanması, hükümetin Kobani'deki duruma müdahale etmek istememesi ile güven yok olmuştur.[160] Kobani Krizinin Türkiye'deki ilk yerel sonucu Kürt toplumu ile ordu arasında 6-8 Kasım 2014 tarihlerinde Güneydoğu'da yaşanan ve 51 kişinin ölümüne sebep olan çatışmalar olmuştur.[161]

Barış Sürecinin Türkiye'deki Siyasal Sonuçları

Kürtlerin Kobani'deki etkileriyle oluşan yeni siyasi kavramda durum, sadece AK Parti için değil, aynı zamanda HDP için de kritik bir hal almıştır. HDP bir taraftan

---

[156] Karen DeYoung-Liz Sly, "U.S. Frustration Rises as Turkey Withholds Military Help from Besieged Kobane", *The Washington Post*, 09.10.2014, http://wapo.st/1tD11JS., (14.12.2017).

[157] Cengiz Güneş-Robert Lowe, "The Impact of the Syrian War on Kurdish Politics across the Middle East", *Chatham House Research Papers*, Temmuz 2015, https://www.chathamhouse.org/sites/files/chathamhouse/field/field_document/20150723SyriaKurdsGunesLowe.pdf, (14.12.2017), s.7

[158] Yoosef Abbaszadah, "KRG's Military Help to Kobane from International Relations Perspective", *Rudaw Analysis*, 28.01.2015, http://www.rudaw.net/english/analysis/27012015, (13.12.2017).

[159] "Kobane: Air Strikes 'Stall IS Advance' on Syrian Border Town", *BBC News*, 10.10.2014, http://www.bbc.com/news/world-middle-east-29555999., (12.12.2017).

[160] Cengiz Güneş-Robert Lowe, a.g.m., s. 10.

[161] Constanze Letsch-Ian Traynor, "Kobani: Anger Grows as Turkey Stops Kurds from Aiding Militias in Syria", *The Guardian*, 08.10.2014, https://www.theguardian.com/world/2014/oct/08/kobani-isis-turkey-kurds-ypg-syria-erdogan, (12.12.2017).

görüşme masasından kalkmak istememektedir ancak diğer taraftan Türkiye'nin Kürt topluluğu içinde sahip olduğu kökleri nedeniyle AK Parti ile Barış Görüşmelerini sürdürmek güvenilirliğini zedeleyebilir düşüncesi mevcuttur. Kürt tarafı için sağlam haklar elde etmeden HDP Barış Sürecine devam etmemelidir. 28 Şubat 2015 günü PKK terör örgütü elebaşı Öcalan tarafından düzenlenmiş demokratikleşme ve bu çatışmayı sonlandırma adımlarını içeren 10 maddelik bir belge yayınlanmıştır.[162] Bu belge, Kürt tarafının siyasi desteğini ve güvenini kazanmanın son çaresi olarak görülmektedir.[163]

Erdoğan, tüm bu gelişmelerden sonra Türkiye'de Kürt sorunu diye bir şeyin olmadığını beyan etmiştir.[164] Bu beyan, Barış Sürecini resmi olarak sonlandırmıştır. İki gün sonra HDP eş başkanı Selahattin Demirtaş, Erdoğan'dan ve planladığı reformdan bahsederek *"Seni başkan yaptırmayacağız"* demiş ve *"#SeniBaşkanYaptırmayacağız"* etiketini internet üzerinden trend haline getirmiştir.[165] HDP'nin Anayasal değişikliği desteklemeyi reddetmesi ile Barış Sürecinin en önemli etkenlerinden biri ortadan kalkmıştır. Bu da AK Parti'yi kendisine yeni müttefikler aramaya ve ultra-milliyetçi MHP[166] ile yakınlaşmaya ve sonuç olarak daha otoriter bir yol izleyip hem PKK hem de HDP'ye karşı olan söylemlerini değiştirmeye itmiştir.

HDP ve PKK destekçileri o dönemde AK Parti'nin Barış Sürecinden çekilmesini ve 10 maddelik programı reddetmesini Erdoğan'ın, Demirtaş'ın artan popülerliği nedeniyle bu Sürecin artık Hükümetin çıkarlarını gözetmeyeceği düşüncesine bağlamışlardır. HDP'nin gittikçe artan desteği, Haziran 2015 seçimlerinde %13 oy alması ve 2002 yılından beri AK Parti'nin ilk defa Meclis çoğunluğunu kaybetmesi ile gözler önüne serilmiştir. Mustafa Akyol'a göre, Erdoğan'ın kişisel güç hedeflerini Barış Sürecinin sonlanmasının tek nedeni olarak göstermek, hikayenin sadece tek yönünden bakmaktır[167]

Türkiye içindeki son çalışmalar siyasi kutuplaşmanın bir hayli arttığını göstermektedir.[168] Ek olarak bu dönemde, Türkiye'nin ekonomik durumu da önemli biçimde kötülemiştir. Ekonomik büyümenin azalması, iç ve dış yatırımların düşmesi ve Türk Lirasının tarihi bir rekorla en alçak seviyelere inmesi tamamen ülkedeki istikrarsız siyaset ve güvenlik ile ilgilidir. 2015 yaz aylarından beri yüzlerce kişinin

---

[162] Ayrıntılı bigi için Bknz. Galip Dalay, "The Kurdish Peace Process: From Dialogue to Negotiation?", *Al Jazeera Centre for Studies Reports*, 22.04.2015, http://studies.aljazeera.net/en/reports/2015/04/2015422115349145185.html, (12.12.2017).

[163] "Kurdish Leader Ocalan Seeks End to Turkey Armed Struggle", *BBC News*, 28.02.2015, http://www.bbc.com/news/world-europe-31673830, (12.12.2017).

[164] "What More Do Kurds Want, Erdoğan Asks", *Hürriyet Daily News*, 15.04.2015, http://www.hurriyetdailynews.com/what-more-do-kurds-want-erdogan-asks-79720, (12.12.2017)

[165] "We Will Not Make You the President, HDP Co-Chair Tells Erdoğan", *Hürriyet Daily News*, 17.04.2015, http://www.hurriyetdailynews.com/we-will-not-make-you-the-president-hdp-co-chair-tells-erdogan-79792, (12.12.2017)

[166] "AKP, MHP Signal Joint Campaign for Referendum", *Hürriyet Daily News*, 17.02.2017, http://www.hurriyetdailynews.com/akp-mhp-signal-joint-campaign-for-referendum-109860, (12.12.2017).

[167] Mustafa Akyol, "Türkiye'nin Barış Sürecini Kim Bitirdi?", *Al-Monitor*, 04.08.2015, https://www.al-monitor.com/pulse/tr/originals/2015/08/turkey-syria-iraq-pkk-peace-process-who-killed-kurds.html, (13.12.2017).

[168] Emre Erdoğan, "Turkey: Divided We Stand", *German Marshall Fund of United States-On Turkey*, sayı 118, Nisan 2016, http://www.gmfus.org/publications/turkey-divided-we-stand, (12.12.2017).

ölümüne neden olan IŞİD saldırıları, Türkiye'nin en önemli gelir kapılarından biri olan turizmi çok kötü etkilemiştir. Ziyaretçilerin sayısının keskin bir hızla azalması, 2016 yılındaki turizm gelirlerinin önceki yılla karşılaştırıldığında %41.2 düşmesine neden olmuştur.[169]

Erdoğan'ın Nisan 2017 Referandumunu az bir farkla kazanması da bu istikrarsızlığın ve kutuplaşmanın kanıtı olarak gösterilebilir. Her ne kadar Cumhurbaşkanın gücü sağlamlaştırılmış olsa da Erdoğan'a göre bu bir başarı değildir. Referandum, AK Parti'nin tek başına seçimlerde çoğunluğu yakalayamadığını ve MHP'den aldığı %10 küsürlük oya da ihtiyacı olduğunu göstermiştir. Bu oyları alabilmek için MHP ile iş birliği yapmak ve bu yolda milliyetçi bir tavır takınmak gerekli olmuştur. Ancak bu ittifak lider parti için bir ikilem oluşturmuştur; MHP ile koalisyon Kürt sorunu konusundaki politikaların değişmesini ifade etmektedir. PKK ise kendi payına düşen kısımda kazandıklarını, Türkiye'ye karşı olan silahlı saldırılarını canlandırmak için kullanmıştır. Bu kapsamda PKK, PYD'nin Suriye'de izlediği savaş taktiklerini izlemiş ve kasabalardaki geleneksel alanlarından çıkıp şehirleri hedef almıştır.[170] Bu da Türk ordusunun sivillerle PKK militanlarını ayırt etmesini zorlaştırmaktadır. Bununla birlikte HDP'ye karşı izlenen politikalar PKK'nın görünürlüğünü arttırmış.[171]

Kürt toplumu, uluslararası güçlerden gelecek destekle, tıpkı 100 sene önce bağımsız bir Kürt devleti düşüncelerinin, dönemin İngiliz ve Fransız koloni güçleri tarafından engellendiği gibi engellenebileceğinin farkındalardır. ABD ordusu ise hali hazırda Kürt gücünü sınırlandırmak için Suriye'deki Arap güçleri destekleyeceğini beyan etmiştir.[172]

Tüm bunlara ek olarak PKK aynı zamanda pek çok değişimden geçmiştir. 1990'larda PKK militanlarının Kandil Dağları'nda uzun bir ideolojik ve askeri eğitimden geçmesi gerekirken Kürt PYD partisinin etki alanının hızla genişlemesiyle eğitim süreçleri ciddi oranda kısalmıştır. Bu da hareketin karakterinin değiştiğini ve böylelikle ilişkilerinin, hedeflerinin, taktiklerinin ve amaçlarının da değişeceğini düşündürtmektedir. Bu süreçteki en büyük kaybeden ise HDP olmuştur. Partinin eş başkanları Yüksekdağ ve Demirtaş'ın tutuklanmasıyla Türkiye'de Barış Süreci şimdilik sona ermiş görünmektedir.

Türkiye-Irak Kürt Bölgesel Yönetimi İlişkilerinde Yeni Bir Dönem

Türk siyasetçiler, Kuzey Irak'taki Kürt milliyetçi hareketinden her zaman rahatsız olmuşlar ve bu hareketin Türkiye'deki Kürt vatandaşların da benzer adımlar

---

[169] Gülşen Solaker-Hümeyra Pamuk, "Turkish Parliament Strips MPs of Immunity in Blow to Kurdish Opposition", *Reuters*, 20.05.2016, https://www.reuters.com/article/us-turkey-politics-immunity/turkish-parliament-strips-mps-of-immunity-in-blow-to-kurdish-opposition-idUSKCN0YB0VC, (12.12.2017).

[170] "The Human Cost of the PKK Conflict in Turkey: The Case of Sur", *International Crisis Group Europe & Central Asia Briefings*, sayı 80, 17.04.2017), https://www.crisisgroup.org/middle-east-north-africa/eastern-mediterranean/syria, (12.12.2017), s.2.

[171] Ali Aslan, Ebru Afat, "Ümit Fırat: Statükonun En Temel Malzemesi PKK", *Türkiye Söyleşileri 4: Derin Devlet, AK Parti ve Kürtler*, Küre Yayınları, İstanbul 2011, s. 201-213.

[172] Liz Sly, "U.S. Military Aid Is Fueling Big Ambitions for Syria's Leftist Kurdish Militia", *The Washington Post*, 07.01.2017, https://www.washingtonpost.com/world/middle_east/us-military-aid-is-fueling-big-ambitions-for-syrias-leftist-kurdish-militia/2017/01/07/6e457866-c79f-11e6-acda-59924caa2450_story.html?utm_term=.012ec38f89c0, (12.12.2017).

atmalarına ve Türkiye içinde otonom bir yapı hatta bağımsız bir Kürt devleti kurmak istemelerine neden olmasından korkmuşlardır. Özellikle de 1958 darbesiyle Irak kraliyet ailesinin devrilmesinin ardından Türkiye, Irak'taki siyasi istikrarsızlığın Irak Kürtlerinin milliyetçi hareketinin büyümesi için gerekli ortamı sağlayacağından endişe etmeye başlamıştır. Bu süreçte Mustafa Barzani, Irak ve Türkiye Kürtlerinin ortak bir hedef için güçlerini birleşmesi yönünde çağrılar yapmaya başlamıştır. [173] 1960'lı yılların başındaki Iraklı Kürtlerin isyanının sonucu olarak Türk siyasetçiler dikkatli bir politika izlemiş ve sonraki yıllarda Irak hükümetinin Irak'taki Kürt isyanlarını bastırma çabalarını desteklemişlerdir.

Türkiye'nin Kuzey Irak'taki gelişmelere karşı olan rahatsızlığı, PKK'nın 1980'li yılların başlarında Türkiye'ye karşı yürüttüğü silahlı saldırılarla iyice büyümüştür. O yıllardan beri Türk siyasetçiler Kuzey Irak'ı, PKK teröristlerinin rahatlıkla sığındığı bölge, Irak'ta yaşayan Kürtleri ise PKK'ya destek ve yardım sağlayan aktörler olarak nitelendirmiştir. Bu nedenle 1980'li yıllar boyunca iki ülkedeki Kürt milliyetçi hareketleri baskılamak için Irak Hükümeti'yle iş birliği yapma yoluna gitmişlerdir. 1984 yılında Türkiye ile Irak arasında imzalanan ve iki ülkenin de silahlı kuvvetlerinin suçluları takip etmek için birbirlerinin sınırları içine girme yetkisi sağlayan daha önce değinilen Sıcak Takip Anlaşması ise bu durumun en güzel örneklerinden birisidir. Dahası, 1980'li yılların başlarından beri Kuzey Irak'a yönelik sınır ötesi operasyonlar, Türkiye'nin PKK karşıtı politikasının en önemli yönlerinden biri olmuştur. Her ne kadar Türkiye, 1990'ların başlarında PKK'ya karşı mücadelesinde Iraklı Kürt liderlerin desteğini almaya çalışmış olsa da hem Türk hem de Iraklı Kürt yetkililer, birbirlerine karşı olan güvensizliklerinin üstesinden gelememişlerdir. Bir taraftan bu süreçte Türk siyasetçiler, PKK'ya karşı olan mücadelelerinde Celal Talabani ve Mesut Barzani ile iş birliği yapmış, Iraklı Kürt liderlere diplomatik Türkiye pasaportları vermiş ve Ankara'da temsilcilik ofisleri açmalarına izin vermiştir. Diğer taraftan ise Türk siyasetçilerin bağımsız bir Kürt devleti kurulması yönündeki endişeleri, Iraklı Kürtlerin Kuzey Irak'ta bölgesel bir hükümet kurmaya başlamalarıyla artmaya devam etmiştir.[174]

PKK elebaşı Abdullah Öcalan 09 Ekim 1998 tarihinde o ana kadar barındığı Suriye'den çıkmak zorunda kalmış ve 16 Şubat 1999 tarihinde Kenya'da gerçekleştirilen operasyonla Türkiye'ye getirilmiştir.[175] Her ne kadar Türkiye'nin Kuzey Irak konusundaki endişeleri PKK terör örgütü kurucusu ve elebaşı Abdullah Öcalan'ın 1999 yılında yakalanması ve hapsedilmesi ile biraz azalmış olsa da bu süreç uzun sürmemiş ve İkinci Körfez Savaşı hem Iraklı Kürtler hem de PKK için yeni durumların ortaya çıkmasını sağlamıştır. Hem Irak'taki yeni siyasi gelişmelerden hem de Türkiye'nin Kürt sorununa kalıcı bir çözüm bulamamasından cesaret alan PKK, Öcalan'ın yakalanması üzerine başlattığı tek taraflı ateşkesi 2004 yılında sonlandırmıştır. Bu noktada PKK, Türkiye'ye karşı olan saldırılarına yeniden başlamış ve böylece Kuzey Irak'taki PKK varlığı Türkiye'nin ajandasında

[173] Erol Kurubaş, *1960'lardan 2000'lere Kürt Sorununun Uluslararası Boyutu ve Türkiye*, Nobel Akademik Yayıncılık, cilt 2, Ankara 2004, s. 293-94.
[174] "Turkey and the Iraqi Kurds: Conflict or Cooperation?", *International Crisis Group Middle East& North Africa*, sayı 81, 13.11.2008, https://www.crisisgroup.org/middle-east-north-africa/gulf-and-arabian-peninsula/iraq/turkey-and-iraqi-kurds-conflict-or-cooperation, (12.11.2017), s.1.
[175] Emin Demirel, *Terör*, IQ Kültür Sanat Yayıncılık, İstanbul 2007, s. 489.

bir defa daha önemli bir yere sahip olmuştur.

Türkiye'nin Iraklı Kürtlerle olan sorunlu geçmişine rağmen 2000'li yılların ortalarından itibaren Türkiye'nin IKBY konusunda izlediği politikalarda köklü değişiklikler olmuştur. Birkaç yıllık bir süre içinde Iraklı Kürtler, Türkiye'nin ekonomik partnerleri haline gelmişlerdir; IKBY Başkanı Mesud Barzani, Türkiye'nin Kürt sorununu siyasi yollarla çözmesi konusunda önemli bir rol oynamaya başlamıştır. Ayrıca Türkiye, devam eden Suriye iç savaşında Suriyeli Kürtlerin ayaklanmasına karşı IKBY ile iş birliği içine girmiştir.

Bu noktada yeni Türk dış politikasının temel dinamiklerinden bahsetmekte yarar vardır. Ahmet Davutoğlu'nun Taha Akyol'la CNN Türk'te yaptığı bir röportajda Davutoğlu Türkiye'nin merkez ülke olma, stratejik derinlik ve çok yönlü dış politikasına değinmiştir. Stratejik derinlik kavramıyla Davutoğlu, amacının Türkiye'nin yakın kara havzası yani Balkanlar, Ortadoğu ve Kafkaslar, yakın deniz havzası yani Karadeniz, Ege, Kızıldeniz, Basra Körfezi ve Hazar, yakın kıta havzası yani Doğu Avrupa, Orta Asya ve Kuzey Afrika ile Türkiye eksenli bir dış politika geliştirmekten bahsettiğini belirtmiştir. Çok boyutlu dış politika anlayışında Türkiye eksenli bakış açısından Türkiye'nin Afroavrasya'nın merkezinde yer aldığını ve eksen olarak yeni bir dış politika anlayışı geliştirmek gerektiğini savunmuştur. Merkez ülke anlayışı içindeyse sadece tek bir bölgeye yönelik bir dış politika anlayışı geliştirmektense tarihi ve coğrafi durumunu dikkate alarak bir dış politika anlayışı geliştirmek gerektiğinden bahsetmiştir.[176]

Yeni Bir Ekonomik Partner

Türkiye ile IKBY arasındaki ilişkilerin iyileşmesinin arkasındaki en büyük etkenlerden biri Türk ekonomisinin gittikçe artan talepleri olmuştur. İkinci Körfez Savaşı'ndan sonra IKBY'nin ülkenin geri kalanına göre göreceli olarak istikrarlı ve pek çok ekonomik fırsat barındıran bir bölge olarak ortaya çıkması, Türkiye'nin Iraklı Kürtlere karşı 2000'li yılların ortalarından itibaren farklı ve yeni bir yaklaşım geliştirmesini sağlamıştır. IKBY, gittikçe büyüyen Türk ekonomisinin yatırım yapması için ideal bir alan olmanın yanı sıra ülkenin gittikçe artan enerji taleplerini karşılamak için de bir alternatif kaynak olarak görünmeye başlamıştır. Erdoğan yönetimi Türkiye'nin Iraklı Kürt komşularıyla iyi ilişkiler kurmayı başarmıştır. Son birkaç yıldır Türkiye-IKBY ilişkileri, ortak hidrokarbon boru hatları[177], Türk petrol ve gaz şirketlerinin IKBY'ye yaptıkları büyük yatırımlar, Ankara ve Erbil arasında yapılan yüklü enerji anlaşmaları[178] ve hatta IKBY Başkanı Barzani'nin Türkiye'deki en büyük Kürt şehri olan Diyarbakır'ı ziyaret etmesi, Kürt bir şarkıcının Türkiye'de yaşayan on binlerce Kürt'ün önünde Barzani'ye ve Başbakan Erdoğan'a şarkı söylemesini de kapsamaktadır.[179]

[176] Ahmet Davutoğlu, *Teoriden Pratiğe Türk Dış Politikası Üzerine Konuşmalar*, Küre Yayınları, İstanbul Mart 2013, s. 205-206.

[177] Humeyra Pamuk-Orhan Coskun, "Exclusive: Turkey, Iraqi Kurdistan Clinch Major Energy Pipeline Deals," *Reuters*, 06.11.2013, https://www.reuters.com/article/us-turkey-iraq-kurdistan/exclusive-turkey-iraqi-kurdistan-clinch-major-energy-pipeline-deals-idUSBRE9A50HR20131106, (12.11.2017).

[178] Dorian Jones, "Turkey, Iraqi Kurdistan Seal 50-Year Energy Deal," *Voice of America*, 05.06.2014, https://www.voanews.com/a/turkey-iraqi-kurdistan-seal-50-year-energy-deal/1930721.html, (12.11.2017).

[179] Cengiz Çandar, "Erdogan-Barzani 'Diyarbakir Encounter' Milestone", *Al-Monitor*, 20.11.2013, https://www.al-monitor.com/pulse/originals/2013/11/erdogan-barzani-kurdistan-diyarbakir-political-

ABD, yaptırımlar nedeniyle Türkiye'nin İran ile iş yapmayı bırakmasını istemiş ancak Türkiye'ye bir alternatif sunmayı başaramamıştır. Türkiye'nin 2012 yılında kullandığı 45 milyar metre küp gazın ise sadece 7 milyon metre küpü yerel üretimden sağlanmıştır. Türkiye ayrıca gaz ithalatına olması gerekenden daha fazla para ödemektedir. Bu durum, Türkiye'nin IKBY'den gaz alabilmesi halinde değişecektir. Türkiye'nin İran'dan ithalat yapmayı durdurması istenmemiş olsaydı bile Rusya'ya olan bağımlılığı ve maksimum ithalat kapasitesine yakın mevcut tüketim seviyeleri Avrupa'da da olduğu gibi sorun teşkil edecekti. Ekonomik büyüme ve artan gaz tüketimi, Türkiye'nin geleceği için ciddi bir tehdit oluşturmaktadır. [180]

Türkiye'deki cansız yerel doğalgaz üretimini de hesaba katarsak, artan ithalat seviyeleri ile artan tüketim seviyelerinin birbirini karşılaması gerekmektedir; özellikle de Türkiye, elindeki doğalgazın çoğunu elektrik ve güç santrallerini işletmeye harcadığı ve bu santraller olmadan Türkiye ekonomisi neredeyse durma noktasına geleceği için. Doğal gaz altyapısı oldukça pahalıdır ve ithal boru hatlarını inşa etmek çok zaman almaktadır. İthalat kapasitesini arttırmak ancak masrafları minimumda tutmak için mümkün olduğu kadar yakında olan bir kaynak bulunması gerekmektedir.[181] 2011 yılına gelindiğinde Türkiye gaz ithalatı kapasitesinin neredeyse tamamını kullanmaktadır. Bu durum da Ankara'daki siyasetçilerin seçim başarılarının nedeni olduğunu düşündükleri ekonomik büyümenin mevcut enerji kaynaklarını hızlıca tükettiğini fark ettikleri an olmuştur. Eğer son 10 yılın trendleri sonraki 10 yılda da yarı hızında bile devam ederse Türkiye, ciddi bir enerji ihtiyacı ve önemli bir doğalgaz sıkıntısı ile karşı karşıya kalacaktır (bu hesaplama, İran ve Rus doğalgaz tedarikinin devam etmesi üzerinden yapılmıştır). Enerji sıkıntısı ise ciddi fiyat artışları ve ekonomik yavaşlamaya neden olacak, bu da AK Parti hükümetinin yeniden seçilme umutlarına önemli ölçüde zarar verecektir. Bu durumda Ankara'nın çözümü ise üretilebilecek, taşınabilecek ve diğer tüm kaynaklardan daha ucuza satılan bolca petrol ve doğalgaz kaynağına sahip olan güneydeki komşusuna, IKBY'ye dönmek olmuştur.

Aslında Türkiye ile Iraklı Kürtler arasındaki ekonomik ilişkiler 1990'lı yılların başlarında 36'ncı paralelin kuzeyinde uçuş yasağı olan bölge oluşturulması ve 1991 yılında Körfez Savaşı'nın bitiminin ardından özerk Kürt bölgesinin Kuzey Irak'ta kurulmasına Türkiye'nin yardım etmesinden beri sürmektedir.[182] Ancak 2000'li yılların ortalarından sonra Kuzey Irak'ın artan ekonomik ve siyasi istikrarı ile iyileşen yaşam şartları sonucunda Türk şirketlerin bölgenin ekonomik hayatına dahil olması kolaylaşmıştır. Sürekli olarak büyüyen ekonomik bağlarla birlikte 2013 yılında IKBY, 5.1 milyar dolar ihracat ile Türkiye'nin üçüncü en büyük ihracat pazarı haline gelmiştir. 2009 ve 2013 yılları arasında IKBY'de çalışan Türk

---

decision.html, (12.11.2017).

[180] Maurizio Scaini, "L'évolution des Rapports entre Israël et L'Iran, Déclin de L'Hégémonie Occidentale au Moyen-Orient", *Outre-Terre*, cilt 2, sayı 28, 2011, s. 483-492.

[181] Gérard Chaliand, "L'Irak, Le Kurdistan et Le Débat Turc", *Le Figaro*, 04.12.2007, http://www.lefigaro.fr/debats/2007/11/20/01005-20071120ARTFIG00330-lirak-le-kurdistan-et-le-debat-turc.php, (12.12.2017)

[182] Abdelhakim Khusro Jozel, "Ankara-Erbil-Baghdad Axis: A Question of Energy and Politics," *Policy Analysis-Arab Center for Research and Policy Studies*, Şubat 2014, https://www.dohainstitute.org/en/lists/ACRPS-PDFDocumentLibrary/AnkaraErbil_Baghdad_Axis_A_question_of_Energy_and_politics.pdf, (12.12.2017), s.2.

şirketlerinin sayısı 485'ten yaklaşık 1500'e yükselmiştir. Alışveriş merkezlerinden inşaat projelerine IKBY'de her yerde Türk markaları görülebilir hale gelmiştir.[183]

Türkiye ile IKBY arasındaki ticari ilişkilerin önemli bir boyutunu ise IKBY'nin bol petrol ve doğalgaz kaynakları oluşturmuştur. 2000'lerin ortalarından beri Türkiye'nin büyüyen ekonomisinin talepleri Türk siyasetçileri yeni enerji pazarları aramak durumunda bırakmıştır. Türkiye petrol ve doğalgaz ithalatı için büyük ölçüde İran'a ve Rusya'ya bağımlı olduğu için bu oldukça önemli bir konudur. Enerji güvenliğini garanti altına almak ve bölgede bir enerji merkezi haline gelme hedefini gerçekleştirmek için Türk siyasetçiler Türkiye'nin enerji tedarikçilerini çeşitlendirmesi gerektiğine inanmaktadırlar. Türkiye'nin bu ihtiyacı, Kasım 2015'de bir Rus savaş uçağının Türkiye-Suriye sınırındaki Türk hava sahasına girmesiyle uçağın Türkiye tarafından vurulması ve bununla beraber Rusya'yala ilişkilerin bozulması üzerine iyice acil hale gelmiştir. 2000'li yıllarda IKBY, Türkiye'nin yılda ortalama %6 ila %8 arası artan enerji taleplerini karşılamak için alternatif bir kaynak olarak ortaya çıkmıştır.[184] Kasım 2013'de AK Parti hükümeti ile IKBY arasında bir enerji anlaşması imzalanmış ve Türkiye'nin IKBY petrolünü uluslararası pazarlara ulaştırmada anahtar bir rol oymaması üzerine Mayıs 2014'de Türkiye'nin Ceyhan limanından petrol nakliye edilmeye başlanmıştır. Haziran 2015'e gelindiğinde Irak'tan Ceyhan'a yapılan petrol ihracatı 16 milyon fıçıyı bulmuştur.[185] Dahası, Kasım 2015'de IKBY Doğal Kaynaklar Bakanı Ashti Hawrami, IKBY'nin önümüzdeki iki yıl içinde Türkiye'ye 10 milyar metre küp doğal gaz ihraç etme planını açıklamıştır. [186] Türk yetkililer "*doğal gaz şirketi olan BOTAŞ'ın Irak-Türkiye sınırındaki Silopi'den Mardin'deki Türk hattına bağlanması için 185 kilometrelik bir boru hattının inşası için ihale açacağını*" belirtmişlerdir. Ayrıca IKBY doğalgaz ihracatının gelecekte TANAP boru hattına bağlanması ihtimali de görüşülmüştür. [187]

IKBY'nin Türkiye'ye petrol ve doğalgaz ihraç etmesi ise IKBY ile IKBY'nin Türkiye üzerinden bağımsız olarak doğalgaz ihraç etmesinden rahatsız olan Irak Federal Hükümeti arasında tartışmalara yol açmıştır. Hatta Bağdat ve Erbil Aralık 2014'de IKBY'nin Irak Federal Hükümetine Irak Petrol Pazarlama Kurumu aracılığıyla ihraç etmeleri için günlük 550.000 fıçı petrol sağlayacağı ve bunun karşılığında Irak Federal Hükümetinin de Irak'ın ulusal bütçesinden %17'lik bir payı aylık ödenekler olarak IKBY'ye vereceği konusunda bir anlaşmaya

[183] Soner Cagaptay-Christina Bache Fidan-Ege Cansu Sacikara, "Turkey and the KRG: An Undeclared Economic Commonwealth," *PolicyWatch 2387, The Washington Institute for Near East Policy*, http://www.washingtoninstitute.org/policy-analysis/view/turkey-and-the-krg-an-undeclared-economic-commonwealth, (12.11.2017).

[184] Gönül Tol, "Turkey's KRG Energy Partnership," *Foreign Policy*, 29.01.2013, http://foreignpolicy.com/2013/01/29/turkeys-krg-energy-partnership/, (12.11.2017).

[185] Anadolu Agency, "Turkey Plays 'Key role' in Transferring Iraqi Kurdish Oil," *Hurriyet Daily News*, 16.08.2015, http://www.hurriyetdailynews.com/turkey-plays-key-role-in-transferring-iraqi-kurdish-oil-----87015, (12.11.2017).

[186] "KRG Plans 10 bcm in Natural Gas Exports to Turkey in Two Years", *Hurriyet Daily News*, 20.11.2015, http://www.hurriyetdailynews.com/krg-plans-10-bcm-in-natural-gas-exports-to-turkey-in-two-years-91471, (12.11.2017).

[187] John Roberts, "Row with Russia Forces Turkey to hunt for New Energy Partners," *Financial Times*, 15.11.2015, https://www.ft.com/content/03025db8-99aa-11e5-9228-87e603d47bdc, (12.11.2017).

varmışlardır.[188] Ancak 2015 Haziran ayından itibaren IKBY, Irak Federal Hükümetinin kendisine hak ettiği %17'lik payı vermediğini savunarak petrolün çoğunu kendi başına ihraç etmeye başlamış ve Ceyhan üzerinden direkt satışlara devam etmiştir. Her ne kadar 2014 yılında petrol fiyatlarında yaşanan düşüş IKBY'nin petrol gelirleri açısından sıkıntı çekmesine neden olsa da Kerkük-Ceyhan boru hattından gerçekleşen petrol akışı büyük bir kesintiye uğramadan devam etmiş ve IKBY boru hattı üzerinden günlük olarak yaklaşık 600.000 fıçı ihraç etmiştir. [189]

Barış Sürecinin Türkiye'nin Irak Kürt Bölgesel Yönetimi'yle İlişkilerine Yansıması

Ahmet Davutoğlu'nun Taha Akyol'la yaptığı röportajda Davutoğlu, Irak'ın toprak bütünlüğü konusunda ortak bir görüş olduğunu belirtmektedir. Bununla birlikte Irak'ın Türkiye'yi tehdit eden bir terörist yatağına dönmesinin kabul edilemez olduğunu, PKK'nın Kuzey Irak'taki varlığının sürdüğünü ancak ABD'nin bu konuda Türkiye'yi rahatlatmadığını söylemektedir. Türkiye için PKK sorunu çözülmediği sürece Irak ve ABD ile olan ilişkilerde tam bir güvenin sağlanmayacağını da sözlerine eklemektedir. Ayrıca Irak'taki kültürel demografinin Kerkük de dahil olmak üzere korunması gerektiğinin altını çizmektedir. Dolayısıyla, Kürtler, Türkmenler ve Araplar barış içinde bölgede yaşamlarını sürdürmelidir. Irak'taki bütün aktörlerin içiçe geçtiği iki yeri Bağdat ve Kerkük olarak ifade etmektedir. Dolayısıyla bu iki şehrin özel idareye ve özel bir statüye sahip olması gerektiğini yinelemektedir. Eğer bu sağlanamazsa Bağdat ve Kerkük'te iç çatışmalar çıkacak ve Irak'ı bir arada tutmak imkansızlaşacak demektedir. Sözlerine Türkiye'nin Musul ve Kerkük'ü terk ederken Irak'tan Türkiye'ye yönelik bir tehdidin olmaması ve Türkiye-Irak ekonomilerinin karşılıklı barış içinde gelişmesi esasını dikkate aldığını eklemektedir.[190]

AK Parti'nin Türkiye'de kadrolaşması ile ülkenin yıllardır süregelen Kürt Sorunundada yeni gelişmeler meydana gelmiştir. 2000'lerin başlarında AK Parti ilk seçildiğinde temel hedefi Türkiye'nin AB'ye kabul sürecinde önemli ilerlemeler kaydetmiştir. Bu durum, AB'nin 1999 Helsinki zirvesinde Türkiye'nin resmi olarak aday ülke olduğunu açıklamasından kısa bir süre sonradır ve Türk kamuoyunda da AB üyeliğine giderek büyüyen bir destek vardır. Bu kapsamda AK Parti Hükümeti TBMM'den çok sayıda AB uyum reformu geçirmiş ve böylece Türk ordusunun ulusal güvenlik politikalarındaki rolünü azaltmış ve Kürtlere pek çok kültürel hak tanımıştır. Ancak AK Parti'nin Kürt sorununa karşı yaklaşımını açıkça gözler önüne seren esas olay bu süreçte Başbakanlık görevini yürüten Recep Tayyip Erdoğan'ın 2005 yılında Kürtlerin ruhani merkezi olan Diyarbakır'da verdiği bir konuşma olmuştur. Erdoğan konuşmasında bölgesel veya etnik ayrımcılık hareketlerine karşı olduğunu ancak kültürel çokluğu desteklediğini belirtmiştir. Türkiye'nin Kürt sorunu ile ilgili olarak devletin geçmişte hatalar yaptığını ve artık yerel kültürlerin de Türkiye Cumhuriyeti şemsiyesi altında rahatça ifade edilebileceğini umduğunu

---

[188] Amberin Zaman, "Is the KRG Heading for Bankruptcy?" *Al Monitor*, 20.06.2016, https://www.al-monitor.com/pulse/originals/2016/01/turkey-iraq-kurds-cash-crisis-derail-battle-against-isis.html, (12.11.2017).

[189] Anadolu Agency, "No Fall in KRG Oil Exports to Turkey," *Hurriyet Daily News*, 05.02.2016, http://www.hurriyetdailynews.com/no-fall-in-krg-oil-exports-to-turkey--94811, (12.10.2017).

[190] Ahmet Davutoğlu, *Teoriden Pratiğe…*, s. 212-213.

açıklamıştır.[191] Diyarbakır'daki konuşmasında Erdoğan *"Kürt sorunu benim sorunumdur"* demiştir. [192]

Erdoğan'ın Diyarbakır konuşması, AK Parti hükümetinin Kürt sorununu barışçıl yollarla çözme hedefleri için gerekli zemini yaratmıştır. 2009'da Barış Süreci politikasını açıklayan AK Parti Hükümeti, Türkiye'nin Kürt vatandaşlarına karşı bir takım kültürel haklar tanıma ve bu doğrultuda PKK saldırılarına bir son verip PKK'nın silahsızlandırılmasını sağlama yönündeki hedeflerini belirtmiştir. Ancak Gunter'e göre, bu yeni politika AK Parti hükümetinin Kürt sorununa barışçıl bir çözüm getirebilmek için hangi adımları atacağı konusunda net bir plan içermemektedir ve bu da Türkiye'deki muhalefet partiler ile milliyetçi çevrelerde huzursuzluğa neden olmuştur.[193]

18 Ekim 2009 günü 34 PKK terör örgütü mensubu ve ailelerinin Habur sınır kapısından geçerek Kuzey Irak sınırından Türkiye'ye girmeleri ve DTP tarafından yapılan şovenist kutlamalarla Barış Süreci yara almıştır. PKK terör örgütü mensupları gerilla kıyafetleriyle kalmış ve Kürtlerden oluşan bir hayli büyük bir kalabalık tarafından karşılanmışlardır. Aslında bu grubun Türkiye bölgesine giriş yapması hem halk tarafından hem de Türk devleti ve PKK temsilcileri tarafından diğer PKK terör örgütü mensuplarının da, yavaş yavaş Türkiye'ye dönmeleri ve silahlarını bırakmalarının bir başlangıcı olarak algılanmıştır. Ancak Habur sınır kapısındaki tablo Türk toplumu içinde ciddi bir rahatsızlığa sebep olmuş ve Türk milliyetçi çevrelerinden sert eleştiriler almıştır. Bu nedenle de hükümet Barış Süreci politikasını yürütmeye devam edememiştir. [194]

AK Parti hükümetinin Kürt sorununu barışçıl yollarla çözmek için 2000'lerin ortalarından beri gösterdiği çabaların Türkiye ile IKBY ilişkileri üzerinde ciddi etkileri olmuştur. Öncelikle Türkiye'nin IKBY ile olan ilişkilerinde temiz bir başlangıç elde etmesi tamamen Kürt sorunu konusunda değişen atmosfer ve AK Parti hükümetinin bu sorunu barışçıl yollardan çözmek istemesi sayesinde mümkün olmuştur. İkincisi, AK Parti hükümeti IKBY lideri Mesud Barzani'yi 2012 yılının sonlarına doğru başlayan Barış Sürecine önemli bir oyuncu olarak dahil etmiştir. Kürt siyasetinde bir alternatif olarak görülen Barzani, Türkiye'nin Barış Sürecinde destek toplanmasını sağlayabilecek biri olarak düşünülmüştür. Barış Sürecinin en önemli dönüm noktalarından biri Barzani'nin 16 Kasım 2013 tarihinde yaptığı ve *"Diyarbakır Buluşması"* olarak bilinen Diyarbakır ziyareti olmuştur. Bu ziyaret IKBY başkanı Barzani ile Erdoğan'ı bir araya getirmiştir. Bölgenin ünlü şarkıcıları Şivan Perwer ve İbrahim Tatlıses de onlara katılmıştır. Perwer ve Tatlıses barışı anlatan bir Kürt şarkısında düet yapmışlardır. Diyarbakır buluşması boyunca Barzani barışı desteklediğinin altını çizmiş ve Erdoğan tarafından yürütülen anlaşma sürecini desteklemeleri çağrısında bulunmuştur. Bu doğrultuda şunları söylemiştir:

---

[191] Ertan Efegil, "Analysis of the AKP Government's Policy Toward the Kurdish Issue," *Turkish Studies*, cilt 12, sayı 1, Mart 2011, s. 31.

[192] "Kürt Sorunu Benim Sorunum", *BBC Turkish*, 12.08.2005, http://www.bbc.co.uk/ turkish/news/ story/2005/08/050812_turkey_kurds.shtml, (12.11.2017).

[193] Michael Gunter, "Reopening Turkey's Closed Kurdish Opening?" *Middle East Policy*, cilt 20, sayı 2, Yaz 2013, s. 90.

[194] Özlem Kayhan Pusane, "Turkey's Kurdish Opening: Long-Awaited Achievements and Failed Expectations," *Turkish Studies*, cilt 15, sayı 1, 2014, s. 86.

"*Başbakan Erdoğan'a teşekkür ederim: çok önemli adımlar attı ve barış yolunu tercih etti. Kürt ve Türk kardeşlerimden tek istediğim bu barış planını desteklemeleridir. Barış için yapılan savaş en zor savaştır. İnanın bana, bireysel cesaret olmadan barış için yapılan savaşlar kazanılamaz. Barışa giden yol ne kadar uzun olursa olsun, bu yol savaşarak geçirilmiş her bir saatten daha kıymetlidir.*" [195]

Buradan da görüldüğü üzere 2000'lerin ortalarından itibaren IKBY ile Türkiye ilişkilerin iyileşmesinin arkasındaki en büyük kolaylaştırıcı etkenlerden biri AK Parti hükümetinin Türkiye'nin Kürt sorununu barışçıl yollarla çözme çabalarıdır. Erdoğan, Barzani'nin katılımını ve desteğini, Kürtlerden alacağı desteği arttıracak olan Barış Sürecinin önemli bir bileşeni olarak görmektedir.

Ancak Barzani'nin Barış Sürecindeki katılımı Türkiye'deki tüm Kürtler tarafından aynı şekilde hoş karşılanmamıştır. Barzani'nin KDP'si ile PKK, Kürt milliyetçileri kapsamında ezeli rakiplerdir ve Öcalan'ın 1999 yılında yakalanmasının ardından PKK'nın en önemli stratejilerinden biri Türkiye'deki varlığının yanı sıra İran, Irak ve Suriye'nin Kürt yoğunluklu bölgelerinde müttefik partiler açmak olmuştur.[196] Bu nedenle PKK'nın siyasi kanadı olarak düşünülen BDP üyelerine göre Barzani'nin Diyarbakır ziyareti Türkiye'nin "*böl ve yönet*" politikasının bir parçasıdır.[197] Parti üyeleri ve Öcalan Barzani'nin ziyaretinden rahatsız olmuştur ve Erdoğan'ın bölgede alternatif bir Kürt oyuncuyu destekliyor olmasından hiç memnun değildir. [198]

Suriye İç Savaşı'nda Yeni bir Müttefik

Arap Baharı olayları 2011 Mart'ında Der'a'da başlayan protesto eylemleriyle Suriye'ye de sıçramıştır. Suriye toplumsal olarak çok etnik ve dini yapılı bir ülkedir. [199] 2006 yılı ortasında yapılan hükümet tahminlerine göre nüfus oranı 18,7 milyondur. Nüfusun %90.3'ünü Araplar oluşturur. %74'ünü Sünni Müslümanlar, %16'sını Alevi, Şii ve diğer Müslüman mezhepler, %10'unu ise Hristiyan ve Museviler oluşturur. [200] Nüfus içindeki %52-57 oranında Sünni Arap, %11-13 oranında Alevi Arap, %10-12 civarında Kürt bulunmaktadır. Türkmenlerin nüfus oranı tam olarak bilinmemekle beraber Halep, Golan, Lazkiye ve Şam ve çevresinde yaşadıkları bilinmektedir. Sünni olanların içinde Sünni Arap, Kürt, Türkmen ve Kafkasyalı bulunmaktadır.[201] Bu etnik ve dini bölünme nedeniyle Suriye'deki Arap Baharı diğer ülkelere göre daha kanlı ve uzun sürmüştür. Türkiye'nin IKBY ile

---

[195] Nagehan Alçı, "An Atmosphere of Peace, not of Farewell", *Al Monitor*, 19.11.2013, https://www.al-monitor.com/pulse/originals/2013/11/erdogan-kurds-peace-visit-diyarbakir-barzani-public-appeal.html, (12.11.2017).

[196] Michael Tanchum, "Turkey Moves Toward a Grand Bargain with Kurdistan," *Turkey Analyst*, cilt 7, sayı 19, 22.10.2014, https://www.turkeyanalyst.org/publications/turkey-analyst-articles/item/353-turkey-moves-toward-for-a-grand-bargain-with-kurdistan.html, (12.11.2017).

[197] Cengiz Çandar, "Erdoğan-Barzani 'Diyarbakir Encounter' Milestone," *Al Monitor*, 20.11.2013, https://www.al-monitor.com/pulse/originals/2013/11/erdogan-barzani-kurdistan-diyarbakir-political-decision.html, (12.11.2017).

[198] Göktürk Tüysüzoğlu, "Realities Behind Historic Erdogan-Barzani Meeting," *Al Monitor*, 29.11.2013, https://www.al-monitor.com/pulse/politics/2013/11/reality-historic-meeting-barzani-erdogan-turkey-kurdistan.html, (12.11.2017).

[199] Veysel Ayhan, *Arap Baharı İsyanlar*, Devrimler ve Değişim, MKM Yayınları, Bursa 2012, s. 345.

[200] İnci Selin Aydın, "Suriye Arap Cumhuriyeti Ülke Raporu", *İGEME TC. Başbakanlık Dış Ticaret Müsteşarlığı İhracatı Geliştirme Etüt Merkezi Raporu*, 2008, s. 1.

[201] Veysel Ayhan, *a.g.e.*, s. 346-349.

ittifak kurmasının bir diğer sebebi de Suriye iç savaşının ortaya çıkmasıyla iki bölgenin de ortak çıkarlarının yeniden tanımlanmış olmasıdır.

Suriye iç savaşının Suriyeli Kürtler için çok önemli fırsatlar sağladığı bir gerçektir. 2012 yılının sonlarına doğru Esad rejiminin güçlerinin Suriye'nin Kuzeyinden geri çekilmesi ile PYD üç önemli bölgeyi, Cezire, Kobani ve Afrin'i işgal etmiş ve bu bölgelerde kendi özerk yönetimini geliştirmeye başlamıştır. Türk siyasetçiler, PYD'nin Kuzey Suriye'deki gelişimini Türkiye'nin ulusal güvenliğine karşı bir tehdit olarak görmüşlerdir çünkü 1990'larda Kuzey Irak'ta parça parça büyüyen IKBY'den sonra bu, Türkiye'nin direk komşusu olarak kurulacak ikinci özerk Kürt bölgesi olacaktır. Dahası, PYD, PKK terör örgütü elebaşı Öcalan'ı ideolojik liderleri olarak düşünmektedir ve PKK ile yakın bağlara sahiptir. Ayrıca PKK'yı da içeren şemsiye organizasyon olan KCK açık bir üyesidir. [202] PYD'nin Suriye'deki lider Kürt oyuncu olarak ortaya çıkması, Mesud Barzani'nin KDP'si ile PKK arasındaki tarihi rekabet nedeniyle IKBY'nin bölge ile ilgili çıkarlarına de ters düşmektedir. Hem Barzani hem de Öcalan Kürt milliyetçilerinin lideri olmak istemişler, böylece de Suriye'de gerçekleşen gelişmeler konusunda ciddi bir anlaşmazlık yaşamışlardır. IKBY'nin Suriyeli Kürtler üzerindeki etkisini arttırma çabaları esnasında PYD, hem ideolojik hem de Suriye'deki siyasi hedefleri kapsamında PKK'ya yakın bir çizgiyi takip etmiştir.

PYD'nin Suriyeli Kürtlerin siyasetinde ortaya çıkmasına cevap olarak Barzani öncelikle 2011 yılında Kürt Ulusal Kongresi adı altında PYD dışında kalan farklı Suriyeli Kürt grupların birleştirilmesi çağrısını yapmıştır. Ayrıca 2012 yılında Kürt Konseyi'nin kurulmasını sağlayan ve Kürdistan Kurtuluşçular Örgütü ile PYD arasında bir güç bölünmesi anlaşması niteliği gören Erbil Anlaşmasının 11 Haziran 2012'de imzalanmasında da önemli bir rol oynamıştır.[203] Beşar Esad sonrası sürece hazırlıksız yakalanmaktan korken Barzani, PKK ile aralarındaki rekabetten dolayı KDP çizgizisindeki Kürt partilerini kaybetmekten endişe etmiş ve bu antlaşmayı yapmıştır. Bu antlaşmaya göre siyasi ve diplomatik adımlar ve Kürt halkının değerlerine dayandıralacak ortak bir siyasi amaç ortaya koymak için ortak bir yüksek komite kurulacak, Kürt sorunu demokratik yollardan çözülecek, Suriye Anayasası'nda Kürt halkının hakları korunacak, tüm bölgelerde uygulamalı işleri koordine edecek Yüksek Örgütsel Komite ve alt komiteler kurulacak, karşıt propagandalar durdurulacak, Kürt bölgelerindeki silahlı güçler kaldırılacak, ortak silahsız koruma komiteleri kurulacak, sosyal anlaşmazlıkları çözmek için ortak arabulucu komiteler kurulacaktır.[204] Ancak bu güç bölünmesi anlaşması hiç uygulanmamıştır. Bunun yerine PYD'nin peşmerge savaşçıları Suriye'ye sokmama kararı ve IKBY'nin PYD tarafından kontrol edilen bölgelere yardımların ulaşmasını engellemek adına Irak-Suriye sınırını kapatması üzerine gerilim iyice artmıştır. IKYB ile PYD arasındaki ilişki, Barzani'nin KDP'sinin PYD üyelerinin Kuzey Irak'taki Erbil'e girmelerine izin vermemesi ve PYD'nin ve Barzani yanlısı liderlerin Suriye sınırını geçmelerini engellemesi üzerine iyice kötüleşmiştir. Bu

---

[202] Fehim Taştekin, *Suriye: Yıkıl Git, Diren Kal,* İletişim Yayınları, İstanbul 2015, s. 202.

[203] "Flight of Icarus: The PYD's Precarious Rise in Syria", *International Crisis Group Middle East & North Afrika,* sayı 151, 08.05.2014, https://www.crisisgroup.org/middle-east-north-africa/eastern-mediterranean/syria/flight-icarus-pyd-s-precarious-rise-syria, (20.11.2017), s.2.

[204] Fehim Taştekin, *Rojova Kürtlerin Zamanı,* İletişim Yayınları, İstanbul 2016, s. 145

sırada 19 Temmuz 2012'de PYD'nin silahlı kanadı olarak adlandırılan YPG ve onun kadın yapılanması YPJ kurulmuş ve Rojova'nın savunma gücü olarak kabul edilmiştir.[205]

Barzani bir şekilde konuya müdahil gibi gözükmekteyse de, asıl güç PYD'dedir. Olası bir özerk bölgenin kurulması ve uluslararası desteğin sağlanması konusunda Suriye'nin Kuzeyi önemli bir kapıdır ve Barzani PYD'yi dışarda tutarak Rojava'da bir etkinlik kurmasının zor olduğunu görmektedir. Barzani'nin arabuluculuğu sonrasında işbirliğinin önü açılmış ve toplumu örgütlemeye çalışan PYD 4-7 bin arası insan gücünü bulmuştur. Buradan anlaşılacağı üzere bölge Kürtlerinin Rojova Özerk Bölge hedefine kilitlendiği söylenebilir. Bunun için Kamışlı önemli bir bölgedir. Rejim güçleriyse Kobani, Afrin ve Amude'nin aksine Kamışlı'yı hemen terketmemiş, burada kanlı çatışmalar yaşanmıştır. Kürtler için petrol bölgesi Rimelan önemlidir ve 2013'te rejim güçleriyle yapılan çatışma sonucunda Rimelan'da Kürt kontrolü sağlanmıştır. Kürtlerin bu hareketlerini Beşar Esad bastırmaya çalışmamıştır. Taştekin'e göre bunun iki nedeni olabilir. Ya Esad esas olarak Şam ve Halep gibi rejimin devamı için kritik noktalarla uğraşırken Kürtleri kendi haline bırakmıştır. Ya da Kürt bölgesini sonradan kontrol altına alacağı düşüncesiyle Türkiye'yi sıkıştırmak için müdahalede bulunmamıştır. Suriye'deki kaynaklara göre Beşar Esad sonradan Kürtlere özerklik vermeyi planlamış, böylece hem Kürtlerle sorunlarını çözmeyi hem de Türkiye'nin Kürt sorununu çözmeyen tek ülke olarak kalmasını sağlamak istemiştir. Bu şekliyle Rojova sorunu Suriye'den çok Türkiye'nin sorunu haline gelmiştir. Türkiye PYD'yi dışlayarak bölgede bir çözüm arayışında olmuştur. Bu nedenle Barzani üzerinden Suriyeli Kürtleri etkilemeyi planlamıştır. Barzani sınıra hendek kazarak ve Semelka sınır kapısını kapatarak PYD'yi cezalandırma yoluna gitmiş olsa da bu pek faydalı olmamıştır. Barzani PYD ile anlaşamasa da PYD'yi dışlayarak Rojova'da etki sahibi olamayacağının farkındadır. Suriyeli Kürtler ise Türkiye'nin başkanlığında geliştirilen bir Suriye politikasında yer almak istememektedir.[206]

2014 yılında IKBY, Irak ve Suriye'deki Kürtler arasındaki fikir farklılıklarını ve güç çatışmalarını sembolize edercesine Irak-Suriye sınırına bir hendek kazmıştır. Her ne kadar Barzani yönetimi hendeğin asıl amacının sınırdan yasadışı geçişleri engellemek olduğunu savunsa da PYD, hendeğin tek amacının Kürtçe'de *"Batı"* anlamına gelen ve Suriye'nin Kürtlerin yaşadığı batı bölgesini sembolize eden Rojava'yı izole etmek ve zayıflatmak olduğunu söylemiştir.[207] Suriye'deki siyasi etki üzerine yaşanan anlaşmazlıklar Barzani'nin KDP'sinin Suriyeli Kürtlerin siyaseti üzerinde etki sahibi olmakta başarısız olduğunu göstermiştir.

PYD'nin Kuzey Suriye'deki yönetimi hem Türkiye'nin hem de IKBY'nin çıkarlarını tehdit ettiği için bu iki oyuncu PYD karşısında ortak bir stratejik plan yapmak durumunda kalmıştır. 2013 yılında hem Barzani hem de Erdoğan PYD'nin tek taraflı özerklik açıklamasına karşı çıkmış ve PYD'nin Kuzey Suriye'de takip ettiği politikaları ağır şekilde eleştirmişlerdir. Barzani, PYD'yi gizli gizli Esad

[205] Fehim Taştekin, *Rojova Kürtlerin...*, s. 140.
[206] Fehim Taştekin, *Suriye: Yıkıl Git...*, s. 202-206.
[207] Fehim Taştekin, "KRG Trench Divides Syrian, Iraqi Kurds," *Al Monitor*, 21.04.2014, https://www.al-monitor.com/pulse/ru/originals/2014/04/krg-trench-divides-syrian-iraqi-kurds.html, (12.11.2017).

rejimiyle anlaşma yapmakla ve kendi çıkarlarını Suriye'deki diğer Kürt gruplar üzerinde zorla uygulamakla suçlamıştır. Kasım 2013'de Barzani ayrıca PYD'nin *"Suriye'deki diğer Kürt gruplara karşı işlediği suçlarla sınırları aştığını"* söylemiştir. Erdoğan ise PYD ile PKK arasındaki ilişkilere dikkat çekmeye başlamıştır. Türkiye'nin bakış açısından Suriye'de PYD'nin ve PYD'nin silahlı kanadı olan YPG'nin PKK'dan hiçbir farkı olmadığını savunmuştur. ABD'nin IŞİD mücadelesinde YPG ile iş birliği yapmasına karşılık olarak Amerikan elçisi Brett McGurk'un Ocak 2016'da Kobani'yi ziyaretinin ardından Erdoğan, Amerikan yetkililerine Türkiye ile PYD arasında bir seçim yapmaları gerektiğini söylemiş ve *"partneriniz ben miyim yoksa Kobani'deki teröristler mi?"* diye sormuştur.[208]

2000'li yılların ortalarından itibaren Türkiye'nin IKBY ile olan ilişkileri, Türkiye'nin büyüyen ekonomisi, yeni pazarlar ve enerji kaynakları arayışı, ülkenin yıllardır süren Kürt sorununu barışçıl yollardan çözme doğrultusunda yeni ve güncellenmiş yaklaşımı ve hem Erdoğan'ın hem de Barzani'nin PYD'nin Kuzey Suriye'de özerk bir Kürt bölgesi kurmasına karşı olan duruşları kapsamında iyileşmeye devam etmiştir. Ancak hızla değişen bölgesel dinamikler ve Türkiye içindeki Kürt sorunu nedeniyle gelecekte Türkiye-IKBY ilişkileri için pek çok bilinmez olduğunu göstermektedir.

Türkiye-IKBY ilişkilerinin geleceğine yönelik en önemli bilinmezlik kaynaklarından biri Türkiye-IKBY ittifakını 2014 yılından beri çok ciddi şekilde etkilemiş olan IŞİD tehdididir. Ağustos 2014'te IŞİD Kuzey Irak'a doğru ilerleyip Erbil'i vurduğunda ilk yardım teklifi Türkiye'den gelmediği için Iraklı Kürtler oldukça hayal kırıklığına uğramıştır. Hatta Türkiye, uluslararası koalisyonun IŞİD'e karşı verdiği savaşta aktif bir oyuncu olmamış ve bu süreçte *"çekingen müttefik"* olarak bile isimlendirilmiştir. Kürt milliyeçiliği için önemli bir sembol haline gelen küçük Suriye kasabası Kobani'nin IŞİD güçlerine karşı savunulmasında da Türkiye'den herhangi bir yardım gelmemiştir. Sadece hem içeriden hem de uluslararası çevrelerden gelen yoğun baskıların üzerine Türkiye, Iraklı peşmerge güçlerinin sınırı geçip Kobani'nin IŞİD güçlerine karşı savunulmasına destek vermesine izin vermiştir.[209] IŞİD tehdidi farklı ülkelerdeki Kürtleri bir araya getirmek konusunda da önemli bir rol oynamıştır. IŞİD saldırılarının karşısında YPG, PKK ve IKBY'nin peşmerge güçleri birleşmiş ve IŞİD'e karşı savaşta yer almışlardır. IKBY PKK'nın silahlarını ve militanlarını IŞİD'e karşı savunmaya katılmak için Kandil Dağlarından aşağı indirmesine bile izin vermiştir.[210]

IKBY ile Türkiye arasındaki ilişkilerin geleceğine eklenen başka sorunlar ise PKK ile anlaşma sürecinin sona ermesi ve Türkiye'nin Kandil Dağlarındaki PKK kamplarına karşı hava saldırılarına yeniden başlamasıdır.[211] Buna cevap olan

---

[208] "Erdogan Calls on US to choose between Turkey or Syrian Kurds", *Dailymail* 07.02.2016, http://www.dailymail.co.uk/wires/afp/article-3436018/Erdogan-calls-US-choose-Turkey-Syrian-Kurds.html, (12.11.2017).

[209] Amberin Zaman, "Syrian Kurdish Leader: Turkey Turns Blind Eye to ISIS," *Al Monitor*, 23.06.2014, https://www.al-monitor.com/pulse/originals/2014/06/zaman-salih-muslim-turkey-blind-eye-isis-mosul-syria-iraq.html, (12.11.2017).

[210] Josh Wood, "Why Turkey-KRG Ties will Likely Trump Kurdish Solidarity," *The National*, 27.07.2015, https://www.thenational.ae/world/why-turkey-krg-ties-will-likely-trump-kurdish-solidarity-1.78239, (12.11.2017).

[211] "Activist Wounded at Suruc Massacre Passes Away, Raising Death Toll to 33", *Hurriyet Daily News*,

Türkiye 2015 yazından sonra devam eden hava saldırılarına başlamış ve IKBY'deki PKK kamplarını hedef almıştır. Her ne kadar Mesud Barzani PKK'nın hareketlerini eleştirse de grubun Kandil Dağlarından inmesi çağrısını yapsa da Türkiye'yi de eleştirmiş ve pek çok Iraklı Kürt sivilin ölümünden Türkiye'nin gerçekleştirdiği hava saldırılarını sorumlu tutmuştur. 2015 yılından beri olan gelişmeler ve Barış Sürecinin sona ermesiyle Türkiye-IKBY ortaklığında olan sorunların ilerleyeceğini göstermektedir. Ancak Türkiye ile IKBY arasındaki ilişkilerin karşılaştığı bu engeller Ankara-Erbil iş birliğinin sona erdiği anlamına gelmemektedir. 2014 yılından beri gerçekleşen gelişmeler, IKBY ile PKK ve PYD arasındaki gerilimlerin IŞİD'e karşı süregelen iş birliklerine rağmen tamamen ortadan kalkmadığını göstermiştir. Yezidi Kürt topluluğunun yaşadığı Sincar'ın savunulması esnasında Kasım 2015'te IŞİD'e karşı savaşan farklı Kürt gruplar arasında yoğun bir rekabet yaşanmıştır. Dahası, Sincar'daki savaşın bitmesi üzerine PKK, Barzani'yi IŞİD'e karşı elde edilen zaferin tüm başarısını üstlenmekle suçlamıştır. Ayrıca güncel petrol fiyatlarındaki düşüş nedeniyle ekonomik sıkıntılar çeken IKBY, petrol ihracatı için Kerkük-Ceyhan boru hattına güvenmek durumundadır ve bu boru hattına PKK tarafından saldırılarda bulunulmuştur. [212] Bu zorlayıcı gelişmelere rağmen Türkiye, IKBY'nin dış dünyayla olan ana ekonomik bağlantı kapısı konumundadır. Son olarak ise Türkiye'nin desteği, IKBY'nin geleceği için oldukça önemli olmaya devam etmektedir. Barzani, IKBY'nin Türkiye dahil bölgede bulunan büyük ülkelerin desteği olmadan bir geleceğe sahip olamayacağının farkındadır. Aralık 2015'de Musul'un kuzeyindeki Irak kasabası Başika'da gerçekleşen olaylar, bu analizi doğrular niteliktedir. Türkiye'nin Kürt peşmergeleri ve Arap güçlerini IŞİD'e karşı savaşmaları için eğitmek amacıyla 150 birlik ve 25 tank göndermesiyle birlikte Irak Başbakanı Haydar el-İbadi, Türkiye'yi Irak'ın içişlerine karışmakla suçlamış ve Türkiye'nin derhal geri çekilmesini talep etmiştir. Bu kriz patlak verdiği zaman Barzani, Türkiye'nin yanında durmuş ve *"bizim bildiğimiz kadarıyla Türkiye ve Irak, Türk askerlerin Musul yakınlarına gönderilmesi konusunda önceden anlaşmıştı. Musul'u özgürleştirmek için gönüllü askerlerin eğitilmesi ve desteklenmesi konusunda bir ittifak oluşturulmuştu,"* demiştir. Barzani ayrıca *"bu ilişki sınırlarını aşalı çok olmuştur"* şeklinde eklemiştir.[213]

Türk siyasetçiler, PKK militanlarına karşı diğer Kürt gruplardan yardım almanın doğru olacağını farketmişlerdir. [214] PKK militanlarına karşı durmanın en önemli noktası Kürt müttefikler kazanmaktır; tıpkı Sünni Sahva (Uyanış) Konseylerinin ABD'nin Irak üzerindeki çabalarını gerçekleştirmekte oynadıkları önemli rol gibi. [215] On binlerce Türk-Kürt köy koruyucusunu silahlandırma stratejisi, PKK

04.08.2015, http://www.hurriyetdailynews.com/activist-wounded-at-suruc-massacre-passes-away-raising-death-toll-to-33-86406, (11.12.2017).

[212]"Kurds Claim Sinjar 'Liberated' from IS", *Deutsche Welle*, 13.11.2015, http://www.dw.com/en/kurds-claim-sinjar-liberated-from-is/a-18848093, (13.12.2017).

[213] Semih İdiz, "Why is Turkey Stirring the Iraqi Cauldron," *Al Monitor*, 08.12.2015, https://www.al-monitor.com/pulse/originals/2015/12/turkey-iraq-troops-deployed-in-bashiqa-stirs-cauldron.html, (12.04.2017).

[214] Şebnem Arsu, "Kurdish Rebel Group to Withdraw from Turkey", *New York Times*, 25.04.2013, http://www.nytimes.com/2013/04/26/world/europe/kurdish-rebel-group-to-withdraw-from-turkey.html, (12.12.2017).

[215] David Romano-Brian Calfano-Robert Phelps, "Successful and Less Successful Interventions: Stabilizing Iraq and Afghanistan", *International Studies Perspectives*, cilt 16, sayı 4, Kasım 2015, s.390.

saldırılarını durdurmaya yetmemiştir. Bu nedenle 2007 yılından itibaren gösterilen yaklaşım, IKBY'nin bölgelerindeki PKK varlığını azaltması yönündeki baskıcı taleplerden ziyade daha dostane taleplere ve gelecek için ortak bir görüşe yönelik hale gelmiştir. 2008 yılında Türkiye, ABD ve IKBY, PKK'yı kontrol altına almak için Üç Yönlü Mekanizma oluşturmuştur. Bu günlerde Iraklı Kürtler, Türkiye'nin sorunları olmadan hala geçinebildiği nadir komşularından biri olarak görünmektedirler; İsrail, Suriye, Bağdat ve Mısır ile olan ilişkileri ciddi şekilde kötülemiştir.[216]

İran örneği özellikle öğretici olmuştur. 1998'de IKBY'de konsolosluk açan ilk ülke İran olmuştur. Her ne kadar yarım düzine İranlı Kürt isyancı grubun IKBY'nin bulunduğu bölgede üsleri olsa da İran erkenden bu grupları ortadan kaldırmak değil, kontrol etmek ve İran'a karşı saldırı yürütmelerini engellemek konusunda IKBY'nin iş birliğini güvence altına almıştır.[217] 2004 yılında PKK bağlantılı PJAK isimli yeni bir grup ortaya çıkıp İran'a karşı bir gerilla savaşı başlattıktan sonra 2011 yılında sonunda bir ateşkes ilan ettirmeyi başaran Neçirvan Barzani olmuştur. Alınacak ders nettir: bağımsız ama dost canlısı bir IKBY, çözülmemiş Kürt sorunlarıyla ilgili komşu ülkelerin büyük ölçüde yararına olabilir.

2002 yılından beri olan seçimlerde AK Parti'nin Türkiye'nin Kürt yoğunluklu bölgelerinden aldığı oylar, Kürt yanlısı partilerin aldığı oylardan fazladır. Türkiye'deki Kürt seçmenler, Başbakan Erdoğan'ın partisi için kritik önem taşımaktadır. Türk milliyetçilerin oylarını kaybetmeden Kürtlerin oylarını kazanmanın en iyi yollarından biri de üç yönlü bir strateji izlemektir: Türkiye'de Kürt haklarını arttırmak için kademeli demokratik reformlar, PKK meselesinde net bir duruş (elebaşıları Abdullah Öcalan'ın tutuklanması ve serbest bırakılmaması) ve Iraklı Kürtler ile PKK ile ilgili olmayan diğer Kürtlere yakın olmak. Türkiye'nin IKBY ile olan ilişkileri ilk olarak PKK'nın Türkiye'de aktif saldırılar gerçekleştirdiği dönemde büyümüştür. Ancak PKK'nın Ağustos 2013 IŞİD saldırısından sonra Iraklı Kürtlere destek olması ve ardından Iraklı Kürtlerin PKK bağlantılı Kürtlere Suriye'de Kobani'nin savunulmasına yardım etmesi, Kürt grupların arasındaki ilişkileri önemli seviyede iyileştirmiştir. Yine de Erbil'in PKK'ya yardım ederek Ankara ile olan ilişkilerini riske atması çok beklenemez. IŞİD'e karşı olan savaş nedeniyle iyileşen ilişkilerine rağmen, IKBY Kürtleri (özellikle de Barzani tarafından yönetilen KDP) PKK'ya karşı büyük bir sempati duymamaktadırlar. Ancak IŞİD saldırısından önce bile 1990'ların en kötü noktalarında dahi IKBY liderleri Kürt akranlarına karşı askeri müdahalede bulunmak istememektedirler.[218]

Ankara ve Erbil arasındaki ilişkilerin devam etmesindeki ekonomik ve PKK bağlantılı nedenlerin yanı sıra son bir oyuncunun daha buraya eklenmesi gerekir: bölgesel güç siyaseti. Türkiye'nin bölgedeki birincil tehdit kaynakları her zaman için Rusya ve İran olmuştur. Atina, Bağdat veya Kahire'den daha az engel veya

---

[216] Marianna Charountaki, "Turkish Foreign Policy and the Kurdistan Regional Government", *Perceptions*, cilt 17, sayı 4, Kış 2012, s. 194-195.

[217] David Romano, "Turkish and Iranian Efforts to Deter Kurdish Insurgent Attacks", *Deterring Terrorism: Theory and Practice*, Derleyen Andreas Wenger-Alex Wilner, Stanford University Press, California 2012, s. 228-250.

[218] Marianna Charountaki, *a.g.m.*, s. 196-197.

zorluk çıkmıştır.[219] Bu, modern zamanlardan önce bile, Osmanlıların sultanlara karşı isyan eden Rus çarları, Safevi rakipler ve Kahire veya Atina'daki liderlerle uğraşmak durumunda kaldığı zamanlardan beri geçerli bir durumdur. Türkiye, bölgede lider bir Sünni gücü temsil etmektedir ve Iraklı Kürtler de yoğunluklu olarak Sünni'dir; Bağdat, İran ve Şam Şii'ler tarafından yönetilir ve Rusya tarafından desteklenirler.

IŞİD güçlerinin 2014 yazında şaşırtıcı biçimde hızlı ve kapsamlı büyümesi, Ankara ve Erbil arasındaki ilişkileri teste tabi tutmuştur. IŞİD'in aniden Ağustos ayında Iraklı Kürtlere saldırması üzerine PKK ve PKK bağlantılı Suriyeli Kürt partiler Erbil'e yardım etmiş ancak Ankara duruma sessiz kalmıştır. Ayrıca Türk hükümeti IŞİD'e müsamaha göstermekle, hatta onlara yardım ve yaltaklık etmekle suçlanmıştır. IŞİD'in Türkiye sınırındaki Suriyeli Kürt kasabası Kobani'yi işgal etmesi üzerine Ankara da bölgeyi abluka altına almıştır. Kobani'den gelen sivil mültecilerin sınırdan geçmesine izin verilmiştir. Bu politika Barış Sürecini olumsuz etkilemiştir. Bunlardan sonra olan olaylar ise Ankara ve Erbil arasında dayanıklı bir ilişkinin temellerini atmıştır. IŞİD suçlamalarına ve Türkiye'nin ihtiyaç anında Erbil'e yarım edememesine rağmen Iraklı Kürtlerin Türkiye'ye olan petrol ihracatı artmış ve yeni anlaşmalar yapılmıştır. Türkiye içindeki Kürtlerin huzursuzluklarıyla karşı karşıya kalan Ankara'daki liderler, Kobani'deki PKK bağlantılı Kürtlere direkt olarak yardım etmeden ve Türk milliyetçilerini ayaklandırmadan Kürt vatandaşlarını sakinleştirmenin bir yolunu aramıştır. Cevap ise ağır silahlı 150 peşmerge birliğini Türkiye üzerinden Kobani'ye gönderen Iraklı Kürtlere yönelmek olmuştur. Dolayısıyla Türkiye ve Iraklı Kürtlerin ilişkileri mevcut IŞİD testini başarıyla geçmiştir. [220] Türkiye IŞİD'e karşı, Iraklı Kürt peşmergelerin Kobani'ye geçmesine ve IŞİD'i kontrol altına almak için bir takım diğer girişimlerine izin vermiştir. IŞİD tarafından kontrol edilen bölgenin Irak'ın geri kalanına erişimi ve ticareti tamamen engellemesiyle sadece Türkiye'nin IKBY ile olan ilişkileri sağlam kalmış bulunmaktadır. Zaten Türk yatırımlarının yaklaşık %70'inin yapıldığı bölge de burasıdır. [221]

Irak Kürt Bölgesel Yönetimi'nin Referandum Kararı

Mesud Barzani, tüm IKBY vatandaşlarının kendi kararlarını verebilmeleri için bir referandum yapmak istediğini açıklamış ancak referandum tarihi ancak 7 Haziran 2017'de belirlenmiştir. İlk başta ilgili taraflar Barzani'nin açıklamasını ciddiye almamışlar ancak Erbil hükümetinin referandumu yapmak konusunda kararlı olduğu anlaşıldığı zaman Doğu Akdeniz (Levant) bölgesinde daha önce eşi benzeri görülmemiş bir şekilde asıl tepkiler şekillenmeye başlamıştır. Referandumdan önceki birkaç hafta içinde bu tedbirin birincil muhalefetleri, yani Bağdat Federal Hükümeti, Türkiye ve İran, ABD baskısına ve uluslararası arabuluculara

---

[219] Anadolu Agency, "Iraqi Kurdish Oil Exports Increase by 60 Percent in November", *Hurriyet Daily News*, 08.11.2014, http://www.hurriyetdailynews.com/iraqi-kurdish-oil-exports-increase-by-60-percent-in-november-------74058, (12.12.2017).

[220] Daniel Dombey, "Turkey's Clampdown on ISIS Bearing Fruit in Border Areas", *Financial Times*, 03.10.2014, https://www.ft.com/content/910e190c-3363-11e4-9607-00144feabdc0, (11.12.2017).

[221] Marina Ottaway-David Ottaway, "How the Kurds Got Their Way" *Foreign Affairs*, Mayıs/Haziran 2014, https://www.foreignaffairs.com/articles/turkey/2014-04-17/how-kurds-got-their-way, (13.12.2017).

güvenmekte ve bunların oylamayı sonsuza dek erteletebileceğini veya iptal ettirebileceğini ummaktalardır. Ancak ABD, İngiltere ve BM Irak elçisi tarafından 14 Eylül 2017 tarihinde oylamanın ertelenip Bağdat ve Erbil arasında müzakerelerin başlatılması yönünde yapılan teklif ne Irak federal hükümeti ne de IKBY Başkanlığı tarafından hoş karşılanmamıştır. KYB partisi üyesi ve Irak Cumhurbaşkanı olan Kürt Fuad Masum tarafından yapılan arabuluculuk denemesi de İran Devrim Muhafızları Kudüs Gücü Komutanı General Kasım Süleymani'nin yaptığı girişim de başarısız olmuştur. Her iki girişimin arkasından da Bağdat, Ankara ve Tahran'dan bir dizi tehdit beyanı ve eylemler gelmiştir. Hem Sünni hem Şii Arap çoğunluğuyla Irak parlamentosu, Başbakan Haydar el-Abadi tarafından yapılan bir talebi kabul etmiş ve Referanduma karşı çıkmadığı veya iki tarafın da çekiştiği bir bölge arasında kalan kendi bölgesinde bunu dile getirmediği gerekçeleriyle KYB'ye bağlı bir Kürt olan Kerkük valisini görevinden uzaklaştırmıştır. Irak Yargıtay'ı 18 Eylül 2017'de referanduma yapılan anayasal retler konusundaki davanın beklenmesi nedeniyle Referandumun yapılmasını yasaklamıştır. Başbakan ayrıca tek taraflı ve yasa dışı bir hareket olacağı için federal Hükümetin Referandumu veya sonuçlarını tanımayacağını belirtmiştir. IKBY Başkanı 24 Eylül 2017'de yapılan bir basın konferansında Referandumun yolun sonu olmayacağını ve sonuçlar belli olduktan hemen sonra Bağdat ile müzakere yapmak istediğini söylediğinde Irak Hükümeti Referandum veya sonuçları ile ilgili herhangi bir konuşmaya dahil olmayacağını açıklamıştır. Bağdat, İran ve Türkiye'den bu tutumu ile açık ve net destek almıştır. İki ülkenin de Dışişleri Bakanları, Başkan Hasan Ruhani ve Cumhurbaşkanı Recep Tayyip Erdoğan ve her iki ülkenin de ulusal güvenlik yetkilileri de dahil referandum ve IKBY Başkanlığının yürüttüğü politikalarla ilgili bir dizi kınama ve eleştiri açıklamıştır. Referandum tarihi yakınlaştıkça İran ve Türk yetkililerinin tonları daha keskin olmaya başlamıştır. Her iki ülke de yapılacak oylamayı yaşa dışı olarak görmektedir ve her ikisi de Kuzey Irak'a karşı ceza niteliğinde eylemlerde bulunmakla tehdit etmiştir. 15 Ağustos 2017'de İranlıların Ankara'ya yaptığı ziyarette Kürt sorunu Türkiye ve İran Genelkurmay Başkanlarının görüşmelerinde bir hayli önemli bir yer tutmuştur. Daha sonra Türk Genelkurmay Başkanı'nın Cumhurbaşkanı Erdoğan'ın 5 Ekim 2017'de başkente yapacağı ziyaretten önce Tahran'a bir ziyarette bulunacağı açıklanmıştır. 23 Eylül 2017'de Irak Genelkurmay Başkanı Türk meslektaşıyla Ankara'da görüşmüş ve Türkiye, İran ve Irak Genelkurmay Başkanlarının beraber bir toplantı yapacakları açıklanmıştır. Türkiye ve Irak ayrıca 26 Eylül 2017 tarihinde sınırın Türkiye tarafında ortak askeri operasyonlara başlama kararı da almışlardır. Referandumun sabahı Erdoğan, Türkiye Ulusal Güvenlik Konseyi'nin IKBY'ye karşı önlemler almayı göz önünde bulundurduğunu açıklamış ancak bu önlemlerin doğası konusunda konuşmamıştır. İran hükümeti sözcüsü Tahran'ın hava sahasını Kuzey Irak'tan gelen hava trafiğine kapattığını belirtirken Irak hükümeti de Kuzey Irak Hükümetinden bölgedeki tüm havaalanlarını ve İran, Türkiye ve Suriye'ye olan tüm kara geçişlerini Irak hükümetine teslim etmesi çağrısında bulunmuştur. [222]

---

[222]"The Costs of Voting Kurdistan Sessions", *AlJazeera Center For Studies*, 11.11.2017, http://studies.aljazeera.net/en/positionpapers/2017/10/costs-voting-kurdistans-secession-171011105926310.html, (11.12.2017).

Türkiye-Irak Kürt Bölgesel Yönetimi İlişkilerinde Kürt Sorununun Etkisi

Türkiye'nin komşu olduğu Doğu Akdeniz ve Körfez ülkeleri içindeki dengesizlik ve çelişkiler demokrasi karşıtı otoriter rejimlerin kurulup güçlenmesine zemin hazırlamaktadır. Bölgenin etnik, tarihi, dini ve geleneksel özellikleri, ekonomik reformları ve demokrasinin yayılmasını zorlaştırmaktadır. Sınırlar emperyalist devletlerce çizilmiş, bölge devletlerinin içindeki etnik ve dini kimlikler bölücü eğilimlerin artarak bölgenin parçalanmasına neden olabilecek türdendir. SSCB'nin yıkılmasından sonra güçlü devletler özellikle Körfez'de ve bölge ülkelerinde rekabete girmişlerdir. ABD 19. yy İngiliz politikasından esinlenerek bir başka gücün Körfez'e egemen olmasını önlemeyi hedeflemektedir. Soğuk Savaş sonrası caydırıcılığın ortadan kalkması ve dengelerin değişmesiyle, ayrılıkçı hareketler daha da güçlenmiştir.[223]

Türk dış politikasını analiz ederken, bu politikanın değerlerini edindiği kültürün prensiplerini de göz önünde bulundurmak zaruriyet arz etmektedir. Hem Müslüman dünyasına hem de Batı dünyasına ait olan Türkiye, her iki toplum tarafından negatif olarak algılanabilecek bir durumdadır. Siyasi olarak, Türkiye aktif bir biçimde Batı'nın bir mensubu olma mücadelesi vermektedir, ancak bir yandan da kültürel olarak Müslüman dünyasının sınırları içerisinde kalmaktadır.[224] Türk Dış politikasının temel unsurlarını, Misak-ı Milli sınırları içerisinde nüfusun refah ve güvenliğini korumak, komşu olduğu Balkanlar, Ortadoğu ve Kafkasya'da revizyonist dış politika güden devletleri caydırmaktır.[225]

Osmanlı Devleti'nin tarihi mirası Türklerin tahayyüllerinde önemli bir rol oynar ve AK Parti'nin oluşturduğu Türk Dış Politikasının ihtiyaç duyduğu özgüveni sağlayıcı bir unsur olarak göze çarpmaktadır. Davutoğlu, Türkiye'nin jeopolitik olarak Osmanlı Devleti bölgesinde konumlanması gerektiğini savunmuş ve Türk Dış Politikası'nın en temel hedefinin bunu sağlamak olduğunu düşünmektedir. Bu politikanın Türkiye'nin gelecekteki jeopolitik rolü konusunda gücünü ortaya koyması için gerektiğini savunmaktadır.[226] Ankara ve Erbil arasındaki ilişkilere geldiğimizde ise dış politikada gözle görülür bir değişikliğe yol açan dört temel faktör göze çarpmaktadır: İç siyasetteki gelişmeler; bölgesel faktörlere bağlı oluşan etkiler; liberal bir sosyo-ekonomik duruşa sahip olunması; ve son olarak Kürt sorunu.[227]

Türkler ile Irak'ta Yaşayan Kürtler Arasındaki İlişki

Kimlik inşası süreci, bu kimliğin mensuplarının kimler olabileceği ya da olamayacağı, sınır içerisindeki kişileri birbirine bağlayan karakteristikleri ve bu

---

[223] Oral Sander, "Yeni Bir Bölgesel Güç Olarak Türkiye'nin Dış Politika Hedefleri", *Türk Dış Politikasının Analizi*, Derleyen Faruk Sönmezoğlu, DER Yayınları, İstanbul 2004, s. 964.

[224] Meliha Benli Altunışık "Turkey's Security Culture and Policy Toward Iraq", *Perception*, Bahar 2007, http://sam.gov.tr/wp-content/uploads/2012/02/MelihaAltunisik.pdf, (12.03.2017), s. 70-72.

[225] Ersin Kalaycıoğlu, "Yeni Dünya Düzeni ve Türk Dış Politikası", *Türk Dış Politikasının Analizi*, Derleyen Faruk Sönmezoğlu, DER Yayınları, İstanbul, 2004, s. 977.

[226] M.Fatih Tayfur-Korel Goymen, "Decision Making in Turkish Foreign Policy: The Caspian Oil Pipeline Issue", *Middle Eastern Studies*, cilt 38, sayı 2, Nisan 2002, s. 107

[227] Tarık Oğuzlu "Turkey's Northern Iraq Policy: Competing Perspectives", *Insight Turkey*, cilt 10, sayı 3, 2008, s. 10

birbirine bağlanmış kişilerin dışarıya karşı nasıl davranacağını belirleyen *"sınır kuralları"*nın oluşmasını kaçınılmaz kılmaktadır. James D. Fearon ve David D. Laitin bu durumu bir örnekle değerlendirmektedir. Buna göre, spesifik olarak Sırp kimliğinin inşası sürecini ele aldığımızda, kimin Sırp olduğu, Sırpların neye benzediği ve en önemlisi de bugünkü bağlam içerisinde Sırplarla arası iyi olan ve olmayan grupların kimler olduğuna dair inançlar bu kimlik oluşturma sürecini şekillendirir. Bu durum da *"Sırplar Hırvatlarla yaşayamaz!"* ya da *"Hırvatlar Sırplarla yaşayamaz!"* düşüncelerinin oluşmasına yol açar.[228] Bu fikirleri kapsayan *"kimliklerin hasım ve uyumlu tanımlanması"* basit ve esnek bir post-etnik analitik kategorizasyona örnek olarak gösterilebilir.[229] Hasım tanımı iki farklı bileşenden oluşur, bu bileşenler iki ya da daha fazla kimliği birbirini karşılıklı olarak dışarlayan ikameler olarak tanımlayan kimlik bileşeni ve söz konusu grup çıkarını rekabetçi bir şekilde değerlendiren fayda bileşeni olarak sayılabilmektedir. Hasım tanımı aktörlerin, bir ya da daha fazla kimlik kategorisi arasında *"ya bu ya diğeri"* şeklinde bir seçime mahkum kalmasına yol açmaktadır, çünkü bu iki kimliğin rekabet içerisindeki varlığı her ikisinin de birbirinin varlığını kabul etmesini olanaksız kılmaktadır. Bunun aksine, uyumlu tanımda ise, söz konusu kimlikler birbirlerini tamamlayıcı nitelikte ve uyumlu bir nitelikte tanımlanmakta, bu durumda ilişkili gruplar birbirleriyle bir olduklarında daha güçlü olacaklarını düşünmektedirler. Bir insanın hem İskoç hem de Britanyalı, ya da hem Kürt hem Türk olabileceğine inanan insanlar bu kimlikleri uyumluluk esasına dayalı olarak tanımlayanlardır. Bu kişiler post-nasyonal açıdan bizzat kendileri hibrit bir kimlik taşıyor olmasalar da bu iki kimliğin birbiriyle çelişki içerisinde olmadığına ve birbirlerinin aksine kararlar alma zorunluluğunda olmadıklarına inanmaktadırlar. Buna uygun olarak, Türkiye'nin Kürt sorununun altında yatan en temel çatışma, Türkler ve Kürtler arasında değil, Türk ve Kürt kimlikleri arasındaki ilişkiyi hasımlık temelli tanımlayanlarla uyum temelli tanımlayanlar arasında gerçekleşmektedir. Türkiye Kürtlerinin, kendi kimliklerini hasımlık temelli tanımladığı söylenebilir. Bu varsayım geçerliliğini koruduğu müddetçe, Irak'taki gelişmeler Türkiye Kürtlerini bir mecburiyet haline düşüreceğinden Türkiye'de bazı istikrarsızlıklara yol açması mümkün gözükmektedir, bu istikrarsızlıkların özellikle diğer etnik gruplarla birlikte karışık toplumlarda yaşayan Kürtleri, kimliklerinin Kürt ve Türk kısmı arasında zor bir tercih yapmaya zorlaması sonucunda gerçekleşeceği öngörülebilmektedir.[230]

Etnisite söylemi, diğer bir deyişle, aktörleri tanımlamada ve davranışlarını analiz etmede etnisitelerini vurgulayan yaklaşım, hasım tanımı biçiminde yapılırsa ya da bu şekilde algılanırsa işbirliğini zayıflatır. Ne var ki, aşağıdaki sebeplerden ötürü etnisite söyleminin hasım tanımıyla algılanma eğilimi vardır. Birincisi, uyumluluk tanımının desteklenmesi, her ne kadar hem maliyetli hem de başarılı bir şekilde uygulamanın zor olduğu bir aksiyon olsa da bölgede güven tesis edecek politikalarla sağlamlaştırılmalıdır. İkincisi ise Uyumluluk esaslı tanım iki (ya da daha fazla) grup

[228] James D. Fearon-David D. Laitin, "Violence and the Social Construction of Ethnic Identity", *International Organization*, cilt 54, sayı 4, Sonbahar 2000, s. 848-850.

[229] Murat Somer, "Turkey's Kurdish Conflict: Changing Context and Domestic and Regional Implications", *Middle East Journal*, cilt 58, sayı 2, İlkbahar 2004, s. 240-242.

[230] Ayşe Gündüz Hoşgör-Jeroen Smits, "Intermarriage Between Turks and Kurds in Contemporary Turkey: Interethnic Relations in an Urbanizing Environment", *European Sociological Review*, cilt 18, sayı 4, 2002, s. 420-421.

arasında koordinasyonu gerekli kılmaktadır; Grupların büyük bir kısmı açık bir biçimde bu tanımı kabul etmedikleri müddetçe, bu girişim başarısızlığa mahkumdur.[231]

Irak'taki Kürt-Türk ilişkileri, çoğunlukla eski Cumhurbaşkanı Turgut Özal'ın tarihi girişimi ile birlikte anılmaktadır. Özal, binlerce Kürtün Türkiye'ye kaçmasıyla birlikte, 8 Mart 1991'de Irak Kürtlerinin liderleriyle gizli olarak görüşmüştür. Buna ek olarak, BM Güvenlik Konseyi tarafından Kuzey Irak'taki Kürtleri korumak için alınan kararın, Türk izni olmaksızın uygulanması ya da başarıya ulaşması imkansızdır. Buna karşın, Kuzey Irak'taki PKK varlığı Türk-Kürt ilişkilerini dönüştürmüş, Türkiye PKK'yı yenmek üzere işbirliğine gidilmesi gerekliliği hususunda KDP ve KYB üzerindeki siyasi baskısını arttırmıştır. KDP lideri Mesut Barzani de bu durumu şu sözleriyle onaylamıştır, *"Bu konudaki duruşumuzda değişen bir şey yok, PKK'nın bölgemizdeki varlığı kabul edilemez."*[232]

Türkiye her ne kadar tedirgin bir ruh haline bürünüyor olsa da, 1991 yılında KDP ve KYB'nin hükümetle diplomatik ilişkiler yürütmesine olanak sağlayan Ankara temsilcilikleri açmasına müsade etmiştir. Bu durum KDP ve KYB'nin Ankara'daki Konsolosluklar yoluyla uluslararası topluma ulaşabilmesi adına bir iletişim yolu açmıştır. Buna karşın, Gunter'e göre, Özal her ne kadar Kürtlerin Irak'taki federasyonlaşma gibi siyasi taleplerini tanıyor olsa da, diğer Türk liderler bu fikre karşı çıkmaktadır.[233] Kürt Bölgesi kurulması için ABD'nin desteği arttığında, Türk Başbakanı Bülent Ecevit bu yakınlaşmayı bir Kürt Devletinin kurulmasının ilk adımı olarak yorumlamıştır. Onyıllar boyunca Türk dış politikası Kuzey Irak'taki yönetimle her türlü siyasi ve resmi ilişkisini noktalamıştır. Sıkı bir güvenlik politikası tabanlı olarak oluşan bu dış politika prosedürleri, Türkiye'nin bölgedeki önemli siyasi ve güvenlik değişiklikleri karşısındaki kırılganlığını azaltmaya yönelik olarak geliştirilmiştir. Bu durum Türkiye'nin Kuzey Irak konusundaki politikalarını, Davutoğlu'nun Erbil'e gittiğinde söylediği *"Gelin bu bölgeyi hep beraber yeniden inşa edelim, insanlar Basra'dan Edirne'ye güvenlik kaygıları olmadan seyahat etsinler"* sözleriyle doğru istikamette yeniden tanımlaması gerekliliğini doğurmuştur.[234]

Bu yeni dış politika bir yandan IKBY'nin açık bir biçimde tanınmasını gerektirirken, diğer yandan şiddet içermeyen yerli-manevi oluşumların birlikte yaşamasıyla bağlantılı olarak oluşacak her iki taraf için de faydalı bir güvenlik, ekonomi ve siyasi ortamı tesis etmenin önemini vurgulamıştır. Bu pozitif ilişkilerin oluşturulması askeriye tarafından domine edilen MGK'nın yeniden yapılanmadığı bir ortamda mümkün değildir. Bu alandaki en ciddi değişiklik 2003 yılında gerçekleşmiş, yeni MGK kararnamesi Türk devletinin Irak'lı siyasi organizasyonlarla ilişkiler kurması hususunda devleti yetkilendirmiştir.[235] Kürt

[231] Murat Somer, "Turkey, Kurds and Emerging Iraq", *Security Dialogue*, cilt 36, sayı 1, Mart 2005, s. 120.

[232] "Barzani: 'PKK'yı bölgeden çıkarma mücedelemiz devam edecek'", *Hürriyet*, 08.05.2001, http://www.hurriyet.com.tr/barzani-pkkyi-bolgeden-cikarma-mucedelemiz-devam-edecek-39242057, (12.12.2017).

[233] Michael Gunter, *Reopening Turkey's...*, s. 309-310.

[234] "Time to Rebuild Middle East, Davutoğlu says in Erbil", *Kurdistan Regional Government*, 01.11.2009, http://cabinet.gov.krd/a/d.aspx?s=02010200&l=12&r=73&a=32240&s=010000, (12.11.2017).

[235] Hasan Turunç, *Turkey's Global Strategy: Turkey and Iraq*, London School of Economics, London Mayıs 2012,

sorunu konusundaki yurtiçi algı yeni siyasi amaçlarla bir araya geldiğinde, Türkiye bölgesel aktörlerle, özellikle de IKBY'yle, ortak siyaset ve güvenlik ilişkileri geliştirmeye mecbur bir konuma gelmiştir. Aynı zamanda Orta Doğu'daki gelişmeler ve İran'ın Irak konusunda aldığı pozisyona meydan okuma ihtiyacının hasıl olması IKBY'ye yönelik bir Türk dış politikasının oluşmasına yol açmıştır.[236]

Türkiye'nin 2003'ten beri Irak'la ilgili en önemli dış politika amaçlarından biri petrol bölgesi Kerkük ve çevresindeki Türkmen nüfusun refahını korumaktır.[237] Kerkük dünyanın en önemli petrol kaynaklarının bulunduğu bir bölgedir. 1974 Kürt ayaklanmasından sonra Saddam Hüseyin bölgedeki Kürt halkı Araplaştırmaya çalışmıştır. Türkiye Kerkük'ün Kürtlerin eline geçmesiyle Kürtlerin tam bağımsızlığını elde edecek ekonomik güce sahip olacağından endişelenmektedir. Türkiye bu nedenle Kürtlerin şehri Kürtleştirmelerine karşı çıkmaktadır.[238] Bunu önlemek için Irak petrolünün tamamının Bağdat'ın merkezi kontrolü altında olmasını istemektedir. Türkmenler Türkiye için Kerkük'ün Kürtlerin eline geçmesinin engellenmesi için bir anahtar rolündedir. Türkmenler kendi içlerinde Şii ve Sünni olarak bölünmüşlerdir. Fuller'e göre Türk etkisi sadece Sünni Türkmenler üzerindedir. Şii Türkmenler ise güneydeki Arap Şiiler ile işbirliği içindedir.[239]

Tarihsel olarak, Türkiye'nin Kürt fobisi *"bütün dünyayı düşman olarak gören bir zihin yapısı"*na dayanmaktadır, bu fikir aynı zamanda Türk dış politikasıyla aynı paraleldedir.[240] Gareth Stansfiled'a göre ise Ankara'nın Erbil ile yeni gelişmelere cevaben büyük bir çaba harcayarak kurduğu Türk dış politikasının şu andaki yönü ticari bağlardan kaynaklanan yumuşak gücün kullanımınıdır.[241] IKBY'nin başkanı olan Barzani'yle iyi ilişkilerin kurulduğu bir noktaya doğru oluşan tavır değişikliği ile, Barzani Türkiye'nin desteğini Erdoğan'ın insiyatifi IKBY'nin amaçlarını desteklemeye devam ettiği süre boyunca korumuştur.[242] Fakirlik, istikrarsızlık ve bastırılmış özerklik ya da devlet olma hırsı Iraklı Kürt liderlerin güçlerini koruyabilmek ve halkın kızgınlığını alabilmek adına milliyetçi duyguları kullanmasına ve komşu ülkelere karşı hasmane bir tavır içerisine girmesine yol açabilir düşüncesi mevcuttur. Benzer bir şekilde, yeni Saddam benzeri otoriter rejimler demokratik Türkiye'ye karşı hasmane bir politika ortaya koyabilir fikri vardır. Türkiye'nin birincil çıkarı ilk etapta Irak'ın ekonomik ve siyasi istikrarına; ikinci olarak Irak'ta demokratik bir rejimin oluşumuna; üçüncü olarak ise Türkiye'nin genel olarak yeni Irak hükümetiyle spesifik olarak da Irak Kürtleriyle

---

s. 42-44.

[236] F. Michael Joseph, "Competition for Influence in Iraq Heats Up, Iran, Turkey Vying For Inside Track in Dispute Involving Kurds." *G2 Bulletin*, 2012, http://mobile.wnd.com/2012/10/competition-for-influence-in-iraq-heats-up/, (12.12.2017).

[237] Graham E. Fuller, *a.g.e.*, s. 191.

[238] F. Stephan Larrabee, "Turkey As a US Security Partner", *RAND Corporation*, 2008, s.9. https://www.rand.org/content/dam/rand/pubs/monographs/2008/RAND_MG694.pdf, (14.12.2017).

[239] Graham E. Fuller, *a.g.e.*, s. 192.

[240] Mustafa Akyol, "A Bit Closer to the Axis of Evil?" *Hurriyet Daily News*, 24.08.2010, http://mustafaakyol.org/index.php/blog/posts-in-english/1111-a-bit-closer-to-the-axis-of-evil-160, (14.12.2017)

[241] Gareth Stansfiled, "The Reformation of Iraq's Foreign Relations: New Elites and Enduring Legacies." *International Affairs*, cilt 86, sayı 6, Kasım 2010, s. 1406.

[242]"Time to Rebuild Middle East, Davutoğlu says in Erbil", *Kurdistan Regional Government* 02.11.2009, http://cabinet.gov.krd/a/d.aspx?s=010000&l=12&a=32240, (12.11.2017).

iyi geçinmesine bağlı olduğu görülmektedir.[243]

Barzani ayrıca olumlu bir siyasi atmosfer yaratmak adına IKBY'nin Türkiye'ye karşı siyasi duruşunu ortaya koyan *"PKK ve Türkiye arasındaki her türlü barış görüşmesinde aracılık yapmaya hazırız"* cümlesini de ortaya koymuştur. Tersine, Türkiye'nin dış politikasındaki kaymanın yalnızca Kürt sorununu bir güvenlik sorunu görmek ile sınırlı olmadığını ve daha bütüncül bir yaklaşıma sahip olduğu gözlemlenebilmektedir. Bu durum AK Parti'nin siyasi ideolojisini hayata geçirebilmek adına yapması gereken iç reformlar için önemli bir platform niteliği taşımıştır. Önceki Hükümetlerde ise durum bunun tam tersidir, onlara göre ekonomik büyüme Türkiye'nin gücünü arttıran en önemli faktördür. Buna göre ekonomik büyüme sayesinde Türkiye yeniden bölgedeki *"istikrar sağlayıcı ve barış teşvik edici"* aktör olabilecektir.[244]

Irak ve Türkiye ayrıldığında, Türkiye Irak petrolünden, özellikle Kerkük ve Musul bölgesi, payını 1926 tarihli Ankara antlaşmasına binaen talep etmiştir.[245] SSCB'nin çöküşü ve Avrasya bölgesinde yeni devletlerin oluşumu sonrası, petrol Türk dış politikasında, enerji güvenliği ve diğer stratejik değerlendirmeler bağlamında, karar alma sürecinin bir parçası haline gelmiştir. Bu durum Hazar petrol boru hattının Türk dış ve güvenlik politikalarının çerçevesi içerisinde yer almasını sağlamıştır. Türkiye'nin enerji güvenliği politikası gerçeğe döndürüldüğü takdirde ciddi bir geri tepmeye yol açacaktır. Bu durum Türkiye'nin jeopolitik olarak yeniden konumlanmasına yol açabilir düşüncesi mevcuttur. Türkiye'nin önemli bir transit ülke haline gelmesi muhtemelen uluslararası arenadaki gücünü arttıracaktır, bu durum sonucunda da ülke jeopolitik ve bölgesel değişimlere karşı daha güçlü bir konumda olacaktır.[246] Bu sebeple Türkiye kendisini AB ve uluslararası piyasaya giden petrolün güvenliğinin sağlanması hususunda önemli bir rol sahibi olarak bulmuştur. Örneğin Rusya ile Türkiye arasındaki Mavi Akım petrol boru hattının sonucu gelecekteki olası siyasi oyunlara ve bazı şantaj faktörlerine ışık tutmuştur. Türkiye, siyasi ve ekonomik kazanç elde etmek istemektedir. Ekonomik büyüme ve iç pazarda artan enerji ihtiyacı, enerji tedariğini güven altına almak hususunda Türkiye'yi kırılgan bir hale getirmektedir. ABD ve Bağdat'ın ciddi karşı çıkmalarına rağmen[247], Türk şirketleri bireysel ya da uluslararası şirketlerle ortaklık yoluyla IKBY'nin petrol sektöründe kapsamlı bir şekilde siyasi ve ekonomik yatırımlar yapmıştır. Türkiye'nin bölgesel jeopolitik bir güç olarak dönüşünün ardındaki önemli bir faktör olan enerjinin rolü, zaten kendisinin AB ve dünya piyasası için ne kadar önemli olduğunu ortaya koymaktadır.[248] Aynı anda, IKBY

---

[243] Murat Somer, *a.g.m.*, s. 121-122.

[244] Cengiz Dinç, "Turkey as a New Security Actor in the Middle East: Beyond the Slogans", *Perceptions*, cilt 16, sayı 2, Yaz 2011, s. 62.

[245] Nevin Coşar-Sevtap Demirci, "The Mosul Question and the Turkish Republic: Before and after the Frontier Treaty, 1926", *The Turkish Yearbook*, cilt 35, 2004, s. 43.

[246] Matthew J. Bryza, "Turkey's Dramatic Shift Toward Iraqi Kurdistan: Politics Before Peace Pipelines.", *Hurriyet Daily News*, 10.10.2017, http://www.hurriyetdailynews.com/turkeys-dramatic-shift-toward-iraqi-kurdistan-politics-before-peace-pipelines-32043, (11.12.2017).

[247] Olgu Okumuş, "Turkey's Cross-Border Energy Policy's Tone Shifted,", *Natural Gas Europe*, 24.10.2013, https://www.naturalgasworld.com/turkey-cross-border-energy-policys-tone-shifted, (12.11.2017).

[248] Tuncay Babalı, "Regional Energy Equations and Turkish Foreign Policy: The Middle East and the CIS.", *Insight Turkey*, cilt 12, sayı 3, 2010, s. 150.

petrol ve gaz politikaları geliştirerek Türkiye tarafından desteklenen güvenilir bir ortak haline gelmek adına son derece istekli gözükmektedir. Türkiye gaz ihtiyacının büyük bir bölümünü Rusya, İran ve Azerbaycan üzerinden karşıladığından ve onlara ciddi bir oranda bağımlı olduğundan, gelecekle alakalı garanti sunan yeni tedarikçiler de Türkiye için ilgi çekici bir niteliktedir. [249]

Kendine bağlı sebeplerle Türkiye Irak'ta etnik bir federasyonun oluşmasını istememektedir, bu istek birçok Iraklı ve bağımsız gözlemci tarafından da paylaşılmaktadır.[250] Etnik temelli federasyonlar, etnik bölünmeleri adet haline getirmekte ve azınlıklar içinde azınlıklar yaratarak dolaylı yoldan bu bölünmeyi teşvik etmektedir. Federal Irak'ta Kürt kontrolündeki bir devletin varlığı Türkmen ve Arap azınlıkları tedirgin etmektedir. Dünyadaki diğer örneklerin de ortaya koyduğu üzere, eğer böyle bir tedirginlik etnisiteler arası bir güven yıkımı haline gelirse, bu durum etnik açıdan entegre bölgelerde hızlı bir ayrışmaya yol açabilir.[251] Yakın zamandaki gelişmeler Irak'ta, özellikle petrol açısından zengin ve hem Kürtler hem Türkmenler hem de Araplar tarafından hak iddia edilen Kerkük gibi şehirlerde, halihazırda gerginliğe yol açmış durumdadır. Daha önceden zorla gerçekleştirilen Araplaştırma politikasının etkilerini silmek amacıyla ülke içerisine dağıtılan Kürtlerin, Türkmenlerin ve diğerlerinin şehre geri dönmesini sağlamak istenen bir şey olsa da, bu geri dönüşlerin yeni adaletsizlikler ve etnik tahakkümlere yol açmadan nasıl gerçekleşeceği önemli bir sorun olarak durmaktadır.[252]

IKBY'yle Türkiye arasındaki çift taraflı ekonomik ve ticari bağlantılar artmaktadır. IKBY Başkanı olan Barzani'yi Türkiye'ye davet eden Türk diplomasisi bu alanda alışılmışın dışında bir duruş ortaya koymuş, IKBY Başbakanı Nahçevan Barzani Erbil ve Ankara arasında iki tarafın da faydasına olan birçok alanda siyasi ve diplomatik ilişkiler kurmanın son derece önemli olduğuna dikkat çekmiştir.[253] Tuncat Babali'ye göre, bu bakış açısı *"maksimum ortak çıkar"* olarak adlandırılmakta olup, uyum ve refahı arttırmayı hedefleyen yeni Türk dış politikasının amacına ulaşması için daha sonra *"Birbirine bağlı ve bütünleşik"* bir hale gelen çıkarlar haline gelmelidir. [254] Hem IKBY'de hem de Irak'ın genelinde Türk ürünlerine, tedarikçilerine ve hizmetlerine olan müşteri talebi artış göstermiş, bu durum Türkiye'nin ekonomik büyümesine katkıda bulunurken aynı zamanda IKBY'nin ve Irak piyasasının Türkiye'nin iç ekonomisine entegre oluşuna sebep olmuştur. [255] Ayrıca Erbil ve Ankara arasında olumlu bir atmosferin oluşturulması hususunda Türk medyasının ve ticari kuluşlarının oynadığı olumlu rolün de altını çizmek gereklidir. Bu durum, bahsi geçen kurumların Türk dış politikası üzerindeki

---

[249] Ross Wilson, "Iraqi Kurdistan and Turkey Proceed Slowly on Energy Cooperation," *ETH Zürich*, 17.07.2013, http://www.css.ethz.ch/en/services/digital-library/articles/article.html/166620, (12.11.2017).

[250] Kanan Makiya, "A Model for Post-Saddam Iraq", *Journal of Democracy*, cilt 14, sayı 3, Temmuz 2003, ss. 5-12, s.7.

[251] Murat Somer, *a.g.m.*, 122.

[252] Brendan O'Leary, "What States Can Do With Nations: An Iron Law of Nationalism and Federation?", *The Nation-State in Question*, Derleyen T. V. Paul-G. John Ikenberry-John A. Hall, NJ: Princeton University Press, Princeton 2003, s.51-78.

[253] Henry J. Barkey, "Turkish Foreign Policy and the Middle East", *Ceri Strategy Papers*, sayı 10, 06.06.2011, s. 4.

[254] Tuncay Babali, *a.g.m.*, s.149.

[255] Serhat Erkmen, "Seçim Öncesi Irak'ta Siyasal Durum Ve Seçime İlişkin Beklentiler", *ORSAM*, sayı 14, Şubat 2010, s. 17

etkisini de ortaya koymaktadır.[256] IKBY ve Türkiye arasındaki ilişkilerin geliştirilmesi ve IKBY'nin asker yerleştirilmesi hususunda Türkiye'ye desteğinin altında yatan sebebin, tarafların ilişkilerini iyileştirmelerinden doğan ortak ekonomik ve siyasi çıkarları olduğu söylenebilmektedir. Ekonomik açıdan, IKBY enerjiye ihtiyaç duyan Türk ekonomisine yakın, ucuz ve yüksek kaliteli enerji sunarken aynı zamanda da Türkiye'nin İran ve Rusya'ya, daha önce bu ülkelerle ilişkilerinin kötü gitmesi sonucunda bir handikap haline gelmiş, enerji alanındaki bağımlılığını azaltmaktadır. Avrupa'ya yapılan Kürt enerji ihracatı için bir kanal görevi görme ihtimali ve bunun getirdiği ekonomik kazanımlar, IKBY ile ekonomik yakınlaşmaya yönelik ek bir teşvik sağlamaktadır.[257] Saddam sonrası Irak'ta istikrarını ve ekonomik refahını vurgulamak isteyen IKBY için, Türk ticaret yatırımları ve enerji alımları, bütçe paylaşımı konusunda sıkça tartıştığı Bağdat'tan bağımsız bir gelir kaynağı oluşturmuştur. Ankara yakınlaşmanın ilk yıllarında, Bağdat ve Erbil arasında IKBY'nin bağımsız petrol satışları kaynaklı olarak çıkan uyuşmazlıklarda arabulucu rolü üstlense ve Bağdat'ın hasmane bir tutum içerisine girmemesi için dikkatli davransa da[258], Erbil'le derinleşen ve Bağdat'la bozulan ilişkileri sonucunda Türkiye IKBY'nin 2014 yılında tamamlanan Ceyhan boru hattı üzerinden petrol satışı yapması için önemli bir rol oynamıştır. Petrol fiyatlarındaki sert düşüş; Bağdat IKBY'nin bütçedeki payını, IKBY'nin bağımsız petrol satışı sebebiyle rehin tutmaktadır ve azalan yatırımlar ve IŞİD'in 2014 yılında ortaya koyduğu agresif tavır sonucunda artan askeri giderler IKBY'yi ekonomik olarak, devlet memurlarının maaşlarını ödeyemediği, bütçesinin açık verdiği zor bir duruma düşürmüştür. Türkiye IKBY'nin bütçe açığını karşılayabilmesi adına 6 milyar Amerikan Dolarlık kredi sağlamış, bu durum da IKBY'nin ekonomik olarak hayatta kalışının Türkiye'nin faydasına olduğu bir ortam oluşturmuştur.[259]

Her ne kadar farklı geçerlilikte veri kaynaklarının verilerini kullanarak hazırlanan farklı rakamlara ulaşılsa da IKBY'de ticarete dahil olan Türk ürünlerinin ve Türkiye tarafından yapılan yabancı yatırımların toplam değerinin 12 milyar Amerikan Doları dolaylarında olduğu tahmin edilmektedir. Devlet bankası olan Ziraat Bankası ve Aazpennek gibi birkaç önde gelen Türk bankası IKBY'de faaliyet göstermektedir. Ayrıca Türk Havayolları İstanbul ve Türkiye'nin diğer turistik bölgelerinden Erbil, Süleymaniye varışlı direkt uçuşlar düzenlemektedir. Bu iki durum tarafların ticari bağlarının entegre olmasında merkezi bir rol oynamaktadır. Benzer bir şekilde, çok sayıda Türk şirketi IKBY'de genellikle Türklerden oluşan birçok uzman/çalışan istihdam etmektedir (14000 işveren).[260]

Böyle bir Türk dış politikasının başarıya ulaşmasını sağlayan birtakım önemli prensipler mevcuttur: *"ilki, bölgesel güvenlik ve herkes için özgürlük; ikincisi,*

[256] Michael Gunter, *The Kurds Ascending the Evolving Solution to the Kurdish Problem in Iraq and Turkey*, Palgrave Macmillan USA, New York 2008, s. 42.

[257] Gönül Tol, "Turkey's KRG Energy Partnership", *Foreign Policy Magazine*, 29.01.2013, http://foreignpolicy.com/2013/01/29/turkeys-krg-energy-partnership/, (12.11.2017).

[258] "Turkey: Keeping Iraq's Kurds in Check", *Stratfor*, 23.04.2009, https://worldview.stratfor.com/article/turkey-keeping-iraqs-kurds-check, (12.12.2017).

[259] "Iraqi Kurdistan's Financial Trap", *Stratfor*, 21.07.2014, https://worldview.stratfor.com/article/iraqi-kurdistans-financial-trap, (11.12.2017).

[260] Kumru Toktamis, "This Part of the Globe is Not Flat: The Paradox of the Turkish Relationship with Northern Iraq and the Dilemma of Kurdish Politics across Borders", *PGDT*, cilt 8, sayı 2, 2009, s. 489

kapsayıcı ve yüksek seviyeli siyasi diyalog ve görüşmeler; üçüncüsü, barış için taraların ekonomik olarak birbirlerine bağımlılığı; dördüncüsü ise çok yönlü kapsayıcılıktır."[261] Nihayetinde daha yakın bir Erbil-Ankara ilişkisinin tesisi için fırsatları kuvvetlendirmek açık bir biçimde kaçınılmaz, önceden planlanmış bir manevra görevi gören ve bölgede yeni bir ittifakın kurulmasını destekleyen bir niteliktedir. [262]

Türkiye ve IKBY arasındaki yakınlaşma yalnızca ekonomik çıkarlar doğrultusunda değil aynı zamanda siyasi çıkarlar doğrultusunda da gerçekleşmiş hem iç hem dış tutkularla gerçekleşmiş bir yakınlaşmadır. Türkiye için IKBY ile olan ekonomik bağlar ciddi bir fayda sağlamıştır. Türk siyasetinde, tek başına hükümeti kuran AK Parti'nin en temel vaatlerinden biri ülkenin güneydoğusunda onyıllardır o bölgeye bir gerginlik getiren Kürt sorunu için bir çözüm yaratmaktır.[263] Bu denklemde Türkiye'nin IKBY ile ortaklığı Ankara'nın Kürt ekonomik ya da siyasi çıkarlarının karşısında olmadığı mesajını vermiştir. [264] Bunu yaparken de IKBY'ye PKK'yı izole etmek konusunda bir avantaj sağlamıştır.[265] Ankara'nın IKBY ile işbirliği içerisine girmek konusundaki motivasyonu, özellikle Irak ve Suriye konusundaki bölgesel politikaları sayesinde daha da desteklenmiştir. Suriye'de PKK ile ilişkili PYD kurulmuş, İç Savaşın en önemli aktörlerinden biri haline gelmiş ve Suriye'nin kuzeyinde giderek konsolide olan bir özerk bölgeyi Suriye hükümetinin ve hükümetin Rus ve İranlı ittifaklarının da üstü kapalı izniyle kurmuştur. Ankara Suriye'de desteklediği isyancı grupların alan ve etki kaybı konusunda endişeli bir hal almıştır. Bütün bu endişelerin arasında IKBY yönetiminin PKK destekçisi partileri kapatması, PKK yanlısı siyasetçileri tutuklaması ve PKK'nın ofislerini kapatması Ankara'nın PKK'ya karşı yürüttüğü anti-terör stratejisi açısından paha biçilemez bir öneme sahiptir. [266]

Enerji ve ekonomik fırsatlar, Irak'taki mezhepçi şiddet, yeni Kürt dinamikleri ve bunların Türkiye'deki Kürtler üzerindeki etkisi Erbil ile Ankara arasındaki ilişkiyi Ankara'nın birincil hedefinin iç etnik çatışmaları engellemek olduğu bir boyuta sürüklemiştir. [267] Türkiye ve IKBY yaklaşık 400 km uzunluğundaki bir sınır hattına sahip, bu noktada pozitif bir jeostratejik pozisyon kısa bir süreliğine güvenliği sağlamıştır. Bu durumda, barışa ulaşılması ve barışın korunması temel bir hedeftir, barış istikrar doğurmaktadır ve komşularla olumlu ilişkilere sahip olmak işbirliğini maksimize edecektir, bu sebeple Türk dış politikasının mevcut hedefi barışı

---

[261] Tuncay Babalı, *a.g.m.*, s.148-149.

[262] Hasan Turunç, *Turkey's Global Strategy: Turkey and Iraq*, London School of Economics, London, Mayıs 2012, s.32.

[263] Ceren Kenar, "Erdogan's Kurdish Chickens Are Coming Home to Roost", *Foreign Policy Magazine*, 04.06.2015, http://foreignpolicy.com/2015/06/04/erdogan-turkey-elections-kurds-akp-hdp-executive-power/, (12.11.2017).

[264] Chase Winter, "Turkey's Strained Kurdish Peace Process", *Foreign Policy Magazine*, 11.12.2013, http://foreignpolicy.com/2013/12/11/turkeys-strained-kurdish-peace-process/, (11.12.2017).

[265] "Turkey's Kurdish Strategy", *Stratfor*, 17.10.2010, https://worldview.stratfor.com/article/turkeys-kurdish-strategy, (11.12.2017).

[266] Gönül Tol, "Turkey's KRG Energy Partnership", *Foreign Policy Magazine*, 29.01.2013, http://foreignpolicy.com/2013/01/29/turkeys-krg-energy-partnership/, (12.11.2017).

[267] Nathalie Tocci, "Turkey's Kurdish Gamble, The International Spectator", *Italian Journal of International Affairs*, cilt 48, sayı 3, 01.10.2013, ss. 67-77, s. 67.

sağlamak olarak gözümüze çarpmaktadır[268]

2003-2004 yılında Ankara askeri müdahale seçeneğini masaya getirmiştir. IKBY'nin bakış açısından böyle bir aksiyon barış ve refah için zararlı niteliktedir. Bu sebeple bir mutabakat zemini hazırlamak adına IKBY başbakanı N. Barzani *"diploması ve diyaloğa bir şans tanınmalı"* diyerek fikrini ortaya koymuştur. Türkiye'nin tercihi ise IKBY ile ilişkilerini geliştirmek olmuştur. Somer'e göre, dönemin Genelkurmay Başkanı Orgeneral Hilmi Özkök'ün Iraklı Kürtler hakkındaki görüşünü *"artık kabile liderleri değil, devlet adamları oldular"* şeklinde belirtmesi ordunun Erbil-Ankara görüşmelerini olumlu gördüğünü gösteren bir nişane olarak kabul edilmelidir. Ek olarak, Şubat 2006'da Türkiye özel temsilcisi Oğuz Çelikkol Türk Hükümetini iki taraf arasındaki siyasi gerginliğin bitirilmesi konulu bildirisini Barzani'ye ulaştırmıştır. Türkiye'nin ve diğer bölgesel aktörlerin bir kısmında oluşabilecek etnik federasyona olan tepki, Saddam sonrası Irak'ın siyasi yapısı ne olursa olsun Türkiye ile dostça ilişkilere girmesini sağlamaktan daha az önemli görünmektedir.[269]

Barzani'nin 2007 yılında planlanmış olan ziyareti gelecekteki olası olumlu sonuçları itibariyle önemlidir.[270] Türkiye'nin Erbil ile olan iyi ilişkisi Irak politikası üzerindeki etkisini olumlu biçimde arttırmıştır ve IKBY'nin Türkiye'nin içerisindeki Kürt sorunuyla alakalı etkisi ve nüfuzu her iki taraf için de faydalı olacak ve son derece işe yarar sonuçlara yol açabilecek niteliktedir. PKK'nın 2008 Ekim'inde gerçekleştirdiği Dağlıca baskını Erbil-Ankara ilişkilerini bir nebze bozmuştur ve Türkiye'nin o dönem Irak'taki otorite olan ABD'den, IKBY'nin PKK karşısında aksiyon almaya teşvik edilmesini talep etmesine yol açmıştır. Bu gerginliğe son vermek adına, Dışişleri Bakanı olan Condoleezza Rice hem Ankara'ya hem de Erbil'e *"diplomatik tam saha pres"* uygulamış ve bir yandan da Türkiye'yi Kuzey Irak'a girmemesi konusunda uyarmıştır. Bu sebeple, Erbil-Ankara'nın ABD ile olan ilişkisinin doğasındaki her türlü değişiklik her iki tarafa da fayda sağlayabilecek bir durumdadır. Konu Erbil-Ankara ve Washington ilişkisi olduğunda, her bir aktör kendi çıkarlarının peşinden gitmekte, haliyle Orta Doğu bölgesinin karmaşıklığı ve bahsi geçen aktörlerin koordine olmayan ve bireysel davranışları istenmeyen ve beklenmeyen sonuçlara yol açabilmektedir.[271] Başkan Barzani'nin 2010 yılında Ankara'ya yaptığı beş günlük ziyaretin Erbil ile Ankara arasındaki ilişkileri yenilediğinden ve Türkiye'nin IKBY'ye karşı ortaya koyduğu dış politikanın değişmesine ve Ankara'nın Irak Kürtlerine karşı takındığı son derece sert tavrından vazgeçmesine yol açmıştır.[272]

Ayrıca Ankara-Bağdat ilişkilerine değinmek yerinde olacaktır. 2003 yılından beri Türkiye'nin Irak politikası Bağdat'la ekonomik ve siyasi bağlar kurmaya yönelik bir şekilde yürümekte, böylece Bağdat hükümeti Türk çıkarlarına ve IKBY ile

---

[268] Meliha Benli Altunışık, *Turkey's Security Culture…*, s. 83.

[269] Murat Somer, *a.g.m.*, s. 124.

[270] Cengiz Dinç, *a.g.m.*, s.71.

[271] Bill Park, "Turkey, the USA and the KRG: Moving Parts and Geopolitical Realities", *Insight Turkey*, cilt 14, sayı 3, 2012, ss. 109-125, s. 113.

[272] Verda Özer, "Barzani's Diyarbakır Visit and a Renaissance for all Kurds," *Hurriyet Daily News*, 19.11.2013, http://www.hurriyetdailynews.com/opinion/verda-ozer/barzanis-diyarbakir-visit-and-a-renaissance-for-all-kurds-58121, (12.11.2017).

alakalı kaygılarına karşı dostane bir tavır takınacak ve tarihi hak iddiası bulunan Musul ve Kerkük gibi alanlarla alakalı da dostça bir tavır takınmaktadır. Irak üzerinde nüfuz oluşturma hususunda karşısında rakip olarak İran'ı bulan Ankara (Özellikle Suriye İç Savaşını takip eden süreçte bozulan Türkiye İran ilişkilerinin üzerine) son derece mezhepçi bir tavır takınarak siyasetinde Sünni kimliğine vurgu yapmıştır. [273] Ayrıca İran'ı Şii mezhepçiliği yapmakla da suçlamıştır.[274] Seçimlerde kararlı bir Sünni Iraklı-Kürt oy bloğunun oluşamaması ve Türkiye'nin tercih ettiği adaylar olan al-Iraqiya Partisi ve Atheel al-Nujaifi gibi isimlerin desteklerini kaybetmesi Ankara'nın Bağdat üzerindeki etkisini daha da azaltmıştır.[275] Ankara'nın Irak konusundaki stratejisinin özü itibariyle değişmediği çıkarımı yapılabilir. Yine de, Bağdat üzerindeki nüfuzunu kaybetmesinin üzerine Türkiye, hala üzerinde nüfuz sahibi olduğu kurumlara ve siyasetçilere odaklanmıştır: Başkan Mesut Barzani tarafından yönetilen IKBY, Hatheel al-Nujaifi yönetimindeki Haşdi Vatani. Türkiye bu kurumlar vasıtasıyla bir yandan Irak içerisinde Türkiye'nin çıkarlarına daha dostane bakan bir kesim oluşturmak istemekte, bir yandan petrol tedariğini garanti altına almaya çalışmakta, bir yandan bu bölgeleri Bağdat ile arasından tampon bölge olarak kullanarak Irak içindeki faaliyetlerini sürdürmeyi hedeflemektedir. Salih'e göre, Türk askerlerinin Başika'ya yerleştirilmesi de bu stratejiyle aynı doğrultuda alınmış bir karardır. [276] Bunlara ek olarak Ankara Musul için önemli olan Haşdi Şabi'ye karşı olduğunu sıklıkla dile getirmekte, onların İran tarafından yönlendirilen Şiiler olduğunu iddia etmekte ve bu sebeple Musul vatandaşları üzerinde bir meşruiyetleri olmadığını belirtmektedir. Türkiye Haşdi Vatani'nin şehri özgürleştirmek hususunda görev alması gerektiğini düşünmektedir.[277] Haşdi Vatani'yi ve Peşmerge'yi Başika'daki kampta eğiten Türkiye, Irak'taki varlığını yalnızca IŞİD'e karşı kurulan koalisyonun bir mensubu olarak değil, ayrıca Musul içinde Türk dostu kurumları güçlendirmek için de kullanmaktadır.[278]

---

[273] Keith Johnson, "Striking Pipeline, Kurdish Militants Deal Blow to Fellow Kurds*", Foreign Policy* 30.07.2015, http://foreignpolicy.com/2015/07/30/kurdish-militants-strike-pipeline-deal-blow-to-fellow-kurds/, (12.12.2017).

[274] Semih İdiz, "Why is Turkey Stirring the Iraqi Cauldron", *Al-Monitor*, 8.12.2015, http://www.al-monitor.com/pulse/originals/2015/12/turkey-iraq-troops-deployed-in-bashiqastirs-cauldron.html, (12.12.2017).

[275] Denise Natali, "Is Turkey Losing Iraq?", *Al-Monitor*, 25.09.2012, http://ekurd.net/mismas/articles/misc2012/9/turkey4179.htm, (11.12.2017).

[276] Mohammed A. Salih, "More Than a Year On, Who Is to Blame For The Fall of Mosul", *Al-Monitor*, 25.08.2015, https://www.al-monitor.com/pulse/originals/2015/08/iraq-report-mosul-fall-maliki-abadi.html, (12.11.2017).

[277] Fehim Taştekin, "Türkiye'nin Musul Hamlesi Neden Duvara Çarptı?", *Al-Monitor*, 09.12.2015, https://www.al-monitor.com/pulse/tr/originals/2015/12/turkey-iraq-bashiqa-mosul-military-deployment.html, (12.11.2017).

[278] Fehim Taştekin, "Turkey's Joint Front With Sunni Arabs, Kurds", *Al-Monitor*, 14.12.2015, https://www.al-monitor.com/pulse/originals/2015/12/turkey-iraq-ankaras-joint-front-with-sunni-arabs-kurds.html, (12.12.2017).

SONUÇ

Soğuk Savaş sonrası uluslararası sistemde gözlemlenen en önemli güvenlik sorunu etnik kökenli ayrılıkçı hareketler ve etnik çatışmalardır. Bu etnik farklılıklar nedeniyle ülkelerde var olan etnik gruplar siyasallaşmış, ulus olmayı iddia etmeye başlamış, varolan birçok sınır değişmiştir. Ulus-devletlerden oluşan uluslararası yapı, binlerce etnik-devletten oluşan bir yapıya dönüşme tehlikesiyle karşı karşıyadır. Dolayısıyla, etnik sorunlar iç politikanın birer parçasıyken hızla uluslararası politikanın bir parçası haline gelmektedir. Bu duruma Türkiye'nin yaşadığı etnik kimlik sorunu kaynaklı çatışma gruplarının varlığı iyi bir örnektir.

İç dış politika etkileşiminde kimliklerin rolünü Türkiye'nin IKBY'yle olan ilişkilerinde açıkça görmek mümkündür. Konunun seçilmesindeki amaç bu etkileşimi gözler önüne sermektir. Bu nedenle temel hipotez olarak "Türkiye kendi içindeki Kürt sorununa çözüm getirmediği sürece, Kuzey Irak'ta kurulacak bağımsız bir Kürt Devleti Türkiye'nin Kuzey Irak'a yönelik politikalarını olumsuz yönde etkiler." hipotezi seçilmiştir. Konunun daha iyi anlaşılmasını sağlayacak ikincil hipotezler olarak ise: "Türkiye'deki Kürt sorununun sosyal ve toplumsal temelleri ortadan kaldırılmalıdır", "IKBY ile artan ekonomik ilişkilere rağmen Türkiye'nin Kürt sorunu ilişkilerde sınırlayıcıdır." ikincil hipotezleri seçilmiştir. Bu çerçevede, teorik çerçeve olarak Konstrüktivizm seçilmiş ve Konstrüktivizmin en önemli teorisyenlerinden olan Alexander Wendt'in görüşlerinden yararlanılmıştır. Bu açıdan Konstrüktivizmin kimliklere ve tarihi algıya vurgu yapan anlayış şekli elinizdeki incelemenin temel hipotezi ve ikincil hipotezleriyle uyumludur. İkili ilişkilerdeki işbirlik ortamları, Davutoğlu tarafından ortaya konan Yeni Osmanlıcılık politika anlayışı, Türkiye'nin Barış Süreci politikaları, Türkiye ve IKBY arasındaki ekonomik işbirliği ele alınmıştır. Tüm bu süreçler ve davranışlar Konstrüktivizm ile uyumludur. Konstrüktivizm bu incelemede Türkiye-IKBY ilişkilerinin incelenmesindeki temel teorik altyapıyı oluşturmuştur. Bunun yanısıra Kürt sorunu konusunda Konstrüktivist bir çözümleme yapılmamış, Kürt sorununa sadece Türkiye-IKBY ilişkilerindeki etkisi bakımından değinilmiştir. Elbette incelemenin konusu gereği Kürt sorununun çözümüyle ilgili birtakım önerilerde bulunulmuş ancak Kürt sorununa kitaptaki temel tartışmanın bir yan konusu olarak değinilmiştir.

Konstrüktivist teoriye göre, devletlerin kimlikleri ve sosyal yapıları devletlerin arasındaki ilişkilerin gidişatını belirleyen önemli faktörlerdir. Benzer kimlikler ve iki devlet arasındaki uzun bir müttefiklik geçmişi, işbirlikçi bir güvenlik sisteminin ortaya çıkmasını sağlayabilir; ancak farklı kimlikler ve anlaşmazlıklarla dolu bir geçmiş rekabetçi bir güvenlik sistemin ortaya çıkarır. Bir devletin tehditkar bir hale gelip gelmemesi ise sahip olduğu tipe ve rol kimliklerine bağlıdır. Diğer devletlerin rol kimliklerini tanımlayarak bir devlet hangi devletlerle işbirliği içinde olması gerektiğini anlayabilir. Devletlerin kimliklerini şekillendiren bir diğer faktör de hepsinin yerel siyasetidir. Dolayısıyla her devlet uyguladığı yerel siyaset sonucunda uluslararası politikasını da şekillendirebilir. Daha önce de bahsedildiği gibi, Konstrüktivist sosyal teorinin temel ilkesi, insanların hedefleri doğrultusunda hareket ettiğidir. Devletler düşmanlarına dostlarına davrandıklarından farklı davranmaktadır çünkü düşmanlar tehdit oluşturmaktadır ancak dostlar oluşturmamaktadır. Anarşi ve güç dağılımı ise bu konuda fikir vermemektedir. Güç dağılımı her zaman devletlerin hesaplarını etkilemektedir. Ancak bu etkinin büyüklüğü devletin kendini ve diğerini nasıl algıladığı ve diğerinden ne beklediğiyle ilgilidir. [1]

Sosyal tehditler doğal değildir, sonradan oluşturulmaktadır. Daha önce değinildiği gibi, Wendt bu konuya şu şekilde bir örnek vermektedir. Wendt, bir uzaylıyla karşılaşıldığında ilk anda saldırıya uğrandığı düşünülmediğini savunur. Kişinin bu durumda kendini tehdit altında hissedeceği doğrudur ancak eğer askeri güçler bu canlıya yöneltilirse bu canlının ilk işaretleri o kişinin güvenliği için tehdit olup olmadığı konusunda fikir verir. Eğer ilk işaretleri binlerce uzaylıyla New York'u yağmalamaksa, durumun tehlikeli olduğu düşünülür ve karşı olarak yanıt verilir. Ancak tek bir uzay gemisiyle barış yapma niyetiyle gelirlerse kişi de karşılık olarak güven tazeleyici davranış sergiler. Dolayısıyla ilk sosyal hareket, birbirlerinin ileriki davranışları hakkında beklentiler ortaya çıkarır. Bu tecrübeye dayalı anlayışa bağlı olarak ego başkasına karşı yeni bir işaret ortaya koyar. O da egoya karşı koyar ve bu durum bu şekilde devam eder. Eğer yeterince uzun süre devam ederse, bu durum iki tarafın da birbirleri hakkında etkileşime bağlı olarak karşılıklı sağlam bir görüş ortaya koymasını sağlar. Kişi uzaylılarla ilişkisine güvenlik ikilemi içinde başlamaz. Elbette bir ikilem bir kere ortaya çıktığı zaman değiştirilmesi zordur. Ancak Wendt'e göre esas nokta, süreç içinde daima var olan şey, kimliklerin ve çıkarların işbirliğine yönlendirebileceğidir. [2]

Konstrüktivizm etnik kimliklerin ülkelerin dış politikalarındaki yerine değinmektedir. Dolayısıyla bu kitapta Türkiye-Kuzey Irak ilişkilerindeki önemi nedeniyle Kürt sorununa ayrıca değinilmiştir.

Kürt sorunu birbirinden farklı pek çok boyutu olan karmaşık bir problemi temsil etmektedir. Genellikle birbirine bağlı iki farklı seviyesi ile incelenmektedir. Bir tarafta Türkiye içinde yaşayan ve özellikle de Kürtlerin taleplerinde bulunan bir grup bulunmaktadır. Bu kimlik bazlı talepler politik, sosyal, kültürel ve ekonomik alanlarla ilgilidir. Diğer tarafta ise silahlı terör örgütü PKK ile devlet arasında 1984 yılında başlayan ve o zamandan günümüzde kadar farklı yoğunluklarla devam eden silahlı çatışmalar bulunmaktadır. Bunlara ek olarak bu çatışmaların bir de kendisini silahlı çatışmanın ve genel olarak Kürt sorununun farklı seviyelerinde gösteren bir uluslararası boyutu bulunmaktadır. Kürt sorunu uzun dönemli bir sorundur ancak zaman içerisinde bir yandan Türkiye içinde çözüm geliştirilmesini bekleyen sabit bir sorun olarak kalırken bir yandan da Türkiye Cumhuriyeti'nin kuruluşundan itibaren gelişmiş ve değişime uğramıştır.

Etnik sınır teşekkülü süreci birçok farklı stratejileri içerir. Ulus-devlet

---

[1] Alexander Wendt, *Anarchy is What States…*, s. 395.
[2] Alexander Wendt, *Anarchy is What States…*, s. 393-394.

oluşumunda, devlet ya varolan etnik bir grubu içinde herkesin kaynaşabileceği bir ulus olarak yeniden tanımlar, ya da çeşitli etnik grupların birleşmesi vasıtasıyla yeni bir ulusal kategori yaratır. Türkiye'deki ulus inşasının temel özellikleri içindeki ilk stratejiye birleşme denirken, ikincisi ise kaynaşmadır. Cumhurbaşkanı Recep Tayyip Erdoğan Türklüğü çoklu etnik kimlikleri kapsayan geniş bir kategori olarak algılar. Bu bakış açısına göre, Türkler ve Kürtler aynı topraklar üzerinde yaşamış, etkileşimleri vasıtasıyla yakın bağlar kurmuş ve aynı ortak İslam kültürünün mensupları olmuşlardır. Dolayısıyla, Erdoğan hem birleşme hem de kaynaşma stratejileriyle açıklanabilecek bir politikayı benimser. Bununla birlikte, seçimlerle genellikle devlet ve devlet-olmayan aktörler arasındaki ayrım azalır. Politik partilere üye olmuş olan sosyal aktörler seçimlere katılırlar ve etnik seçim bölgesi üzerinde baskı kurabilmek için birbirleriyle yarışırlar. Aslında, seçim sonuçlarına bakıldığında, etnik kimlik Türkiye'de seçimi otomatik olarak belirlememektedir. Bununla birlikte, AK Parti performansı göstermiştir ki, ılımlı platformları destekleyen merkeziyetçi ve çoklu etnik politik partiler çok başarılı olabilmektedirler.

Mustafa Kemal Atatürk'ün kurduğu yeni Türk devleti aslında bir medeniyet değişimidir. Bu sadece siyasi anlamda değil, toplumsal anlamda da bir değişimi içermektedir. Bu noktada bütün elitler ve siyasiler Türk milliyetçiliği ve Kemalist laikliği birleştirerek, dini kimliğiyle tanınan bir toplumu modernleştirerek değiştirmeyi planlamışlardır. Dolayısıyla hem İslam hem de Kürt milliyetçiliği politik alandan dışlanmıştır. Bu çerçevede ilk olarak da milli bir dil yaratılmıştır. Bu şekliyle Türk milliyetçiliği dili, toprakları ve gelenekleriyle etnik bir yapı barındırmaktadır.

Bu kitapta tartıştığımız "Türkiye'deki Kürt sorununun sosyal ve toplumsal temelleri ortadan kaldırılmalıdır" şeklindeki yan hipotezimizin kanıtlandığını söyleyebiliriz. Sosyal olarak bölge halkı Türkiye Cumhuriyeti'nin kurulduğu yıllarda ulus-devlet inşasının bir sonucu olarak vatandaşlık bilinci etrafında gelişmiştir. Türk milliyetçiliği de tüm milliyetçilikler gibi kendi tarihini geliştirmeyi hedeflemiş ve bu çerçevede 1930'larda bir vatandaşlık bilinci geliştirilmeye çalışılmıştır. Aslında bu anlaşılabilir bir durumdur. Türkiye Cumhuriyeti yeni ulus-devletini inşa ederken Türk kimliğini güçlendirmek zorunda hissetmiş ve kültürel, sosyal ve dilsel anlamda vatandaşlık temelli bir yaklaşımı benimsemiştir. Ulusal kimliğin ve vatandaşlığın inşasının hedefi *"biz"* bilincinin tüm vatandaşlarca benimsenmesi, *"biz"* bilincinin besleneceği bir *"öteki"* yaratmıştır. Bu *"öteki"* 1930'ların Türkiye Cumhuriyeti'nin *"iç düşman"*ı ya da *"öteki"*si yakın geçmişin temsilcileri ve işbirlikçileridir.[3] Vatandaşlık ulusal kimlikle anlam kazanmaktadır. Vatandaşlık çerçevesindeki haklardan faydalanmak ve görevleri yerine getirebilmek için milli kimliğe sadık olmak gereklidir. Bu şekliyle milli kimlik iktidarın baskıcı gücünü meşrulaştırır. Devletin yönetim şekli her ne olursa olsun vatandaşlık kollektif kimlikle ilgilidir. Dolayısıyla ulus-devlet inşası sırasında devlet ülke sınırları içinde yaşayan bireyleri vatandaşlık bağıyla birbirine bağlı hale getirmeyi

---

[3] Fatma Gürses, "Kemalizm'in Model Ders Kitabı: Vatandaş İçin Medeni Bilgiler", *Akademik Bakış*, cilt 4, sayı 7, Kış 2010, s. 244.

hedefler.[4] Bu şekilde bakıldığında Türkiye Cumhuriyeti'nin milli kimliği olan Türklüğün inşası sırasında, sınırlar içinde yaşayan diğer kimlikler, bireyin *"alt kimliği"* her ne olursa olsun, bir *"üst kimlik"* çatısı altında birleştirilmeye çalışılmıştır. Bu noktada dil ve tarih önemli bir araç olmuştur. Ne var ki bu politikaların istenmeyen ve hedef olmayan Kürt milliyetçiliğini arttırması gibi bir sonucu olmuştur. Bölgede Kürt milliyetçiliğiyle ilgili gerçekleşen ayaklanmalar, 1960 ve 1970'lerde gerçekleşen partileşmeler ve en son nokta olan 1984'te silahlı saldırılarına başlayan PKK terör örgütü, amaçlarını bu vatandaşlık oluşturma süreçlerine dayandırmıştır. Daha önce de değinildiği gibi, ulus-devlet inşası sırasında Devletlerin baskıcı tutumlarının meşru yanı vardır, çünkü milli kimlik çerçevesinde bir vatandaşlık oluşturmak bunu gerekli kılmaktadır. Hedef alınan özel olarak bir Kürt kimliği değildir ancak istenmeyen şekilde devletin politikaları Doğu ve Güneydoğu'da bir Kürt sorununun ortaya çıkmasına ve Kürt milliyetçi hareketlerinin bu soruna dayanmasına neden olmuştur. Dolayısıyla Kürt sorunu bu şekliyle ele alınmalı, vatandaşlık adı altında bir bütünleşmeye varabilmek için demokrasi kullanılmalıdır. Daha önce değinildiği ve Barış Süreci boyunca görüldüğü gibi PKK terör örgütü ve HDP arasında anlaşmazlık söz konusudur çünkü PKK terör örgütü siyasi kanadının öne çıkmasını istememektedir. Ayrıca AK Parti Kürt milliyetçiliğini savunan HDP'den fazla oy almaktadır. Buradan Kürt halkı içinde vatandaşlık bilinci içinde yaşamayı tercih eden Kürtlerin ağırlıkta olduğu sonucu çıkarılabilir. Ne var ki PKK terör örgütünün varlığı, bir taraftan Kürtlük ve Türklüğü birbirinden ayırmakta diğer yandan Türkiye'nin dış politikasını sınırlar nitelik taşımaktadır. Bunun için bu incelemeye dayanan öneri seçim barajını düşürerek Kürt sorununu siyasal alana taşımak, Kürt toplumu içinde sorun olarak görülen konulara demokrasi sınırları içinde çözüm getirmektir. Ayrıca Türk ve Kürt kimliği ortak bir dine ve ortak bir tarihe sahiptir. Bu şekliyle düşünüldüğünde bu ortak özelliklere atıflar yapılarak Kürt sorununa toplumsal anlamda çözüm üretmek de mümkündür. Bu şekliyle bakıldığında askeri seçenek ancak sorunu yaratan gruba yönelik demokratik çözüm hareketleriyle beraber kullanılırsa etkili olabilir.

Bu kitapta Davutoğlu'nun dış politika anlayışı ve bu çerçevede başlatılan Barış Süreci'ne değinilmiştir. Ahmet Davutoğlu, bu yeni dış politikanın mimarıdır. Davutoğlu, yeni dış politika anlayışını, Türkiye'nin coğrafi konumu üzerine kurarak, eski Osmanlı mirasına da atıfta bulunarak, Türkiye'nin komşularıyla ilişkilerini geliştirmesi gerektiğini söylemekte ve eski Osmanlı topraklarına yönelik politikalarının geliştirilmesi gerektiğini savunmaktadır. *"Yeni Osmanlıcılık"* ve *"Yumuşak Güç"* olarak tanımlanan yeni Türk dış politikası Ortadoğu bölgesinde yeni bir bölgesel güç olduğu tespiti yapmıştır. Bu süreçte laiklik anlayışının yumuşaması ve Kürt Sorununun din ortaklığı ile çözülmesi konuları öne çıkmaktadır. Davutoğlu'nun bir başka dış politika amacı komşularla sıfır sorun politikasını hayata geçirmektir. Türkiye'nin bölgesel anlamda daha etkin olabilmesi için yakın kara havzasındaki komşularıyla olan ilişkilerini yeniden değerlendirmelidir. Yakın komşularıyla sürekli sorunlar yaşayan bir Türkiye bölgesel ve küresel anlamda etkin bir politika yürütemez. Türkiye'nin komşularıyla ilişkilerini iyileştirmesi için toplumlararası ilişkilerin yoğunlaştığı kültürel ve

---

[4] Fatma Gürses, *Kul, Tebaa, Yurttaş*, Ütopya Yayınevi, Ankara 2011, s. 38-39.

ekonomik unsurların önemli olduğu karşılıklı bağımlılık düzeyinin arttırıldığı bir politika belirlemek gerektiği üzerinde durmuştur. Davutoğlu yönetimindeki Türk Dış politikası güvenlikleştirme politikaları altındaki sorunlar, artık normal algılanmış ve güvenlik dışılaştırılmıştır. Güvenlik algılamalarında ki değişim sonunda Türkiye Ortadoğu politikasında Kuzey Irak ve kıta merkezli güvenlik bakışına son vermiştir. Bu nedenle Ortadoğu'ya yönelik bütüncül bir bakış açısı geliştirmiştir. Kuzey Irak konusu bütün bölgesel sorunlardan bağımsız ele alınamayacağı ve bölgedeki tüm istikrarsızlıkların iç istikrarsızlığı tetiklediği düşüncesi oluşmuştur.

Aralık 2009'da AK Parti hükümeti, Barış Süreci'ni başlatmıştır. Önceki hükümetler genellikle Osmanlı tarihini ve Arap Dünyasına olan bağlarını reddederken ve ülkeyi Batı'ya doğru yönlendirmeye çalışırken, AK Parti'nin eski Osmanlı topraklarına yönelik bakış açısı kolaylaştırıcı özelliğe sahiptir. Çünkü ulusal bölümler Osmanlı Devleti yönetimi için, Cumhuriyet yönetimi için olduklarından çok daha az önemlidir, bu durum da Kürtler için olumlu bir mesaj içermektedir. Bölgesel bağlamda AK Parti'nin 2007 yılından itibaren IKBY ile gelişen ilişkileri, Türkiye'nin Kürt Sorununda yeni bir başlangıcı işaretlemiştir. Irak'taki Kürt toplumuyla diplomatik ilişkilerin iyileştirilmesi içinde Türkiye'nin enerji tedarikini Rusya'dan uzaklaştırmak ve ülkeyi Avrupa için muhtemel bir enerji tedarikçisi haline getirmek gibi ekonomik hedefler de barındırmaktadır. Türkiye için Iraklı Kürtlerle iyi ilişkilere sahip olmak aynı zamanda onların PKK ile iş birliği yapmasını önlemek adına da ciddi bir önem taşımaktadır.

Türkiye'deki Kürt sorununa Barış Sürecinin dahil edilmesiyle bir çözüm aranması teorik dayanağımız olan Konstrüktivizmle uyum göstermektedir. Kürt sorunu algısı aslında tarihi yaşantılara dayanmaktadır. Dolayısıyla bu durum Wendt'in devletlerin düşman algılarının tarihsel yaşantılar sonucu edindiği söylemini desteklemektedir. Barış Süreci tüm bu algıları değiştirmeyi hedeflemiştir ve Davutoğlu'nun Yeni Osmanlıcılık anlayışı çerçevesinde eski Osmanlı topraklarına yönelebilmesi için güvenlik algılarının değiştirilmesine yönelik dış politikasının bir sonucudur. Davutoğlu kendi içindeki güvenlik sorunlarını çözmeden dış politikada sağlam bir adım atılamayacağını ve Kürt sorununun Türkiye'nin yumuşak güç politikasına zarar verdiğini düşünmektedir. Davutoğlu'nun dış politika anlayışı da Konstrüktivizm ile uyumludur. Çünkü Davutoğlu başta komşuları olmak üzere yakın kara ve deniz havzalarındaki ortak Osmanlı tarihine ve İslam kültürüne atıfta bulunmaktadır. Davutoğlu dönemi Türk Dış Politikası ve dış politikada sağlam durabilmek için iç politika anlayışında ve güvenlik algılarında değişimlerde bulunması tamamen Konstrüktivist teoriyle uyumludur.

1945 yılında kurulan KDP, İkinci Dünya Savaşı sonrasında diğer ulusal liberalleşme hareketlerinin rol modelini takip ederek ilerici bir milliyetçi gündem ile bu iki unsuru birleştirmiştir. Kürt aydınları, Irak'lı Arapların bir parçası olduğu Arap ulusu ve Irak'lı Kürtlerin ait olduğu daha büyük Kürt ulusu arasında bir paralel çizerek Arap ve Kürt milliyetçiliği arasında bir ortak yaşam fikrini geliştirmiştir. Türk siyasetçiler, Kuzey Irak'taki Kürt milliyetçi hareketinden her zaman rahatsız olmuşlar ve bu hareketin Türkiye'deki Kürt sorununu tetikleyeceğinden endişe etmişlerdir. Türkiye'nin Kuzey Irak'taki gelişmelere karşı olan rahatsızlığı,

PKK'nın 1980'li yılların başlarında Türkiye'ye karşı yürüttüğü silahlı saldırılarla iyice büyümüştür. PKK, 1982'de KDP ile anlaşarak Suriye desteği ile militanlarını Kuzey Irak'a yerleştirmiştir. Bu nedenle Türk siyasetçiler Kuzey Irak'ı, PKK terör örgütü mensuplarının rahatlıkla sığındığı bölge, Iraklı Kürtleri ise PKK'ya destek ve yardım sağlayan aktörler olarak nitelendirmiştir.

Ancak 2000'li yıllarla beraber Türkiye-IKBY arasındaki ilişkilerde bir ilerleme gözlenmektedir. Davutoğlu dönemi dış politika anlayışı çerçevesinde şekillenen, güvenlik algılarının yeniden tanımlanması ve işbirliğinin arttırılmasına yönelik Türk dış polikası, IKBY'yle hem ekonomik hem siyasi işbirliği alanlarını genişletmiştir. Bu ilişkilerin ilerlemesine Suriye iç savaşındaki ortak güvenlik anlayışları ve Barış Süreci'nin kolaylaştırıcı etkisi de eklenmiş, böylece Türkiye ve IKBY ilişkileri tarihte hiç olmadığı kadar yakınlaşmıştır. Bu durum Konstrüktivizmin kimliklerin varlığından oluşan güvenlik algılarının devletlerin çıkarları doğrultusunda şekillendirilebileceği düşüncesiyle uyum göstermektedir. Bu çerçevede ekonomik ve siyasi işbirlikleri teşvik edilmektedir. Ancak diğer yandan Kerkük'teki Türkmen haklarını koruyarak, IKBY'nin Kerkük'teki denetimini sınırlandırmaya çalışmasından ve IKBY'nin Referandum Kararı sonrasında sahip olunan ekonomik ve siyasi işbirliği alanlarının varlığına rağmen ilişkilerin hızlıca bozulmasından, aslında kırmızı çizgilerinin çok da dışına çıkılmadığını, genel olarak kendine yeten tam bağımsız bir IKBY'yi onaylamadığı çıkarımını yapmak mümkündür. Bu noktada incelememizin "IKBY ile artan ekonomik ilişkilere rağmen Türkiye'nin Kürt sorunu ilişkilerde sınırlayıcıdır" şeklinde olan diğer bir ikincil hipotezi de kanıtlanmıştır. Türkiye gelişen ekonomik ilişkilerine rağmen Kerkük'teki Türkmenleri koruyarak, IKBY'nin kendine yeten bağımsız bir devlet olmasına karşı çıkmakta ve Kerkük'teki denetimini istememektedir. Dolayısıyla gelişen ekonomik ilişkilerde Türkiye'nin kırmızı çizgileri olarak bilinen Kuzey Irak'ta bağımsız bir Kürt Devleti kurulmaması politikasının çok da dışına çıktığı söylenemez. Bu da ilişkilerde sınırlayıcıdır.

İncelemenin "Türkiye kendi içindeki Kürt sorununa çözüm getirmediği sürece, Kuzey Irak'ta kurulacak bağımsız bir Kürt Devleti Türkiye'nin Kuzey Irak'a yönelik politikalarını olumsuz yönde etkiler" şeklinde formüle edilen temel hipotezinin kanıtlandığı söylenebilir. Türkiye geleneksel olarak Irak'ta etnik temelli bir devletin oluşmasını istememektedir. Etnik temelli devletler, etnik bölünmeleri tetiklemektedir. Federal Irak'ta Kürt kontrolündeki bir devletin varlığı Türkmen ve Arap azınlıkları tedirgin etmektedir. Dünyadaki diğer örneklerin de ortaya koyduğu üzere, eğer böyle bir tedirginlik etnisiteler arası bir güven yıkımı haline gelirse, bu durum etnik açıdan entegre bölgelerde hızlı bir ayrışmaya yol açabilir. Nitekim Barış Sürecinin sonlanması, IKBY'nin tartışmalı Referandum kararı ve ardından yaşanan gelişmeler Türkiye'nin tarihsel Kürt tehdidi anlayışının sürdüğünü göstermektedir.

Çalışmaya başlandığı 2014 yılında teorik dayanak olarak Konstrüktivizmin seçilmesinin nedeni o dönemde devam eden Barış Süreci, Kuzey Irak Bölgesel Yönetimi'yle artmakta olan ekonomik ilişkiler ve Davutoğlu'nun Yumuşak Güç ve Yeni Osmanlıcılığa dayanan dış poltikasının izleniyor olmasıdır. Ancak günümüze baktığımızda Kuzey Irak Bölgesel Yönetimi Türkiye'nin bütün ihtarlarına rağmen

Referandum kararı olarak bağımsız bir Kürt Devleti olmak yönünde adımlar atmış, Davutoğlu dönemi dış poltika anlayışı değişmiştir. Dolayısıyla Kuzey Irak Bölgesel Yönetimi'ne yönelik Türkiye'nin geleneksel kırmızı çizgi ve kimlik üzerine yaşanan olumsuz algı üzerinden oluşturduğu politikaya geri dönüş yaşandığı söylenebilir.

Tüm bu noktalardan bakıldığında IKBY'nin Referandum kararı Türkiye için olumsuz algılanmış, iki ülkenin ekonomik ve siyasi işbirliği alanları olmasına rağmen, tüm bu işbirliği alanlarını rafa kaldırmış ve IKBY'yle ilişkilerde bir gerilim yaşanmıştır. Esasen bu gelişmeler incelemenin temel hipotezini doğrular niteliktedir. Türkiye kendi içinde Kürt sorunu barındırdığı sürece IKBY'yle kuracağı işbirliğine dayalı ilişkiler daima sekteye uğrayacak, kırmızı çizgiler ortaya çıkacaktır. Dolayısıyla Türkiye IKBY'yle ilişkilerini sağlam bir temele oturtmak istiyorsa, kendi iç sorunu olan Kürt sorununa tek boyutlu değil, sosyal, ekonomik, kültürel ve toplumsal açıdan bakmalı, askeri çözüm yerine "*öteki*" algılarını değiştirecek, PKK'yı dışlayacak ve Türk-Kürt ortak tarihine dayanarak doğru bir bütünleşme sağlayacak çözümü üretmelidir. HDP ve PKK arasında kimin öne çıkacağıyla ilgili sorunlar vardır. Dolayısıyla PKK siyasi kanadın öne çıkmasını istememektedir türünden bir sonuca ulaşmak mümkündür. PKK, kendisini Kürt milliyetçiliğinin esas temsilcisi olarak görmektedir ve siyasi kanadın güçlenmesiyle, kendine verilen desteğin kesintiye uğramasından endişe etmektedir. Gerçekten de, HDP ve PKK arasında bir kopma, Kürt milliyetçiliğinin bölünmesine neden olabilir. Seçim barajının düşürülmesi, Kürt sorununun siyasi alanda tartışılmasını sağlayabilir. Bunun için Kürt sorunu tartışması siyasi alana çekilmeli ve tüm Kürt vatandaşların ülkeyle bütünleşmesini sağlayacak reformlara ağırlık verilmelidir.

185

KAYNAKÇA

Acharya, Amitav, "How Ideas Spread: Whose Norms Matter? Norm Localization and Institutio nal Change in Asian Regionalism", *International Organization*, cilt 58, sayı 2, İlkbahar 2004.

Adler, Emanuel, "Seizing the Middle Ground: Constructivism in World Politics", *European Journal of International Relations*, cilt 3, sayı 3, 1997.

Afşar, Halil, "Ortadoğu'da Hamisiz Kalan Uygarlık: Türkmenler", *Ortadoğu'da Devlet Altı Gruplar: Örgüt, Mezhep, Etnisite*, Derleyen Erkan Ertosun, Mahmut Akpınar, Nurettin Altundeğer, İldem Yayınları, Ankara, 2015.

Ahmad, Feroz, *Turkey: The Quest for Identity*, Oneoworld Publications, Oxford England, 2003.

Akdevelioğlu, Atay, Ömer Kürkçüoğlu, "Ortadoğu'yla İlişkiler: İran'la İlişkiler", *Türk Dış Politikası Kurtuluş Savaşı'ndan Bugüne Olgular, Belgeler Yorumlar*, Derleyan Baskın Oran, cilt 2, İletişim Yayınları, İstanbul, 2008.

Akdoğan, Yalçın, "Kürt Meselesinde Paradigma Değişimi: Demokratik Açılım", *Türkiye'nin Açılım Politikaları*, der. Hüseyin Yayman, Meydan Yayıncılık, İstanbul, 2011.

Aktaş, Altan, "Güvenlikleştirme Yaklaşımı ve Türkiye'nin Ulusal Güvenlik Anlayışındaki Dönüşüm", *Sosyal Bilimler Dergisi*, cilt 1, sayı 2, Temmuz 2011.

Alexandrov, Maksim, "The Concept of State Identity in International Relations: A Theoretical Analysis", *Journal of International Development and Cooperation*, cilt 10, sayı 1, 2003.

Altınay, Ayşe Gül, *The Myth of the Military-Nation: Militarism, Gender and Education in Turkey*, Palgrave Macmillan, New York, 2004.

Altunışık, Meliha Benli, "The Possibilities and Limits of Turkey's Soft Power in Middle East", *Insight Turkey*, cilt 10, sayı 2, 2002.

Altunışık, Meliha Benli, "Turkey's Security Culture and Policy Toward Iraq", *Perception*, Bahar 2007.

Aras, Bülent, "Davutoğlu Era in Turkish Foreign Policy." *SETA Policy Brief*, sayı 23, Mayıs 2009.

Aras, Bülent, Hasan Koni, "Turkish-Syrian Relations Revisited", *Arab Studies Quarterly*, cilt 24, sayı 4, 2002.

Arend, Anthony Clarck, Robert J. Beck, *International Law and the Use of Force: Beyond the United Nations Charter Paradigm*, Rotledge, London, 1993.

Arı, Tayyar, *Geçmişten Günümüze Ortadoğu: Siyaset, Savaş ve Diplomasi*, Alfa Yayınları, İstanbul, 2007.

Arı, Tayyar, *Uluslararası İlişkiler Teorileri: Çatışma, Hegemonya, İşbirliği*, MKM Yayıncılık, Bursa, 2011.

Aslan, Ali, "Yerli ve Milli Siyaset", der. İsmail Çağlar, Ali Aslan, *AK Parti'nin 15 Yılı*, SETA Kitapları, İstanbul, 2017.

Aslan, Ali, Ebru Afat, "Ümit Fırat: Statükonun En Temel Malzemesi PKK", *Türkiye Söyleşileri 4: Derin Devlet, AK Parti ve Kürtler*, Küre Yayınları, İstanbul, 2011.

Aslan, Ruşen, *Jandarma Genel Komutanlığının Kürt Raporu: Devletin İç Düşmanı Kürtler*, İsmail Beşikçi Vakfı Yayınları, İstanbul, 2014.

Asrat, Belatchew, "Prohibition of Force Under the United Nations Charter", *A Study of Art*, cilt 2, sayı 4, 1991.

Ateş, Toktamış, *Türk Devrim Tarihi*, Der Yayınları, İstanbul, 1998.

Ateş, Toktamış, *Türk Devrim Tarihi*, İstanbul Bilgi Üniversitesi Yayınları, İstanbul, 2004.

Atlas, Duygu, "Language and Kurdish National Identity in Turkey," *Kurdish Awakening: Nation Building in a Fragmented Homeland*, der. Ofra Bengio, University of Texas, Austin, 2014.

Ayhan, Veysel, *Arap Baharı İsyanlar, Devrimler ve Değişim*, MKM Yayınları, Bursa, 2012.

Aymar, Olivier, *L'Histoire Kurde: Des Origines à L'an 2000*, France Quercy, Paris, 2007.

Backer, Ralf, Ronald Ofteringer, "Republic of Statelessness. Three years of humanitarian intervention in Iraqi Kurdistan", *Middle East Report*, sayı 187/188, Mart/Haziran 1994.

Bäcker, Ralf, Ronald Ofteringer, "Republic of Statelessness. Three years of humanitarian intervention in Iraqi Kurdistan", *Middle East Report*, sayı 187-188, Mart-Haziran 1994.

Ball, Nicole, "The Challenge of Rebuilding War-Torn Societies", *Turbulent Peace*, der. Chester A. Crocker, Fen Osler Hampson, and Pamela Aall, Institute of Peace, Washington D.C., 2001.

Banchoff, Thomas, "German identity and European integration", *European Journal of International Relations*, cilt 5, sayı 3, 1999.

Barkay, Gül, Şehnuz Yılmaz, "Savaşın Ardından: Amerika'nın Irak Politikası ve Türkiye'nin Konumu", *FP Foreign Policy*, Mart-Nisan/Mayıs-Haziran 2003.

Barkey, Henri J., "On the KRG, the Turkish-Kurdish Peace Process and the Future of the Kurds," *Global Turkey in Europe Working Paper*, sayı 12, Temuz 2015.

Barkey, Henri J., "Turkish Foreign Policy and the Middle East", *Ceri Strategy Papers*, sayı 10, Haziran 2011.

Barkey, Henri J., Graham E. Fuller, *Turkey's Kurdish question*, Rowman & Littlefi eld Publishers, New York, 1998.

Barth, Fredrik, "Introduction", *Ethnic Groups and Boundaries: The Social Organization of Cultural Difference*, der. Frederik Barth, Little Brown and Company, Boston, 1969.

Barzani, Mesud, *Barzani ve Kürt Ulusal Özgürlük Hareketi*, cilt 1, çev. Vahdettin İnce, Doz Yayınları, İstanbul, 2017.

Baser, Bahar, "Inherited conflicts: spaces of contention between second-generation Turkish and Kurdish diasporas in Sweden and Germany." Doktora tezi, European University Institute, 2012.

Başeren, Sertaç "Huzur Operasyonu ve Türkiye Cumhuriyeti'nin Kuzey Irak'ta Gerçekleştirdiği Harekatın Hukuki Temelleri," *Avrasya Dosyası*, cilt 2, sayı 1, 1995.

Batatu, Hanna, *The Old Social Classes and the Revolutionary Movements of Iraq*, Princeton University Press, London, 1978.

Beng, Phar Kim, "Turkey's Potential as a Soft Power: A Call for Conceptual Clarity", *Insight Turkey*, cilt 10, sayı 2, 2008.

Bengio, Ofra, "Iraqi Kurds: Hour Of Power?", *Middle East Quarterly*, cilt 10, sayı 3, Yaz 2003.

Benhabib, Seyla, *The Rights of Others: Aliens, Residents and Citizens*, Cambridge University Press, Cambridge, 2004.

Berger, Thomas U., "Norms, Identity and National Security in Germany and Japan", *The Culture of National Security: Norms and Identity in World Politics*, ed. P. J. Katzenstein Columbia University Press, New York, 1996.

Berger, Thomas U., *Cultures of antimilitarism: national security in Germany and Japan*, MD : The Johns Hopkins University Press, Baltimore, 1998.

Bianchi, Robert R., *Interest groups and political development in Turkey*, NJ: Princeton University Press, Princeton, 1984.

Bingöl, Arif, *Milli Devlet ve Kürtler: Atatürk'ün Milli Birlik Programı*, Kaynak Yayınları, İstanbul, 2014.

Bingöl, Nevzat, *Suriye'nin Kimliksizleri Kürtler*, Do Yayınları, İstanbul, 2013.

Boulanger, Philippe, *Géopolitique des Kurdes*, Ellipses Éditions Marketing, Paris, 2006.

Boulanger, Philippe, *Le Destin des Kurdes*, Éditions L'Harmattan, Paris, 1998.

Bowett, Derek W., *Self-defense in International Law*, Praeger, London, 1958

Bozarslan, Hamit, "Kurdish Nationalism in Turkey: From Tacit Contract to Rebellion (1919-1925)", *Essays on the Origins of Kurdish Nationalism*, ed. Vali Abbas, Mazda Publishers

Costa Mesa, CA, 2003.

Bozdağlıoğlu, Yücel, "Neorealizm", *Uluslararası İlişkiler 'Giriş, Kavram ve Teoriler'*, ed. Haydar Çakmak, Platin Yayınları, Ankara, 2007.

Bozyel, Bayram, *Türbülans Değişim Sınavında Kürtler ve Türkler*, İletişim Yayınları, İstanbul, 2015.

Brown, Michael E., *Ethnic Conflict and International Security*, Princeton University Press, Princeton, 1993.

Brownlie, Ian, "The United Nations Charter and the Use of Force, 1945-1985", *The Current Legal Regulation of the Use of Force*, ed. Antonio Cassese, Oxford University Press, New York, 2005

Brubaker, Rogers, David D. Laitin, "Ethnic and Nationalist Violence", *Annual Review of Sociology*, cilt 24, 1998.

Bruinessen, Martin Van, 'Ehmedî Xanî's Mem û Zîn and Its Role in the Emergence of Kurdish Nationalist Awareness', *Essays on the Origins of Kurdish Nationalism Costa Mesa*, ed. Vali Abbas, Mazda Publishers, CA, 2003.

Bruinessen, Martin Van, *Ağa, Şeyh, Devlet*, İletişim Yayınları, İstanbul, 2011.

Buzan, Barry, "Is International Security Possible?", *New Thinking About Strategy and International Security*, der. Ken Booth, London, Harpercollins Academic, London, 1991.

Buzan, Barry, *People, States and Fear: An Agenda for International Security Studies in the Post-Cold War Era*, Harvester Wheatsheaf, New York, 1991.

Çamlıbel, Yavuz, *49'lar Davası: Bir Garip Ülkenin İdamlık Kürtleri*, Algı Yayınları, Ankara, 2007.

Çandar, Cengiz, "On Turkey's Kurdish Question: Its Roots, Present State, Prospects", *Understanding Turkey's Kurdish Question*, ed. Fevzi Bildin, Ali Sarihan, Lexington Books, Lanham, 2013.

Çandar, Cengiz, *Leaving the Mountain: How May the PKK Lay Down Arms? Freeing the Kurdish Question from Violence*, Turkish Economic and Social Studies Foundation, İstanbul, 2012.

Çelik, Ayşe Betül, "Ethnopolitical Conflict in Turkey: From the Denial of Kurds to Peaceful Co-existence?", *Handbook of Ethnic Conflict: International Perspectives*, ed. D. Landis and R.D. Albert, International and Cultural Psychology, Springer Science+Business Media, LLC, 2012.

Çelik, Ayşe Betül, Bahar Rumelili, "Necessary But not Sufficient: The role of EU in Resolving Turkey's Kurdish Question and Turkish-Greek conflicts", *European Foreign Affairs Review*, cilt 11, sayı 2, 2006.

Cemal, Hasan, *Kürtler*, Everest Yayınları, İstanbul, 2015.

Chailand, Gérard, *A People Without a Country*, Olive Branch Press, New York, 1993.

Chailand, Gérard, *Les Kurdes et Le Kurdistan, La Question Nationale Kurde au Proche-Orient*, Libraire François Maspero, Paris, 1981.

Charountaki, Marianna, "Turkish Foreign Policy and the Kurdistan Regional Government", *Perceptions*, cilt 17, sayı 4, Kış 2012.

Checkel, Jeffrey T., "The Constructivist Turn in International Relations Theory", *World Politics*, cilt 50, sayı 2, Ocak 1998.

Chocquet, Christian, "Le Terrorisme Est Il Une Menace de Défense?", *Revue Conflits*, sayı 44, 2001.

Çiçek, Cuma, "Kürt Açılımından Milli Birlik ve Kardeşlik Projesine: Ovada Kürdi Siyaset Yapmanın Sınırları", *Birikim Dergisi*, sayı 250, 2010.

Ciğerli, Sabri, Didier le Saout, *Öcalan et le PKK, Les Mutations de la Question Kurde et au Moyen-Orient*, Maisonneuve et Larose, Paris, 2005.

Cleveland, William L., *Modern Ortadoğu Tarihi*, çev. Mehmet Harmancı, Agora Kitaplığı, İstanbul, 2008.

Cobuild, Collins, *English Language Dictionary*, Harper Collins Publishers, London, 1987.

Cooper, Malcolm, "The Legacy of Atatürk: Turkish Political Structures and Policy-Making", *International Affairs*, cilt 78, sayı 1, 2002.

Davutoğlu, Ahmet, "Turkey's Foreign Policy Vision: An Assessment of 2007", *Insight Turkey*, cilt 10, sayı 1, 2008.

Davutoğlu, Ahmet, *Stratejik Derinlik: Türkiye'nin Uluslararası Konumu*, Küre Yayınları, İstanbul, 2001.

Davutoğlu, Ahmet, *Teoriden Pratiğe Türk Dış Politikası Üzerine Konuşmalar*, Küre Yayınları, İstanbul, Mart 2013.

Demir, İdris, "The Northern Iraq: 1990-2000", *ZKÜ Sosyal Bilimler Dergisi*, Cilt 3, Sayı 5, 2007.

Demir, İdris, *Turkey's Foreign Policy Towards The Middle East: Under The Shadow of Arab Spring*, Cambridge Sholars Publishing, UK, 2017.

Demirel, Emin, *Terör*, IQ Kültür Sanat Yayıncılık, İstanbul, 2007.

Dikmen Caniklioğlu, Meltem, "Ulusal ve Uluslararası Hukuk Işığında Türkiye'nin 2003 Tezkere Serüvenine İlişkin Görüşler-Düşünceler", *Dokuz Eylül Üniversitesi Hukuk Fakültesi Dergisi*, Cilt: 9, Sayı 2, 2007

Dikmen, Alaattin, İkram Filiz, "Siyasal İslamın Yeni bir Deneyim Alanı: Kuzey Irak'ta İslamcı Hareketler", *Akademik Sosyal Araştırmalar Dergisi*, sayı 17, Eylül 2015.

Dinçer, Bünyamin, "Ortadoğu'da Yükselen Aktör: Kürtler", *Ortadoğu'da Devlet Altı Gruplar: Örgüt Mezhep Etnisite*, Derleyen Erkan Ertosun, Mahmut Akpınar, Nurettin Altundeğer, İldem Yayınları, Ankara, 2015.

Efegil, Ertan, "Analysis of the AKP Government's Policy Toward the Kurdish Issue," *Turkish Studies*, cilt 12, sayı 1, Mart 2011.

Ekinci, Tarık Ziya, *Türkiye İşçi Partisi ve Kürtler*, Sosyal Tarih Yayınları, İstanbul, 2010.

Entessar, Nader, *Kurdish Politics in the Middle East*, Lexington Books, United Kingdom, 2010.

Erdoğan, Emre "Turkey: Divided We Stand", *German Marshall Fund of United States: On Turkey*, sayı 118 Nisan 2016.

Ergil, Doğu, *Barışı Aramak: Dilde, Hayatta, Kültürde*, Timaş Yayınları, İstanbul, 2010.

Ergil, Doğu, *Kürt Raporu: Güvenlik Politikalarından Kimlik Siyasetine*, Timaş Yayınları, İstanbul, 2009.

Erhan, Çağrı, "Ortadoğu'yla İlişkiler: Arap Olmayan Devletler'le İlişkiler", *Türk Dış Politikası, Kurtuluş Savaşı'ndan Bugüne Olgular, Belgeler, Yorumlar*, Derleyen Baskın Oran, İletişim Yayınları, cilt 2, İstanbul, 2008.

Erkmen, Serhat, "4 Temmuz'dan Sonra Türkiye'nin Kuzey Irak'taki Askeri Varlığı," *Stratejik Analiz*, cilt 4, sayı 40, 2003.

Erkmen, Serhat, "Seçim Öncesi Irak'ta Siyasal Durum Ve Seçime İlişkin Beklentiler." *ORSAM*, sayı 14, Şubat 2010.

Faraç, Mehmet, *Batman'dan Beykoz'a Hizbullah'ın Kanlı Yolculuğu*, Günizi Yayıncılık, İstanbul, 2001.

Fearon, James D., David D. Laitin, "Violence and the Social Construction of Ethnic Identity", *International Organization*, cilt 54, sayı 4, Sonbahar 2000.

Finnemore, Martha, Kathryn Sikkink, "Taking Stock: The Constructivist Research Program in International Relations and Comparative Politics", *Annual Review of Political Science*, cilt 4, 04.06.2001.

Fırat, Melek, Ömer Kürkçüoğlu, "Ortadoğu'yla İlişkiler", *Türk Dış Politikası Kurtuluş Savaşından Bugüne Olgular, Belgeler, Yorumlar*, ed. Baskın Oran, cilt 2, İletişim Yayınları, İstanbul, 2006.

Fuller, Graham E., *Yükselen Bölgesel Aktör: Yeni Türkiye Cumhuriyeti*, Timaş Yayınları, İstanbul, 2009.

Ganguly, Rajat, Taras, Raymond, *Understanding Ethnic Conflict: The International Dimension*, Longman, England, 2006.

Gerger, Haluk, *ABD, Ortadoğu, Türkiye*, Ceylan Yayınları, İstanbul, Kasım 2006.

Goldschmidt Arthur Jr., Lawrence Davidson, *Kısa Ortadoğu Tarihi*, çev. Aydemir Güler, Doruk Yayınları, İstanbul, Kasım 2011.

Goodwin, Jeff, *No Other Way Out States and Revolutionary Movements 1945-1951*, Cambridge University Press, New York, 2001.

Goswami, Namrata, "Escalation and De-escalation of Violence in Insurgencies: Insights from Northeast India", *Small Wars&Insurgience*, cilt 24, sayı 1, 2013.

Gözen, Ramazan, "Causes and Consequences of Turkey's Out of War Position In the Iraq War of 2003", *Turkish Yearbook*, cilt 36, 2005.

Gözen, Ramazan, "Turkish-Iraqi Relations: From Cooperation to Uncertainty", *Foreign Policy*, cilt 29, sayı 3-4, Ankara, 1995.

Göztepe, Ece, "Amerika'nın İkinci Irak Müdahalesinin Uluslararası Hukuk ve Türkiye'nin Bu Savaşa Katılımının Anayasa Hukuku Açısından Değerlendirilmesi, Ya da 'Haklı Savaş'ın Haksızlığı Üzerine", *Ankara Üniversitesi SBF Dergisi*, cilt 59, sayı 3, 2004.

Güngörmez, Hasan, "Les Nouvelle Relations Bilatérales Entre Ankara et Erbil", İGÜSBD, cilt 1, sayı 1, Haziran 2014.

Gunter, Michael M., "A De Facto Kudish State in Northern Iraq", *Third World Quarterly*, cilt 14, sayı 2, 1993.

Gunter, Michael M., "Reopening Turkey's Closed Kurdish Opening?", *Middle East Policy*, cilt 20, sayı 2, Yaz 2013.

Gunter, Michael M., "The Turkish-Kurdish Peace Process Stalled in Neutral," *Insight Turkey*, cilt 16, sayı 1, Kış 2014.

Gunter, Michael, "Kurdish Infighting: The PKK-KDP Conflict", *The Kurdish Nationalist Movement in the 1990s: Its Impact on Turkey and the Middle East*, ed. Robert W Olson, Gülistan Gürbey, Aram Nigogosian, Michael Gunter, Henri Barkey, University Press of Kentucky, Lexington, 1996.

Gunter, Michael, "The Modern Origins of Kurdish Nationalism", *The Evolution of Kurdish Nationalism*, ed. Ahmed Mohammed Michael A. Gunter, Mazda Publishers, Costa Mesa, 2007.

Gunter, Michael, *Historical Dictionary of the Kurds*, Scarecrow Press, Mary Land, 2004.

Gunter, Michael, *The Kurds Ascending the Evolving Solution to the Kurdish Problem in Iraq and Turkey*, Palgrave Macmillan, New York, 2008.

Gürses, Fatma, "Kemalizm'in Model Ders Kitabı: Vatandaş İçin Medeni Bilgiler", *Akademik Bakış*, cilt 4, sayı 7, Kış 2010

Gürses, Fatma, *Kul, Tebaa, Yurttaş*, Ütopya Yayınevi, Ankara, 2011.

Güvenç, Bozkurt, "Secular Trends and Turkish Identity", Perceptions, *Journal of International Affairs*, cilt 2, sayı 4, Aralık 1997- Şubat 1998.

Habif, Yola, "The Future of Iraq", *Turkish Policy Quarterly*, cilt 1, sayı 4, Kış 2002.

Hakyemez, Serra, "Turkey's Failed Peace Process with the Kurds: A Different Explanation", *Middle East Brief*, sayı 111, Haziran 2017.

Hale, William, "Turkey, the Middle East and The Gulf Crisis", *Royal Institute of International Affairs*, cilt 68, sayı 4, Ekim 1994.

Hass, Peter M., "Introduction: Epistemic Communities and I nternational Policy Coordination", *International Organization*, cilt 46, sayı 1, Kış 1992.

Henkin, Louis, "Use of Force, Law and US Policy", *Right v. Might: International Law and the Use of Force*, ed. Louis Henkin, Council on Foreign Relations, New York.

Heper, Metin, *The State and Kurds in Turkey*, Palgrave Macmillan, New York, 2007.

Hevian, Rodi, "The Main Kurdish Political Parties in Iran, Iraq, Syria, and Turkey: A

Research Guide", *Middle East Review of International Affairs*, cilt 17, sayı 2, Yaz 2013.

Hocaoğlu, Şahbanu, "Kürd'e Evet! Kürdistan'a Hayır!", *Mizgin*, cilt 7, sayı 5, Mayıs 2009.

Horowitz, Donald L., *Ethnic Groups in Conflict*, University of California Press, Los Angeles, 2000.

Hoşgör, Ayşe Gündüz, Jeroen Smits, "Intermariage Between Turks and Kurds in Contemporary Turkey: Interethnic Relations in an Urbanizing Environment", *European Sociological Review*, cilt 18, sayı 4, 2002.

Hovsepyan, Levon, *The Fears of Turkey: the Sèvres Syndrome*, Information and Public Relation Center, Yerevan, 2012.

İlhan, Suat, *Terör: Neden Türkiye?*, Alfa Yayınları, İstanbul, 2008.

Işık, Mehmet Kemal, *Tarihselden Güncele Kürt Gerçeği*, Sorun Yayınları, İstanbul, 2000.

Jenkins, Gareth, "Müslim Democrats in Turkey?", *Survival*, cilt 45, sayı 1, İlkbahar 2003.

Kalaycıoğlu, Ersin, "Yeni Dünya Düzeni ve Türk Dış Politikası", *Türk Dış Politikasının Analizi*, der. Faruk Sönmezoğlu, DER Yayınları, İstanbul, 2004.

Kappen, Rice, Antje Wiener, "Something Rotten and the Social Construction of Social Constructivism: A Comment on Comments", *Journal of European Public Policy*, cilt 6, sayı 5, Aralık 1999.

Karabulut, Bilal, *Güvenlik, Küreselleşme Sürecinde Güvenliği Yeniden Düşünmek*, Barış Kitabevi, Ankara, 2011.

Karakaş, Ercan, *Kürt Sorunu: Sosyal Demokratik Yaklaşımlar*, Kalkedon Yayıncılık, İstanbul, 2010.

Karaveli, Halil M., *Reconciling Statism with Freedom: Turkish Kurdish Opening*, Silk Road Paper, Central Asia-Caucasus Institute & Silk Road Studies Program, Washington D.C., Ekim 2010.

Karoui, Hichem, *Diplomacy and Conflict: Policy Analyses: 2001-2003*, KRPC Middle East Studies, Paris, 2015.

Karpat, Kemal H., *Studies on Turkish Politics and Society: Secelcted Articles and Essays*, Koninklijke Brill NV, Leiden Netherlands, 2004.

Katzenstein, Peter J., Robert O. Keohane, and Stephen D. Krasner, "International Organization and the Study of World Politics". *International Organization*, cilt 52, sayı 4, Sonbahar 1998.

Kaya, Ali, *Başlangıcından Günümüze Dersim Tarihi*, Demos Yayınları, İstanbul, 2010.

Kaymak, Wedat, *Précis de L'Histoire Kurde de L'Antiquité à 1940*, Éditions EYGE, Paris 1995.

Keyman, E. Fuat, "Eleştirel Düşünce: İletişim, Hegemonya, Kimlik/Fark", *Devlet, Sistem ve Kimlik Uluslararası İlişkilerde Temel Yaklaşımlar*, ed. İ.D. Dağı, A. Eralp, E. F. Keyman, N. Polat, O.F. Tanrısever, F. Yalvaç, A.N. Yurdusev, İletişim Yayınları, İstanbul, 2011.

Kirişci, Kemal, "The Transformation of Turkish Foreign Policy: The Rise of a Trading State", *New Perspectives on Turkey*, cilt 40, Bahar 2009.

Koç, İsmet, Atilla Hancıoğlu, Alanur Calvin, "Demographic Differentials and Demographic Integration of Turkish and Kurdish Populations in Turkey", *Population Research and Policy Review*, cilt 27, sayı 4, Ağustos 2008.

Kökçe, Halime, *AK Parti ve Kürtler*, Kopernik Kitap, İstanbul, 2017.

Kongar, Emre, *21. Yüzyılda Türkiye, 2000'li Yıllarda Türkiye'nin Toplumsal Yapısı*, Remzi Kitapevi, İstanbul, Ağustos 2005.

Kowert, Paul A., "The Peril and Promise of Constructivist Theory", *Ritsumeikan Kokusai Kenkyu*, cilt 13, sayı 3, Mart 2001.

Kurubaş, Erol, *1960'lardan 2000'lere Kürt Sorununun Uluslararası Boyutu ve Türkiye*, Nobel Akademik Yayıncılık, Ankara, 2004.

Kutschera, Chris, *Le Défi Kurde ou Le Rêve de L'Indépendance*, Éditions Bayard, Paris, 1997.

Laitlin, David D., *Nations, States and Violence*, Oxford University Press, Oxford, 2007.

Larrabee, F. Stephan, "Turkey As a US Security Partner", *RAND Corporation*, 2008.

Lewis, Bernard, *Ortadoğu: İki Bin Yıllık Ortadoğu Tarihi*, çev. Selen Y. Kölay, Arkadaş Yayınları, Ankara, 2011.

Lundgren, Åke, *The Unwelcome Neighbour: Turkey's Kurdish Policy*, I.B. Tauris, London, 2007.

Makiya, Kanan, "A Model for Post-Saddam Iraq", *Journal of Democracy*, cilt 14, sayı 3, Temmuz 2003.

Mann, Michael, *The Dark Side of Democracy: Explaining Ethnic Cleansing*, Cambridge University Press, New York, 2005.

Matthees, Kevin, Günter Seufert, "Erdoğan and Öcalan Begin Talks. A Paradigm Shift in Turkey's Kurdish Policy and a New Strategy of the PKK", *German Institute for International and Security Affairs*, sayı 13, Nisan 2013.

McDowall, David, *A Modern History of the Kurds*, I. B. Tauris, London, 2000.

McKiernan, Praeger K., "Turkey's war on the Kurds", *Bulletin of the Atomic Scientists*, cilt 55, sayı 2, 1999.

Mearsheimer, John J., "The False Promise of International Institutions". *International Security*, cilt 19, sayı 1, Kış 1994/1995.

Meijer, Roel, "The Association of Muslim Scholars in Iraq", *Middle East Report*, sayı 237, Kış 2005.

Migdal, Joel S., *State in Society: Studying How States and Societies Transform and Constitute One Another*, Cambridge University Press, New York, 2001.

Miroğlu, Orhan, *Hevsel Bahçesinde bir Dut Ağacı*, İletişim Yayınları, İstanbul, 2005.

Miroğlu, Orhan, *Yeni Yüzyıl, Kürtler ve Bağımsızlık*, Doğan Kitap, İstanbul, 2018.

Montgomery, A. E., "The Making of the Treaty of Sèvres of 10 August 1920" *Historical Journal, University of Birmingham*, cilt 15, sayı 4, Aralık 1972.

Montgomery, A. E., *"The Making of the Treaty of Sèvres" Historical Journal,* University of Birmingham, 1972.

More, Christian, *Les Kurdes Aujourd'hui, Mouvement National et Partis Politiques*, Editions L'Harmattan, Paris 1984

Moulier, Isabelle, "L'emploi de la Force par La Turquie contre Le Parti des Travailleurs du Kurdistan dans Le Nord de L'Irak", *Annuaire Français de Droit International*, 2008.

Nachmani, Amikam, *Turkey: Facing a New Millennium: Coping with Intertwined Conflict*, Manchester University Press, Manchester, 2003.

Nagel, Joane, Susan Olzak, "Ethnic Mobilization in New and Old States: An Extension of the Competition Model", *Social Problems*, cilt 30, sayı 2, Aralık 1982.

Natali, Denise, *The Kurdish Quasi-State: Development and Dependency in Post-Gulf War Iraq*, Syracuse University Press, New York, 2010.

Nesin, Aziz, *Bulgaristan'da Türkler, Türkiye'de Kürtler: Yazılar-Belgeler*, Nesin Yayınevi, İstanbul, 2000.

Neyzi, Leyla, "Gülümser's Story: Life History Narratives, Memory and Belonging in Turkey", *New Perspectives on Turkey*, cilt 20, 1999.

O'Leary, Brendan, "What States Can Do With Nations: An Iron Law of Nationalism and Federation?", *The Nation-State in Question*, ed. T. V. Paul, G. John Ikenberry, John A. Hall, NJ: Princeton University Press, Princeton, 2003.

Oğuzlu, H. Tarık, "Changing Dynamics of Turkey's US and EU Relations", *Middle East Policy*, cilt 11, sayı 1, İlkbahar 2004.

Oğuzlu, Tarık, "Turkey's Northern Iraq Policy: Competing Perspectives." *Insight Turkey*, cilt 10, sayı 3, 2008.

Olson, Robert, "Turkey's Policies Toward Kurdistan-Iraq and Iraq: Nationalism, Capitalism and State Formation", *Mediterranean Quarterly*, cilt 17, sayı 1, Kış 2006.

Olson, Robert, "Views from Turkey: Reasons for the United States War Against Iraq,"

Journal of Third World Studies, sayı 22, 2005.

Olson, Robert, *The emergence of Kurdish nationalism and the Sheikh said rebellion, 1880–1925*, TX University of Texas Press, Austin, 1989.

Oppenheim, Lassa Francis, *International Law: A Treatise. Disputes, War and Neutrality*, Longman, London, 1926.

Oran, Baskın, "Türk Dış Politikasının Teori ve Pratiği", *Türk Dış Politikası Kurtuluş Savaşı'ndan Bugüne Olgular, Belgeler, Yorumlar*, der. Baskın Oran, Cilt 1: 1919-1980, İstanbul, 2011.

Oran, Baskın, *Atatürk Milliyetçiliği: Resmi İdeoloji Dışı Bir İnceleme*, Bilgi Yayınevi, Ankara, 1999.

Oran, Baskın, *Kalkık Horoz: Çekiç Güç ve Kürt Devleti*, Bilgi Yayınları, Ankara, 1998.

Oran, Baskın, *Kürt Barışında Batı Cephesi "Ben Ege'de Akilken..."*, İletişim Yayınları, İstanbul, 2014.

Oran, Baskın, *Türkiyeli Kürtler Üzerine Yazınlar*, İletişim Yayınları, İstanbul, 2010.

Orhan, Oytun, "Cumhurbaşkanı Abdullah Gül'ün Şam Ziyareti Işığında Türkiye-Suriye İlişkileri", *Ortadoğu Analiz*, cilt 1, sayı 6, 2009.

Österdahl, Inger, "By All Means, Intervene!" *Nordic Journal of International Law*, cilt 66, 1997.

Özcan, Ali Nihat, "Türkiye'nin Kronikleşen Baş Ağrısı: Kuzey Irak," *Stratejik Analiz*, sayı 1, 2001.

Özdağ, Ümit, Ersel Aydınlı, "Winning a Low Intensity Conflict: Drawing Lessons from the Turkish Case," *Review of International Affairs*, cilt 2, 2003.

Özdemir, Ali Rıza, *101 Soruda Kürtler*, Kripto Yayınları, Ankara, 2016.

Özdemir, Haluk, "Uluslararası İlişkilerde Güç, Çok Boyutlu Bir Değerlendirme", *Ankara Üniversitesi SBBF Dergisi*, cilt 63, sayı 3, 2008.

Özer, Ahmet, *100 Soruda Kürt Sorunu*, Hemen Ktap, İstanbul, 2013.

Özer, Ahmet, *Beş Büyük Tarihi Kavşakta Kürtler ve Türkler*, Hemen Kitap, İstanbul, 2009.

Özkaya, Ömer, *Amerikan İsthbarat Belgeleriyle Kürtler*, Pegasus Yayınları, İstanbul, 2013.

Öztürk, Saygı, *İsmet Paşa'nın Kürt Raporu*, Doğan Kitap, İstanbul, Mart 2016.

Parekh, Bhikhu, *A New Politics of Identity*, Palgrave Macmilan, New York, 2008.

Park, Bill, "Strategic location, political dislocation: Turkey, the United States, and Northern Iraq", *Middle East Review of International Affairs*, cilt 7, sayı 2, Haziran 2003.

Park, Bill, "Turkey, the USA and the KRG: Moving Parts and Geopolitical Realities", *Insight Turkey*, cilt 14, sayı 3, 2012.

Park, Bill, *Turkey's Policy Towards Northern Iraq: Problems and Perspectives*, Routledge, London, 2005.

Philips, David L., *The Kurdish Spring: A New Map of the Middle East*, Routledge, New York, 2017.

Phillips, Christopher, "Turkey and Syria", *Turkey's Global Strategy*, ed. Nicholas Kitchen, LSE IDEAS Special Report, London U.K., Mayıs 2011.

Picard, Elizabeth, *La Question Kurde*, Éditions Complexe, Paris, 1991.

Porta, Donatella della, Mario Diani, *Social Movements: An Introduction*, Blackwell Publishing, Malden USA, 2006.

Poulantzas, Nicholas, *The Right of Hot Pursuit in International Law*, Cambrigde University Press, Cambrigde, 2002.

Price, Richard, Christian Reus-Smit, "Dangerous Liasons? Critical International Theory and Constructivism". *European Journal of International Relations*, cilt 4, sayı 3, 1998.

Pusane, Özlem Kayhan, "Turkish Kurdish Opening: Long Awaited Achievements and Failed Expectations," *Turkish Studies*, cilt 15, sayı 1, 2014.

Resch, Eva Maria, "Syria's Impact on the Kurdish Peace Process in Turkey", *Istituto Affari Internazionali (IAI)*, cilt 17, sayı 24, Haziran 2017

Risse-Kappen, Thomas, "Ideas Do Not Float Freely: Transnational Coalitions, Domestic

Structures, and the End of the Cold War", *International Organization*, cilt 48, sayı 2, 1994.

Robins, Philip, "Turkish Foreign Policy Since 2002: Between Post-Islamist Government and a Kemalist State", *International Affairs*, cilt 83, sayı 1, 2007.

Rogg, Inga, Hans Rimscha, "The Kurds as parties to and victims of conflicts in Iraq", *International Review of the Red Cross*, cilt 89, sayı 868, Aralık 2007.

Romano, David, "Turkish and Iranian Efforts to Deter Kurdish Insurgent Attacks,", *Deterring Terrorism: Theory and Practice*, ed. Andreas Wenger, Alex Wilner, Stanford University Press, California, 2012.

Romano, David, Brian Calfano, Robert Phelps, "Successful and Less Successful Interventions: Stabilizing Iraq and Afghanistan", *International Studies Perspectives,* cilt 16, sayı 4, Kasım 2015.

Romano, David, *The Kurdish Nationalist Movement: Opportunity, Mobilization and Identity*, Cambridge University Press, New York, 2006.

Samim, Ahmet, "The Left", *Turkey in Transition: New perspectives*, ed. I. Schick, E. A. Tonak, Oxford University Press, New York, 1987.

Sammali, Jacqueline, *Être Kurde, Un Délit*, Éditions L'Harmattan, Paris, 1995.

Sander, Oral, "Yeni Bir Bölgesel Güç Olarak Türkiye'nin Dış Politika Hedefleri", *Türk Dış Politikasının Analizi*, der. Faruk Sönmezoğlu, DER Yayınları, İstanbul, 2004.

Sander, Oral, *Siyasi Tarih: 1918-1994*, İmge Kitabevi Yayınları, Ankara, 2007.

Sander, Oral, *Türkiye'nin Dış Politikası*, İmge Kitapevi Yayınları, Ankara, 2006.

Sayari, Sabri, "Turkey and The Middle East in 1990s", *University of California Press on Behalf of the Institute for Palestine Studies, Journal of Palestine Studies,* cilt 26, sayı 3, Bahar 1997.

Scaini, Maurizio, "L'Évolution des Rapports Entre Israël et L'Iran, Déclin de L'Hégémonie Occidentale au Moyen-Orient", *Outre-Terre*, cilt 2, sayı 28, 2011.

Scheffer, David J., "Use of Force After the Cold War: Panama, Iraq, and the New World Order," *Right v. Might: International Law and the Use of Force*, ed. Louis Henkin, Council on Foreign Relations, New York, 1991.

Sirkeci, Ibrahim, "Migration from Turkey to Germany: An ethnic approach." *New Perspectives on Turkey* 29 (2003): 189-207.

Sirkeci, Ibrahim, *The environment of insecurity in Turkey and the emigration of Turkish Kurds to Germany.* Edwin Mellen Press, New York, 2006.

Sisk, Timothy D., "Democratization and Peacebuilding", *Turbulent Peace*, ed. Chester A. Crocker, Fen Osler Hampson, and Pamela Aall, Institute of Peace, Washington D.C., 2001.

Smith, Anthony D., *Milli Kimlik*, çev. Bahadır Sina Şener, İletişim Yayınları, İstanbul, 2014.

Somer, Murat, "Turkey, Kurds and Emerging Iraq", *Security Dialogue*, cilt 36, sayı 1, Mart 2005.

Somer, Murat, "Turkey's Kurdish Conflict: Changing Context, and Domestic and Regional Implications", *Middle East Journal*, cilt 58, sayı 2, İlkbahar 2004.

Sönmezoğlu, Faruk, *Uluslararası Politika ve Dış Politika Analizi*, DER Yayınları, İstanbul, 2012.

Soysal, İsmail, "Seventy Years of Turkish-Arab Relations and an Analysis of Turkish– Iraqi Relations (1920–1990)," *Studies on Turkish-Arab Relations; Special Issue on Turkey and Gulf Crises*, Foundation For The Study Of Turkish-Arab Relations (TAIV), cilt 6, 1991.

Stanilad, Paul, "States, Insurgents and Wartime Political Orders", *Perspectives on Politics*, cilt 10, sayı 2, Haziran 2012.

Stansfield, Gareth R. V., *Iraqi Kurdistan: Political Development and Emergent Democracy*, Routledge Curzon, Canada, 2003.

Stansfiled, Gareth, "The Reformation of Iraq's Foreign Relations: New Elites and Enduring Legacies", *International Affairs*, cilt 86, sayı 6, Kasım 2010.

Süer, Berna Özen, "Türkiye-İsrail İlişkileri", *Ortadoğu Siyasetinde Suriye*, Ed. Türel Yulmaz, Mehmet Şahin, Platin Yayınları, Ankara, 2004.

Tan, Altan, *Değişen Ortadoğu'da Kürtler*, Çıra Yayınları, İstanbul, 2016.

Tan, Altan, *Kürt Sorunu*, Timaş Yayınları, İstanbul, 2003.

Tanchum, Micha'el, "Turkey Moves Toward a Grand Bargain with Kurdistan", *Turkey Analyst*, cilt 7, sayı 19, Ekim 2014.

Tanrıkulu, Sezgin, S. Yavuz, İnsan Hakları Açısından Olağanüstü Hal'in Bilânçosu, *Sosyal Bilimler Araştırma Dergisi*, sayı 6, 2005.

Taşpınar, Ömer, "Turkey: The New Model?", *The Islamists are Coming: Who They Really Are?*, Derleyen Robin Wright, Woodrow Wilson Center Press/United States Institute of Peace Press, Washington, 2012.

Taşpınar, Ömer, *Kurdish Nationalism and Political Islam in Turkey: Kemalist Identity in Transition*, Routledge, New York, 2005.

Taştekin, Fehim, *Rojova Kürtlerin Zamanı*, İletişim Yayınları, İstanbul, 2016.

Taştekin, Fehim, *Suriye: Yıkıl Git, Diren Kal*, İletişim Yayınları, İstanbul, 2015.

Tayfur, M. Fatih, Korel Goymen, "Decision Making in Turkish Foreign Policy: The Caspian Oil Pipeline Issue", *Middle Eastern Studies*, cilt 38, sayı 2, Nisan 2002.

Tekeli, İlhan, "Involuntary Displacement and the Problem of Resettlement in Turkey from the Ottoman Empire to the Present", *Population Displacement and Resettlement: Development and Conflict in the Middle East*, ed. S. Shami, Center for Migration Studies, New York, 1994.

Tezcur, Güneş Murat, "Prospects for Resolution of the Kurdish Question: A Realist Perspective," *Insight Turkey*, cilt 15, sayı 2, 2013.

Tocci, Nathalie, "Turkey's Kurdish Gamble, The International Spectator", *Italian Journal of International Affairs*, cilt 48, sayı 3, Ekim 2013.

Toktamis, Kumru, "This Part of the Globe is Not Flat: The Paradox of the Turkish Relationship with Northern Iraq and the Dilemma of Kurdish Politics across Borders." *PGDT*, cilt 8, sayı 2, 2009.

Torun, Abdullah, "Türkiye'nin Ortadoğu'da 'Bölgesel Güç' ve 'Bölgesel Liderlik' İkilemi: Kimlik mi? Çıkar mı? Realist/Neo-Realist ve Konstrüktivist Karşılaştırma", *Sosyal ve Beşeri Bilimlere Küresel Yaklaşımlar*, ed. Cem Can, Abdurrahman Kilimci, Detay Yayıncılık, Ankara, 2016.

Tür, Özlem, "Türkiye'nin Irak ve Suriye İlişkileri", *XXI. Yüzyılda Türk Dış Politikasının Analizi*, Faruk Sönmezoğlu, Nurcan Özgür Baklacıoğlu, Özlem Terzi, DER Yayınları, İstanbul, Eylül 2012.

Turan, Halil, "Haşim Haşimi: Kürt Meselesinde İnsiyatif Türkiye'de Kalmalı", *Türkiye Söyleşileri 4: Derin Devlet, AK Parti ve Kürtler*, Küre Yayınları, İstanbul, 2011.

Turunç, Hasan, *Turkey's Global Strategy: Turkey and Iraq*, London School of Economics, London, Mayıs 2012.

Ulus, Özgür Mutlu, *The Army and the Radical Left in Turkey: Military Coups, Socialist Revolution and Kemalism*, I.B.Tauris, New York, 2011

Ünaydın, Solmaz, "Turkey's Policy Towards the Middle East and the Question of Iraq", *Turkish Policy Quarterly*, cilt 1, sayı 4, Kış 2002.

Uslu, Nasuh, "Körfez Savaşı ve Amerika'nın Politikaları", *Ankara Üniversitesi SBF Dergisi*, cilt 54, sayı 3, 1999.

Uzgel, İlhan, "ABD ve NATO'yla İlişkiler", *Türk Dış Politikası, Kurtuluş Savaşı'ndan Bugüne Olgular, Belgeler, Yorumlar*, ed. Baskın Oran, cilt 2, İletişim Yayınları, İstanbul, 2008.

Uzgel, İlhan, "Dış Politikada AKP: Stratejik Konumdan Stratejik Modele", *AKP Kitabı: Bir Dönemin Blançosu*, der. İlhan Uzgel, Bülent Duru, Phoenix Yayınevi, Ankara, Şubat 2009.

Van Bruinessen, Martin, "Iraq: Kurdish challenges", *Looking into Iraq*, ed. Walter Poesch, Institute for Security Studies, Paris, 2005.

Van Bruinessen, Martin, "The Kurds between Iran and Iraq", *MERIP Middle East Report*, sayı 141, Temmuz/Ağustos 1986.

Walt, Stephen P., "Alliance Formation and the Balance of World Power", *International Security*, cilt 9, sayı 4, İlkbahar 1985.

Waltz, Kenneth, "The Origins of War in Neorealist Theory", *Journal of Interdisciplinary History*, cilt 18, sayı 4, Bahar 1988.

Watts, Nicole, "Silence and Voice: Turkish Policies and Kurdish Resistance in the Mid-20th Century", *The Evolution of Kurdish Nationalism*, ed. Mohammed Ahmed, Michael A. Gunter, Mazda Publishers, Costa Mesa, 2007.

Weinberg, Leonard, Ami Pedahzur, *Political Parties and Terrorist Groups*, Routledge, New York, 2009.

Wendt, Alexander, "Anarchy is what states make of it: the social construction of power politics", *International Organization*, cilt 46, sayı 2, Bahar 1992.

Wendt, Alexander, "Collective Identity Format ion and the International State", *American Political Science Review*, cilt 88, sayı 2, 1994.

Wendt, Alexander, *Social Theory of International Politics*, Cambridge University Press, Cambridge, 1999.

Wéry, Gauthier, "Les Kurdes d'Irak, Grands Gagnants de la Guerre contre L'Etat Islamique? Une Analyse à Moyen Terme", *Focus Paper*, sayı 32, Ağustos 2015.

Wimmer, Andreas, "Elementary Strategies of Ethnic Boundary Making", *Ethnic and Racial Studies*, cilt 31, sayı 6, Eylül 2008.

Wolff, Stefan, *Ethnic Conflict: A Global Perspective*, Oxford University Press, New York, 2003.

Yaman, Ali "AKP Dönemi Dış Politika Ekseninde Mezhep Meselesi", *Türkiye'de Politik Değişim ve Türk Dış Politikası: Neo Osmanlıcılığın Sosyo Politiği*, Derleyen Rasim Özgür Dönmez, Dora Yayınları, Bursa, 2014.

Yavuz, Celalettin, *Geçmişten Geleceğe Suriye Türkiye İlişkileri*, Ankara Ticaret Odası Yayınları, Ankara, 2005.

Yavuz, M. Hakan, "Provincial Not Ethnic Federalism in Iraq", *Middle East Policy*, cilt 11, sayı 1, İlkbahar 2004.

Yavuz, M. Hakan, Nihat Ali Ozcan, "Turkish Democracy and the Kurdish Question," *Middle East Policy*, cilt 22, sayı 4, Kış 2015.

Yavuz, M. Hakan, *Secularism and Muslim Democracy in Turkey*, Cambridge University Press, New York, 2009.

Yayman, Hüseyin, *Şark Meselesinden Kürt Açılımına Türkiye'nin Kürt Sorunu Hafızası*, SETA Yayınları XII, Ankara, 2011.

Yeğen, Mesut, "Demokratik Açılım ve Kürt Siyaseti", *Türkiye'de Açılım Politikası*, ed. Hüseyin Yayman, Meydan Yayıncılık, İstanbul, 2011.

Yerrier, Michel, "Kurdes: Le Dilemme Turc", *Les Cahiers de l'Orient*, sayı 30, 1993.

Yeşilyurt, Nuri, Atay Akdevelioğlu, "AKP Dönemi Türkiye'nin Ortadoğu Politikası", *AKP Kitabı: Bir Dönemin Blançosu*, Ed. İlhan Uzgel, Bülent Duru, Phoenix Yayınevi, Ankara, 2009.

Yetkin, Murat, *Tezkere: Irak Krizinin Gerçek Öyküsü*, Remzi Kitabevi, İstanbul, 2004.

Yıldız, Kerim, Tom Blass, *Kurds in Iraq: The Past, Present and Future*, Kurdish Human Rights Project, London, 2003.

Yılmaz, Murat, Ahmet Emin Dağ, Fatma Tunç, *Irak: Baas Diktatörlüğünden ABD Hegemonyasına İnsani Durum*, İ.H.H. Yayınları, İstanbul, 2003.

Yılmaz, Nuh, "Ömer Taşpınar: Türkiye Kürtlerinin Talebi Demokratikleşme", *Türkiye Söyleşileri 4: Derin Devlet, AK Parti ve Kürtler*, Küre Yayınları, İstanbul, 2011.

Yusufcemali, Muhammed Kerim, "Çaldıran Savaşı'nın Sebep ve Sonuçları", *Safeviler ve Şah İsmail*, Derleyen Ahmet Taşğın, Ali Yaman, Namıq Msah, Önsöz Yayıncılık, İstanbul,

Aralık 2004.

Zubaida, Sami, "Communalism and Thwarted Aspirations of Citizenship", *Middle East Report,* sayı 237, Kış 2005.

Gazeteler

Akyol, Mustafa, "Türkiye'nin Barış Sürecini Kim Bitirdi?", Al-Monitor, 04.08.2015, https://www.al-monitor.com/pulse/tr/originals/2015/08/turkey-syria-iraq-pkk-peace-process-who-killed-kurds.html, (11.11.2017).

Bila, Fikret, "Irak İçin Gizli Antlaşma", Milliyet, 22.02.2003, http://gazetearsivi.milliyet.com.tr/Arsiv/2003/09/22, (09.04.2016).

"ABD asker istiyor", Milliyet, 18 Temmuz 2003, http://gazetearsivi.milliyet.com.tr/Arsiv/2003/07/18, (07.07.2016).

Özer, Verda, "Barzani's Diyarbakır Visit and a Renaissance for all Kurds", Hurriyet Daily News, 19.11.2013, http://www.hurriyetdailynews.com/opinion/verda-ozer/barzanis-diyarbakir-visit-and-a-renaissance-for-all-kurds-58121, (12.11.2017).

Anadolu Agency, "Iraqi Kurdish Oil Exports Increase by 60 Percent in November", Hurriyet Daily News, 08.11.2014, http://www.hurriyetdailynews.com/iraqi-kurdish-oil-exports-increase-by-60-percent-in-november-------74058, (12.12.2017).

"We Will Not Make You the President, HDP Co-Chair Tells Erdogan," Hürriyet Daily News, 17.03.2015, http://www.hurriyetdailynews.com/we-will-not-make-you-the-president-hdp-co-chair-tells-erdogan-79792, (12.06.2017).

"What More Do Kurds Want, Erdoğan Asks", Hürriyet Daily News, 15.04.2015. http://www.hurriyetdailynews.com/what-more-do-kurds-want-erdogan-asks-79720, (12.12.2017).

"Activist Wounded at Suruc Massacre Passes Away, Raising Death Toll to 33," Hurriyet Daily News, 04.08.2015, http://www.hurriyetdailynews.com/activist-wounded-at-suruc-massacre-passes-away-raising-death-toll-to-33-86406, (11.12.2017).

Anadolu Agency, "Turkey Plays 'Key role' in Transferring Iraqi Kurdish Oil", Hurriyet Daily News, 16.08.2015, http://www.hurriyetdailynews.com/turkey-plays-key-role-in-transferring-iraqi-kurdish-oil-----87015, (12.11.2017).

"KRG Plans 10 bcm in Natural Gas Exports to Turkey in Two Years," Hurriyet Daily News, 20.11.2015, http://www.hurriyetdailynews.com/krg-plans-10-bcm-in-natural-gas-exports-to-turkey-in-two-years-91471, (12.11.2017).

Anadolu Agency, "No Fall in KRG Oil Exports to Turkey", Hurriyet Daily News, 05.02.2016, http://www.hurriyetdailynews.com/no-fall-in-krg-oil-exports-to-turkey--94811, (12.10.2017).

"AKP, MHP Signal Joint Campaign for Referendum", Hürriyet Daily News, 17.02.2017, http://www.hurriyetdailynews.com/akp-mhp-signal-joint-campaign-for-referendum-109860, (11.10.2017).

Alpay, Şahin "AB: Evet ile Hayır Arasında", Zaman, 20.01.2004, https://www.ab.gov.tr/_35744.html, (21.10.2017).

"American administration to punish Turkey over Iraq", Pravda Report, 07.05.2003, http://www.pravdareport.com/world/asia/07-05-2003/2738-turkey-0/, (07.07.2016).

Arsu, Şebnem "Kurdish Rebel Group to Withdraw from Turkey", New York Times, 25.04.2013, http://www.nytimes.com/2013/04/26/world/europe/kurdish-rebel-group-to-withdraw-from-turkey.html, (12.12.2017).

Associated Press, "Turkey Unveils Democratic Reforms, Including Kurdish Rights Improvements", Haaretz, 30.09.2013, https://www.haaretz.com/middle-east-news/1.549736, (12.12.2017).

Şenbaş

"Barzani: PKK'yı bölgeden çıkarma mücedelemiz devam edecek", Hürriyet, 08.05.2001, http://www.hurriyet.com.tr/barzani-pkkyi-bolgeden-cikarma-mucedelemiz-devam-edecek-39242057, (12.12.2017).

Yavuz, Ramazan, "Kuzey Irak'ta panik, Kandil'e bomba yağıyor", Hürriyet, 08.06.2007, http://www.hurriyet.com.tr/kuzey-irakta-panik-kandile-bomba-yagiyor-6673479, (04.06.2017).

Ergan, Uğur, "Anında İstihbarat Anında Vur Anlaşması", Hürriyet, 05.11.2007, http://www.hurriyet.com.tr/aninda-istihbarat-aninda-vur-anlasmasi-7623884, (06.04.2016).

"Büyükanıt: Direktif Bekliyoruz, Geldiği an Gireriz", Hürriyet, 10.11.2007, http://www.hurriyet.com.tr/buyukanit-direktif-bekliyoruz-geldigi-an-gireriz-7661956, (05.04.2016).

Gürcanlı, Zeynep, "İşte Irak'la Yapılan Savaş Protokolü", Hürriyet, 22.02.2008, http://www.hurriyet.com.tr/iste-irakla-yapilan-savas-protokolu-8290593, (04.04.2016).

Gürcanlı, Zeynep, "ABD Az Daha Köprüleri Atıyordu", Hürriyet, 28.02.2008, http://www.hurriyet.com.tr/abd-az-daha-kopruleri-atiyordu-8329931, (06.07.2017).

"Gates Geldiğinde Çekilme Başlamıştı", Hürriyet, 29.02.2008, http://www.hurriyet.com.tr/gates-geldiginde-cekilme-baslamisti-8346538, (05.04.2017).

"Haftada 4 Saat Kürtçe Yayın İzni", Hürriyet, 18.11.2013, http://www.hurriyet.com.tr/haftada-4-saat-kurtce-yayin-izni-38514949, (24.02.2017)

"Türkiye'nin Enerjisine GAP Desteği", Hürriyet, 23.03.2017, http://www.hurriyet.com.tr/turkiyenin-enerjisine-gap-destegi-40405504, (15.12.2017).

Barzani, Nechirvan, "Taking the lead on Iraqi oil", Wall Street Journal, 06.10.2007, https://www.wsj.com/articles/SB119163296042450938, (12.12.2017).

Barzani, "Nechirvan, Kurdistan's Hope for Talks", Washington Post, 05.11.2007, http://www.washingtonpost.com/wp-dyn/content/article/2007/11/04/AR2007110401225.html, (12.12.2017).

Bu Seçim Savaş ve Barışın Seçimidir", Vatan, 02.12.2008, http://www.gazetevatan.com/-bu-secim-savas-ve-barisin-secimi--211567-gundem/, (13. 06.2017).

Crain, Charles, "Furor Over Turkey's Iraq Incursion", Time, 27.02.2008, http://content.time.com/time/world/article/0,8599,1717847,00.html, (06.07.2017).

Düzel, Neşe, "Orhan Doğan: Öcalan Bir Gün Serbest Kalacak", Radikal, 15.08.2005, http://www.radikal.com.tr/turkiye/ocalan-bir-gun-serbest-kalacak-754719/, (11.12.2017).

"DTP'li Emine'den sert çıkış", Radikal, 01.03.2009, http://www.radikal.com.tr/politika/dtpli-emine-aynadan-sert-cikis-924003/, (13.06.2017).

"Erdogan Calls on US to choose between Turkey or Syrian Kurds," Dailymail, 07.02.2016, http://www.dailymail.co.uk/wires/afp/article-3436018/Erdogan-calls-US-choose-Turkey-Syrian-Kurds.html, (12.11.2017).

Johnson, Keith, "Striking Pipeline, Kurdish Militants Deal Blow to Fellow Kurds", Foreign Policy 30.07.2015, http://foreignpolicy.com/2015/07/30/kurdish-militants-strike-pipeline-deal-blow-to-fellow-kurds/, (12.12.2017).

Winter, Chase, "Turkey's Strained Kurdish Peace Process", Foreign Policy Magazine, 11.12.2013, http://foreignpolicy.com/2013/12/11/turkeys-strained-kurdish-peace-process/, (11.12.2017).

Kenar, Ceren, "Erdogan's Kurdish Chickens Are Coming Home to Roost", Foreign Policy Magazine, 04.06.2015, http://foreignpolicy.com/2015/06/04/erdogan-turkey-elections-kurds-akp-hdp-executive-power/, (12.11.2017).

Jones, Dorian, "Turkey's Anti-Terror law Casts Increasingly Wide Net", Voice of America, 18.11.2013, https://www.voanews.com/a/turkey-anti-terror-law-casts-increasingly-wide-net/1772399.html, (12.12.2017).

Jones, Dorion, "Turkey, Iraqi Kurdistan Seal 50-Year Energy Deal," Voice of America, 05.06.2014, https://www.voanews.com/a/turkey-iraqi-kurdistan-seal-50-year-energy-deal/1930721.html, (12.11.2017).

"Turkish Troops Kill PKK Rebels", BBC News, 28.10.2007, http://news.bbc.co.uk/2/hi/europe/7066309.stm, (05.04.2017).

"Kobane: Air Strikes 'Stall IS Advance' on Syrian Border Town", BBC News, 10.10.2014, http://www.bbc.com/news/world-middle-east-29555999., (12.12.2017).

"Kurdish Leader Ocalan Seeks End to Turkey Armed Struggle", BBC News, 28.02.2015, http://www.bbc.com/news/world-europe-31673830, (12.12.2017).

"Kürt Sorunu Benim Sorunum," BBC Turkish, 12.08.2005, http://www.bbc.co.uk/turkish/news/story/2005/08/050812_turkey_kurds.shtml, (12.11.2017).

"Kurds Claim Sinjar 'Liberated' from IS," Deutsche Welle, 13.11.2015, http://www.dw.com/en/kurds-claim-sinjar-liberated-from-is/a-18848093, (13.12.2017).

"Gas Boost for Kurdistan Region of Iraq", Oil Review Middle East 2010, 20.10.2010, http://www.oilreviewmiddleeast.com/exploration-production/gas-boost-for-kurdistan-region-of-iraq, (14.06.2015).

"PKK Halts Withdrawal from Turkey", Aljazeera, 09.09.2013, http://www.aljazeera.com/news/europe/2013/09/201399724433841.html, (16.12.2017).

"Report: Turkey BombsKurdish Bases In Iraq", NBC News, 20.03.2008, http://www.nbcnews.com/id/23726754#.WifTY0xuI2w, (05.04.2017).

"Ölüm Cezasının Kaldırılması ile Bazı Kanunlarda Değişiklik Yapılmasına İlişkin Kanun", Resmi Gazete, 14.07.2004, http://www.resmigazete.gov.tr/eskiler/2004/07/20040721.htm, (25.02.2018)

"Syria and Iran pledge help to defuse Turkey-Iraqi crisis", Fondation Institute Kurde de Paris, 29.10.2007, http://www.institutkurde.org/en/info/latest/syria-and-iran-pledge-help-to-defuse-turkey-iraq-crisis-1006.html, (12.12.2017).

"The War Against Islamic State: Kurdish Stalingrad," The Economist, 01.11.2014, https://www.economist.com/news/middle-east-and-africa/21629475-kobane-has-acquired-huge-symbolic-significance-all-those-fighting-it, (14.12.2017).

Tuğrul, Zeynep, "Irak'ta Oyun Yeni Başlıyor", Sabah, 18 Temmuz 2003, http://arsiv.sabah.com.tr/2003/07/18/d01.html, (07.07.2016).

"Turkey Defends Cross-Border Raids on Kurdish Guerillas", The Guardian, 01.11.2007, https://www.theguardian.com/world/2007/nov/01/kurds.usa, (05.04.2017).

"Turkey Launches Major Iraq Incursion", CNN, 23.02.2008, http://edition.cnn.com/2008/WORLD/meast/02/22/turkey.iraq/index.html, (05.04.2017).

"4 Üniversitede Kürtçe Yüksek Lisans Programı", Hürriyet, 21.08.2013, http://www.hurriyet.com.tr/4-universitede-kurtce-yuksek-lisans-programi-24563335, (05.02.2018).

İnternet Kaynağı

"A Sisyphean Task? Resuming Turkey-PKK Peace Talks," International Crisis Group Europe Briefing No. 77, 17.12.2015, https://www.crisisgroup.org/europe-central-asia/western-europemediterranean/turkey/sisyphean-task-resuming-turkey-pkk-peace-talks, (15.12.2017).

Abbaszadah, Yoosef, "KRG's Military Help to Kobane from International Relations Perspective", Rudaw Analysis, 28 January 2015, http://www.rudaw.net/english/

analysis/27012015, (13.12.2017).

Akyol, Mustafa, "A Bit Closer to the Axis of Evil?" Hurriyet Daily News, 24.08.2010, http://mustafaakyol.org/index.php/blog/posts-in-english/1111-a-bit-closer-to-the-axis-of-evil-160, (12.12.2017).

Alçı, Nagehan, "An Atmosphere of Peace, not of Farewell", Al Monitor, 19.11.2013, https://www.al-monitor.com/pulse/originals/2013/11/erdogan-kurds-peace-visit-diyarbakir-barzani-public-appeal.html, (12.11.2017).

Aydın, İnci Selin, "Suriye Arap Cumhuriyeti Ülke Raporu", İGEME TC. Başbakanlık Dış Ticaret Müsteşarlığı İhracatı Geliştirme Etüt Merkezi Raporu, 2008, http://www.solar-academy.com/menuis/Suriye-Arap-Cumhuriyeti-Ulke-Raporu-2009-IGEME.014102.pdf, (07.08.2011).

Barkey, Henri J., "Iraq and Its Neighbours: Turkey and Iraq, The Perils and Prospects of Proximity", United States Institutes of Peace, Special Report 141, Temmuz 2005, https://www.files.ethz.ch/isn/39369/2005_july_sr141.pdf, (12.12.2017).

Baykal'ın 11 Ağustos 2009'da yaptığı grup konuşması, https://groups.google.com/forum/#!msg/oybirligi/D1n4x203JNw/FLWDTL8dRl8J, (13.06.2017).

Cagaptay, Soner, Christina Bache Fidan, Ege Cansu Sacikara, "Turkey and the KRG: An Undeclared Economic Commonwealth," PolicyWatch 2387, The Washington Institute for Near East Policy, http://www.washingtoninstitute.org/policy-analysis/view/ turkey-and-the-krg-an-undeclared-economic-commonwealth, (12.11.2017).

Chaliand, Gérard, "L'Irak, Le Kurdistan et Le Débat Turc", Le Figaro, 04.12.2007, http://www.lefigaro.fr/debats/2007/11/20/01005-20071120ARTFIG00330-lirak-le-kurdistan-et-le-debat-turc.php, (12.12.2017)

Chandrasekaran, Rajiv, "Kurds cultivating their own bonds with US", Washington Post, 23.04.2007, http://www.washingtonpost.com/wp-dyn/content/article/2007/04/22/AR2007042201568.html?nav=rss_world, (12.12.2017).

"Clashes in Turkey after the Deaths of Two Kurdish Protesters", Fondation Institute Kurde De Paris, 07.12.2013, http://www.institutkurde.org/en/info/latest/clashes-in-turkey-after-deaths-of-two-kurdish-protesters-4046.html, (16.12.2017).

Cengiz Çandar, Cengiz, "Erdogan-Barzani 'Diyarbakir Encounter' Milestone," Al-Monitor, 20.11.2013, https://www.al-monitor.com/pulse/originals/2013/11/erdogan-barzani-kurdistan-diyarbakir-political-decision.html, (12.11.2017).

Çandar, Cengiz, "Ocalan's Message Is Much More Than a Cease-Fire", Al-Monitor, 24.03.2013, https://www.al-monitor.com/pulse/originals/2013/03/ocalan-ceasefire-newroz-speech-farewell-to-arms.html, (14.12.2017).

Dağı, İhsan D. "Limits of Turkey's Strategic Partnership with the USA: Issues of Iraq, Democratisation and the EU", websiteof the Turkish Busines & Association TÜSIAD-US, 16.05.2002, https://www.euractiv.com/section/enlargement/opinion/limits-of-turkey-s-strategic-partnership-with-the-usa-issues-of-iraq-democratization-and-the-eu/, (07.07.2016).

Dalay, Galip, "The Kurdish Peace Process: From Dialogue to Negotiation?", Al Jazeera Centre for Studies Reports, 22.04.2015, http://studies.aljazeera.net/en/reports/2015/04/2015422115349145185.html, (12.12.2017).

DeYoung, Karen, Liz Sly, "U.S. Frustration Rises as Turkey Withholds Military Help from Besieged Kobane", The Washington Post, 09.10.2014, http://wapo.st/1tD11JS., (14.12.2017).

Dombey, Daniel, "Turkey's Clampdown on ISIS Bearing Fruit in Border Areas", Financial Times, 03.10.2014, https://www.ft.com/content/910e190c-3363-11e4-9607-00144feabdc0, (11.12.2017).

Ergan, Uğur, "Anında İstihbarat Anında Vur Anlaşması", Hürriyet, http://hurarsiv.

hurriyet.com.tr/goster/haber.aspx?id=8329931&tarih=2008-02-27, (06.04.2016).

"Erdogan Calls on US to choose between Turkey or Syrian Kurds," Dailymail, 07.02.2016, http://www.dailymail.co.uk/wires/afp/article-3436018/Erdogan-calls-US-choose-Turkey-Syrian-Kurds.html, (12.11.2017).

Fainaru, Steve, Anthony Shadid, "Kurdish officials sanction abductions in Kirkuk", Washington Post, 15.06.2005, http://www.washingtonpost.com/wp-dyn/content/article/2005/06/14/AR2005061401828.html, (12.12.2017).

"Flight of Icarus: The PYD's Precarious Rise in Syria", International Crisis Group Middle East & North Afrika, Report No. 151, 08.05.2014, s. 2, https://www.crisisgroup.org/middle-east-north-africa/eastern-mediterranean/syria/flight-icarus-pyd-s-precarious-rise-syria, (20.11.2017).

"GAP Nedir?", T.C. Kalkınma Bakanlığı GAP Bölge Kalkınma İdaresi Başkanlığı, http://www.gap.gov.tr/gap-nedir-sayfa-1.html, (16.12.2017).

Güneş, Cengiz, Robert Lowe, "The Impact of the Syrian War on Kurdish Politics across the Middle East", İN Chatham House Research Papers, Temmuz 2015, ss. 1-18 https://www.chathamhouse.org/sites/files/chathamhouse/field/field_document/2015 0723SyriaKurdsGunesLowe.pdf, (14.12.2017).

Hintz, Lisez, "Opportunity Missed: Identity Alignment and Turkey's Kurdish Question", Rice University's Baker Institute, 14 Ekim 2016, https://pomeps.org/2016/11/16/ opportunity-missed-identity-alignment-and-turkeys-kurdish-question/, (14.12.2017).

İdiz, Semih, "Why is Turkey Stirring the Iraqi Cauldron," Al Monitor, 08.12.2015, https://www.al-monitor.com/pulse/originals/2015/12/turkey-iraq-troops-deployed-in-bashiqa-stirs-cauldron.html, (12.04.2017).

İlker Başbuğ'un 14 Nisan 2009'da Harp Akademileri'nde yaptığı konuşma, http://www.ntv.com.tr/turkiye/org-basbugun-konusmasinin-tam-metni,tFcIj7N-w0On1jKf-AVMCw, (13.06.2017).

"Implementation of Article 140: Deadline of 31 December 2007", UN Assistance Mission for Iraq, 15.12.2007, https://reliefweb.int/report/iraq/iraq-implementation-article-140-deadline-31-dec-2007, (12.11.2017).

"Iraqi Kurdistan's Financial Trap", Stratfor, 21.07.2014, https://worldview.stratfor.com/article/iraqi-kurdistans-financial-trap, (11.12.2017).

Joseph, F. Michael, "Competition for Influence in Iraq Heats Up, Iran, Turkey Vying For Inside Track in Dispute Involving Kurds." G2 Bulletin, 2012, http://mobile.wnd.com/2012/10/competition-for-influence-in-iraq-heats-up/, (12.12.2017).

Jozel, Abdelhakim Khusro, "Ankara-Erbil-Baghdad Axis: A Question of Energy and Politics," Policy Analysis, Arab Center for Research and Policy Studies, Şubat 2014, https://www.dohainstitute.org/en/lists/ACRPS-PDFDocumentLibrary/AnkaraErbil_Baghdad_Axis_A_question_of_Energy_and_politi cs.pdf, (12.12.2017), s. 2.

Kafanov, Lucy, "End of Turkey-PKK Ceasefire Puts HDP in a Tough Spot," al-Jazeera, 10.08.2015. http://www.aljazeera.com/news/2015/08/turkey-pkk-ceasefire-puts-hdp-tough-spot-150806110231827.html, (11.02.2017).

Kizner, Stephen, "Turks See Throwback to Partition in Europe's Focus on Kurds", New York Times, 07.12.1998, http://www.nytimes.com/1998/12/07/world/turks-see-throwback-to-partition-in-europe-s-focus-on-kurds.html, (14.12.2017).

Kurban, Dilek, "To Europe and Back: The Three Decades of Kurdish Struggle in Turkey", Global Turkey in Europe. Political, Economic, and Foreign Policy Dimensions of Turkey's Evolving Relationship with the EU, ed. Senem Aydın Düzgit et al., *IAI Research Papers*, sayı 9, Nuova Cultura, Roma, Mayıs 2013,

http://www.iai.it/sites/default/files/iairp_09.pdf , (12.12.2017).
"Kurdistan Board of Investment", Kurdistan's Economy, Şubat 2012, http://www.kurdistaninvestment.org/economy.html, (12.11.2017).
"KRG responds to Dr. Shahristani's threats to international oil companies", Kurdistan Regional Government, 20.11.2007, http://cabinet.gov.krd/a/d.aspx?s=010000&l=12&a=21463, (13.06.2017).
Law of Administration for the State of Iraq for the Transitional Period (TAL), Chapter 1, Article 4, 08.04.2004, http://www.au.af.mil/au/awc/awcgate/iraq/tal.htm, (17.12.2017).
Letsch, Constanze, Ian Traynor, "Kobani: Anger Grows as Turkey Stops Kurds from Aiding Militias in Syria", in The Guardian, 08.10.2014, https://www.theguardian.com/world/2014/oct/08/kobani-isis-turkey-kurds-ypg-syria-erdogan, (12.12.2017).
Letsch, Constanze, Fazel Hawramy, Emma Graham-Harrison, "Besieged Town of Kobani Gets Reinforcements in Fight against ISIS," The Guardian, 29.11.2014, https://www.theguardian.com/world/2014/oct/29/kobani-reinforcements-isis-iraq-peshmerga-free-syrian-army, (22.12.2017).
Meclis Açıklamaları, Meclis Haber, 17.10.2017, http://www.meclishaber.gov.tr/develop/owa/haber _portal.aciklama?p1=46067, (06.12.2017).
Ministry of Foreign Affairs Republic of Turkey Secretariat General for EU Affairs, "Political Reforms in Turkey", Ankara, 2007, https://www.ab.gov.tr/files/pub/prt.pdf, (13.12.2017).
Natali, Denise, "Is Turkey Losing Iraq?", Al-Monitor, 25.09.2012, http://ekurd.net/mismas/articles/misc2012/9/turkey4179.htm, (11.12.2017).
Nezan, Kendal, "Renaissance D'un Peuple: Fragile Printemps Kurde en Irak", Le Monde Diplomatique, Ağustos 2001, https://www.monde-diplomatique.fr/2001/08/NEZAN/8014, (21.01.2017), s.9.
Ottaway, Marina, David Ottaway, "How the Kurds Got Their Way", Foreign Affairs, Mayıs/Haziran 2014, https://www.foreignaffairs.com/articles/turkey/2014-04-17/how-kurds-got-their-way, (13.12.2017).
Pamuk, Hümeyra, Orhan Coşkun, "Exclusive: Turkey, Iraqi Kurdistan Clinch Major Energy Pipeline Deals," Reuters, 06.11.2013, https://www.reuters.com/article/us-turkey-iraq-kurdistan/exclusive-turkey-iraqi-kurdistan-clinch-major-energy-pipeline-deals-idUSBRE9A50HR20131106, (12.11.2017).
Perrier, Guillaume, "Turquie, Syrie, Irak: les barrages de la discorde" Le Monde Français, 16.03.2009, http://www.lemonde.fr/planete/article/2009/03/16/turquie-syrie-irak-les-barrages-de-la-discorde_1168422_3244.html, (12.01.2017).
"Recep Tayyip Erdoğan'ın 11 Ağustos 2009'da yaptığı grup konuşması", http://www.yeniakit.com.tr/haber/erdoganin-8-yil-onceki-tarihi-konusmasi-265698.html, (13.06.2017).
Reynolds, Paul, "Diplomatic Pressure Builds on Turkey", BBC News, 24.10.2007, http://news.bbc.co.uk/2/hi/europe/7056802.stm, (05.04.2017).
Roberts, John, "Row with Russia Forces Turkey to hunt for New Energy Partners," Financial Times, 15.11.2015, https://www.ft.com/content/03025db8-99aa-11e5-9228-87e603d47bdc, (12.11.2017).
Rubin, Michael, "Where's Kurdistan's Missing $4 Billion?", The Kurdistan Tribune, 3.7.2011, http://www.michaelrubin.org/9866/kurdistan-missing-4-billion, (12.11.2017).
Salih, Mohammed A., "More Than a Year On, Who Is to Blame For The Fall of Mosul", Al-Monitor, 25.08.2015, https://www.al-monitor.com/pulse/originals/2015/08/iraq-report-mosul-fall-maliki-abadi.html, (12.11.2017).
Scudder, Jamie, "Territorial Integrity: Modern States and the International System"

Exploring Geopolitics, King's College London, Aralık 2010, http://www.exploringgeopolitics.org/publication_scudder_jamie_territorial_integrity_ modern_states_international_political_system_jurisdiction_peace_westphalia_lebanon_s omalia/, (14.12.2017).

Sly, Liz, "U.S. Military Aid Is Fueling Big Ambitions for Syria's Leftist Kurdish Militia", The Washington Post, 07.01.2017, https://www.washingtonpost.com/world/middle _east/us-military-aid-is-fueling-big-ambitions-for-syrias-leftist-kurdish-militia/2017/01/07/6e457866-c79f-11e6-acda-59924caa2450_story.html?utm_term=.012ec38f89c0, (12.12.2017).

Solaker Gülşen, Hümeyra Pamuk, "Turkish Parliament Strips MPs of Immunity in Blow to Kurdish Opposition", Reuters, 20.05.2016, https://www.reuters.com/article/us-turkey-politics-immunity/turkish-parliament-strips-mps-of-immunity-in-blow-to-kurdish-opposition-idUSKCN0YB0VC, (12.12.2017).

Taştekin, Fehim, "Türkiye'nin Musul Hamlesi Neden Duvara Çarptı?", Al-Monitor, 09.12.2015, https://www.al-monitor.com/pulse/tr/originals/2015/12/turkey-iraq-bashiqa-mosul-military-deployment.html, (12.11.2017).

Taştekin, Fehim, "Turkey's Joint Front With Sunni Arabs, Kurds", Al-Monitor, 14.12.2015, https://www.al-monitor.com/pulse/originals/2015/12/turkey-iraq-ankaras-joint-front-with-sunni-arabs-kurds.html, (12.12.2017).

Taştekin, Fehim, "KRG Trench Divides Syrian, Iraqi Kurds," Al Monitor, 21.04.2014, https://www.al-monitor.com/pulse/ru/originals/2014/04/krg-trench-divides-syrian-iraqi-kurds.html, (12.11.2017).

"The Costs of Voting Kurdistan Sessions", AlJazeera Center For Studies, 11.11.2017, http://studies.aljazeera.net/en/positionpapers/2017/10/costs-voting-kurdistans-secession-171011105926310.html, (11.12.2017).

"The Human Cost of the PKK Conflict in Turkey: The Case of Sur", in International Crisis Group Europe & Central Asia Briefings, sayı 80, 17.04.2017, https://www.crisisgroup.org/middle-east-north-africa/eastern-mediterranean/syria, (12.12.2017) s. 2.

"Time to Rebuild Middle East, Davutoğlu says in Erbil," Kurdistan Regional Government, 01.11.2009, http://cabinet.gov.krd/a/d.aspx?s=02010200&l= 12&r=73&a =32240&s=010000; (12.11.2017).

Title 22 of the US Code, Terrorist Groups, Section 2656f, Chapter 6, http://www.state.gov/documents/organization/45323.pdf, (09.12.2017), s.102-103.

Tol, Gönül, "Turkey's KRG Energy Partnership," Foreign Policy, 29.01.2013, http://foreignpolicy.com/2013/01/29/turkeys-krg-energy-partnership/, (12.11.2017).

"Turkey and the Iraqi Kurds: Conflict or Cooperation?", International Crisis Group Middle East& North Africa, Rapor sayı 81, 13.11.2008, https://www.crisisgroup.org/middle-east-north-africa/gulf-and-arabian-peninsula/iraq/turkey-and-iraqi-kurds-conflict-or-cooperation, (12.11.2017).

"Turkey: Keeping Iraq's Kurds in Check", Stratfor, 23.04.2009, https://worldview.stratfor.com/article/turkey-keeping-iraqs-kurds-check, (12.12.2017).

"Turkey's Kurdish Strategy", Stratfor, 17.10.2010, https://worldview.stratfor.com/article/turkeys-kurdish-strategy, (11.12.2017).

Tüysüzoğlu, Göktürk, "Realities Behind Historic Erdogan-Barzani Meeting," Al Monitor, 29.11.2013, https://www.al-monitor.com/pulse/politics/2013/11/reality-historic-meeting-barzani-erdogan-turkey-kurdistan.html, (12.11.2017).

"TRT'nin Kürtçe kanalı TRT 6 yayına başladı", Hürriyet, 01.01.2009, http://www.hurriyet.com.tr/trtnin-kurtce-kanali-trt-6-yayina-basladi-10683296, (05.02.2018).

UN Doc. SC/RES 688/1991, 05.04.1991, https://documents-dds-ny.un.org/doc/RESOLUTION/GEN/NR0/596/24/IMG/NR059624.pdf?OpenElement, (14.12.2017).

United Nations, Report of the Commission to the General Assembly on the work of its thirty-second session, Yearbook of the International Law Commission Part 2, cilt 2, 1980, http://legal.un.org/ilc/publications/yearbooks/english/ilc_1980_v2_p2.pdf, (14.12.2017).

United Nations Security Council, Resolution 1039, 29 Ocak 1996, http://www.un.org/en/ga/search/view_doc.asp?symbol=S/RES/1039(1996), (14.12.2017).

United Nations Security Council, Resolution 1081, 27 Kasım 1996, http://www.un.org/en/ga/search/view_doc.asp?symbol=S/RES/1081(1996), (14.12.2017).

United Nations Security Cuncil, Resolution 1109, 28 Mayıs 1997, https://documents-dds-ny.un.org/doc/UNDOC/GEN/N97/140/31/PDF/N9714031.pdf?OpenElement, (14.12.2017).

United Nations, Reports of The Security Council 16 June 1999-15 June 2000, Security Council Official Records Fifty Fifth Year, sayı 2, New York 2002, http://www.un.org/documents/ga/docs/55/a552.pdf, (12.12.2017).

United Nations Development Plan, "Drought Impact Assessment, Recovery and Mitigation Framework and Regional Project Design in Kurdistan Region (KR)", Aralık 2010, https://reliefweb.int/sites/reliefweb.int/files/resources/B03750804A0EB2EC85257830006B6A97-Full_Report.pdf, (13.06.2017).

UNMOVIC, Briefing, Sayı. 1428, 20 Ocak 2003. http://www.un.org/Depts/unmovic/new/pages/security_council_briefings.asp, (14.12.2017).

UNMOVIC, Briefing, Sayı. 1429, 27 Ocak 2003, http://www.un.org/Depts/unmovic/new/pages/security_council_briefings.asp, (14.12.2017).

UNMOVIC, Briefing, No. 1431, 9 Şubat 2003. http://www.un.org/Depts/unmovic/new/pages/security_council_briefings.asp, (14.12.2017).

UNMOVIC, Briefing, No. 1433, 19 Aralık 2002, http://www.un.org/Depts/unmovic/new/ pages/ security_council_briefings.asp, (14.12.2017).

Wilson, Ross, "Iraqi Kurdistan and Turkey Proceed Slowly on Energy Cooperation", ETH Zürich, 17.07.2013, http://www.css.ethz.ch/en/services/digital-library/articles/article.html/166620, (12.11.2017).

Wood, Josh, "Why Turkey-KRG Ties will Likely Trump Kurdish Solidarity," The National, 27.07.2015, https://www.thenational.ae/world/why-turkey-krg-ties-will-likely-trump-kurdish-solidarity-1.78239, (12.11.2017).

Zaman, Amberin, "Syrian Kurdish Leader: Turkey Turns Blind Eye to ISIS," Al Monitor, 23.06.2014, https://www.al-monitor.com/pulse/originals/2014/06/zaman-salih-muslim-turkey-blind-eye-isis-mosul-syria-iraq.html, (12.11.2017).

Zaman, Amberin, "Is the KRG Heading for Bankruptcy?" Al Monitor, 20.06.2016, https://www.al-monitor.com/pulse/originals/2016/01/turkey-iraq-kurds-cash-crisis-derail-battle-against-isis.html, (12.11.2017).

Tezler

Ertaş, Hakan, 1990 Sonrası Bölgesel Gelişmeler Eşliğinde Suriye, (Gazi Üniversitesi, Sosyal Bilimler Enstitüsü, Uluslararası İlişkiler Anabilim Dalı, Basılmamış Yüksek Lisans Tezi), Ankara 2006.

Jabary, Kawa, The Politics of Low Capacity: The Case of Kurdistan, Political Science, (Simon Fraser University, Faculty of Arts and Social Sciences, Political Science, Basılmamış Yüksek Lisans Tezi) Kanada 2013.

Raporlar

CHP, *CHP'nin (SHP) Doğu ve Güneydoğu Sorunlarına Bakış ve Çözüm Önerileri Raporu*, 1989.

Kanun Teklifleri

CHP Antalya Milletvekili Deniz Baykal ve 38 Arkadaşının Kanun Teklifi, *Türkçeden Farklı Dillerin Kullanılması Hakkında Kanun Teklifi*, 1991.

Index